정신현상학 1

**Phänomenologie des Geistes**
Georg Wilhelm Friedrich Hegel

Published by Acanet, 2025

이 책은 저작권법에 따라 보호를 받는 저작물이므로 무단 전재와 무단 복제를 금하며
이 책 내용의 전부 또는 일부를 이용하려면 반드시 저작권자와 아카넷의 동의를 받아야 합니다.

 한국연구재단 학술명저번역총서 637

# 정신현상학 1

Phänomenologie des Geistes

게오르크 빌헬름 프리드리히 헤겔 지음 | 김준수 옮김

아카넷

# 차례

**1권**

일러두기 | vi

서문 | 1

서론 | 73

(A) 의식 | 91

(B) 자기의식 | 165

(C) (AA) 이성 | 223

**2권**

일러두기 | vi

(C) (BB) 정신 | 421

(C) (CC) 종교 | 653

(C) (DD) 절대지 | 765

옮긴이 해제 | 791

주요 번역어 목록 | 813

헤겔 연보 | 819

## 일러두기

1. 이 책의 번역은 G. W. F. Hegel, *Phänomenologie des Geistes*, Gesammelte Werke Bd. 9, Hg. W. Bonsiepen/R. Heede, Düsseldorf, 1980을 기본 원문으로 삼았다.
2. 위의 기본 원문이 G. W. F. Hegel, *Phänomenologie des Geistes*, Hegel Werke in 20 Bde., Bd. 3, Frankfurt/M., 1970과 유의미한 차이를 보이는 경우에는 후자의 문장이나 문구를 각주에서 (Werke)로 표기하고 이에 따른 번역문을 제시했다. 단, 강조 문구나 문장 부호 등의 소소한 차이는 따로 표기하지 않았다.
3. 번역문 내의 (　)는 헤겔 자신이 표기한 것이다. 하지만 고딕체로 된 (　) 안의 문구는 번역자가 독자의 이해를 돕기 위해 첨가한 것이다.
4. 고딕체로 적은 소제목은 원문의 차례에는 명기되어 있지만 본문에서는 생략된 것을 번역자가 삽입한 것이다.
5. 번역문 내의 [　]는 원문에 있는 문구이지만 가독성을 높이기 위해 번역자가 괄호로 묶은 것이다.
6. 원문 내의 긴줄표(—)는 문장과 문장 사이에 있는 경우에만 번역문에서도 표기를 유지했다. 긴줄표가 문장 안에 있는 경우에는 생략했으며, 필요한 경우에는 (　)를 첨가했다.
7. 독일어 원어를 병기할 경우 원문의 고어체 단어는 현대 독일어로 바꾸어 표기하였다.
8. 원서의 강조 부분은 **볼드체**로 처리하였다.

# 학문의 체계

Ge. Wilh. Fr. 헤겔
예나대학교 철학박사 및 교수
공국광물학협회 사정관
및 기타 학술회 회원

---

제1부

## 정신현상학

---

밤베르크 및 뷔르츠부르크
요제프 안톤 굅하르트
1807

# System

der

# Wissenschaft

von

Ge. Wilh. Fr. Hegel,

D. u. Professor der Philosophie zu Jena, der Herzogl. Mineralog. Societät daselbst Assessor und andrer gelehrten Gesellschaften Mitglied.

---

Erster Theil,

die

Phänomenologie des Geistes.

---

Bamberg und Würzburg,
bey Joseph Anton Goebhardt,
1807.

# 제1부
# 의식의 경험의 학[1]

1) 최종적으로 '정신현상학'이라는 표제로 출간된 이 책의 초고는 본래 '의식의 경험의 학'이라는 제목으로 기획되고 집필되었다가 출판이 임박한 마지막 단계에서 비로소 그 제목이 '정신현상학'으로 변경되어 확정되었다. 그러나 1807년의 초판 인쇄물 중 일부는 '정신현상학'이라는 표제와 더불어 '의식의 경험의 학'이라는 표제가 함께 삽입되어 있거나 또는 여전히 '의식의 경험의 학'이라는 표제만을 가지고 있는 경우도 있다.

차례[2]

서문 | 1

서론 | 73

I. 감각적 확신; 또는 '이것'과 사념 | 93

II. 지각; 또는 사물과 착각 | 109

III. 힘과 오성, 현상과 초감각적 세계 | 127

IV. 자기 확신의 진리 | 167
    A. 자기의식의 자립성과 비자립성; 지배와 예속 | 178
    B. 자기의식의 자유; 스토아주의, 회의주의, 불행한 의식 | 192

V. 이성의 확신과 진리 | 225
    A. 관찰하는 이성 | 237
        a. 자연의 관찰 | 240

---

[2] 본래의 차례.

b. 그 순수성에서 그리고 또한 외적 현실과의 관련 속에서
　　　　자기의식의 관찰; 논리적 법칙과 심리학적 법칙 | 291
　　　c. 자신의 직접적 현실태와의 관계 속에서 자기의식의 관찰;
　　　　관상학과 골상학 | 299
　　B. 자기 자신에 의한 이성적 자기의식의 실현 | 338
　　　a. 쾌락과 필연성 | 349
　　　b. 마음의 법칙과 자만의 광기 | 355
　　　c. 덕(德)과 세계 운행 | 367
　　C. 스스로에게 그 자체 즉자 대자적으로 실재하는 개체성 | 378
　　　a. 정신적 동물의 왕국과 기만 또는 사태 자체 | 380
　　　b. 법칙 제정적 이성 | 403
　　　c. 법칙 검증적 이성 | 410

VI. 정신 | 423
　　A. 참된 정신, 인륜성 | 428
　　　a. 인륜적 세계, 인간법과 신법, 남성과 여성 | 429
　　　b. 인륜적 행위, 인간적 지(知)와 신적 지, 죄과와 운명 | 446
　　　c. 법적 상태 | 463
　　B. 자신으로부터 소외된 정신; 도야 | 469
　　　I. 자신으로부터 소외된 정신의 세계 | 474
　　　　a. 도야와 그 현실의 왕국 | 474
　　　　b. 신앙과 순수한 통찰 | 511
　　　II. 계몽 | 521
　　　　a. 미신에 대한 계몽의 투쟁 | 524
　　　　b. 계몽의 진리 | 557
　　　III. 절대적 자유와 경악 | 567

    C. 자기 자신을 확신하는 정신. 도덕성 | 581
        a. 도덕적 세계관 | 583
        b. 전위(轉位) | 598
        c. 양심, 아름다운 영혼, 악과 그것의 용서 | 612

VII. 종교 | 655
    A. 자연 종교 | 665
        a. 광원체 | 668
        b. 식물과 동물 | 670
        c. 장인(匠人) | 672
    B. 예술 종교 | 676
        a. 추상적인 예술 작품 | 680
        b. 생동하는 예술 작품 | 693
        c. 정신적인 예술 작품 | 700
    C. 계시 종교 | 722

VIII. 절대지 | 767

## 차례[3]

서문: 학문적 인식에 관하여 | 1

진리의 요소는 개념이고, 진리의 참된 형태는 학문 체계이다 | 5
현재 정신이 서 있는 지점 | 6
원리가 곧 완성은 아니다. 형식주의에 대한 반론 | 11
절대자는 주체이다 | 15
이 명제가 뜻하는 것 | 16
지(知)의 요소 | 23
지(知)로의 고양이 곧 정신현상학이다 | 26
표상된 것과 알려진 것을 사고로 고양하기 | 29
또한 이를 개념으로 고양하기 | 32
어떤 점에서 정신현상학은 부정적이거나 거짓을 포함하고
  있는가? | 36
역사적 진리와 수학적 진리 | 38
철학적 진리의 본성과 그 방법 | 43
도식화하는 형식주의에 대한 반론 | 46

---

3) 1807년 출간 직전에 수정된 최종 차례. 초판의 원문에는 (A) 의식, (B) 자기의
식, (C) (AA) 이성 등 가장 큰 장의 제목과 가장 작은 절의 세부 제목들이 차례
에만 명기되어 있고 본문에는 포함되어 있지 않다.

철학을 연구할 때 요구되는 것 | 55
부정적 태도에서의 추론적 사유 | 56
긍정적 태도에서의 추론적 사유와 그 주체 | 57
건전한 상식으로서의 또는 천재성으로서의 자연적 철학함 | 64
맺음말. 독자에 대한 저자의 관계 | 67

# 서론 | 73

## (A) 의식

I. 감각적 확신, '이것'과 사념 | 93

II. 지각, 또는 사물과 착각 | 109

III. 힘과 오성, 현상과 초감각적 세계 | 127

## (B) 자기의식

IV. 자기 확신의 진리 | 167
    A. 자기의식의 자립성과 비자립성; 지배와 예속 | 178
    B. 자기의식의 자유 | 192
        스토아주의 | 194
        회의주의 | 197
        불행한 의식 | 201

## [C] (AA) 이성

V. 이성의 확신과 진리 | 225
   A. 관찰하는 이성 | 237
      a) 자연의 관찰 | 240
         기술(記述) 일반 | 241
         징표 | 243
         법칙 | 246
         유기체의 관찰 | 252
            α) 비유기체에 대한 유기체의 관련 | 252
            β) 목적론 | 255
            γ) 내면과 외면 | 260
              αα) 내면 | 262
                  내면의 순수한 계기들의 법칙, 감수성의 법칙 등 | 266
                  내면과 그것의 외면 | 269
              ββ) 내면과 형태로서의 외면 | 270
              γγ) 내면이자 외면으로서의 외면 자체 또는 비유기체로 전이된 유기적 관념 | 280
                  이런 측면에서의 유기체, 그것의 유와 종과 개체 | 284
      b) 그 순수성에서 그리고 또한 외적 현실과의 관련 속에서
        자기의식의 관찰 | 291
          논리적 법칙 | 292
          심리학적 법칙 | 295
      c) 자신의 직접적 현실태와의 관계 속에서 자기의식의 관찰 | 299
        관상학 | 300
        골상학 | 314

B. 자기 자신에 의한 이성적 자기의식의 실현 | 338
　　　　a. 쾌락과 필연성 | 349
　　　　b. 마음의 법칙과 자만의 광기 | 355
　　　　c. 덕(德)과 세계 운행 | 367
　　C. 스스로에게 그 자체 즉자 대자적으로 실재하는 개체성 | 378
　　　　a. 정신적 동물의 왕국과 기만 또는 사태 자체 | 380
　　　　b. 법칙 제정적 이성 | 403
　　　　c. 법칙 검증적 이성 | 410


## [C] (BB) 정신

VI. 정신 | 423
　　A. 참된 정신. 인륜성 | 428
　　　　a. 인륜적 세계. 인간법과 신법, 남성과 여성 | 429
　　　　b. 인륜적 행위. 인간적 지(知)와 신적 지, 죄과와 운명 | 446
　　　　c. 법적 상태 | 463
　　B. 자신으로부터 소외된 정신. 도야 | 469
　　　　I. 자신으로부터 소외된 정신의 세계 | 474
　　　　　　a. 도야와 그 현실의 왕국 | 474
　　　　　　b. 신앙과 순수한 통찰 | 511
　　　　II. 계몽 | 521
　　　　　　a. 미신에 대한 계몽의 투쟁 | 524
　　　　　　b. 계몽의 진리 | 557
　　　　III. 절대적 자유와 경악 | 567

C. 자기 자신을 확신하는 정신. 도덕성 | 581
    a. 도덕적 세계관 | 583
    b. 전위(轉位) | 598
    c. 양심. 아름다운 영혼, 악과 그것의 용서 | 612


## (C) (CC) 종교

VII. 종교 | 655
    A. 자연 종교 | 665
        a. 광원체 | 668
        b. 식물과 동물 | 670
        c. 장인(匠人) | 672
    B. 예술 종교 | 676
        a. 추상적인 예술 작품 | 680
        b. 생동하는 예술 작품 | 693
        c. 정신적인 예술 작품 | 700
    C. 계시 종교 | 722


## (C) (DD) 절대지

VIII. 절대지 | 767

# 서문
## 학문적 인식에 관하여

　어느 한 저서의 서문에서는 통상 저자가 그 저서에서 의도하는 목적이 무엇이고 동일한 대상을 다루는 이전의 또는 동시대의 다른 연구들과 관련하여 저자가 생각하기에 자신의 저서가 어떤 관계에 있으며 그 집필 동기는 무엇인가에 관한 설명이 먼저 제시되곤 한다. 그러나 철학서에서는 그런 설명이 불필요할 뿐만 아니라 사태의 본성상 심지어 부적절하고 목적에 어긋나는 듯이 보인다. 왜냐하면 서문에서 철학에 관해 논하기에 적합할 것 같은 방식과 내용, 이를테면 연구 경향과 입장, 일반적인 내용과 결론을 역사적으로(historisch) **진술**한다거나 진리에 관해 설왕설래하는 주장들과 단언들을 서로 결합하는 일 따위는 철학적 진리를 서술하는 타당한 방식으로 간주될 수 없기 때문이다.— 철학은 본질적으로 특수한 것을 내포하는 보편성이라는 요소 속에 존립한다. 그렇기 때문에 목적이나 최종 결론으로 사태 자체가, 그것도 그 완전한 본질에서 표현되는 반면에 그 수행 과정은 본래 비본질적인 것이라는 가상이 다른 어떤 학문에서보다 오히려 철학에서 더 쉽게 생겨난다. 이와 달리 예를 들면 해부학이 무엇인가에 관한 일반적인 표상만으로는, 이를테면 신체의 부분에 관해 생명이 없는 현존재의 상태에서 고찰하여 얻은 지식이라는 일반적인 표상만으로는 사태 자체가 되는 해부학의 내용을 아직 손에 넣은 것은 아니고 그 밖에도 특수한 것들을 탐구하는 데에 정진해야 한다는 점을 우리는 확신한다.— 더 나아가 학문이라고 불리기에는 가당치 않은 저런 지식들의 집체물에서 목적이라든가 그런 부류의 보편성에 관한 토론은 내용 자체인 신경이나 근육 등등에 관해서 역사적이고 몰개념적인 방식으로 논하는 것과 하등 다르지 않다. 이에 반해 철학에서 그러한 방식을 채용하면 그 방식 자체가 진리를 파악할 역량을 지니고 있지 못하다는 점을 스스로 드러내게 될 것이라는 불균등이 발생할 것이다.

또한 철학 저작이 동일한 대상을 다루는 여타의 시도들에 대해 어떤 관계가 있을지를 규정하려는 것도 이질적인 관심사를 끌어들여 진리의 인식에서 정작 관건이 되는 것을 모호하게 만드는 일이다. 사념(私念. Meinung)은 참과 거짓의 대립을 확고한 것으로 받아들이는 만큼 기존의 철학 체계에 대해 찬성과 반대 중 어느 하나만을 기대하며, 또 이에 대한 설명에서도 단지 그중 하나만을 보곤 한다. 사념은 여러 철학 체계들의 상이성을 진리의 전진적 발전으로 파악하지 못하고 그런 상이성에서 그저 모순만을 볼 뿐이다. 꽃이 피어나면 꽃봉오리는 사라지는데, 이를 두고 꽃봉오리가 꽃에 의해 반박되었다고 말할 수도 있을 터이고, 마찬가지로 꽃이 식물의 거짓된 현존재임이 열매를 통해 밝혀지면서 꽃 대신 열매가 식물의 진리로 등장했다고 선언할 수도 있을 것이다. 이런 형식들은 서로 차이가 날 뿐만 아니라 양립할 수 없는 것으로서 서로를 배척한다. 하지만 동시에 그것들의 유동적인 본성은 그것들을 유기적 통일의 계기로 만드는데, 유기적 통일 속에서 그것들은 상충하지 않을 뿐만 아니라 오히려 그 하나가 다른 하나 못지않게 필연적이며, 이런 동등한 필연성이 비로소 전체의 생명을 이루는 것이다. 그러나 어느 한 철학 체계에 대해서 제기되는 이론(異論)은 우선 보통 이런 방식으로 자신을 파악하지는 못한다. 또한 이를 포착해보려는 의식 역시 통상 이론(異論)을 그 일면성에서 해방시키거나 자유롭게 유지하지 못하며, 서로 투쟁하고 배치되는 듯이 보이는 것의 형태 속에서 상호 필연적인 계기들을 인식하지 못하곤 한다.

그런 식의 설명을 요구하고 또 이를 충족시키는 것이 마치 본질적인 일을 수행하는 것인 양 보인다.[4] 목적과 결론만큼 철학서의 내면을 잘 표명할 수 있는 것이 어디에 있으며, 또 현시대가 동일한 영역에서 산출해낸 것과 어떻게 상이한지를 보여주는 것보다 철학서의 목적과 결론을 더 확실하게 인식할 수 있는 길이 무엇이겠는가? 그렇지만 만일 그런 행동을 인식의 단초 이상으로, 즉 현실적인[5] 인식으로 여긴다면, 이는 실은 사태 자체를 회피하려는 술책, 사태 자체를 진지하게 받아들이면서 탐구에 전념하는 듯한 겉모습과 실제로는 이런 노력을 모면하고자 하는 것, 이 두 가지를 결합하려는 술책으로 간주되어야 한다. ─ 왜냐하면 사태는 그것의 **목적**에서가 아니라 그 **수행 과정**(Ausführung)에서 비로소 남김없이 다루어지고, 또한 **결론**이 아니라 결론과 그것의 생성이 함께 현실적인(진정한) 전체

---

4) (Werke) 그런 식의 설명을 요구하고 또 이를 충족시키는 것이 본질적인 일을 수행하는 것으로 쉽게 간주된다.
5) 'wirklich'는 '현실적인'이라는 의미와 함께 '진정한', '참된' 등의 의미도 함축하고 있다. 헤겔에게서 '현실적인 것(das Wirkliche)'은 외적 실존과 내적 본질이 일치하는 것을 말하며, 아리스토텔레스의 '현실태(energeia)'에 상응한다. 그러나 때로 헤겔은 이 용어를 '경험적으로 지각할 수 있는' 또는 '구체적으로 실존하는' 등의 일상적인 의미로 사용하기도 한다.

를 이루는 것이기 때문이다. 목적 홀로는 생명 없는 보편적인 것이고, 목적을 향한 경향은 아직 현실성을 결여한 한낱 분주한 추진(推進)에 불과하며, 축약된 결론은 그런 경향을 거치고서 뒤에 남겨둔 시체이다.—이와 마찬가지로 **상이성**은 오히려 사태의 **한계**이다. 상이성은 사태가 중지되는 곳에 있다. 또는 상이성이란 사태가 그것이 아닌 바이다. 그러므로 그처럼 목적이나 결론에 전념하는 것 그리고 이러저러한 철학 체계들의 상이성 및 그에 대한 평가와 씨름하는 것은 보기보다 쉬운 작업이다. 왜냐하면 그런 행동은 사태와 대결하는 대신에 항상 사태를 그냥 지나치며, 그런 앎은 사태 속에 머무르며 천착하면서 자기 자신을 잊는 대신에 항상 다른 것을 붙잡으려고 하고, 사태에 머물면서 사태에 몰입하기는커녕 오히려 자기 자신에 머물 뿐이기 때문이다.—내용이나 내실을 갖고 있는 것에 대해서 어떤 평가를 내리는 것이 가장 손쉬운 일이라고 한다면, 그것을 파악하는 일은 그보다 더 어렵다고 하겠고, 가장 어려운 일은 이 두 가지를 통일하여 그것에 대한 서술(Darstellung)을 제시하는 것이다.

실체적 삶의 직접성(무매개성, Unmittelbarkeit)에서 벗어나 도야(陶冶)를 시작하는 단초는 항상 다음과 같은 일에서 마련되어야 한다. 즉, 보편적인 근본 명제(원칙)와 관점에 관한 지식을 획득하고, 우선 스스로를 사태 일반에 관한 사고(思考)를 향해 이끌어 올려 가다듬으며, 이에 못지않게 근거를 가지고서 사태를 뒷받침하거나 논박하고, 구체적이면서 내용이 풍부한 대상을 그 규정성들에 의거해서 포착하고, 이에 관해서 제대로 된 결정과 진지한 판단을 내릴 줄 알아야 한다. 하지만 이와 같은 도야의 시초는 일단 사태 자체에 대한 경험으로 인도하는 충만한 삶의 진지함에 자리를 내어주게 된다. 그리고 여기에 덧붙여서 개념의 진지함이 깊이를 더한다면, 그와 같은 지식과 평가는 토론에서 적절한 지위를 차지하게 될 것이다.

진리가 실존하는 참된 형태는 오로지 진리의 학문 체계일 수 있을 따름이다. 철학이 학문의 형식에 더욱 다가가는 데에, 즉 **지**(知)에 대한 **사랑**이라는 이름을 탈피하고서 **현실적인**(실현된) **지**가 되고자 하는 목표에 좀 더 가까이 도달하는 데에 조력을 기울이는 일, 이것이 바로 내가 의도하는 바이다. 지는 곧 학문이라는 사실의 내적 필연성은 지의 본성에 놓여 있으며, 오직 철학의 서술 자체만이 이를 만족할 만하게 설명해준다. 그렇지만 외적 필연성을 사람의 개성이나 개인적인 동기가 지닌 우연성을 도외시하고서 보편적인 방식으로 파악한다면, 그런 외적 필연성은 실상 내적 필연성과 다르지 않다. 즉, 그것은 시대가 자신의 계기들이 지닌 현존재를 표상하는 방식이라는 형태 속에서 관철되는 필연성이다. 철학을 학문으로 고양시킬 시점에 당도했다는 것, 바로 이 점을 보여주는 것이야말로 이런 목적을 지닌 시도들에 관한 유일하게 참된 정당화일 것이다. 왜냐하면 그런 시도들은 이런 목적의 필연성을 밝혀줄 것이고, 더 나아가 동시에 그 목적을 수행하기도 할 터이기 때문이다.

**진리의 요소는 개념이고, 진리의 참된 형태는 학문 체계이다**

진리의 참된 형태가 학문성에 정립됨으로써, 또는 같은 말이지만 진리는 오직 **개념**에서만 자신이 실존하는 요소를 지닌다고 주장함으로써, 이것이 현시대가 지닌 확신 속에서 그토록 널리 퍼진 외람된 표상 및 그것의 귀결들과 모순되는 것처럼 보인다는 사실을 나도 알고 있다. 그러므로 이러한 모순에 관한 설명이 설사 여기서는 그것이 반박하고자 하는 것과 마찬가지로 하나의 확언 이상이 될 수 없을지라도 불필요한 일은 아닐 듯하다. 즉, 참된 것이 한낱 때로는 직관, 때로는 절대자에 관한 직접적 지, 또는 종교라든가 존재(신적 사랑의 중심에 있는 존재가 아니라 그 중심의 존재 자체)라고 불리는 것에 있거나 또는 오히려 단지 그와 같은 것으로서 실존한다면, 이로부터 동시에 철학의 서술을 위해서 개념의 형식과는 오히려 반대되는 것이 요구되고 있다. 절대자는 개념적으로 파악될 것이 아니라 오히려 느껴지고 직관되어야 하며, 절대자의 개념이 아니라 감정과 직관이 발언권을 쥐고서 표명되어야 한다는 것이다.[6]

### 현재 정신이 서 있는 지점

그러한 요구가 나타나는 현상을 좀 더 보편적인 연관에 따라 포착하면서 자기의식적 정신이 현재 서 있는 단계에 주목해보면, 자기의식적 정신은 지금까지 사고의 요소 속에서 영위해왔던 실체적 삶을 이제는 넘어서 있다.—즉, 자기의식적 정신은 이제 자신이 가진 믿음의 직접성을 넘어서 있으며, 의식이 본질(본체)과 화해를 이루었고 또 본질의 보편적인 내적·외적 현전(現前)과 화해를 이루었다고 여기는 확신의 만족과 안정성을 이미 넘어서 있다. 정신은 이런 단계를 극복하여 자신 안에서 실체를 결여한 채로 자신을 반성하는 또 다른 극단으로 넘어갔을 뿐만 아니라, 심지어는 이 단계마저도 넘어섰다. 정신은 자신의 본질적인 삶을 상실했을 뿐만 아니라 또한 바로 이런 상실을 그리고 이제 자신의 내용이 된 유한성을 자각하기에 이르렀다. 찌꺼기만 남아 있는 상황으로부터 등을 돌려, 자신이 무척 곤란한 처지에 있다는 사실을 고백하고 또 이를 비난하면서, 정신은 이제 철학으로부터 과연 정신이 무엇**인가**에 관한 **지**를 요구하기보다는 철

---

6) 당대에 이론 이성의 한계에 대한 칸트의 비판에서 영향을 받아 개념적 사유를 통한 절대자의 인식 가능성을 부인하고 직접적 직관과 종교적 감정을 통한 절대자와의 합일을 주장한 대표적인 사상가로는 에셴마이어, 괴레스, 야코비, 슐레겔, 슐라이어마허 등이 있다. 특히 F. Schleiermacher, *Über die Religion. Reden an die Gebildeten unter ihren Verächtern*, Berlin, 1799, p. 126: "**종교의 본질**은 사유도 아니고 행위도 아니며 직관과 감정이다." 헤겔은 한평생 이들과 지속적으로 대결하면서 비판한다.

학을 통해 존재의 실체성과 견고성을 다시 회복하는 데에 이르기를 요구할 뿐이다. 따라서 이러한 정신의 욕구에 대해 철학은 실체의 폐쇄성을 열어젖히고서 실체를 자기의식으로 고양시키기보다는, 그리고 실체의 혼란스러운 의식을 사유된 질서와 개념의 단순성으로 되돌려놓기보다는, 오히려 분화(分化)된 사고들을 뒤섞어버리고 분별하는 개념을 억눌러서 본질에 대한 감정을 일으켜 세워야 한다는 것이다. 즉, 철학은 **통찰**보다는 **감화**(感化, Erbauung)를 제공해야 한다는 것이다.[7] 아름다움, 성스러움, 영원함, 종교, 사랑 같은 것들이 유혹을 불러일으키기 위해 요구되는 미끼이다. 개념이 아니라 몰아의 황홀(Ekstase), 냉철하게 전진하는 사태의 필연성이 아니라 끓어오르는 열광이야말로 실체의 풍요로움을 보존하고 지속적으로 확대하는 일이라는 것이다.

감각적인 것, 통속적인 것, 개별적인 것에 함몰되어 있는 상황으로부터 사람들을 구출해내고 그들의 시선을 들어 올려 별을 향하도록 만들려는 힘겹고도 거의 열성적이며 흥분 상태로까지 나타나는 노력은 바로 이런 요구에 부응한다. 마치 사람들이 신적인 것을 모조리 망각한 채 버러지마냥 먼지와 물로 흡족해하면서 한군데에 머물러 있기라도 하는 듯이 말이다. 예전에는 사람들에게 풍부한 사고들과 형상들로 가득 찬 광활한 하늘이 펼쳐져 있었다. 존재하는 모든 것은 그것을 천상과 연결해주는 빛줄기 속에서 의미를 지니고 있었다. 이 빛줄기를 따라서 그들의 시선은 **차안**의 현전에 안주하는 대신에 이를 뛰어넘어 신적 본질을 향해, 말하자면 피안의 현전을 향해 높이 날아올랐다. 그래서 정신의 눈으로 하여금 지상의 것을

---

[7] 'Erbauung'은 '경건한 신심을 북돋아 일으킴', '신앙심의 고취', '종교적 감화 내지 교화'의 뜻을 지니고 있다. 여기서는 '감화'로 옮긴다.

향하도록 만들고서 그것에 고정되게끔 강제되어야만 했다. 그리하여 오직 천상의 것만이 지녔던 명징함을 현세의 감각이 빠져 있던 둔탁함과 혼란스러움 안으로 이입시켜서 현전하는 것 자체에 주의를 기울이는 것, 즉 **경험**이라고 불리는 것이 흥미로우면서도 타당한 일이 되기까지는 오랜 시간이 소요되었다. ─ 그런데 이제는 정반대의 곤경이 앞에 놓여 있는 듯이 보인다. 즉, 감각이 지상의 것에 너무나 고착되어 있어서, 감각을 그 너머로 고양하려면 예전 못지않은 폭력이 필요한 듯하다. 마치 사막에서 방랑자가 한 모금의 물을 갈망하듯이, 정신은 그저 기력을 회복하기 위해서 신적인 것에 대한 보잘것없는 감정만이라도 갈구하는 듯이 보일 만큼 빈약함을 드러내고 있는 것이다. 정신이 무엇에 만족하는지에 따라서 곧 정신이 겪은 상실의 크기를 가늠할 수 있다.

그러나 이처럼 받는 데에 쉽게 만족하고 주는 데에 인색한 태도는 학문에 어울리지 않는다. 감화만을 구하면서 지상에 있는 현존재와 사고의 다양성을 안개로 감추어버리고는 막연한 신성(神性)에 대한 막연한 향유를 추구하는 자가 이를 찾을 수 있으리라고 여기는 곳을 잘 살펴보면 무언가 장황하게 늘어놓으면서 으스댈 수 있는 수단을 쉽게 발견할 것이다. 하지만 철학은 이처럼 감화적으로 되려는 태도를 경계해야만 한다.

학문을 포기하는 이와 같은 검소함이(검소한 태도로) 그런 열광과 혼탁함이야말로 학문보다 더 고귀한 것이라는 주장을 제기하는 것은 더더욱 안 될 일이다. 이런 예언자인 체하는 언설은 그렇게 함으로써 핵심과 심오함에 제대로 머무는 것이라고 생각하며, 규정성(한정, Horos)을 경멸의 눈길로 바라보면서 개념과 필연성을 한낱 유한성에 안주하는 반성이라고 멀리하며 의도적으로 기피한다. 그런데 공허한 넓음이 있듯이 공허한 깊음도 있는 법이다. 잡다한 유한자들로 쏟아져 나오지만 이를 한데 묶을 힘을 지니지 못하는 실체의 외연이 있듯이, 또한 확장됨 없이 그저 스스로를 보존할 뿐인 힘이어서 실상 피상성과 전혀 다르지 않은 그런 내실 없는 내포도 있다. 정신의 힘은 오직 그것이 표출되는 만큼 크고, 정신의 깊이는 오직 그것이 펼쳐지는 가운데 스스로를 확장하면서 자신을 상실할 용기를 지니는 만큼 깊은 것이다. — 또한 만일 이런 몰개념적인 실체적 지가 자기(自己, das Selbst)의 고유성을 본질 속에 함몰시키고서 참되고 성스러운 태도로 철학을 한다고 자처한다면,[8] 그러한 지는 신에게 헌신하기는커녕 한도와 규정을 경멸하며 거부함으로써 오히려 때로는 자기 자신 속에서 내용의 우연성이 또 때로는 내용 속에서 그 자신의 자의(恣意)가 멋대로 활개 치도록 놓아두고 있다는 사실을 은폐한다. — 그들은 실체의 무절제한 들끓음에 자신을 내맡기면서 자기의식을 뒤덮어버리고 오성을 포기함으로써 꿈속에서 신으로부터 지혜를 선사받은 **신의 자식**이 되었다고 여긴다. 그들이 그와 같이 실제로 꿈속에서 수태하고 분만한 것은, 바로 그렇기 때문에 또한 꿈에 지나지 않는다.

우리 시대가 탄생의 시대이자 새로운 시기로 넘어가는 이행기라는 사실은 어렵지 않게 간파된다. 정신은 자신의 현존재와 표상으로 이루어진 기존의 세계와 단절했고, 이를 과거로 돌려보내 묻어버리는 와중에 있으며, 자신의 형태를 변혁하는 노동 중에 있다. 물론 정신은 한시도 쉬지 않고 항상 전진하는 운동을 한다. 그러나 마치 오랫동안 고요히 자양분을 섭취하던 태아가 마침내 최초의 숨결을 내쉬면서 지금까지 단지 양적으로 증대되기만 하던 전진의 점진성을 깨뜨리고는 (질적 도약) 마침내 신생아로 태

---

[8] 특히 C. A. Eschenmayer, *Der Eremit und der Fremdling. Gespräche über das Heilige und die Geschichte*, Erlangen, 1805, pp. 24 ff. 참조.

어나듯이, 스스로를 도야하는 정신도 천천히 그리고 조용히 새로운 형태를 무르익게 하면서 기존 **세계**의 건축물을 구성하고 있던 작은 부분들을 하나씩하나씩 허물어버린다. 그런데 이런 기존 세계의 동요는 단지 개별적인 징후들을 통해서 암시될 뿐이다. 기존 세계에 만연한 경솔함이나 권태로움, 미지의 것에 대한 막연한 예감은 곧 무언가 다른 것이 도래하고 있음을 알리는 전조이다. 전체 골격은 변형시키지 않던 점진적인 와해가 마치 번갯불처럼 일거에 새로운 세계의 구조물을 드러내 보이는 해오름에 의해 중단되는 것이다.

그렇지만 갓 태어난 아기가 그러하듯이 이 새로운 것도 완전한 현실성을 지니는 것은 아니다. 이 점을 결코 소홀히 여겨서는 안 된다. 최초의 등장은 그것의 직접성 또는 그것의 개념에 불과하다. 건물의 기초를 놓았다고 해서 건물을 완성한 것은 아니듯이, 전체의 개념에 도달했다고 해서 그 개념이 곧 전체 자체인 것은 아니다. 우람한 줄기에 활짝 펼쳐진 가지와 무성한 잎으로 뒤덮인 참나무를 보고 싶어 하는데 그런 참나무 대신 도토리 한 알만 보여준다면 우리가 이에 만족할 리 없다. 마찬가지로 정신 세계의 왕관인 학문도 그 시초에서 이미 완성된 것은 아니다. 새로운 정신의 시초는 다양한 도야 형식들이 겪어온 장대한 변혁의 산물이며, 여러 갈래로 뒤얽힌 경로를 거치면서 온갖 노력과 노고를 들인 끝에 얻은 대가이다. 그러한 시초는 연쇄의 과정으로부터 그리고 그 외연의 확장으로부터 자기 자신으로 복귀한 전체, 그런 전체의 생성된 **단순한 개념**이다. 그런데 이런 단순한 전체의 현실성은 이렇게 전체의 계기가 된 형태들이 다시금 새롭게, 그러나 이제는 자신의 새로운 요소 속에서, 즉 새롭게 생성된 의미에서 자신을 전개하면서 형태를 부여하는 데에 있다.

**원리가 곧 완성은 아니다. 형식주의에 대한 반론**

한편으로 새로운 세계가 처음에 나타나는 현상은 아직 한낱 **단순성** 안에 감추어진 전체 또는 전체의 보편적 근거에 불과한 데 반해, 의식은 선행하는 현존재의 풍요로움을 아직 생생하게 기억 속에 간직하고 있다. 그래서 의식은 새로 나타나는 형태에서 내용의 확장과 분화(分化)가 부재하다는 사실을 아쉬워한다. 하지만 의식이 이보다도 더 아쉬워하는 것은 구별들을 확실하게 규정하여 확고한 관계 속에서 질서 있게 정돈하는 형식이 아직 형성되어 있지 않다는 점이다. 그런데 이러한 형식이 형성되어 있지 않으면, 학문은 보편적 **이해 가능성**을 결여하게 되어 소수의 개별자들만이 차지하는 비교적(秘敎的) 점유물이라는 가상을 갖게 된다. ― 비교적 점유물이 되는 까닭은 이때 학문이 아직 그 개념에서만 존재하거나 그 내면만이 현전하기 때문이며, 소수 개별자들의 것이 되는 까닭은 학문이 펼쳐지지 않은 채로 나타나는 현상이 그 현존재를 개별적인 것으로 만들기 때문이다. 완전하게 규정된 것만이 비로소 동시에 공교적(公敎的)이고 개념적으로 파악될 수 있으며 학습되어서 만인의 소유물이 될 수 있다. 학문의 오성적 형식은 학문을 향해 모든 이에게 제공되고 모든 이에게 동등하게 닦여 있는 길이고, 오성을 통해 이성적 지에 도달한다는 것은 학문에 진입하는 의식이 정당하게 제기하는 요구이다. 왜냐하면 오성은 사유 내지 순수한 자아 일반이며, 오성적인 것은 이미 알려진 것이자 학문과 비학문적 의식이 공유하는 것이어서, 이를 통해 비학문적 의식이 곧바로 학문에 들어설 수 있게 되기 때문이다.

이제 막 시작 단계에 들어서서 아직 세부 내용의 완결성에 이르지 못했고 형식의 완전함도 갖추지 못한 학문은 바로 이런 점 때문에 비난에 노출된다. 하지만 만일 이 비난이 학문의 본질을 표적으로 삼는 것이라면, 학문의 내용과 형식을 충분히 형성하라는 요구를 인정하지 않으려는 태도가 용납될 수 없는 만큼이나 이런 비난 역시 부당한 일이 될 것이다. 이와 같은 대립이 바로 현재 학문적 도야가 골머리를 앓으면서 아직도 어찌할 바를 모르는 핵심 고리로 보인다. 한 무리의 사람들은 풍부한 소재와 이해 가능성을 집요하게 요구하는 반면에, 다른 무리의 사람들은 이를 적어도 경멸하며 거부하고서는 직접적 이성성과 신성(神性)을 강하게 주장한다. 비록 전자의 사람들이 오로지 진리의 힘에 의해서건 또는 후자의 격렬하고 거친 태도에 의해서건 침묵하게 되었을지라도, 그리고 그들이 사태의 근거와 관련하여 압도당했다고 느꼈을지라도, 그렇다고 해서 그들의 요구가 만족된 것은 아니다. 왜냐하면 그 요구는 정당하지만 충족되지 않았기 때문이다. 그들의 침묵은 절반만 (후자가 거둔) 승리일 뿐이며, 나머지 절반은 지속적으로 제기되는 기대와 이행되지 않는 약속의 충족이 초래하곤 하는 결과인 지루함과 무관심 탓이다.

학문의 내용과 관련하여 다른 무리의 사람들은 이따금 그 내용을 대대적으로 확장하는 일을 아주 손쉽게 처리한다. 그들은 자신들의 지반으로 다량의 소재들을, 요컨대 이미 알려져 있고 정리되어 있는 것들을 끌어들인다. 그런데 이때 그들은 주로 기이하고 진기한 것을 다룸으로써 그럴수록 더더욱 다음과 같은 가상을 만들어낸다. 즉, 그들이 나름대로 이미 앎을 획득했다고 여기는 그 밖의 것도 벌써 확보하고 있고, 또한 동시에 아직 정리되지 않은 것에 대해서도 통달해 있으며, 그렇게 해서 모든 것을 절대 이념 아래에 복속시킨 듯이 보이는 것이다. 이를 통해 절대 이념은 모든 것 속에서 인식되고 또 폭넓게 전개된 학문으로 번성한 것처럼 보이게 된다. 그렇지만 좀 더 자세히 살펴보면 그러한 확장은 하나의 동일한 것이 자기 자신을 다양하게 형태화함으로써 이루어진 것이 아니라 단지 하나의 동일한 것이 상이한 소재에 외면적으로 적용되면서 상이성의 지루한 가상을 획득하는 그런 무형태적 반복에 불과하다는 사실이 밝혀진다. 만일 발전이 그처럼 동일한 공식을 반복하는 데에 있을 뿐이라면, 그 자체로 분명 참인 이념도 실로 그 시초에만 언제까지나 머물러 있게 될 터이다. 지의 주체가 한 가지 부동(不動)의 형식을 현존하는 것에서 끌어 들여오고 소재를 외부에서 가져와 이런 정적(靜的)인 요소 속에 빠뜨리는 방식은 내용에 관한 자의적 발상이 그러하듯이 진정 요구되는 것을 충족시키는 일과는, 즉 형태들이 자기 자신으로부터 풍요롭게 솟아 나와서 자기 자신을 규정하여 구별하는 것과는 거리가 멀다. 오히려 그것은 단지 재료가 미리 마련되어 있고 알려져 있기 때문에 재료를 구별할 줄 아는 데에 불과한 단조로운 형식주의이다.

  이때 형식주의는 이런 단조로움과 추상적 보편성을 절대적인 것이라고 주장하면서 이에 만족하지 않으려는 태도는 절대적 관점을 장악하여 고수하지 못하는 무능력이라고 단언한다. 만약 무엇인가를 다른 방식으로 표상할 수 있는 공허한 가능성만으로도 하나의 표상을 반박하는 데에 충분하고 또 이런 단순한 가능성 내지 보편적 사고가 현실적 인식이 지니는 모든 긍정적인 가치를 가진다고 한다면, 여기서도 우리는 마찬가지로 이러한 비현실성의 형식 속에 있는 보편적 이념에 일체의 가치를 부여하는 모습을 보게 되고, 또한 구별되고 규정된 것을 해체하는 일을, 또는 오히려 구별되고 규정된 것을 더 발전시키지도 않고 그 자체에서 정당화하지도 않은 채 공허의 심연 속으로 내던져버리는 일을 마치 사변적 고찰 방식인 양 간주하는 모습을 보게 된다. 여기서 어느 한 현존재를 **절대자** 속에 있는 대로 고찰한다는 것은 다름 아니라 비록 그 현존재를 하나의 무엇이라고 일컫기는 하지만 절대자 속에서는, 즉 A=A 속에서는 그와 같은 것(규정되어 구별된 것)이 전혀 존재하지 않으며 모든 것이 하나라고 말하는 데에 있다.[9] 절대자 속에서는 모든 것이 동일하다는 이 **한 가지** 지를, 구별하면서 충만해진 인식 또는 충만해지기를 갈구하고 요구하는 인식에 대립시키는 것, 또는 자신의 **절대자**를 흔히 말하듯이 모든 소가 검은색이 되는 밤이라고 내세우는 것은 인식에서 공허함이 지니는 순진함일 따름이다.[10] — 최근의 철학으로부터 성토와 비방을 받으면서도 최근의 철학 자체 속에서 재생산되는 형식주의는 그것의 불충분함이 이미 잘 알려져 있고 또 감지되었을지라도 절대적 현실성에 대한 인식이 자신의 본성에 관해서 완전히 명료해지기 전까지는 학문에서 사라지지 않을 것이다. — 일반적인 표상이 그것을 상론(詳論)하려는 시도에 앞서 미리 제시되면 그러한 상론을 파악하는 일이 수월해진다는 점을 감안한다면, 여기서 그러한 상론의 개요를 대략적으로 밝히는 것도 쓸모 있는 일일 것이다. 그리고 이는 동시에 이 기회에 철학적 인식에 고질적으로 장애가 되는 몇 가지 형식을 제거하는 데에도 도움이 될 것이다.

---

9) F. W. J. Schelling, "Darstellung meines Systems der Philosophie", in: *Zeitschrift für spekulative Physik*, Hg. von F. W. J. Schelling, Bd. 2, H. 2, Jena-Leipzig, 1801, § 4: "**이성의 존재를 위한 법칙은, 그리고 이성 외부에는 아무것도 없으므로**(§. 2) **일체의 존재를 위한 최고의 법칙은** (그것이 이성 안에서 파악되는 한에서는) **동일성의 법칙이며**, 이는 존재 일체와 관련하여 A=A로 표현된다."
10) J. Paul, *Vorschule der Aesthetik, nebst einigen Vorlesungen in Leipzig über die Parteien der Zeit*, Hamburg, 1804, p. 691, 각주: "물리학과 철학에서 이론 구성이라고 자처하는 것은 다름 아니라 형식과 질료, 사유와 존재의 추악한 혼동에 불과하며, 이는 실제로는 절대자의 검은 심연 속에서 그처럼 손쉽게 얻어지는 그런 동일성으로 결코 변형되지 않는다. 왜냐하면 밤에는 모든 차이가 검기 때문이다."

**절대자는 주체이다**

물론 체계 자체의 서술을 통해서 정당화되어야 할 터이지만 나의 견해에 따르면 일체의 관건이 되는 문제는 참된 것을 **실체**로서가 아니라 또한 **주체**로서도 파악하고 표현하는 것이다. 이와 동시에 실체성은 보편자 또는 **지의 직접성을**[11] 내포하고 있고 또한 그에 못지않게 **존재** 또는 지**에 대한** 직접성인 것 역시 내포하고 있다는 점에 유의해야 한다.— 신을 유일한 실체로 파악하는 것에 대해서 이런 규정이 표명되었던 당대가 격분했던 데에는 그러한 규정 속에서는 자기의식이 보존되지 않고 소멸할 뿐이라는 점을 감지했던 본능에 일부분 그 이유가 있다.[12] 하지만 또한 부분적으로는 사유를 사유로서 고수하는 그 반대 역시 **보편성**[13], 앞서와 똑같은 단순성 또는 구별되지 않은 부동의 실체성이다. 그리고 세 번째로 사유가 실체 자체의 존재를[14] 자신과 통일시키고 직접성이나 직관을 사유라고 파악할 경우에, 여기서 여전히 관건이 되는 점은 이런 지적(知的) 직관이 다시 생명 없는 단순성으로 퇴락하여 현실성 자체를 비현실적인 방식으로 서술하게 되지 않겠는가 하는 것이다.[15]

---

11) (Werke) **지의 직접성** 자체를
12) 여기서 헤겔은 스피노자 철학에서 유일 실체로서의 신 개념과 이를 둘러싼 논쟁을 염두에 두고 있다. B. de Spinoza, *Die Ethik nach geometrischer Methode dargestellt* (1677), Übers. von O. Baensch, Hamburg, 1976, p. 16: "이로부터 전적으로 명백하게 신은 유일하다는 점, 다시 말해 (정의 6에 따라서) 사물의 본성(자연) 속에는 오직 하나의 실체만이 있고 또 이 실체는 무제약적으로 무한하다는 점이 도출된다."
13) (Werke) **보편성** 그 자체
14) (Werke) 실체의 존재를
15) '감성적 직관'과 대비되는 개념인 '지적 직관(intellektuelle Anschauung)'은 칸트와 피히테의 철학에서 이미 등장하지만 특히 쉘링이 이를 사유와 존재의 근원적 통일을 파악하는 인식 능력으로 제시한다.

**이 명제가 뜻하는 것**

 더 나아가 생동하는 실체는 참으로 **주체**인 존재, 또는 같은 말이지만 그 실체가 자기 자신을 정립하는 운동인 한에서만 또는 자기 자신과 자기 타자화(스스로 달리 됨, Sichanderswerden)의 매개인 한에서만 참으로 현실적인 그런 존재이다. 주체로서의 실체는 순수하고 **단순한 부정성**이며, 바로 그렇기 때문에 단순한 것의 분열이다. 또는 그런 실체는 (자신을 자신과) 대립시키는 (반정립하는) 이중화인데, 이런 이중화는 다시 이렇게 아무런들 상관없는 상이성과 그 양자의 대립에 대한 부정이다. **근원적 통일**(단일성, Einheit) 그 자체나 **직접적 통일** 그 자체가 아니라 오직 이렇게 스스로를 **재구축하는** 동일성만이 또는 타자 존재(달리 있음) 속에서 자기 자신 안으로의 반성만이 참된 것이다. 참된 것이란 자기 자신의 생성이며, 자신의 종착점을 자신의 목적으로 전제하면서 출발점으로 삼고서는 오직 자신을 수행하여 종착점에 도달함으로써 비로소 현실적이게 되는 원환이다.

 그러므로 신(神)의 삶과 신적 인식은 자기 자신과 즐기는 사랑의 유희라고 진술될 수도 있다.[16] 하지만 이런 이념에 부정적인 것의 진지함과 고통스러움과 인내와 노동이 결여되어 있다면, 그것은 한낱 신심(信心)의 감화로 그리고 그 자체가 진부함으로 전락하고 만다. **즉자적으로는** 신의 삶이 혼탁해지지 않은 자기 동일성이자 자기 자신과의 통일이고, 여기에는 타자 존재 및 소외에 대한 진지함과 이런 소외의 극복에 대한 진지함이 없다. 그러나 이런 **즉자**는 추상적 보편성에 불과해서, 여기서는 **대자적으로 존재한다**는 신적 삶의 본성이 도외시되며, 이와 더불어 무릇 형식의 자기 운동

---

16) B. de Spinoza, *Ethik*, p. 289: "신에 대한 정신의 지적 사랑은 그로써 신이 자기 자신을 사랑하는 신의 사랑 자체이다."

도 도외시된다. 형식이 본질과 동일한 것이라고 언표될 경우에, 그렇기 때문에 인식은 즉자나 본질만으로도 충분해서 형식은 없어도 된다고 생각하거나 또는 절대적 근본 명제나 절대적 직관은 그런 근본 명제의 상론이나 직관의 전개를 불필요하게 만든다고 생각한다면, 이는 분명 오해이다.[17] 본질 자체만큼이나 형식도 본질에 본질적이라는 바로 그 이유에서 본질은 한낱 본질로서, 즉 직접적인 실체로서 또는 신적인 것의 순수한 자기 직관으로서만이 아니라 또한 그에 못지않게 형식으로서, 그것도 완전히 전개된 풍부한 형식으로서 파악되고 표현되어야 한다. 이를 통해 비로소 본질은 현실적인 것으로 파악되고 표현되는 것이다.

참된 것은 전체적인 것이다. 그런데 전체는 오로지 자신을 전개함으로써 스스로를 완성하는 본질이다. 절대적인 것에 관해서는 그것이 본질적으로 **결과**이며 **종착점**에서야 비로소 참으로 그것인 바대로 존재한다고 말해야 한다. 그리고 바로 여기에 현실적인 것, 주체, 자기 생성이라는 절대자의 본성이 존립한다. 절대적인 것을 본질적으로 결과로서 파악해야 한다는 것이 모순처럼 보일 수도 있겠지만 조금만 숙고해보아도 이런 모순의 가상이 곧 시정된다. 그것이 최초에 그리고 직접적으로 언표되는 바대로의 시원(始原)이라든가 원리라든가 절대적인 것은 한낱 보편적인 것에 지나

---

17) F. W. J. Schelling, "Fernere Darstellungen aus dem System der Philosophie", in: *Neue Zeitschrift für speculative Physik*, Hg. von F. W. J. Schelling, Bd. 1, Stück 1, Tübingen, 1802, pp. 43 f.: "특수자가 특수한 것이고 유한자가 유한한 것은 형식을 통해서이므로 절대자 속에서는 특수자와 보편자가 절대적으로 하나이기 때문에 **형식 또한 본질과 하나**이며, 다시 말해 그 두 가지는 절대적이다. — 이미 이런 **본질과 형식의 절대적 통일 또는 동일한 절대성 속에 앞에서 제시한 우리의 명제에 대한 증명이 놓여 있다.** 즉, 절대자 자체와 절대자에 대한 앎이 어떻게 하나일 수 있는가의 가능성, 따라서 절대자에 대한 직접적 인식의 가능성이 드러나는 것이다."

지 않는다. 내가 '**모든** 동물'이라고 말한다고 해서 이 단어가 곧 동물학으로 간주될 수 없는 것과 마찬가지로 신적인 것, 절대적인 것, 영원한 것 등등이라는 단어가 그 안에 함축되어 있는 것을 언표하지 못한다는 점 역시 주목할 만한 사실이다. 그리고 그와 같은 단어들은 단지 직접적인 것으로서의 직관만을 표현할 뿐이다. 그런 단어 이상의 것, 이를테면 단어가 하나의 명제로 이행하는 것조차도 이제 회수되어야만 할 **타자화**이자[18] 매개이다. 그런데 사람들은 바로 이런 매개를 기피한다. 매개는 결코 절대적인 것이 아니며 절대자 속에서는 매개가 전혀 존재하지 않는다는 것보다 무언가 더 많은 의미를 매개에 부여한다면, 마치 절대적 인식을 포기해야 하는 듯이라도 말이다.

그런데 이처럼 매개를 기피하는 일은 실은 매개와 절대적 인식 자체의 본성에 대한 무지에서 비롯된다. 왜냐하면 매개는 다름 아니라 스스로를 움직이는 자기 동일성(Sichselbstgleichheit)이기 때문이다. 또는 매개는 자기 자신 안으로의 반성, 대자적으로 존재하는 자아의 계기, 순수한 부정성, 또는 **단순한 생성**이기 때문이다.[19] 자아라든가 생성 일반 같은 매개는 그 단순성 때문에 또한 생성되는 직접성이고 또 직접적인 것 자체이다.―그러므로 반성을 진리로부터 배제하면서 절대적인 것의 긍정적인 계기로 포착하지 않는다면 이는 이성을 잘못 인식하는 것이다. 반성이야말로 진리를 결과로 만드는 것이지만, 또한 이런 자신의 생성에 대한 대립을 지양하는 것이기도 하다. 왜냐하면 이런 생성은 또한 단순하고, 따라서 결과에서는 단순한 것으로 나타나는 진리의 형식과 다르지 않기 때문이

---

18) (Werke) **타자화**를 함축하고 있고
19) (Werke) 또는, 그 순수한 추상으로 격하시킨다면, **단순한 생성**이기 때문이다.

다. 오히려 이런 생성은 바로 이처럼 단순성으로 복귀해 있음(되돌아간 존재, Zurückgegangensein)이다. — 태아도 분명 **즉자적으로는** 인간이지만 아직 **대자적으로** 그렇지는 않다. **즉자적으로** 그러한 바의 존재로 스스로를 **만든** 도야된 이성으로서만 태아는 인간이 되는 것이다. 이것이야말로 비로소 이성의 현실태이다. 하지만 이런 결과는 그 자체가 단순한 직접성이다. 왜냐하면 그것은 자기 자신 안에 안거하면서도 대립을 옆으로 제쳐놓고 방치하는 것이 아니라 대립과 화해를 이룬 그런 자기의식적 자유이기 때문이다.

지금까지 논한 것을 달리 표현하면 이성은 **합목적적 행동**이라는 것이다. 잘못 생각한 자연을 잘못 인식한 사유보다 상위에 놓고 또 애초에는 다만 외적 합목적성을 추방하려고 했던 것이 **목적**이라는 형식 일반을 불신하게끔 만들었다. 그렇지만 아리스토텔레스도 자연을 합목적적 행동이라고 규정했듯이, 목적은 스스로를 움직이는 또는 주체인 직접적인 것 내지 정지해 있는 것(부동의 동자)이다.[20] 목적이 지닌 추상적인 동력은[21] **대자 존재** 또는 순수한 부정성이다. 결과가 시초와 동일한 까닭은 시초가 바로 목적이기 때문이다. — 또는 현실적인 것이 그 개념과 동일한 까닭은 목적으로서의 직접적인 것이 자기(自己) 또는 순수한 현실성을 자기 자신 안에 지니고 있기 때문이다. 수행한 목적 또는 현존재하는 현실적인 것은 운동이고 전개된 생성이다. 그런데 이런 불안정(쉼 없음, Unruhe)이 곧 자기(自己)이다. 그리고 그것이 시초의 직접성 및 단순성과 동일한 까닭은 그것이 결과, 즉

---

20) (Werke) 목적은 직접적인 것, **정지해 있는 것**, 움직이지 않는 것이면서도 **스스로를 움직이는 것**이며, 따라서 그것은 **주체**이다.
Aristoteles, *Physika*, 194a 28 이하 및 같은 이, *Metaphysika*, 1072b 1 이하 참조.
21) (Werke) 추상적으로 보자면 이런 목적이 지닌 동력은

자신 안으로 귀환한 것이고, 자신 안으로 귀환한 것이 곧 자기(自己)이며, 자기(自己)는 자기 관련적 동일성이자 단순성이기 때문이다.

절대자를 **주체**로 표상하려는 욕구는 다음과 같은 명제를 채용한다. '**신은 영원한 것이다**', '**신은 도덕적 세계 질서이다**',[22] '**신은 사랑이다**' 등등. 하지만 이와 같은 명제에서는 참된 것이 단지 그냥 주어로 설정되어 있을 뿐이지 자기 자신 안으로 반성하는 운동으로 서술되지는 않는다.[23] 그런 유형의 명제는 '**신**'이라는 단어로 시작한다. 그런데 이 단어는 혼자만으로는 무의미한 소리, 한낱 이름에 지나지 않는다. 여기서는 술어가 비로소 **그것이**(주어가) **무엇인지**를 말해주며, 술어가 그것의 충족이자 의미이다. 공허한 시초가 오직 이런 종착점에서야 비로소 현실적인 지가 되는 것이다. 그렇다면 왜 굳이 그런 무의미한 소리('신'이라는 명목상의 주어)를 덧붙이지 말고 오직 (술어로 등장하는) 영원한 것, 도덕적 세계 질서 등등만을, 혹은 고대인들이 그렇게 했듯이 존재라든가 일자(一者, das Eine) 등등의 순수한 개념들만을,[24] 다시 말해 의미 있는 것만을 말하지 않는지 알 길이 없다. 그러

---

22) J. G. Fichte, "Ueber den Grund unseres Glaubens an eine göttliche WeltRegierung", in: *Philosophisches Journal einer Gesellschaft Teutscher Gelehrten*, Hg. von J. G. Fichte/F. I. Niethammer, Bd. 8, H. 1, Jena-Leipzig, 1798, p. 15: "그렇게 생동하면서 작동하는 도덕적 질서는 그 자체가 신이다. 우리는 그 외의 어떤 다른 신도 필요하지 않으며, 그 외의 다른 신을 파악할 수도 없다. 그와 같은 도덕적 세계 질서를 벗어나야 할 어떤 근거도 이성 속에 놓여 있지 않다."

23) 여기서 '주체'와 '주어'는 모두 같은 단어인 'Subjekt'의 번역어이다. 앞에서 헤겔이 강조했듯이 "참된 것을 또한 주체로서 파악하고 표현해야 한다."라고 할 때나 그와 유사한 맥락에서의 'Subjekt'는 자신을 정립하는 운동의 생동하는 자기 동일자를 의미하는 '주체'이다. 반면에 지금 언급하고 있는 형이상학적 명제들에서는 'Subjekt'가 단지 문장의 문법적 '주어'의 역할을 하는 데에 국한된 정지해 있는 기체(基體, '밑에 놓여 있는 것'이라는 뜻의 sub-iectum)로 이해되고 있다는 것이다.

24) Parmenides, Fragmente 8, in: *Die Fragmente der Vorsokratiker*, Hg. von W. Kranz, Bd.

나 '신'이라는 단어는 존재나 본질이나 보편자 일반이 아니라 자신 안으로 반성된 것, 즉 주체가 정립되어 있다는 사실을 지시한다. 하지만 동시에 이러한 사실이 여기서는 단지 선취되어 있을 뿐이다. 주어(주체)는 받침대로서 거기에 술어들이 들러붙는 고정된 점(點)으로 상정된다. 그리고 이렇게 술어가 부여되는 것은 그런 주어에 대한 지식을 가진 자(주어나 술어와 독립적인 외부의 제3자)에게만 귀속할 뿐이지 또한 점(주어) 자체에 귀속한다고는 간주되지 않는 운동을 통해서 이루어진다고 상정된다. 그런데 오직 후자의 운동을 통해서만 그 내용이 주어(주체)로서 서술될 것이다. 그러나 운동이 지금과 같은 방식의 상태에 있는 한 그 운동은 주어에 귀속할 수가 없다. 그런데 그와 같이 고정된 점을 전제하고 나면 그 운동도 다른 상태로는 있을 수 없고 오직 외적인 것일 수 있을 뿐이다. 따라서 절대자는 주체라는 것에 대한 그와 같은 선취는 이 개념의 현실성이 아닐 뿐더러 심지어는 그 현실성을 불가능하게 만든다. 왜냐하면 이런 (개념의) 현실성은 자기 운동인 반면에, 그러한 선취는 이 개념을 정적인 점(點)으로 설정하기 때문이다.

지금까지 논한 것으로부터 도출되는 여러 귀결 중에서 다음과 같은 점을 부각시킬 수 있다. 즉, 지는 오직 학문으로서만 또는 체계로서만 현실적이고 또 서술될 수 있다. 더 나아가 이른바 철학의 근본 명제나 원리는 설사 참이라 할지라도 그것이 근본 명제나 원리라는[25] 바로 그 이유만으로도 이미 또한 거짓이다. ─ 그렇기 때문에 근본 명제를 반박하기란 손쉬운 일이다. 반박은 그것의 결함을 내보이는 데에 있다. 그런데 근본 명제는

---

1. Berlin, 1951, p. 235: "존재하는 것은 생성되지 않았기에 소멸하지도 않으며, 전체이고 유일하고 흔들리지 않고 끝이 없다. 그것은 현재 속에서 전체이자 일자이자 함께 결집되어 있는 것으로서 현존하기 때문에 결코 존재했던 적이 없고 존재하게 되지도 않을 것이다."
25) (Werke) 그것이 단지 근본 명제나 원리인 한

단지 보편적인 것, 원리, 시원에 불과하기 때문에 이미 결함을 지니는 것이다. 근본 명제에 대한 반박이 철저하다면, 그것은 근본 명제 자체로부터 취해서 전개되는 것이지 그에 대립하는 단언이나 착상을 통해 외부로부터 실행되는 것이 아니다. 따라서 반박이 자신의 **부정적인** 측면에만[26] 주목할 뿐이지 자신의 진행과 결과를 **긍정적인** 측면에 따라서 의식하지는 못하는 자기 오해에 빠지지만 않는다면, 반박은 실은 반박되는 근본 명제의 전개이고, 따라서 그것의 결함을 보완하는 것이다. ― 이와 마찬가지로 시원의 진정한 **긍정적** 수행은 동시에 역으로 시원에 대한 부정적 취급, 즉 이제 겨우 **직접적인 것** 또는 **목적**에 불과하다는 시원의 일면적인 형식에 대한 부정적 취급이기도 하다. 이에 따라 시원의 긍정적 수행은 그에 못지않게 체계의 **근거**를 이루는 것에 대한 반박으로, 좀 더 정확하게 말하면, 체계의 **근거**나 원리가 실은 체계의 **시초**에 불과하다는 사실을 적시하는 것으로 간주될 수 있다.

진리는 오직 체계로서만 현실적이라는 사실, 또는 실체가 본질적으로 주체라는 사실은 절대자를 (더없이 숭고한 개념이자 근대와 근대 종교에 속하는) **정신**이라고 진술하는 표상 속에서 표현된다. 오직 정신적인 것만이 **현실적인 것**이다. 정신적인 것은 본질 또는 **즉자적으로** 존재하는 것이다. 그리고 그것은 **태도를 취하며 관계하는 것**(das sich Verhaltende) 또는 규정된 것,[27] **타자 존재**이자 **대자 존재**이다. 또한 그것은 이러한 규정성 속에서 또는 자신의 탈자(脫自) 존재 속에서 자기 자신 안에 머무르는 것이며, 그것은 **즉자 대자적**이다. ― 그러나 정신적인 것은 처음에는 우리에 대해 또

---

[26] (Werke) 자신의 **부정적인** 행동에만
[27] (Werke) 그리고 그것은 **태도를 취하며 관계하는 것**이자 **규정된 것**.

는 **즉자적으로** 이런 즉자 대자 존재이다. 또는 그것은 정신적 **실체**이다. 정신적인 것은 **대자적으로도**(그 자신에 대해서도) 즉자 대자 존재가 되어야 한다. 즉, 그것은 정신적인 것에 대한 지가 되어야 하고 또 정신으로서의 자기 자신에 대한 지(자신이 정신임을 아는 지)가 되어야 한다. 다시 말해 그것은 스스로에게 **대상**으로서 존재해야 하되 또한 직접적으로 **매개된** 대상, 즉 지양되고 자신 안으로 반성된 대상으로서[28] 존재해야 한다. 이러한 대상은 그 정신적 내용이 자기 자신에 의해 산출된 한에서는 오직 우리에 대해서만 **대자적**이다.[29] 그렇지만 대상이 자기 자신에 대해서도 대자적인 한에서는 이러한 자기 산출 내지 순수한 개념이 동시에 대상에 자신의 현존재를 갖게 되는 대상적 요소가 된다. 이와 같은 방식으로 대상은 자신의 현존재 속에서 그 자신에 대해(대자적으로) 자신 안으로 반성된 대상이 된다.— 이렇게 스스로를 정신이라고 아는 정신이[30] 바로 **학문**이다. 학문은 정신의 현실태이자 정신이 자신의 고유한 요소 속에서 스스로 건설한 왕국이다.

**지의 요소**

절대적 타자 존재 속에서의 **순수한** 자기 인식, 바로 이 에테르(Äther) 자체야말로 학문의 근거이자 지반 또는 **지 일반**이다. 철학의 시작은 의식이 이러한 요소 속에 자리 잡고 있다는 것을 전제하거나 요구한다. 그렇지만

---

28) (Werke) 또한 직접적으로 지양되고 자신 안으로 반성된 대상으로서
29) 상당수의 번역서들은 이 문장의 주어 'er'가 지시하는 것을 바로 앞에 나오는 '대상' 대신에 그보다 훨씬 전에 등장하는 '정신'으로 본다. 이 독해를 따른다면 이 문장과 그 이하의 번역은 다음과 같다. "이러한 정신은 그 정신적 내용이 자기 자신에 의해 산출된 한에서는 오직 우리에 대해서만 **대자적**이다. 그렇지만 정신이 자기 자신에 대해 대자적인 한에서는 이러한 자기 산출 내지 순수한 개념이 동시에 정신에게 자신의 현존재를 갖게 되는 대상적 요소가 된다. 이와 같은 방식으로 정신은 자신의 현존재 속에서 자기 자신에 대해 자신 안으로 반성된 대상이 된다."
30) (Werke) 이렇게 전개되어 스스로를 정신이라고 아는 정신이

이 요소는 그 자체가 오직 자신의 생성 운동을 통해서만 완성과 투명성을 지니게 된다. 그것은 순수한 정신성, 또는 단순한 직접성이라는 방식을 가진 보편적인 것이다.[31] 이 요소가 정신의 직접성이고 또 실체는 무릇 정신이기 때문에, 순수한 정신성은 **거룩하게 변용된 본질태**(verklärte Wesenheit)이고, 그 자체가 단순하거나 직접성인 반성이며, 자기 자신으로의 반성인 존재이다.[32] 학문은 그 나름대로 자기의식이 학문과 함께 그리고 학문 속에서 살 수 있고 또 살게끔 하기 위해서 자신을 이러한 에테르로 고양시킬 것을 자기의식에게 요구한다. 역으로 개인은 학문이 적어도 이러한 입지점에까지 오를 수 있는 사다리를 자신에게 건네줄 것을 요청할 권리를 가지고 있다.[33] 이 권리는 개인이 어떠한 형태의 지에서건 보유하고 있음을 알고 있는 절대적 자립성에 근거한다. 왜냐하면 어떠한 형태의 지에서건, 그것이 학문으로부터 승인을 받건 그렇지 못하건 간에 그리고 그 내용이 무엇이건 간에, 개인은 동시에 절대적 형식이기 때문이다. 또는 개인은 자기 자신에 대한 **직접적 확신**을 그리고 이와 더불어, 이런 표현을 선호한다면, 무제약적 **존재**를 가지고 있기 때문이다.[34] 자기 자신과의 대립 속에서 대상 사물을 인지하고 또 대상 사물과의 대립 속에서 자기 자신을 인지하는

---

31) (Werke) 그것은 단순한 직접성이라는 방식을 가진 **보편적인 것**으로서의 순수한 정신성이다.
32) (Werke) ─ 그 자체로서 **실존**을 지니는 이러한 단순한 것이 바로 사유이자 오직 정신 속에 존재하는 지반이다. 이러한 요소, 이러한 정신의 직접성이 정신의 실체적인 것 일반이기 때문에, 정신의 직접성은 **거룩하게 변용된 본질태**이고, 그 자체가 단순하고 대자적으로 직접성 자체인 반성이며, 자기 자신으로의 반성인 **존재**이다.
33) (Werke) 역으로 개인은 학문이 적어도 이러한 입지점에까지 오를 수 있는 사다리를 자신에게 건네줄 것을, 개인에게 자신 안에서 그런 사다리를 제시해줄 것을 요청할 권리를 가지고 있다.
34) (Werke) 즉, 개인은 자기 자신에 대한 **직접적 확신**이고 이와 더불어, 이런 표현을 선호한다면, 무제약적 **존재**이기 때문이다.

의식의 입장이 학문에는 **타자**로 간주될 경우에 (즉, 의식으로 하여금 자기 자신에 머물도록 하는 것이 오히려 정신의 상실로 간주될 경우에), 반대로 학문의 요소가 의식에게는 그가 더 이상 자기 자신을 지키지 못하게 되는 머나먼 피안이 되고 만다. 그러면 의식과 학문이라는 두 가지 부분 중에서 어느 쪽도 다른 쪽에 진리의 전도(轉倒)로 나타난다. 자연적 의식이 자신을 곧바로 학문에 의탁하려고 하는 것은 자신이 무엇에 이끌렸는지도 모르는 채 갑자기 머리로 걸으려고 하는 자연적 의식의 시도이다. 이렇게 익숙하지 않은 자세를 취하고 그 자세로 움직이라고 강요하는 것은 의식으로 하여금 스스로에게 가하기를 부당하게 요구하는, 준비되지도 않고 필요해 보이지도 않는 폭력이다. ─ 학문이 그 자체로는 무엇이 되었건 간에, 직접적 자기의식과의 관계에서는 학문이 직접적 자기의식에 대해 전도된 것으로 나타난다. 또는 직접적 자기의식이 현실성의 원리이기 때문에,[35] 직접적 자기의식이 학문의 영역 밖에 홀로 있을 때에는 학문이 비현실성의 형식을 띠게 된다. 그러므로 학문은 직접적 자기의식이라는 요소를 자기 자신과 통합해야만 한다. 또는 오히려 학문은 직접적 자기의식이라는 요소가 학문 자체에 귀속한다는 것과 또 어떻게 귀속하는지를 보여주어야 한다. 현실성을 결여하고서는 학문이 한낱 **즉자**에 머무는, 즉 여전히 **내적인 것**이어서 아직 정신으로서 존재하지 못한 채 단지 겨우 정신적 실체에 머무는 **목적**에 불과하다.[36] 학문은 스스로를 외화하여 대자적으로 되어야 한다.[37]

---

35) (Werke) 또는 직접적 자기의식은 그 현실성의 원리를 자기 자신에 대한 확신 속에서 지니기 때문에,

36) (Werke) 현실성을 결여한 것으로서는 학문이 한낱 **즉자**로서의 내용, 즉 아직 겨우 **내적인 것**이어서 정신으로서 존재하지 못한 채 단지 겨우 정신적 실체에 머무는 **목적**에 불과하다.

37) (Werke) 이러한 즉자는 스스로를 외화하여 **대자적으로** 되어야 한다.

이는 다름 아니라 학문이[38] 자기의식을 자기 자신과 하나로 정립해야 함을 뜻한다.

### 지로의 고양이 곧 정신현상학이다

학문 체계의 제1부인 정신**현상학**은[39] 바로 이러한 **학문 일반**의 생성 또는 **지**의 생성을 서술한다. 처음에 그러한 바대로의 지 또는 **직접적 정신**은 곧 정신을 결여한 것 또는 **감각적 의식**이다. 그것이 본래의 지가 되려면 또는 학문의 순수한 개념인[40] 학문의 요소를 산출하려면, 직접적 정신은[41] 긴 도정을 애써 헤쳐 나아가야만 한다. ─ 그 과정 중에 나타나는 내용과 형태들 속에서 제시되는[42] 이러한 생성은 비학문적 의식을 학문으로 인도하는 일과는 다른 것처럼 보이고 또 학문을 근거 짓는 일과도 다른 것처럼 보인다.[43] ─ 아무튼 이러한 생성은 마치 권총에서 발사되듯이 곧바로 절대지(絶對知, das absolute Wissen)로부터 시작하고서는 다른 입장들은 거들떠보지 않겠다고 선언하는 것만으로도 이미 다른 입장들을 불식시켰다고 여기는 그런 열광과는 다른 것처럼 보인다.[44]

그러나 우리는 개인이 지닌 도야되지 않은 관점을 지로 이끄는 과제를 그 보편적인 의미에서 포착해야 했고 또한 보편적 개체인 세계 정신을[45] 그 도야 과정 속에서 고찰해야 했다. ─ 이 양자 사이의 관계에 관해서 말하자

---

38) (Werke) 즉자가
39) (Werke) 정신**현상학**은 (앞의 "학문 체계의 제1부인"이 생략됨)
40) (Werke) 순수한 개념 자체인
41) (Werke) 감각적 의식은
42) (Werke) 제시될
43) (Werke) 이러한 생성은 비학문적 의식을 학문으로 인도한다는 말에서 사람들이 먼저 떠올리는 것은 아닐 터이고 또 학문을 근거 짓는 일과도 다르다.
44) (Werke) 그런 열광과는 다르다.
45) (Werke) 자기의식적 정신을

면, 보편적 개체 속에서는 온갖 계기들이 저마다 구체적인 형식과 고유한 형태를 획득하는 방식에 따라서 나타난다. 반면에 특수한 개체는 불완전한 정신, 그것의 현존재 전체가 **한 가지** 규정성에 귀속되고[46] 또 그 안에서 여타의 형태들은 단지 희미한 윤곽으로만 현존하는 하나의 구체적인 형태이다. 다른 정신보다 더 높은 단계에 있는 정신 속에서는 더 낮은 단계의 구체적인 현존재가 눈에 띄지 않는 계기로 격하된다. 전에는 사태 자체이던 것이 이제는 단지 그저 흔적으로만 남는다. 그것의 형태는 가리어져서 단순한 음영(陰影)이 되어버렸다. 더 높은 단계에 있는 정신을 자신의 실체로 지니고 있는 개인(개체)은 이런 과거를 다시 거쳐 지나가게 된다. 이는 더 높은 수준의 학문에 착수하려는 사람이 이미 오래전에 익힌 예비지식의 내용을 다시 생생하게 만들기 위해서 새삼 쭉 검토하는 것과 마찬가지 방식이다. 그가 비록 이 예비지식에 대한 기억을 되살리긴 하지만, 그렇다고 거기에 관심을 가지고서 천착하려는 것은 아니다. 이처럼 각 개별자도 보편적 정신이 거쳐 온 도야 단계들을 두루 거쳐 가지만,[47] 이 도야 단계들은 정신이 이미 탈피한 형태이고 평탄하게 다 닦아놓은 도상(途上)의 단계들이다. 이는 우리가 지식과 관련해서 이전 시대에는 성숙한 정신의 소유자가 탐구했던 지식이 이제는 소년기의 지식이나 연습, 심지어 놀잇거리로 전락하는 사실을 목격하고 또 교육의 진보 과정 속에서 마치 실루엣처럼 묘사된 세계의 형성사를 인식하게 되는 것과 마찬가지이다. 이런 과거의 현존재는 보편적 정신이 이미 획득한 소유물이 되는데, 이 보편적 정신은 개인의 실체 또는 개인의 비유기적 자연(본성)을 형성하는 것이다.[48] — 이런 관

---

46) (Werke) 그것의 현존재 전체에서 **한 가지** 규정성이 지배적이고
47) (Werke) 개별자도 내용상 보편적 정신이 거쳐 온 도야 단계들을 두루 거쳐 가야 하지만,

점에서 개인의 도야는[49] 개인의 측면에서 본다면 이런 기존의 것을 습득하고 자신의 비유기적 자연을 양식으로 삼아 그 자신을 위한 점유물로 만드는 데에 존립한다. 그런데 이는 또한 다름 아니라 그에 못지않게 보편적 정신 또는 실체가 스스로에게 자신의 자기의식을 부여하는 것 또는 자신의 생성과 자기 내 반성을 부여하는 것이다.[50]

학문은 이러한 도야 운동을 상세하게 그리고 그 필연성에 따라서 서술할 뿐만 아니라 이미 정신의 계기이자 소유물로 격하된 것을 그 형태에서 서술한다. 이때 그 목표는 지가 무엇인지를 파악하는 정신의 통찰이다. 조급함(조급한 사람은)은 수단 없이 목표에 도달하려는 불가능한 일을 요구한다. 그러나 한편으로 우리는 이 도정의 **장구한 길이**를 감내해야만 한다. 왜냐하면 각각의 계기가 모두 필수적이기 때문이다.— 다른 한편 우리는 각각의 계기에 **머물면서 천착**해야만 한다. 왜냐하면 그 계기들은 저마다 그 자체가 개체적인 전체 형태이며, 각각의 계기는 오직 그 규정성이 전체적인 것이나 구체적인 것으로서 고찰되거나 혹은 전체가 이런 규정의 특유성 속에서 고찰되는 한에서만 절대적으로 고찰되기 때문이다.— 개인의 실체가, 다시 말해 세계 정신이[51] 시간의 긴 연장 속에서 이런 형식들을 거쳐가면서 세계사의[52] 엄청난 노동을 떠맡는 인내심을 가졌기 때문에, 그리고

---

48) (Werke) 이 보편적 정신은 개인의 실체를 형성하는 것이고 또 그것이 개인에게 외적인 것으로 나타나게 되면 개인의 비유기적 자연을 형성하는 것이다.
49) (Werke) 이런 관점에서 도야는
50) (Werke) 그런데 이는 실체인 보편적 정신의 관점에서는 다름 아니라 실체가 스스로에게 자신의 자기의식을 부여하면서 자신의 생성과 자기 내 반성을 산출해내는 것이다.
51) (Werke) 개인의 실체가, 심지어는 세계 정신이
52) (Werke) 심지어는 세계 정신이 각각의 모든 형식 속에서 그 형식이 감당할 수 있는 세계 정신의 전체 내용을 산출하여 형태화해온 세계사의

세계 정신이 그만한 인내심을 갖지 않고서는 자기 자신에 대한 의식에 도달할 수 없었기 때문에, 개인도[53] 그렇게 하지 않고서는 자신의 실체를 파악할 수 없다. 그렇지만 동시에 개인은 좀 더 적은 노고만을 기울여도 된다. 왜냐하면 그러한 작업이 **즉자적으로는** 완수되었기 때문이다. 즉, 그 내용은 이미 가능성으로 바뀌어 소멸된 현실성이고 제압된 직접성이기 때문이다.[54] 이미 **사유된 것**으로서 그 내용은 개체의 소유물이다.[55] 이제는 더 이상 **현존재**를 즉자 존재로 전환하는 일이 아니라 오히려 다만 **즉자**를 **대자** 존재라는 형식으로 전환하는 일이 필요할 따름이다.[56] 그 방식에 관해서는 앞으로 좀 더 상세하게 규정할 것이다.[57]

**표상된 것과 알려진 것을 사고로 고양하기**

이러한 운동에서 개인은 **현존재**를 지양하는 일을 면제받는다.[58] 하지만 형식들에 대한 **표상**과 **익숙하게 알려져 있음**(Bekanntschaft)이 아직 (지양해야 할 일로) 남아 있다.[59] 실체 속으로 환수된 현존재는 그러한 첫 번째 부정을 통해 기껏해야 **직접적으로** 자기(自己)라는 요소로 전이되었을 뿐이다. 따

---

53) (Werke) 사태 자체라는 측면에서 보면 개인도
54) (Werke) 즉, 그 내용은 이미 가능성으로 바뀌어 소멸된 현실성(die zur Möglichkeit getilgte Wirklichkeit)이고 제압된 직접성(die bezwungene Unmittelbarkeit)이며, 형태화는 이미 그 약어(略語)로, 다시 말해 단순한 사유 규정으로 격하되었기 때문이다.
55) (Werke) 이미 **사유된 것**으로서 그 내용은 실체의 **소유물**이다.
56) (Werke) 이제는 더 이상 현존재를 **즉자 존재**라는 형식으로 전환하는 일이 아니라, 오히려 한낱 근원적 즉자도 아니고 현존재 속으로 함몰된 즉자도 아닌 이미 **기억된 즉자**를 **대자 존재**라는 형식으로 전환하는 일이 필요할 따름이다.
57) (Werke) 그렇게 하는 방식에 관해서는 앞으로 좀 더 상세하게 진술할 것이다.
58) (Werke) 여기서 이제 이런 운동에 착수하는 지점에 서 있는 우리는 전체 과정 중에서 현존재를 지양하는 일을 면제받는다.
59) (Werke) 하지만 형식들에 대한 **표상**과 **익숙하게 알려져 있음**이 아직 남아 있어서 더 고차원의 개조를 요한다.

라서 그것은[60] 현존재 자체와 마찬가지로 개념적으로 파악되지 않은 직접성 또는 부동의 아무런들 상관없음(Gleichgültigkeit)이라는 성격을 여전히 지니고 있다. 또는 그것은 단지 **표상**으로 이행되었을 뿐이다.―동시에 이를 통해 그것은 **알려져 있는 것**, 정신이[61] 할 일을 다 마쳤고 따라서 거기에 더 이상 활동을 쏟지도 않고 그래서 관심도 두지 않는 그런 것이 된다. 현존재와 마무리를 지은 활동은 직접적인 매개 또는 현존재하는 매개이고, 따라서 단지 자신을 개념적으로 파악하지 못하는 특수한 정신의 운동에 불과하다.[62] 반면에 지는 이를 통해 얻은 표상 내지 그렇게 알려져 있음을 표적으로 겨냥하는 것이고, 그것은 보편적 자기(自己)의 행동이며 사유의 관심사이다.

무릇 익숙하게 알려져 있는 것은 그것이 **알려져 있다**는 바로 그 이유에서 오히려 인식되지 않은 것이다. 인식할 때 무엇인가를 알려져 있는 것으로 전제하고서 그냥 받아들이는 태도는 가장 흔한 자기 기만이자 타인에 대한 기만이다. 어떻게 얻게 되었는지도 모르는 그런 지는 그 모든 설왕설래 속에서도 꿈쩍하지 않는다. 주체와 객체라든가 신, 자연, 오성, 감성 등(의 개념들)은 검토되지도 않은 채 잘 알려져 있어서 타당한 것으로 근저에 놓이고는 출발과 귀환의 고정점을 이루게 된다. 운동은 다만 부동으로 유지되는 이 고정점들 사이에서 오가며, 따라서 단지 그 고정점들의 표면에서만 진행된다. 그리하여 파악하고 검증하는 일도 각자가 그중에서 언급

---

60) (Werke) 따라서 자기(自己)가 획득한 이 소유물은
61) (Werke) 현존하는 정신이
62) (Werke) 현존재와 마무리를 지은 활동은 그 자체가 단지 자신을 개념적으로 파악하지 못하는 특수한 정신의 운동에 불과하다.
　　여기까지가 Werke판에서 헤겔 자신이 작성했던 수정 노트가 반영되었던 부분이다.

한 것이 자신의 표상 속에서도 발견되는지, 그것이 자신에게 그럴듯해 보이고 알려져 있는지 아닌지를 살펴보는 것일 따름이다.

이전에도 늘 행해져 왔던 일인 표상을 **분석하는 일**은 이미 다름 아니라 그 표상이 알려져 있다는 형식을 지양하는 것이다. 표상을 그 근원적인 요소들로 분해하는 일은 표상의 계기들로 되돌아가는 것인데, 이때 이 계기들은 적어도 더 이상 소여된 표상이라는 형식을 지니지 않고 자기(自己)의 직접적인 소유물을 형성하게 된다. 물론 이런 분석은 단지 그 자체가 잘 알려져 있고 고정되어 있으며 정적인 규정인 **사고**(思考)로 귀착할 것이다. 그렇지만 이렇게 **분리된 것**, 비현실적인 것 자체야말로 본질적인 계기이다. 왜냐하면 구체적인 것은 바로 스스로를 분리하여 비현실적인 것으로 되는 까닭에 스스로 움직이는 자이기 때문이다. 분리 활동은 더욱이 경이롭고 가장 거대한 또는 심지어 절대적인 위력인 **오성**의 힘이자 노동이다. 안으로 닫혀서 정지한 채로 실체로서 자신의 계기들을 지탱하고 있는 원환은 직접적인 관계이며, 따라서 전혀 경이로울 것이 없는 관계이다. 하지만 그 원환의 권역에서 분리되어 나온 우유적(偶有的)인 것 자체, 타자와 엮여 있고 오직 타자와의 연관 속에서만 현실적인 것이 자신의 고유한 현존재에서 떨어져 나온 자유를 획득하게 되는 것이야말로 부정적인 것이 지닌 엄청난 위력이다. 그것이 바로 사유의 에너지, 순수한 자아의 에너지이다. 우리가 그와 같은 비현실성을 죽음이라고 부른다면, 죽음은 가장 공포스러운 것이며, 죽음을 굳건히 붙들고 있는 것은 가장 큰 힘을 요하는 일이다. 힘없는 아름다움은 오성을 증오한다. 왜냐하면 오성은 힘없는 아름다움이 할 수 없는 일을 하도록 과도하게 요구하기 때문이다. 그러나 겁에 질려 죽음을 기피하면서 황폐화로부터 자신을 순수하게 보존하는 삶이 아니라 죽음을 견디어 내고 죽음 속에서 자신을 유지하는 삶이 바로 정신의 삶이다. 정신은 절대적 파열 속에서 자기 자신을 가다듬어 되찾음으로써만 자신의 진리를 획득한다. 마치 우리가 어떤 것에 관해서 그것은 아무것도 아니라거나 거짓된 것이라고 말하고는 이제 그것과 마무리를 짓고 떠나와서 다른 어떤 것으로 넘어가는 것과 마찬가지로 부정적인 것을 도외시하는 긍정적인 것으로서는 정신이 이런 위력을 지니지 못한다. 오히려 정신은 부정적인 것을 직시하고 부정적인 것에 머물면서 천착할 때에만 이런 위력을 얻는다. 이처럼 머물러 천착하는 것이야말로 부정적인 것을 존재로 반전시키는 마력(魔力)이다. — 이런 마력이 곧 앞에서 주체라고 부른 것과 똑같은 것이다. 주체는 자신의 요소 속에 있는 규정성에 현존재를 부여하여 추상적인 직접성, 즉 무릇 단지 **존재하는** 직접성을 지양하며, 이를 통해 참된 실체가 된다. 그럼으로써 주체는 매개를 자신 밖에 지니는 것이 아니라 바로 매개 자체인 그런 존재 또는 직접성이다.

**또한 이를 개념으로 고양하기**

표상된 것을 순수한 자기의식의 소유물로 만드는 일, 바로 이런 보편성 일반으로의 고양은 도야의 단지 **한 가지** 측면일 뿐이지 아직 완성된 도야는 아니다. — 고대의 연구 양식은 자연적 의식을 진정으로 수미일관하게 도야시켰다는 점에서 최근의 연구 양식과 상이하다. 자신의 현존재가 지닌 모든 부분을 하나하나 시험해 보고 또 마주치는 모든 것에 관해 철학을 하면서 고대의 학문 연구는 자신을 철저하게 활성화한 보편성으로 산출해 냈다. 이에 반해 근대에는 개인이 추상적 형식을 이미 갖춘 상태로 발견한다. 이런 추상적 형식을 포착하여 자신의 것으로 만드는 일은 현존재의 구체성과 잡다성에서 보편적인 것이 발현되는 것이라기보다는 오히려 내면적인 것이 무매개적으로 분출되고 보편적인 것이 단절된 채로 산출되는 것이다. 따라서 이제 노력을 기울여야 할 일은 개인을 직접적인 감각적 방식으로부터 정화시켜서 사유되고 또 사유하는 실체로 만드는 데에 있다기보다는 오히려 정반대로 고착화된 규정된(특정한) 사고들을 지양함으로써 보편적인 것을 실현하면서 정신을 불어넣는 데에 있다. 고착된 사고를 유동화하는 일은 감각적 현존재를 유동화하는 일보다 훨씬 더 어렵다. 그 이유는 이미 앞에서 제시했다. 즉, 사고의 규정은 자아, 부정적인 것의 위력, 순수한 현실성을 자신의 현존재의 실체이자 요소로 삼는 반면에, 감각적 규정을 한낱 무기력한 추상적 직접성 또는 존재 자체만을 실체이자 요소로 삼고 있기 때문이다. 사고가 유동화되려면 순수한 사유라는 내적 **직접성**이 스스로를 계기라고 인식하거나 또는 순수한 자기 확신이 자신을 사상(捨象)해야 한다. 그런데 이러한 사상(捨象)은 순수한 자기 확신이 자신을 제거하여 치워버림으로써가 아니라 오히려 순수한 자기 확신의 자기 정립의 (다음 두 가지 계기들 속에서) **고착된 것**을 포기함으로써 이루어진다. 다시 말해 그것은 순수하게 구체적인 것(이라는 계기) 속에서 고착된 것을, 즉 구별된 내용과 대립하는 자아 자체를 포기하고, 또한 순수한 사유라는 요소 속에 정립되면서 자아가 지니게 된 그와 같은 무제약성에 관여하는 구별된 것들(이라는 계기) 속에서 고착된 것도 포기함으로써 이루어지는 것이다. 이러한 운동을 통해 순수한 사고는 **개념**이 되며, 비로소 순수한 사고가 참으로 그러한 바대로의 것, 즉 자기 운동, 원환, 순수한 사고의 실체인 것, 정신적 본질이 된다.

이 순수한 본질들의 운동이 무릇 학문성의 본질을 이룬다. 내용의 연관이라는 면에서 고찰한다면 이 운동은 그 내용이 유기적 전체를 향해 나아가는 필연성이자 확장이다. 지의 개념에 도달하는 도정도 이와 마찬가지로 이 운동을 통해 필연적이고 완전한 생성이 된다. 그럼으로써 이러한 준비는 불완전한 의식의 이러저러한 대상이나 관계나 사고에 결부된 그리고 불완전한 의식에 수반되는 우연성에 결부된 우연한 철학함이기를 멈추게 되며 또한 설왕설래하는 논변(사리를 따지는 요설)과 추론과 도출을 통해 규정된 사고로부터 진리를 근거짓고자 시도하는 우연한 철학함이기를 멈추게 된다. 오히려 이 도정은 개념의 운동을 통해 의식의 완전한 세계성을 그 필연성 속에서 포괄하게 될 것이다.

더 나아가 이와 같은 서술은 학문의 **제1부**를 이룬다. 왜냐하면 최초의 것으로서 정신의 현존재는 다름 아니라 직접적인 것 또는 시원에 불과하며, 시원은 아직 정신이 자신 안으로 귀환한 것이 아니기 때문이다. 그러므로 **직접적 현존재라는 요소**는 이 학문의 제1부를 다른 부분과 구분하는 변별적 규정성이다. ─ 이러한 차이점의 제시는 이와 관련하여 떠오르곤 하는 몇 가지 고정 관념에 관한 논의로 이끈다.

정신의 직접적 현존재인 **의식**은 지 그리고 지에 부정적인 대상성이라는 두 가지 계기를 가지고 있다. 이러한 요소 속에서 정신이 발전하면서 자신의 계기들을 펼쳐 놓기 때문에 이 두 가지 계기가 그렇게 대립하게 되며, 그 두 가지가 다 의식의 형태를 띠고 등장하게 된다. 이러한 도정의 학문이 바로 의식이 겪는 **경험**의 학문이다. 여기서는 실체와 실체의 운동이 어떻게 의식의 대상이 되는지에 따라서 실체를 고찰한다. 의식은 자신의 경험 안에 있는 것 이외에는 알지도 못하고 파악하지도 못한다. 왜냐하면 의식의 경험 안에 있는 것은 오로지 정신적 실체뿐이며, 게다가 정신적 실체의 자기(自己)가 마주하고 있는 **대상**으로서 존재하기 때문이다. 정신이 대상이 되는 까닭은 정신이 곧 **스스로에게 타자가**, 즉 **자신의 자기**(自己)**의 대상**이 되고 또 이 타자 존재를 지양하는 운동이기 때문이다. 경험이란 바로 이런 운동을 일컫는데, 이 운동 속에서는 직접적인 것, 경험되지 않은 것, 즉 [감각적 존재이건 또는 단지 사유된 단순한 것이건 간에] 추상적인 것이 스스로 소외되고 나서는 다시 이런 소외로부터 자신으로 복귀함으로써 이제 비로소 그 현실성과 진리 속에서 서술되고 또 의식의 소유물이 된다.

의식 속에서 생기는 자아와 자아의 대상인 실체 사이의 비동일성은 그것들의 구별, **부정적인 것** 일반이다. 이것은 그 둘이 지닌 **결함**으로 간주할 수도 있지만 실은 그것들의 영혼 또는 그것들을 움직이는 것이다. 그렇기에 몇몇 고대인들은 **공허**(das Leere)를 운동자라고 파악했는데,[63] 이는 그들이 운동자를 **부정적인 것**으로서 포착하기는 했지만 아직 이 부정적인 것을 자기(自己)로서 포착하지는 못했기 때문이다. — 이제 이 부정적인 것이 처음에는 대상에 대한 자아의 비동일성으로 나타나지만 그것은 이에 못지않게 실체가 자기 자신에 대해 지니는 비동일성이기도 하다. 실체 외부에서 벌어지는 듯이 보이고 실체에 작용을 가하는(실체가 피동적으로 받아들이게 되는) 활동인 듯이 보이는 것이 실은 실체 자신의 행동이며, 실체는 본질적으로 주체임을 스스로 드러낸다. 실체가 이를 완전하게 보여주면 정신은 그의 현존재를 자신의 본질과 같게 만든 것이다. 즉, 정신은 자신이 존재하는 바에 따라 자신에게 대상이 되고, 직접성이라는 추상적 요소 그리고 지와 진리의 분리라는 추상적 요소가 극복된다. 존재는 절대적으로 매개된다. 즉, 존재는 실체적 내용이며, 이 실체적 내용은 또한 자아의 직접적인 소유물이자 자기화(selbstisch)된 것 또는 개념이다. 이로써 정신현상학이 마무리된다. 정신이 정신현상학에서 마련하는 것은 지라는 요소이다. 이제 이 지의 요소 안에서 정신의 계기들이 자신의 대상을 자기 자신이라고 인지하는 **단**

---

63) 이는 고대 그리스의 원자론자들인 레우키포스, 데모크리토스, 에피쿠로스 등이 주장한 학설이다. 특히 Aristoteles, *Metaphysika*, 985b 참조.

**순성의 형식**을 띠고서 확장된다. 정신의 계기들은 더 이상 존재와 지의 대립으로 와해되지 않고 지의 단순성 안에 머물며, 진리의 형식 속에 있는 진리가 되고, 그 계기들 사이의 상이성은 단지 내용의 상이성일 따름이다. 이러한 요소 속에서 자신을 유기적으로 조직화하여 전체를 이루는 정신의 계기들의 운동이 바로 **논리학** 또는 **사변 철학**이다.

**어떤 점에서 정신현상학은 부정적이거나 거짓을 포함하고 있는가?**

그런데 정신의 경험의 체계(정신현상학)는 단지 정신의 **현상**만을 다루기 때문에 이 체계로부터 **진리의 형태**를 띤 **진리**의 학문으로 진전하는 것이 한낱 부정적인 것으로 나타난다. 그래서 사람들은 **거짓된 것**으로서의 부정적인 것과 씨름하는 수고를 모면하고자 하고 단도직입적으로 진리로 이끌어 줄 것을 요구한다. 대체 왜 거짓된 것을 쓸데없이 건드린단 말인가? ― 앞에서 이미 언급한 바가 있지만, 곧바로 학문을 시작해야 한다는 말에 대하여 여기서는 부정적인 것이 과연 실로 **거짓된 것**인가라는 측면에서 답해 보자. 특히 이에 관한 (잘못된) 표상이 진리로 진입하는 데에 걸림돌이 된다. 이런 점은 수학적 인식에 관해서 발언할 동기를 제공하는데, 비철학적 지는 바로 수학적 인식을 철학이 도달하려고 노력해야 하지만 아직까지 헛되이 애만 쓴 이상(理想)으로 여긴다.

'**참**'과 '**거짓**'(이라는 개념)은 서로 아무런 공통점 없이 하나는 저쪽에 그리고 다른 하나는 이쪽에 유리된 채로 확고하게 서 있는 각기 고유한 본질에 고정적으로 적용되는 규정된 사고에 속한다. 이에 대해서 진리는 미리 만들어져 있어서 쓸어 담기만 하면 되는 주조된 동전이 아니라는 것을 주장해야겠다.[64] 악(惡)이 존재하지 않는 만큼이나 거짓도 **존재하지 않는다**. 악

---

64) G. E. Lessing, *Nathan der Weise*, 3장 6막: "마치 진리가 동전이기라도 한 듯이 말이야!"

과 거짓이 악마만큼 그렇게 나쁜 것은 아니다. 왜냐하면 악과 거짓을 악마로 만들어버리면, 그것들이 심지어 특수한 **주체**가 되기 때문이다. 거짓과 악으로서 그것들은 단지 **보편적인 것**이며, 다만 서로에 대해 저마다 고유한 본질성을 지닐 뿐이다. — 여기서 논하고 있는 거짓은, 앎의 내용으로서 참인 실체의 타자 내지 부정적인 것일 터이다. 그러나 실체는 그 자체가 본질적으로 부정적인 것이다. 다시 말해 실체는 한편으로는 내용의 구별과 규정으로서 부정적인 것이고, 다른 한편으로는 **단순한** 구별하기로서, 즉 자기(自己)이자 앎 일반으로서 부정적인 것이다. 물론 사람들이 거짓되게 잘못 아는 수도 있다. 무엇인가를 거짓되게 잘못 알고 있다는 말은 앎과 그것의 실체가 서로 같지 않다는 것을 의미한다. 그렇지만 이런 비동일성이야말로 본질적인 계기인 구별 일반이다. 그러한 구별로부터 바로 앎과 실체의 동일성이 생겨나며, 이렇게 생성된 동일성(gewordene Gleichheit)이 곧 진리이다. 하지만 생성된 동일성이 진리인 것은 마치 정제된 금속에서 불순물을 제거하거나 또는, 이조차도 아니지만, 그릇을 다 만들고 나서 도구를 치워버리듯이 비동일성을 내던져버림으로써 그렇게 되는 것이 아니다. 오히려 비동일성은 참된 것 자체 속에 부정적인 것으로서, 즉 자기(自己)로서 여전히 직접적으로 현존한다. 그렇다고 해서 **거짓**이 참의 계기이거나 심지어 구성 성분을 이룬다고 말할 수는 없다. 어떤 거짓에도 무엇인가 참된 것이 담겨 있다는 상투어에서 참과 거짓은 마치 서로 섞이지 않은 채 외적으로만 결합된 물과 기름처럼 통용된다. 이런 표현은 **완전한 타자 존재**라는 계기를 지시하는 의미를 함축하고 있기 때문에 그 타자 존재가 지양되어 있는 곳에서는 더 이상 사용되어서는 안 된다. 주체와 객체, 유한과 무한, 존재와 사유 등등의 **통일**이라는 표현은 미숙하고 부적당한 점을 지니고 있다. 왜냐하면 여기서 객체와 주체 등등이 **그것들의 통일 바깥에** 존재하는 것을 뜻하고, 따라서 통일 속에서는 그것들을 지칭하는 표현이 말하고자 하는 바대로 사념되지 않기 때문이다. 그런데 이와 마찬가지로 거짓은 더 이상 거짓으로서는 진리의 계기가 되지 않는다.

지와 철학 연구에서 사유 방식의 **독단주의**란 다름 아니라 확고한 결론인 하나의 명제 또는 직접적으로 알게 되는 하나의 명제 속에 진리가 존립한다는 견해를 말한다. '카이사르는 언제 태어났는가?'라든가 '몇 미터가 1리(里)에 해당하는가?' 따위의 물음에 대해서는 **명쾌한** 답변이 주어져야 한다. 이와 마찬가지로 직각삼각형의 빗변의 제곱이 나머지 두 변의 제곱을 합한 것과 같다는 것도 분명 참이다. 그러나 이런 부류의 이른바 진리가 지닌 본성은 철학적 진리가 지닌 본성과 상이하다.

**역사적 진리와 수학적 진리**

순수하게 역사적인 것을 고찰하는 한에서 **역사적** 진리에 관해 짧게나마 언급하자면, 사람들은 그런 진리가 개별적인 현존재, 우연성과 자의(恣意)에 따른 내용, 필연성을 결여한 내용 규정에 관한 것이라는 점을 쉽게 수긍한다.—그렇지만 심지어 앞에서 예로 든 것과 같은 적나라한 진리조차도 자기의식의 운동이 없고서는 존재할 수 없다. 그런 진리들 중 한 가지라도 알기 위해서도 여러 가지가 비교되어야 하고 책을 뒤져보거나 또는 어떤 방식으로건 연구를 해야만 한다. 또한 직접적으로 직관한다고 할 때에도 실은 축약된 결론만이 중요한 것이어야 함에도 불구하고 그런 진리를 그 근거와 함께 아는 것이야말로 비로소 참다운 가치를 지니는 것으로 간주된다.

**수학적** 진리에 관해서 논하자면, 유클리드의 정리(定理)들을 그 증명은 알지 못하면서, 다시 말해 그 정리들을, 대구법으로 이렇게 표현할 수 있겠는데, **속속들이**(내향적으로, inwendig) 알지 못하면서 단지 **암기해서**(외향적으로, auswendig) 알고 있는 사람을 기하학자라고 간주할 수는 더더욱 없을 것이다. 이와 마찬가지로 직각삼각형의 변들이 익히 알려진 비례 관계를 가지고 있다는 사실(피타고라스의 정리)을 어떤 사람이 수많은 직각삼각형을 측량해서 알게 되었다면 이런 지식은 불충분한 것으로 여겨질 것이다. 그렇지만 수학적 인식에서도 아직 증명의 **본질성**은 결론 자체의 계기라는 의미와 본성을 갖지 못하며, 오히려 결론 속에서 증명은 지나간 것이 되어 사라져버린다. 결론으로서의 정리는 분명 **참이라고 통찰된 것**이다. 그렇지만 이렇게 덧붙여진 사정(정리가 참이라는 통찰)은 정리의 내용과는 아무런 상관없고 다만 (인식 대상인) 정리가 (인식의) 주체와 갖는 관계에만 관련된다. 수학적 증명의 운동은 대상이 되는 것에 귀속하지 않으며 사태에 **외적인** 행동이다. 직각삼각형이 그 비례 관계를 표현하는 명제의 증명을 위해 필요한 작도(作圖)에서 전시되는 것처럼 그렇게 직각삼각형 스스로가 자신을 분해하지는 않는다. 결론을 도출하는 과정 전체는 다만 인식의 행보이자 수단이다. — 철학적 인식에서도 **현존재**가 현존재로서 생성되는 것은 사태의 **본질**이나 내적 본성이 생성되는 것과는 상이하다. 하지만 첫째로 철학적 인식은 이 두 가지를 모두 포함하고 있다. 이에 반해 수학적 인식은 단지 **인식** 자체 속에서 **현존재**가 생성되는 것을, 다시 말해 사태가 지닌 본성의 **존재**가 생성되는 것만을 서술한다. 둘째로 철학적 인식은 또한 이 두 가지 특수한 운동을 통합한다. 실체의 내적 발생이나 생성은 불가분하게 외적인 것으로의 이행 또는 현존재로의, 즉 대타 존재로의 이행이다. 또한 역으로 현존재의 생성은 자신을 본질 속으로 회수하는 것(das sich Zurücknehmen ins Wesen)이다. 이렇게 이 운동은 전체의 이중적 과정이자 생성인데, 여기서는 서로 동시에 그 하나가 다른 하나를 정립하며, 따라서 각각이 또한 두 가지를 다 자신에 있는 두 가지 면모로 지니고 있다. 그 두 가지가 스스로를 해체하여 전체의 계기로 만듦으로써 함께 전체를 만들어내는 것이다.

수학적 인식에서 통찰은 사태에 외적인 행동이다. 이러한 사실로부터 여기서는 참된 사태가 통찰을 통해 변한다는 결론이 도출된다. 그러므로 작도와 증명이라는 수단이 참된 명제를 포함하고 있을지라도 또한 이에 못지않게 그 내용이 거짓이라는 점도 언명되어야만 한다. 앞에서 든 예에서 삼각형은 산산조각이 나고 그렇게 나누어진 부분들은 작도가 삼각형으로부터 만들어내는 또 다른 도형으로 바뀐다. 본래 다루어지는 문제이지만 진행 과정 중에는 눈앞에서 사라지고 또 다른 전체에 속하는 조각들의 모습으로만 나타났던 삼각형이 마지막에 가서야 비로소 복원된다. — 따라서 우리는 여기서도 내용의 부정성이 등장하는 것을 볼 수 있는데, 이런 내용의 부정성은 [개념의 운동에서 고정 관념의 사고가 사라지는 것과 마찬가지로] 충분히 내용의 거짓됨이라고 불러야만 할 것이다.

그런데 수학적 인식이 지닌 본래의 결함은 무릇 인식 활동 자체에도 그리고 인식의 소재에도 해당한다. — 인식 활동에 관해 말하면 무엇보다도 작도의 필연성이 통찰되지 않는다. 작도는 정리(定理)의 개념에서 도출되지 않고 그저 (도형 외부에서부터) 부과될 뿐이다. 그리고 사람들이 무수히 많은 다른 선을 그을 수도 있겠지만 바로 이 선을 그어야 한다는 지시를 그것이 증명의 수행이라는 목적에 부합할 것이라는 선의의 믿음을 가지는 것 외에는 더 이상 알지 못한 채 맹목적으로 따라야만 한다. 그리고 나서는 그것의 합목적성도 나중에 가서야 드러나게 되는데, 이런 합목적성은 증명할 때에 나중에야 비로소 드러난다는 바로 그 이유에서 한낱 외적 합목적성에 불과하다. — 또한 증명은 그로부터 도출될 결론과 어떤 관련이 있는지 아직 알지 못하는 그 어딘가에서부터 시작되는 길을 가게 된다. 어떤 필연성에 따라서 그렇게 해야 하는지를 직접 통찰하지 못한 채 그 진행은 **이러이러한** 규정과 관계를 받아들이고 다른 규정과 관계는 기각한다. 어떤 외적 목적이 이 운동을 지배하는 것이다.

수학은 인식의 **명증성**에 자부심을 가지고서 철학에 대해서도 이를 내세우며 우쭐거린다. 그러나 이렇게 결함을 지닌 수학적 인식의 명증성은 오로지 수학이 추구하는 **목적**의 빈곤함과 수학이 다루는 **소재**의 궁핍함에 기인하며, 따라서 오히려 철학이 거부해야 할 유형의 것이다. ― 수학의 **목적** 또는 개념은 **크기**(Größe)이다. 그런데 크기야말로 비본질적이고 몰개념적인 관계이다. 그렇기 때문에 지의 운동은 표면에서만 진행될 뿐이지 사태 자체인 본질이나 개념은 건드리지 못하며, 따라서 그것은 개념적 파악(Begreifen)이 아니다. ― 수학이 진리의 탐스러운 보고(寶庫)를 제공해준다고 보장하는 **소재**는 **공간과 일**(단일자, Eins)이다. 공간은 개념이 자신의 구별들을 기입하여 넣는 현존재인데, 공허하고 죽은 요소인 공간 속에서는 개념의 구별들도 마찬가지로 움직임이 없고 생기도 없다. **현실적인 것**은 수학에서 고찰되는 식의 공간적인 것이 아니다. 구체적인 감성적 직관도 그리고 또 철학도 수학의 대상이 지닌 그런 비현실성에 관여하지 않는다. 그와 같은 비현실적인 요소 속에는 또한 오직 비현실적인 진리, 즉 고착되고 죽은 명제들만이 있을 따름이다. 이런 명제들 어디에서나 (논증 과정이) 중단될 수 있다. 첫 번째 명제가 스스로 또 다른 명제로 전진하여 움직이지도 않고 또 이런 (자기 운동의) 방식으로 사태 자체의 본성에 의해서 필연적인 연관이 발생하는 일도 없이 그다음 명제는 홀로 새롭게 시작한다. ― 또한 이러한 원리와 요소 때문에 (그리고 바로 여기에 수학적 명증성이 지닌 형식적 특징이 있는데) 지는 **동등성**의 선(등식의 계열)을 따라서 진행된다. 왜냐하면 스스로 움직이지 않기에 죽어 있는 것은 본질의 구별에, 본질적 대립 또는 부등성에, 따라서 대립자가 대립자로 이행하는 것에, 질적이고 내재적인 자기 운동에 이르지 못하기 때문이다. 왜냐하면 수학이 고찰하는 것은 오직 크기라는 비본질적인 구별이기 때문이다. 수학은 공간을 그 여러 차원으로 분할하고 그런 여러 차원을 그 차원들 속에서 다양하게 결합하게끔 규정하는 것이 바로 개념이라는 사실을 사상(捨象)한다. 예컨대 수학은 면(面)에 대한 선(線)의 관계를 고찰하지 않는다. 그리고 원의 지름을 원둘레와 비교할 때엔, 수학은 그것들 사이의 통약 불가능성에, 다시 말해 수학의 규정에서 벗어나는 개념의 관계인 무한에 봉착하게 된다.

내재적인 수학, 즉 이른바 순수 수학은 두 번째 고찰 소재인 **시간** 역시 시간으로서 공간에 대조시키지 않는다. 물론 응용 수학은 운동이나 그 외에 다른 현실적인 사물들과 마찬가지로 시간에 대해서도 다룬다. 그러나 응용 수학은 종합 명제들을, 즉 이런 현실적인 사물들의 개념에 의해 규정되는 그것들 사이의 관계에 관한 명제들을 경험으로부터 받아들이고는 오직 이러한 전제 위에서만 그 공식들을 적용한다. 지렛대의 평형에 관한 정리(定理)라든가 낙하 운동에서 공간과 시간의 관계에 관한 정리[65] 등과 같이 응용 수학에서 자주 제시되는 정리들의 이른바 증명들이 증명으로서 미리 주어져 있고 상정되어 있다는 사실은 그 자체가 인식이 얼마나 강한 증명에 대한 욕구를 가지고 있는지를 반증해줄 뿐이다. 왜냐하면 인식은 더 이상 증명을 하지 못하는 경우에조차 증명의 공허한 가상에라도 신경을 쓰고 또 그렇게 함으로써 만족을 얻기 때문이다. 그와 같은 증명을 비판하

---

[65] 당시 지렛대의 원리에 관해서는 A. G. Kästner, *Anfangsgründe der angewandten Mathematik*, 2. Teil, Göttingen, 1765를, 그리고 낙하의 법칙에 관해서는 G.-L. Sage, "Essai de Chymie méchanique", 1758을 참조.

는 일은 부분적으로는 수학을 이런 모조 장식품으로부터 정화하는 데에, 그리고 또 부분적으로는 수학의 한계를 밝히고 이를 통해 또 다른 지의 필연성을 보여주는 데에 유익할 뿐만 아니라 또한 교훈적이기도 할 것이다. ― **시간**에 관해서 말하자면, 사람들은 시간이 공간의 대립항으로서 순수 수학 중에서 또 다른 부문의 소재를 이룬다고 생각할 터인데, 사실 시간은 현존하는 개념 자체이다. 몰개념적인 구분인 **크기**의 원리와 추상적이고 생명 없는 통일인 **동등성**(동일성)의 원리는 그와 같은 생명의 순수한 불안정과 절대적 구별을 다루지 못한다. 그렇기 때문에 이런 부정성은 오직 마비된 상태로서만, 다시 말해 **일**(1)로서만 이런 (수학적) 인식의 두 번째 소재가 되는데, 이와 같은 인식은 자기 스스로 움직이는 것을 소재로 격하시키고 그렇게 소재가 된 것에서 이제 별로 중요하지 않은 외적이고 생기 없는 내용을 얻어내려고 하는 외적 행동이다.

### 철학적 진리의 본성과 그 방법

이와 달리 철학은 **비본질적인** 규정은 고찰하지 않고 그것이 본질적인 규정인 한에서만 고찰한다. 철학의 요소이자 내용은 추상적인 것이나 비현실적인 것이 아니라 **현실적인 것**, 자기 자신을 정립하고 자신 안에서 살아 있는 것, 그 개념 속에서의 현존재이다. 그것은 자신의 계기들을 스스로 산출하면서 관통하는 과정이며, 이런 운동 전체가 긍정적인 것이자 그것의 진리를 이룬다. 따라서 이 운동 전체는 그에 못지않게 부정적인 것도, 즉 만약 그것을 사상해야만 하는 것으로 간주한다면 거짓이라고 불릴 법한 것도 내포하고 있다. 사라지는 것은 그 자체가 본질적인 것으로 간주되어야 하지 진리와 단절된 채로 진리 바깥 어디엔가 놓아두어야 할 고정된 것이라는 규정 속에서 고찰되어서는 안 된다. 이와 마찬가지로 진리도 그 반대편에 정지해 있는 죽은 긍정적인 것으로 간주해서는 안 된다. 현상은 발생과 소멸인데, 이 발생과 소멸 그 자체는 발생하거나 소멸하는 일 없이 즉자적으로 존재하면서 진리가 지닌 생명의 현실성과 운동을 이룬다. 그러므로 참된 것은 어느 마디 하나 취하지 않은 곳이 없는 바쿠스의[66] 도취이며, 어느 한 마디가 떨어져 나오면 곧바로 풀어 헤쳐지기 때문에 바쿠스의 도취는 그에 못지않게 투명하고 단순한 평온(정지, 안정, Ruhe)이다. 이런 운동의 법정(法庭)에서 정신의 개별적인 형태들은 규정된 사고들과 마찬가지로 존립하지 못하지만, 그러나 그것들은 부정적이자 사라지는 것에 불과한 것 못지않게 또한 긍정적이자 필연적인 계기이기도 하다. ― 평온이라고 파악한 운동 **전체** 속에서 스스로를 구별하고 특수한 현존재를 부여하는 것은 자신을 **회상하는**(내면화하는) 것으로서 보존되며, 그 현존재가 자기 자신에 대한 앎이자 또한 자기 자신에 대한 앎이 곧바로 현존재인 그러한 것으로서 존재한다.

이러한 운동이나 학문의 **방법**에 관해 몇 가지 사항을 미리 제시하는 일이 필요한 듯이 보일 수도 있다. 그러나 방법의 개념은 앞에서 진술한 것에 이미 담겨 있으며, 방법에 관한 본래의 서술은 논리학에 속하거나 또는 오히려 논리학 자체이다. 왜냐하면 방법은 다름 아니라 그 순수한 본질성 속에서 세워진 전체의 건조(建造)이기 때문이다. 그런데 이에 관해 지금까지 통용되어 온 생각에 대해서는 철학적 방법이 무엇인지와 관련된 표상들의 체계도 실은 이미 지나가버린 시대의 교양에 속한다는 사실을 우리는 의식해야만 한다. 만약 이런 말이 내가 거리를 두고자 하는 조금 허세적이거나 혁명적인 어투로 들린다면, 수학으로부터 차용한 (설명, 분류, 공리, 일

---

[66] 로마 신화에서 바쿠스는 포도주와 풍요와 황홀경의 신으로 그리스 신화의 디오니소스에 해당한다.

련의 정리, 정리의 증명, 근본 명제, 그로부터의 도출과 추론의) 학문 국가 (wissenschaftlicher Staat)가 (상식적인) 사념 속에서조차 이미 **시대에 뒤처졌다**는 점에 유념해야 한다. 설령 그런 (수학적) 학문 국가의 무용성이 명백하게 통찰되지 않을 때조차도 그것은 더 이상 전혀 쓰이지 않거나 거의 쓰이지 않고 있으며, 그것이 그 자체로 거부되지는 않을지라도 애호를 받지는 못하고 있다. 또한 우리는 탁월한 것이라면 반드시 쓰이게 되고 애호를 받게 마련이라는 선입견을 틀림없이 가지고 있다. 그런데 하나의 명제를 내세우면서 이에 대한 근거를 제시하고 또 이와 마찬가지로 대립하는 명제에 대해 근거를 들어 반박하는 수법은 진리가 들어설 수 있는 형식이 아니라는 점을 통찰하기란 그리 어렵지 않다. 진리는 진리 자체에서 그 자신이 펼치는 운동인 반면에, 그와 같은 방법은 소재에 외적인 인식이다. 그렇기 때문에 그런 방법은 이미 언급한 바와 같이 몰개념적인 크기의 관계를 자신의 원리로 삼고 또 죽은 공간 및 그와 마찬가지로 죽은 일(1)을 자신의 소재로 삼는 수학에 고유한 것이며, 또한 그렇게 수학에 맡겨두어야 한다. 물론 그런 방법은 좀 더 자유로운 방식으로, 다시 말해 좀 더 많은 자의(恣意) 및 우연성과 뒤섞여 일상생활에서라든가 대화나 역사적 교훈에서 [대략 서문도 역시 그러하듯이] 인식보다는 호기심의 몫으로 남겨둘 수도 있을 것이다. 일상생활에서 의식은 지식, 경험, 감각적으로 구체화한 것, 사고와 근본 명제, 현존하는 것으로 또는 고정되어 있고 정지해 있는 존재나 본질로 간주되는 것 일반을 자신의 내용으로 삼는다. 그런 일상적 의식은 때로는 그 방향으로 계속 나아가기도 하고, 때로는 그런 내용에 대해서 자유로운 자의(恣意)를 가지고서 그 연관을 중단시키고는 자신의 내용을 외적으로 규정하면서 관장(管掌)하는 태도를 취하기도 한다. 일상적 의식은 그 내용을 그것이 단지 한순간의 지각에 불과할지라도 그 어떤 확실한 것으로 환원하며, 확신은 자신이 잘 아는 어느 한 정지점에 도달하고 나면 충족된다.

그런데 설사 개념의 필연성이 사리를 따지며 요설을 늘어놓는 대화의 좀 더 느슨한 길과 또한 학문적 허식으로 치장한 좀 더 경직된 길을 축출하더라도, 이미 앞에서 상기한 바와 같이 그것이 아무 방법도 없는 예감과 열광에 의해 그리고 앞서 언급한 (수학적) 학문성뿐만 아니라 학문성 일반을 경멸하는 예언자연 하는 자의적인 언설에 의해 대체되어서는 안 된다.[67]

### 도식화하는 **형식주의**에 대한 반론

아직 본능을 통해서 비로소 재발견되었을 뿐이지 여전히 죽어 있고 개념적으로 파악되지 못한 칸트적 **삼중성**(Triplizität)이 그 절대적 의미로 고양됨으로써 그 참된 내용 속에서 동시에 참된 형식이 제시되었고 또 학문의 개념이 발현되었다. 그러나 그 이후에 우리는 이 참된 형식이 생명 없는 도식(Schema)으로, 실로 불분명한 환영(Schemen)[68]으로 전락하고 또 학문의 유기적 조직이 도표로 전락하는 것을 목격하게 되는데, 이와 같은 형식의 (도식적) 사용도 또한 학문적인 것으로 간주될 수는 없다. ― 이런 형식주의에 관해서는 이미 앞에서 대략적으로 언급했고, 이제 그 수법을 좀 더 상세하게 논해보려고 한다. 이 형식주의는 어느 한 형태에 관해서 도식들 가운데 한 가지 규정을 술어로 언술하기만 하면 그 형태의 본성과 삶이 개념적으로 파악되고 언표되었다고 여긴다. 그런 술어 규정이 주관성이나 객관성

---

[67] F. H. Jacobi, *Jacobi an Fichte*, Hamburg, 1799, p. 28: "인간에게는 그의 이성을 가지고서는 진리에 관한 **학문**의 능력이 아니라 단지 진리에 관한 **무지**의 감정과 의식만이, 즉 진리에 대한 **예감**만이 주어져 있다."

[68] 'Schemen'은 '도식'을 뜻하는 'Schema'의 복수형이기도 하지만 이 문장에서처럼 단수형으로 쓰일 경우에는 '불분명한 환영', '희미한 형상', '탈' 등의 의미를 가진다. 여기서 헤겔은 이 단어를 의도적으로 중의적 의미에서 사용하고 있는 것으로 보인다.

이 되었건, 또는 자기(磁氣)나 전기(電氣) 등이 되었건, 또는 수축이나 팽창, 동(東)이나 서(西) 따위의 것이 되었건 말이다. 이런 술어 규정들은 무한하게 증식될 수 있는데, 왜냐하면 이런 식으로는 그 어떤 규정이나 형태도 그와 다른 규정이나 형태에 다시 도식의 형식이나 계기로 사용될 수 있으며, 그 어떤 것도 고맙게도 다른 것에 똑같은 용도로 쓰일 수 있기 때문이다. 이는 쌍방적인 순환 논법으로서, 이를 통해서는 우리가 사태 자체가 무엇인지를, 더 나아가 그 둘 중 하나가 무엇인지도 그리고 다른 하나는 무엇인지도 알 길이 없다. 이 경우에 때로는 통상적인 직관으로부터 감각적 규정들을 받아들이는데, 물론 이런 규정들은 그것이 언술하는 것과는 다른 무엇인가를 **의미할** 수밖에 없다. 또 때로는 그 자체로 의미 있는 것, 즉 주체, 객체, 실체, 원인, 보편자 등과 같은 순수한 사고 규정들이 일상생활에서처럼 그리고 강함과 약함, 팽창과 수축 같은 규정들처럼 바로 그렇게 검증되지 않은 채 무비판적으로 사용된다. 그리하여 이런 (순수한 사고 규정들의) 형이상학은 그와 같은 감각적 표상들만큼이나 비학문적이게 된다.

내적 생명과 그 현존재의 자기 운동 대신에 이제 피상적인 유추를 통해 직관으로부터, 다시 말해 여기서는 감각적 지로부터 얻은 그런 단순한 규정성이 언표되는데, 이와 같은 외면적이고 공허한 공식의 활용이 **이론 구성**(Konstruktion)이라고 불리게 된다. — 이런 형식주의 역시 그 어떤 형식주의와도 사정이 같다. 질병에는 비항진성, 항진성, 간접적 비항진성이 있고 그에 상응하는 여러 가지 치료법이 있다는 이론을 15분 내에 깨우치지 못하고 [얼마 전까지도 그런 식의 수업만으로 충분했는데] 단시간 내에 수련의에서 이론을 갖춘 전문의로 변신하지 못한다면 그 머리가 필시 얼마나 우둔하겠는가?[69] 자연철학적 형식주의는 이를테면 오성은 전기(電氣)라거나 동물은 질소라거나 또는 남과 북 등과도 **같다**거나 또는 남과 북 등을 재현한다고 가르친다.[70] 이를 여기서처럼 그렇게 노골적으로 표현하든지 아니면 더 많은 전문 용어들을 섞어가며 표현하든지 간에 말이다. 그렇게 할 때 이 분야에 문외한들은 서로 멀리 떨어져 있는 듯이 보이는 것을 한데 그러모으는 힘에 대해서, 그리고 이러한 결합을 통해 정지 상태에 있는 감각적인 것에 가해지고 또 이를 통해 그런 감각적인 것에 개념의 가상을 부여하는 [그러나 막상 핵심 사안인 개념 자체를 또는 감각적 표상의 의미를 언표하는 일은 생략해버리는] 폭력에 대해서 경탄의 놀라움에 빠져 심오한 천재성을 찬양할 수도 있겠고 또 그런 규정들이 추상적 개념을 직관적인 것으로 대체해서 마음에 쏙 들도록 만들기 때문에 얻게 되는 명쾌함을 기꺼워하고 자신이 그와 같은 훌륭한 행동과 영혼의 친화성을 지니고 있다고 막연히 느끼면서 자기 자신을 축복할 수도 있을 터이다. 그와 같은 지혜의 술수는 수행하기 쉬운 만큼이나 또한 금방 습득된다. 그 술수가 일단 알려지고 나면 그것을 반복하는 일은 이미 다 간파된 마술을 반복하는 것만큼이나 참기 힘든 지루한 노릇이다. 이렇게 단조로운 형식주의가 사용하는 도구를 다루는 일은 이를테면 빨간색과 녹색, 단 두 가지 물감만 놓여 있어서 역사물을 그릴 때에는 빨간색으로, 풍경화를 그릴 때에는 녹색으로 화폭을 칠하는 화가의 팔레트를 다루는 일보다 어렵지 않다.— 이 때에는 천상과 지상과 지하에 존재하는 만물을 그런 두 가지 색의 염료로 칠해버리는 편안함과 이런 만능 수단이 지닌 탁월함에 뿌듯해 하는 것 중에서 무엇이 더 위대한지를 결정하는 일이 오히려 더 어려울 것이다. 실

---

69) 질병의 이와 같은 분류는 J. Brown, *Elementa Medicinae*, Edinburgh, 1780 참조.
70) H. Steffens, *Beyträge zur innern Naturgeschichte der Erde*, Freyberg, 1801, p. 190 및 F. W. J. Schelling, *Darstellung meines Systems der Philosophie*, p. 119 등에서 이와 같이 서로 다른 자연 영역의 계열들을 도식화하여 병치시킨다.

상 그 두 가지는 서로를 부추긴다. 천상의 것과 지상의 것 일체, 자연적 형태와 정신적 형태 일체에 보편적 도식 중에서 몇 가지 규정을 갖다 붙이고서 이런 식으로 모든 것을 정렬하는 그와 같은 방법이 산출해내는 것은 다름 아니라 우주의 유기적 조직에 관한 명명백백한 보고서,[71] 다시 말해 이름표를 붙인 해골이나 상표를 부착하고서 양념 가게에 늘어선 밀폐 용기들의 줄과 유사한 목록이다. 이런 일람표는 그 어느 것 하나도 다른 것 못지않게 일목요연하며, 해골의 경우에는 뼈에서 살과 피가 제거되었다면 양념 가게의 경우에는 그와 마찬가지로 생명 없는 사물이 용기 속에 밀폐된 것과 같이 모두가 또한 사태로부터 생동하는 본질을 제거하고 밀봉한 것이다.─동시에 이와 같은 수법이 도식의 구별조차 부끄럽게 여기면서 그러한 구별마저 반성에 속하는 일로 치부하고는 거기에서 순수한 동일성(Identität), 무형의 백색 그림이 만들어질 터일 절대자의 공허 속에 함몰시켜 버림으로써 단색(單色)의 절대화(絕對畵, absolute Malerei)로 완성된다는 점을 앞에서 이미 지적했다. 앞에서 말했던 도식의 단조로움 및 생명 없는 규정들과 지금 이야기한 절대적 동일성 그리고 그 하나에서 다른 하나로의 이행은 그 하나가 다른 하나와 똑같이 죽은 오성이고 똑같이 외적 인식이다.

그러나 아무리 탁월한 것도 그렇게 생명을 빼앗기고 정신을 박탈당할 운명, 그렇게 살가죽이 벗겨지고 나서는 자신의 피부가 생명 없는 지와 그 허황함으로 둘러싸이는 것을 보게 될 운명을 피할 수 없다. 그뿐만 아니라 이러한 운명에서조차 그것이 설사 정신에는 아닐지라도 심성에 가하는 폭

---

[71] 피히테의 저서 『최신 철학의 진정한 본질에 관해 더 많은 대중 독자들에게 보내는 명명백백한 보고』(J. G. Fichte, *Sonnenklarer Bericht an das größere Publikum über das eigentliche Wesen der neuesten Philosophie*, Berlin, 1801)에 대한 풍자.

력을 인식할 수 있고 또 형식의 보편성과 규정성으로 발양되는 것을 인식할 수 있는데, 이러한 발양 속에서 탁월한 것이 완성되고 또 오직 이러한 발양만이 형식의 보편성을 피상적으로 사용할 수 있도록 만든다.

학문은 오직 개념의 고유한 삶을 통해 스스로를 유기적으로 조직화해야 한다. 도식에서 나와 현존재에 외적으로 갖다 붙였던 규정성이 학문에서는 충족된 내용의 자기 운동적 영혼이 된다. 존재자의 운동은 한편으로는 스스로 타자가 되고 그리하여 자신의 내재적 내용이 되는 것이다. 다른 한편으로 존재자는 이러한 펼침을 또는 이와 같은 자신의 현존재를 자신 안으로 환수한다. 다시 말해 존재자는 자기 자신을 하나의 **계기**로 만들고 자신을 규정성으로 단순화한다. 앞의 펼침 운동에서 **부정성**은 구별하는 것이고 **현존재**를 정립하는 것이다. 뒤의 자기 내 복귀에서 부정성은 **규정된 단순성**의 생성이다. 이와 같은 방식으로 내용은 자신의 규정성을 타자로부터 수여받아 부착하게 되는 것으로 나타나지 않으며, 내용이 스스로 규정성을 부여하고 자기 자신으로부터 자신을 전체의 한 가지 계기이자 위상으로 정렬시키게 된다. 목록을 만드는 오성은 이제 대자적으로 내용의 필연성과 개념을 획득하게 되며, 이것이 바로 구체적인 것을, 즉 오성이 정렬하는 사태의 현실성과 생동하는 운동을 형성한다. 아니면 오성은 오히려 내용의 필연성과 개념을 대자적으로 획득하지 못하고 또 이를 알지도 못한다. 왜냐하면 만약 오성이 이러한 통찰을 얻었다면 이를 필시 보여주었을 것이기 때문이다. 오성은 심지어 이런 통찰에 대한 욕구조차 모른다. 만일 그런 욕구를 가지고 있다면, 오성은 더 이상 도식화하는 일을 하지 않거나 최소한 내용 목차를 제시하는 일만큼이나 도식화하는 일을 더 이상 자랑스러워하지 않을 것이기 때문이다. 오성은 내용 목차를 제시할 뿐이지 내용 자체를 제공해주지는 않는다. ─ 설사 그 규정성이 예컨대 자기(磁氣)처럼 그 자체로 구체적인 것이거나 현실적인 것일 경우에도 그 규정성은 죽은 것으로 전락하고 만다. 왜냐하면 그 규정성은 단지 또 다른 현존재에 술어로서 부가되었을 뿐이지 이 현존재의 내적 삶이라고 인식되거나 또는 어떻게 그 규정성이 이 현존재에서 자신을 토착적이고 고유하게 산출하고 또 서술하는지가 인식되지 않기 때문이다. 형식적 오성은 바로 이 핵심 사안을 타자가 첨가하도록 떠맡긴다.— 형식적 오성은 사태의 내재적 내용에 몰입하는 대신에 늘 전체를 조망하면서 자신이 논하는 개별적 현존재 위에 선다. 다시 말해 형식적 오성은 개별적 현존재를 전혀 보지 않는다. 그러나 학문적 인식은 오히려 자신을 대상의 삶에 넘겨줄 것을, 또는 똑같은 말이지만 그 대상의 내적 필연성을 유념하면서 언표할 것을 요구한다. 이렇게 학문적 인식은 자신의 대상에 침잠하면서 (형식적 오성이 하는) 조망하는 일을 잊는데, 이러한 조망은 실상 자가 내용과 동떨어져서 자기 자신 안으로 반성하는 것일 따름이다. 물론 학문적 인식 역시 질료 속으로 몰입하고 질료의 운동 속에서 전진하면서도 자기 자신 안으로 되돌아온다. 그렇지만 충만한 것 또는 내용이 스스로를 자신 안으로 환수하고 하나의 규정성으로 단순화하며 자기 자신을 현존재가 지닌 **한 가지** 측면으로 격하시키고서는 더 고차원의 진리로 이행한 연후에야 비로소 학문적 인식은 자기 자신 안으로 되돌아온다. 이를 통해 자신을 조망하는 단순한 전체 자체가 자신의 반성을 상실해버린 듯이 보였던 (개별적 내용의) 풍부함으로부터 발현한다.

  앞에서 표현한 바와 같이 무릇 실체가 그 자체에서 주체라는 것에 의해 모든 내용은 주체 자신의 자기 내 반성이 된다. 현존재의 존립 또는 실체는 자기 동일성이다. 왜냐하면 현존재가 자기 자신과 동일하지 않다면 이는 현존재의 해체일 터이기 때문이다. 그런데 자기 동일성은 순수한 추상이고, 순수한 추상은 곧 **사유**이다. 내가 '**질**(質)'이라고 말할 경우, 나는 단순한 규정성을 말한 것이다. 질을 통해 현존재는 다른 현존재와 구별된다. 또는 현존재는 질에 의해 현존재이다. 현존재는 대자적으로 존재한다. 또는 현존재는 이러한 단순성을 통해 자기 자신과 함께 존립한다. 그런데 그럼으로써 현존재는 본질적으로 **사고**(思考)이다.— 존재는 사유라는 점이 여기에 함축되어 있다. 사유와 존재의 동일성에 관한 통속적이고 몰개념적인 언급에는 결여되어 있기 십상인 통찰이 바로 여기에서 성립한다. 현존재의 존립은 자기 동일성 또는 순수한 추상이라는 점에 의해 이제 현존재는 자기 자신으로부터 자신의 추상이 된다. 또는 현존재는 그 자체가 자기 자신과의 비동일성이고 자신의 해체, 자신의 고유한 내면성이자 자기 안으로의 환수, 자신의 생성이다.— 이러한 존재자의 본성에 의해서 그리고 존재자가 지에 대해 이런 본성을 지니고 있는 한에서 존재자는 내용을 낯선 것으로 다루는 활동이 아니며, 내용과 동떨어져서 자신 안으로 반성하는 것이 아니다. 학문은 **주장하는** 독단론을 대신해서 **단언하는 독단론**이나 **자기 확신의 독단론**으로 등장하는 그런 관념론이 아니다. 지는 내용이 자신의 고유한 내면성으로 되돌아가는 것을 보기 때문에 지의 활동은 오히려 [지의 활동이 내용의 내재적 자기(自己)이므로] 내용 속으로 침잠하는 동시에 또한 [지의 활동이 타자 존재 속에서의 순수한 자기 동일성이므로] 자신 안으로 귀환한다. 그러므로 지의 활동은 활동을 자제하는 듯이 하면서도 어떻게 규정성과 그것의 구체적인 삶이 바로 그것의 자기 보존과 특수한 이해 관심을 추진한다고 착각하는 가운데 오히려 전도된 일을 하게 되는지를, 즉 자기 자신을 해체하고 전체의 계기로 만드는 행동을 하게 되는지를 지켜보는 교지(巧智, List)이다.

앞에서는 **오성**의 의미를 실체의 자기의식이라는 측면에 따라 제시했다면, 방금 언급한 것에서는 오성의 의미가 존재자라는 실체의 규정에 따라 밝혀진다.— 현존재는 질(質), 즉 자기 자신과 동일한 규정성 또는 규정된 단순성, 규정된 사고이다. 바로 이것이 현존재의 오성이다. 그리하여 현존재는 아낙사고라스가 최초로 본질을 그렇게 인식했던 **누우스**(nous)이다. 아낙사고라스 이후 사람들은 현존재의 본성을 좀 더 명확하게 규정하여 **형상**(eidos)이나 **이데아**(idea), 다시 말해 **규정된 보편성**, 즉 **종**(種, Art)으로 파악했다. '종'이라는 표현은 오늘날 유행하는 이념이나 아름답고 성스럽고 영원한 것을 지칭하기에는 너무 통속적이고 너무 빈약해 보인다. 그러나 실제로 이념이 표현하는 것은 종 이상도 이하도 아니다. 물론 우리는 요즘 하나의 개념을 규정하여 지시하는 표현은 경멸받으면서 거부되고, 그것이 단지 외국어에 속하기 때문이라 할지라도 오히려 개념을 모호하게 만듦으로써 좀 더 감화적으로 들리는 다른 표현이 선호되는 풍조를 종종 목격한다.— 현존재가 종이라고 규정된다는 바로 그 점에서 현존재는 단순한 사고이다. **누우스**, 즉 단순성이 곧 실체이다. 그 단순성이나 자기 동일성 때문에 실체는 확고하고 지속적인 것으로 나타난다. 그렇지만 이 자기 동일성은 또한 부정성이다. 이로 말미암아 그런 확고한 현존재는 자신의 해체로 이행한다. 규정성이 처음에는 오직 **타자**와 관련된다는 사실에 의해서 현존재인 듯이 보이고 또 규정성의 운동은 낯선 폭력에 의해 자신에게 가해지는 것처럼 보인다. 그러나 규정성이 자신의 타자 존재 자체를 자신에 지니고 있으며 자기 운동이라는 점은 바로 그와 같은 사유의 **단순성** 자체에 내포되어 있다. 왜냐하면 사유의 단순성은 자기 자신을 움직이고 구별하는 사고이고, 자신의 고유한 내면성, 순수한 **개념**이기 때문이다. 따라서 **오성성**은 생성이며, 이런 생성으로서의 오성성이 곧 **이성성**이다.

   이처럼 자신의 존재에서 곧 자신의 개념이라고 하는 존재하는 바로 그것(das, was ist)의 본성에 무릇 **논리적 필연성**이 존립한다. 오직 논리적 필연성만이 이성적인 것이고 또 유기적 전체의 리듬이다. 내용이 곧 개념이자 본질이듯이, 논리적 필연성은 또한 내용의 **지**이기도 하다. 또는 오직 논리적 필연성만이 **사변적인 것**이다.—구체적인 형태는 스스로를 움직이면서 자신을 단순한 규정성으로 만들고, 이를 통해 논리적 형식으로 스스로를 고양시키고서 자신의 본질성 속에 존재하게 된다. 구체적인 형태의 구체적인 현존재는 오직 이러한 운동일 따름이며, 그것은 직접적으로 논리적 현존재이다. 그렇기 때문에 구체적인 내용에 형식주의를 외적으로 덧씌우는 일은 불필요하다. 구체적인 내용은 그 자체가 형식주의로의 이행이다. 그런데 여기서는 형식이 곧 구체적인 내용 자체의 토착적인 생성이기 때문에 이때의 형식주의는 더 이상 외적 형식주의가 아니다.

이러한 학문적 방법의 본성, 즉 학문적 방법이 한편으로는 내용과 분리되어 있지 않다는 점과 다른 한편으로는 자기 자신을 통해 자신의 리듬을 규정한다는 점은 앞에서 이미 환기한 바와 같이 사변 철학에서 고유하게 서술된다.—여기서 말한 것은 비록 그 개념을 표현하고는 있지만 선취된 확언 이상의 효력을 가질 수는 없다. 여기서 하고 있는 어느 정도 이야기하는 식의 설명에는 학문적 방법의 진리가 담겨 있지 않다. 따라서 또한 이에 맞서서 실은 사정이 그렇지 않고 이러저러하다고 단언한다거나 또는 익숙한 표상을 이미 확정되고 알려져 있는 진리라고 기억 속에 소환하여 나열한다거나 또는 내면에서 얻은 신적 직관의 깊은 내심에서부터 새로운 것을 꺼내 놓고 확언한다고 해서 학문적 방법의 진리가 반박되는 것도 아니다.—그와 같은 수용은 지로 하여금 자유와 자기 자신의 통찰 그리고 [이제 처음 수용한 것은 생소한 것이라는 형태로 나타나므로] 생소한 것에 대항하여 자기 자신의 권위를 수호하기 위해서 자신에게 알려지지 않은 것에 반대하게 만드는 최초의 반응을 유발한다. 또한 그런 반응은 무엇인가를 이제 비로소 배워 알게 되었다는 것에 놓여 있을 법한 일종의 부끄러움과 그 가상을 불식시키기 위해서이기도 하다. 이와 마찬가지로 미지의 것을 박수로 환호하며 수용할 경우에도 동일한 유형의 반응이 유발되는데, 다만 이때에는 그 반응이 또 다른 영역에서는 극단으로 치달은 혁명적 언설과 행위로 나타났던 것과 똑같은 데에 있다.

### 철학을 연구할 때 요구되는 것

그러므로 **학문 연구**에서 관건이 되는 문제는 개념의 긴장된 노력을 떠맡아 감당하는 일이다. 이러한 노력은 개념 자체에 주목할 것을, 예를 들면 **즉자 존재, 대자 존재, 자기 동일성** 등과 같은 단순한 규정들에 주목할 것을 요구한다. 왜냐하면 이런 규정들은 그 개념을 더 고귀하게 표현할 길이 없다면 영혼이라고 불러도 좋을 만한 순수한 자기 운동이기 때문이다. 표상들을 따라 전전하는 습관에는 개념에 의해 그런 습관이 중단되는 것이 성가시고 불쾌한 일이 될 터인데, 이는 비현실적인 사고들 속에서 이리저리 사리를 따지며 요설을 늘어놓는 형식적 사유에도 마찬가지일 것이다. 그와 같은 습관은 질료적 사유라고 불러 마땅한데, 그것은 소재에 그저 함몰되어 있어서 질료에서 동시에 자신의 자기(自己)를 순수하게 끄집어 올리고서 자기 자신에 존재한다는 것이 쓰라린 일로 다가올 터일 그런 우연한 의식이다. 이에 반해 그 다른 편에 있는 사리를 따지는 요설은 내용으로부터의 자유이고 내용을 넘어선 허황된 자만이다. 이런 허황된 자만에는 그와 같은 자유를 포기하고, 제멋대로 내용을 움직이는 원리가 되는 대신에 이런 자유를 내용 안으로 침잠시켜서 내용을 그것 자체의 고유한 본성에 의해, 즉 내용 자체의 것으로서의 자기(自己)에 의해 스스로 운동하도록 놓아 두고서는 이 운동을 관찰하는 그런 긴장된 노력이 부과된다. 개념의 내재적 리듬에 자기 자신의 착상을 끌어들이는 일에서 탈피하고 자의(恣意)나 그 밖에 어디에선가 얻은 지혜를 가지고서 내용의 내재적 리듬에 개입하지 않는 태도, 바로 이런 절제야말로 그 자체가 개념에 주의를 집중하는 일의 본질적인 계기이다.

**부정적 태도에서의 추론적 사유**

사리를 따지며 요설을 늘어놓는 태도가 개념적으로 파악하는 사유와 배치되는 두 가지 측면에 관해 좀 더 주의를 환기시켜야겠다.— 한편으로 사리를 따지는 요설은 파악한 내용에 대해 부정적인 태도를 취하면서 그 내용을 반박하고 파괴할 줄 안다. 내용이 그렇지 않다는 통찰은 한낱 **부정적인 것**이며, 이런 부정적인 것은 자신을 넘어서서 새로운 내용으로 넘어가지 못하기에 다시금 어떤 내용을 갖기 위해서는 무엇인가 **다른 것**을 어디에선가 끌어와야만 하는 그런 최종적인 것이다. 그것은 공허한 자아로의 반성이자 그런 공허한 자아가[72) 지닌 지의 허황함이다.— 그런데 이런 허황함은 그 내용이 허황하다는 점을 나타낼 뿐만 아니라 또한 이런 통찰 자체가 허황하다는 점도 나타낸다. 왜냐하면 이런 허황함은 그 자체 안에서 긍정적인 것을 간취하지 못하는 부정적인 것이기 때문이다. 이러한 반성은 자신의 부정성 자체를 내용으로 삼지 못하기에 도무지 사태 속에 있지 못하고 언제나 사태를 벗어나 있다. 그렇기 때문에 그런 반성은 공허함을 주장함으로써 자신이 풍부한 내용을 가진 통찰보다 언제나 더 우월하다는 망상에 빠진다. 이에 반해 앞에서 본 바와 같이 개념적으로 파악하는 사유에서는 부정적인 것이 내용 자체에 귀속하며, 내용의 **내재적** 운동이자 규정으로서나 이런 운동과 규정의 **전체**로서나 부정적인 것이 곧 **긍정적인**

---

72) 인칭대명사가 '공허한 자아' 대신에 '최종적인 것' 또는 '한낱 부정적인 것'을 지시하는 것으로 독해할 수도 있다.

것이다. 결론으로서 파악될 때의 부정적인 것은 이러한 운동으로부터 유래하는 것, 즉 **규정된** 부정적인 것이며, 이로써 또한 긍정적인 내용이기도 하다.

**긍정적 태도에서의 추론적 사유와 그 주체**

그런데 그와 같은 사유가 [표상에서 온 것이건 사고에서 온 것이건 아니면 이 두 가지의 혼합에서 온 것이건 간에] 하나의 내용을 가진다는 점과 관련하여 그런 사유에는 개념적 파악을 어렵게 만드는 또 다른 측면이 있다. 그런 측면이 지닌 특이한 본성은 앞에서 제시한 이념 자체의 본질과 긴밀하게 연관되어 있다. 또는 그러한 본성은 오히려 이념을 사유적 파악이라는 운동으로 나타나는 바대로 표현한다.—즉, 앞에서 논했듯이 사리를 따지며 요설을 늘어놓는 사유는 자신의 부정적인 태도 속에서는 그 자체가 그 안으로 내용이 되돌아가게 되는 자기(自己)이다. 이에 반해 그것의 긍정적인 인식 속에서는 자기(自己)가 표상된 **주어**(주체)가 되며, 이 주어에 내용이 우유적(偶有的) 속성이자 술어로서 관련된다. 이 주어는 그것에 내용이 결부되고 그 위에서 이리저리 운동이 일어나는 기반을 형성한다. 그러나 개념적 사유에서는 사정이 이와 전혀 다르다. 여기서는 개념이 대상 자체의 고유한 [스스로를 **대상의 생성**으로 서술하는] 자기(自己)이므로, 그것은 부동의 상태로 우유적 속성들을 담고 있는 정지해 있는 주어가 아니라 스스로를 움직이고 자신의 규정들을 자신 안으로 환수하는 개념이다. 이러한 운동 속에서 그런 정지해 있는 주어는 그 자체가 붕괴된다. 정지해 있던 주어는 구별과 내용 속으로 진입하며, 내용의 운동과 마주 선 채 머물러 있기는커녕 오히려 규정을, 즉 구별된 내용 및 그 내용의 운동을 형성한다. 그러므로 사리를 따지는 요설이 정지해 있는 주어에서 확보했던 견고한 토대는 동요하게 되고, 오직 이러한 운동 자체만이 이제 대상이 된다. 자신의 내용을 가득 채운 주어는 그 내용을 넘어서지 않으며, 더 이상의 또 다른 술어나 우유적 속성들을 가질 수도 없게 된다. 이를 통해 또한 역으로 분산되어 있던 내용이 자기(自己) 밑으로 묶이게 된다. 이제 내용은 주어로부터 자유롭게 풀려나 여러 가지에 귀속될 수 있는 그런 보편적인 것이 아니다. 그럼으로써 내용은 실로 더 이상 주어의 술어가 아니라 실체이고, 논해지는 것의 본질이자 개념이다. 표상적 사유는 우유적 속성이나 술어를 따라서 전전하는 본성을 지니고 있으며, 우유적 속성이나 술어가 바로 술어와 우유적 속성 이상이 아니기에 표상적 사유는 또한 이것들을 넘어서 밖으로 나갈 정당한 권리를 지니고 있다. 그런데 명제에서 술어라는 형식으로 나타나던 것이 실체 자체가 됨으로써 이런 표상적 사유가 그렇게 전전하는 데에 제동이 걸린다. 표상적 사유는 술어를 이런 식으로 표상하는 데에 반발을 겪게 된다. 표상적 사유는 마치 주어가 근저에 놓여서 머물러 있는 듯이 주어에서 시작하지만, 술어가 오히려 실체가 됨으로써 주어가 술어로 이행하고 이를 통해 지양되는 것을 발견하게 된다. 이처럼 술어로 보이던 것이 전체적이면서 독자적인 질량이 됨으로써 사유는 자유롭게 배회하지 못하게 되고 (실체가 된 술어의) 이 무게에 의해 저지된다.— 통상 우선 주어가 **대상적인** 고정된 자기(自己)로서 근저에 놓인다. 여기에서 출발하여 필연적인 운동은 다양한 규정이나 술어로 전진한다. 이때에 처음의 주어를 대신하여 인지하는 자아(das wissende Ich) 자체가 등장하며, 이 자아는 술어들을 결합하는 것이자 술어들을 붙들어 유지하는 주체(주어)이다. 하지만 저 첫 번째 주어가 규정들 자체로 들어가서 그런 규정들의 영혼이 됨으로써 두 번째 주체(주어), 즉 지를 획득하는 주체는 [두 번째 주체는 첫 번째 주어와 이미 마무리를 지었다고 여기고서 그것을 뛰어넘어 자신 안으로 복귀하려고 하지만] 첫 번째 주어가 여전히 술어 속에 있음을 발견한다. 그리하여 두 번째 주체는 술어의 운동에서 첫 번째 주어에 이런 술어를 덧붙일 것인가 혹은 저런 술어를 덧붙일 것인가에 관하여 사리를 따지며 요설을 늘어놓는 수행자가 되는 대신에 오히려 내용의 자기(自己)와 씨름하며, 홀로 있는 것이 아니라 이런 내용의 자기(自己)와 함께 있게끔 된다.

지금까지 말한 것을 정식으로 표현하면, 주어와 술어의 구별을 내포하고 있는 판단이나 명제 일반의 본성은 사변적 명제(der spekulative Satz)에 의해 파괴되며, 첫 번째 명제(주어와 술어의 구별을 내포한 명제)가 결국 그리로 환원되는 (주어와 술어의) 동일 명제(der identische Satz)는 주·술 관계로의 반발을 포함하고 있다는 것이다.— 이러한 명제의 형식 일반과 이 형식을 파괴하는 개념의 통일성 사이의 갈등은 리듬에서 박자와 셈여림(Akzent) 사이에 일어나는 갈등과 유사하다. 리듬은 박자와 셈여림 사이의 유동하는 중심과 통합에서 생겨나는 결과이다. 이와 마찬가지로 철학적 명제에서도 주어와 술어의 동일성은 명제의 형식이 표현하는 그 양자의 구별을 무화(無化)시켜서는 안 되고 그 둘의 통일이 화음으로 산출되어야 한다. 명제라는 형식은 규정된 의미의 현상 또는 자신의 충만한 내용을 구별 짓는 셈여림이다. 반면에 술어가 실체를 표현한다는 것 그리고 주어 자체가 보편적인 것으로 전락한다는 것은 그러한 셈여림의 울림이 사라지는 **통일**이다.

지금까지 말한 것을 예를 들어 설명해보자. '**신은 존재이다.**'라는 명제에서 술어는 '존재'이다. 그런데 이 명제에서 술어인 '존재'는 주어가 녹아 없어지게 되는 실체적 의미를 가지고 있다. 여기에서 '존재'는 단지 술어가 아니라 본질이라고 해야 한다. 이를 통해 '신'은 문장에서의 위치에 의해 그러한 바의 것, 즉 고정된 주어이기를 멈추게 된다.— 사유는 주어에서 술어로 이행하면서 전진하는 대신에 오히려 주어가 소실되기 때문에 저지당했다고 느끼고, 주어가 사라지게 된 것을 아쉬워하기 때문에 주어에 대한 사고로 되던져진다. 또는 술어 자체가 오히려 주어로서, 즉 존재라고, 다시 말해 주어의 본성을 남김없이 길어내는 **본질**이라고 언명되었으므로, 사유는 주어를 곧바로 술어 속에서도 발견한다. 그리하여 이제 사유는 술어 속에서 자신 안으로 돌아와 사리를 따지는 요설이라는 자유로운 지위를 획득하는 대신에 내용 속으로 더 침잠하게 되거나 또는 적어도 내용 속에 침잠해 있어야 한다는 요청이 엄존한다. — 또한 '**현실적인 것**은 **보편적인 것**이다.'라고 말할 때에도 마찬가지로 주어인 '현실적인 것'은 자신의 술어 속에서 소멸된다. 이때 '보편적인 것'은 단지 술어의 의미를 지녀서 이 명제가 '현실적인 것은 보편적이다.'라는 것만을 언표하는 것이 아니다. 여기서 '보편적인 것'은 현실적인 것의 본질을 표현해야 한다. — 따라서 사유는 주어에서 지니고 있던 자신의 확고한 대상적 지반을 상실할 뿐만 아니라 또한 술어 속에서 대상적 지반으로[73] 되던져지고, 술어 속에서 자신으로 복귀하는 것이 아니라 오히려 내용의 주어(주체)로 복귀한다.

어떤 개인이 철학서를 이해하는 데에 필요한 교양의 여타 조건들을 갖추고 있을 때조차도 철학서가 이해되지 않는다는 불평은 대부분 이런 익숙하지 않은 장애에서 기인한다. 철학서에 대해서 종종 많은 구절들을 여러 번 반복해서 읽어야만 비로소 이해할 수 있게 된다는 아주 특정한 비난이 제기되곤 하는데, 그 이유를 방금 말한 것에서 간파할 수 있다. 이런 비난은 무엇인가 부적절하면서도 최종적인 것을 담고 있어서, 만일 그것이 정말 근거가 있다면 그에 대해 더 이상 반론의 여지가 없다는 것이다. — 그

---

73) 지시대명사가 '대상적 지반' 대신에 '주어'를 지시하는 것으로 독해할 수도 있다. 이 경우 이 구절은 다음과 같이 번역된다. "또한 술어 속에서 주어로 되던져지고,"

러나 위에서 논한 것에서 그 실상이 어떠한지가 밝혀진다. 철학적 명제는 그것 또한 문장으로 되어 있기 때문에 주어와 술어 사이의 통상적인 관계에 대한 사념 그리고 지의 습관적인 태도에 대한 사념을 불러일으킨다. 그런데 철학적 명제의 철학적 내용은 바로 이런 태도와 그것의 사념을 파괴한다. 사념은 자신이 생각했던 것과는 다르게 생각하게 된다는 점을 경험하며, 이러한 사념의 정정(訂正)은 지로 하여금 명제로 되돌아가서 이제 이를 달리 파악하도록 강요한다.

그런데 사변적 방식과 사리를 따지며 요설을 늘어놓는 방식이 서로 뒤섞이면서 피해야 할 한 가지 난점이 생겨난다. 그것은 바로 주어에 관해 말한 것이 어떤 때에는 주어의 개념이라는 의미를 지니고 또 어떤 때에는 단지 주어의 술어나 우유적 속성이라는 의미를 지닐 경우이다.— 그 한 가지 방식은 다른 방식을 교란시키며, 오직 문장 성분들의 통상적인 관계 양식을 엄격하게 배제하는 철학적 논설만이 조형성을 갖추게 될 것이다.

비(非)사변적 사유도 실제로는 나름의 권리를 지니고 있지만, 이 권리는 마땅하게도 사변적 명제의 방식으로 존중받지는 못한다. 명제의 형식을 지양하는 일이 단지 **직접적인** 방식으로, 즉 단지 명제의 내용에 의해 이루어지는 데에 머물러서는 안 된다. 오히려 이런 (명제의 형식과 내용 사이에서 일어나는 또는 주어와 술어가 서로 이행하며 통일되는) 대립된 운동이 언표되어야만 하는 것이다. 이 대립된 운동은 단지 앞서 언급한 내면적인 저지에 머물러서는 안 되며, 개념의 자기 내 복귀가 **서술**되어야만 한다. 보통 증명이 수행해야 할 역할을 하는 이러한 운동은 명제 자체의 변증법적 운동이다. 오직 이런 변증법적 운동만이 **현실적으로**(진정으로) 사변적인 것이며, 오직 이런 운동의 언표만이 사변적 서술이다. 사변적인 것은 명제로서는 한낱 **내면적인** 저지이자 본질의 **현존재하지 않는** 자기 내 귀환이다. 그렇기 때문에 우리는 종종 철학적 논설이 우리에게 이런 **내적** 직관으로 향하도록 지시하고, 이를 통해 우리가 요구하는 명제의 변증법적 운동을 서술하는 일이 생략되는 것을 목격한다. ― **명제**는 진리가 **무엇**인지를 표현해야 한다. 그런데 진리는 본질적으로 주체이다. 주체로서의 진리는 오직 변증법적 운동, 이렇게 자기 자신을 산출하면서 앞으로 이끌어나가고 또 자신 안으로 되돌아가는 진행이다. ― 그 외의 인식에서는 증명이 그런 언표된 내면성이라는 측면을 이룬다. 그러나 변증법이 증명과 분리되고 난 다음부터는 철학적 증명이라는 개념이 실제로 소실되고 말았다.[74]

이와 관련하여 변증법적 운동도 마찬가지로 명제들을 자신의 성분이자 요소로 삼는다는 점을 상기할 수 있다. 그런 까닭에 앞에서 제시한 난점은 항상 되풀이되는 듯하고 사태 자체가 지닌 난점인 것처럼 보인다. ― 이는 통상적인 증명에서 증명에 사용되는 근거가 그 자체 다시 근거 제시를 요구하면서 그렇게 무한 진행하는 일이 나타나는 것과 유사하다. 그렇지만 이런 근거 짓기와 조건 짓기라는 형식은 변증법적 운동과는 상이한 증명에 속하며, 따라서 외적 인식에 속한다. 변증법적 운동 자체에 관해 말하자면, 그것의 요소는 순수한 개념이며, 따라서 그것은 철두철미하게 그 자체에서 주체인 그런 내용을 가지고 있다. 여기서는 근저(근거)에 놓여 있는 주어의 구실을 하면서 그것의 의미가 술어로 부여되는 그런 내용은 전혀 등장하지 않는다. 명제는 직접적으로 한낱 공허한 형식에 불과하다. ― 감각적으로 직관되거나 표상된 자기(自己) 이외에 주로 이름으로서의 이름이

---

74) 칸트에 의하면 오성의 범주와 원칙을 다루는 선험적 분석론만이 객관적 인식을 가능하게 만들고, 그 반면에 이성의 변증론(변증법)은 "**가상의 논리**"이다.(I. Kant, *Kritik der reinen Vernunft*, B 85 이하 및 B 350)

바로 순수한 주어, 공허하고 몰개념적인 단일자(Eins)를 지시하는 것이다. 이런 이유에서 예를 들면 '신'이라는 이름을 피하는 것이 도움이 된다. 왜냐하면 이 단어는 곧바로 동시에 개념이 아니라 본래의 이름, 즉 근저에 놓여 있는 주어의 고착된 정지이기 때문이다. 이에 반해 예를 들면 존재나 일자(一者), 개별성(Einzelnheit), 주체 등은 그 자체가 또한 곧바로 개념을 암시한다.— 설사 '신'이라는 주어에 관해서 사변적 진리들이 언명된다 할지라도 그 내용이 단지 정지해 있는 주어로서만 현존하기 때문에 내재적 개념을 결여하고 있으며, 이와 같은 사정 때문에 (신에 관해 언명되는) 사변적 진리가 한낱 신심의 감화라는 형식을 띠게 되기 십상이다.— 그러므로 이런 면에서 사변적 술어를 개념이나 본질로서는 포착하지 않고 명제의 형식에 따라서만 포착하는 습성 속에 놓여 있는 장애가 철학 강연 자체의 책임에 의해 증대될 수도 있고 감소될 수도 있다. 서술은 사변적인 것의 본성에 대한 통찰에 충실하게 변증법적 형식을 지녀야 하며, 개념적으로 파악되고 또 개념인 것 이외에는 그 무엇도 끌어들여서는 안 된다.

    사리를 따지며 요설을 늘어놓는 태도 못지않게 철학 연구에 방해가 되는 것은 사리를 따지는 요설조차 늘어놓지 않으면서 이미 확정된 진리를 소유하고 있다고 하는 근거 없는 망상이다. 이런 망상의 소유자는 확정된 진리를 새삼 돌이켜볼 필요도 없다고 여기면서 근저에 놓고서는 이를 언표할 수 있다고 믿고 또 그런 확정된 진리를 통해 판결하고 선고를 내릴 수 있다고 믿는다. 이런 면에서 철학함에 다시 진지하게 종사하는 태도가 특히나 긴급하고 절실하다. 모든 학문이나 기예, 숙련된 기술, 수공업 등에서는 이를 익혀서 소유하려면 반드시 학습하고 수련하는 몇 갑절의 노력이 필요하다는 확신이 당연시된다. 이에 반해 철학과 관련해서는 오늘날 다음과 같은 선입견이 지배하고 있는 듯이 보인다. 즉, 어느 누구나 눈과 손이 있더라도 그가 가죽과 도구를 지급받는다고 해서 신발을 만들 수 있는 것은 아니다. 그렇지만 누구나 자신의 자연적 이성을 철학의 척도로 지니고 있으므로 곧바로 철학을 할 수 있고 또 철학을 평가할 줄 안다는 것이다. 그렇다면 이와 마찬가지로 누구나 자신의 발을 신발의 척도로 가지고 있는 것은 (그래서 발이 있는 사람은 누구나 곧바로 신발을 만들 수 있는 것은) 아니라는 듯이 말이다. — 철학을 소유하는 것은 곧 지식과 연구의 결여 상태에 놓이는 것이고, 지식과 연구가 시작되면 철학은 중지되는 것인 양 나타난다. 철학은 흔히 형식적이고 내용 없는 공허한 지로 간주된다. 또한 어떤 지식이나 학문에서 (형식상으로만이 아니라) 내용상으로도 진리인 것은 오직 철학이 그것을 산출했을 때에만 진리라는 이름을 가질 자격을 얻게 된다는 점 그리고 여타의 학문들이 철학 없이 사리를 따지는 요설로 무엇을 얼마만큼 시도하건 간에 철학이 없이는 자신 안에 아무런 생명도 정신도 진리도 지닐 수 없다는 점에 대한 통찰이 결여된 경우가 많다.

**건전한 상식으로서의 또는 천재성으로서의 자연적 철학함**

본래의 철학과 관련하여 우리는 신적인 것의 직접적인 계시와 [다른 어떤 종류의 지로도 또 본래의 철학함으로도 도야되지 않았고 이에 힘써본 적도 없는] 건전한 상식이 곧바로 도야의 긴 도정에 대한, 즉 정신이 지에 이르는 풍요로우면서도 심오한 운동에 대한 완전한 등가물이자 아주 훌륭한 대용물로 간주되는 것을 목격한다. 말하자면 마치 치커리 커피가 진짜 커피의 대용물로 권장되는 것처럼 말이다. 자신의 사유를 추상적인 명제로 확립하지도 못하고 여러 개의 추상적 명제들의 연관으로 확립하는 일은 더더욱 하지 못하는 무지와, 형식도 없고 취향도 없는 조야함 자체가 스스로를 때로는 사유의 자유와 관용이라고 단언하고 또 때로는 천재성이라고 단언한다는 사실을 지적하는 것은 결코 유쾌한 일이 아니다.[75] 주지하다시

피 이런 천재성은 오늘날 철학에서 그렇듯이 예전에는 시문학(詩文學)에서도 유행했다.[76] 그러나 이런 천재성의 생산 활동이 어떤 의미를 가진다면 그것은 운문시(韻文詩) 대신에 진부한 산문(散文)을 산출해냈을 뿐이고, 만일 이를 넘어서면 착란의 언설을 내놓았을 따름이다. 이와 마찬가지로 오늘날 자연적 철학함은 개념에 비해 자신이 너무 뛰어나다고 여기고 또 개념을 결여하고 있기에 자신을 직관적이고 시적(詩的)인 사유라고 간주한다. 하지만 이런 자연적 철학함은 사고를 통해 그저 와해되었을 뿐인 상상력의 자의적인 배합물을, 생선도 아니고 살코기도 아니며 시(詩)도 아니고 철학도 아닌 구성물을 시장에 내놓을 뿐이다.

반면에 건전한 상식이라는 좀 더 안온한 잠자리를 전전하는 자연적 철학함은 진부한 진리들의 수사학을 가장 잘 제공해준다. 이런 자연적 철학함에 대해서 그것이 내세우는 진리가 하찮은 것에 불과하다고 질책하면, 이에 맞서 자연적 철학함(의 태도를 가진 사람)은 다음과 같이 단언한다. 즉, (그가 내세우는 진리의) 의미와 충만함은 자신의 마음속에 있으며 또한 다른 사람들에게서도 그와 마찬가지로 마음속에 현존해야 한다는 것이다. 왜냐하면 자연적 철학함은 무릇 마음의 순결함과 양심의 순수함 따위로 이미 궁극적인 것을 말했다고 여기고, 이에 대해서는 어떠한 이의도 있을 수 없고 또 더 이상 요구할 것도 없기 때문이라는 것이다. 그러나 정작 관건은 최상의 것이 내면에 머무르지 않고 그런 갱도에서 나와 백일하에 드러나도록 만드는 데에 있었다. 사실 그런 종류의 궁극적 진리를 제시하는 수고로움은 진작부터 면제될 수 있었을 터인데, 왜냐하면 그런 진리는 이미 오래전

---

75) 여기서 헤겔은 특히 괴레스, 바그너, 카이쓸러를 염두에 두고 있다.
76) 낭만주의 문학에 대한 이 비판은 특히 슐레겔을 겨냥하고 있다.

부터 이를테면 교리문답집이라든가 대중의 격언 등에서 충분히 발견할 수 있기 때문이다. — 그와 같은 진리의 애매모호함과 부정확함을 포착하거나 심지어는 종종 그런 진리에 정반대되는 것을 자연적 철학함 자신의 의식 속에서 보여주기란 전혀 어려운 일이 아니다. 자연적 철학함은 자신 안에서 벌어지는 혼란을 벗어나려고 애를 쓰면서 오히려 새로운 혼란에 빠져들며, 결국에는 '그것은 틀림없이 **이러이러**하며, 이와 다른 것은 모두 **궤변**일 뿐이다.'라고 단정하며 폭발해버린다. '궤변'이라는 말은 범속한 상식이 도야된 이성에 맞서 내세우는 표어이며, 이는 철학에 대한 무지함이 '**몽상**'이라는 표현을 오히려 철학에 지워지지 않게 새겨 넣은 것과도 같다. — 범속한 상식(을 가진 사람)은 자신의 내면적 신탁인 감정을 증인으로 끌어들이는 것으로써 자신에게 동의하지 않는 사람과 마무리를 짓는다. 그는 그와 똑같은 것을 자신 안에서 발견하고 느끼지 못하는 사람에게는 더 이상 할 말이 아무것도 없다고 선언하는 수밖에 없다. 달리 말하면, 그는 인간성(Humanität)의 뿌리를 짓밟는 것이다. 왜냐하면 인간성의 본성은 타인과의 합치(Übereinkunft)를 촉구하며 인간성의 실존은 오직 의식들의 공통성이 성취되는 데에 있기 때문이다. 비인간적인 것, 동물적인 것은 바로 감정에만 머물면서 오직 감정을 통해서만 자신을 전달할 수 있다는 데에 존립한다.

누군가가 학문의 왕도에 관해 묻는다면, 다음과 같이 하는 것보다 더 용이하고 편한 길은 없을 것이다. '건전한 상식을 신뢰하라. 혹시 그 밖에도 시류에 맞추어 철학에서도 진척을 보고자 한다면, 철학서에 관한 논평을 읽고 또 더 나아가 이를테면 철학서의 서문과 본문 처음의 몇 단락을 읽어라. 왜냐하면 서문과 본문 처음의 몇 단락은 모든 것이 귀착하는 근본 명제를 제시해주며, 논평은 역사적 주해 이외에도 [그것이 바로 평가이기 때문에 평가받는 대상보다 심지어 더 뛰어난] 평가를 제공해주기 때문이다.' 사람들은 이런 통상적인 길을 평상복 차림으로 걷는다. 하지만 고위 사제복을 입고서는 영원하고 성스럽고 무한한 것에 대한 고조된 감정이 그 길을 행진한다. 그것은 오히려 그 자체가 이미 중심에 있는 직접적 존재이자 심오하고 독창적인 이념과 드높은 사고의 번뜩임을 지닌 천재성인 바로 그런 길이다. 하지만 이와 같은 (독창적인 이념의) 심오함이 아직 본질의 원천을 드러내주는 것은 아니듯이, 그런 (드높은 사고의) 폭죽이 아직 최고천(最高天, Empyreum)의 경지는 아니다.[77] 참된 사고와 학문적 통찰은 오직 개념의 노동 속에서만 획득될 수 있다. 오직 개념만이 지의 보편성을 산출해낼 수 있다. 그리고 이런 지의 보편성은 범속한 상식이 지닌 범속한 애매모호함과 빈약함이 아니라 오히려 도야되고 완성된 인식이며, 또한 천재의 나태함과 자만심이 그 소질을 타락시킨 이성이 내세우는 비범한 보편성이 아니라 오히려 자신의 토착적인 형식으로 번성한 진리, 모든 자기의식적 이성의 소유물이 될 수 있는 진리이다.

**맺음말. 독자에 대한 저자의 관계**

나는 학문이 실존하도록 만드는 근거를 개념의 자기 운동 속에 정립했다. 그런데 진리의 본성과 형태에 관해서 우리 시대의 표상이 지닌 앞서 언급한 측면 및 그 외에 다른 외적인 측면은 이와 어긋나고 심지어 상반된다. 이와 같은 고찰은 개념의 자기 운동이라는 규정 속에서 학문 체계를 서술하려는 시도를 우호적으로 받아들일 것이라고 기대하기 어렵게 만드는 듯하다. 그렇지만 나는 다음과 같은 점을 염두에 둔다. 예를 들어 플

---

77) J. Görres, *Glauben und Wissen*, München, 1805, p. 112: "신적 학문은 우리에게 신성에 관해 주로 오직 신적 본성이 지닌 한 가지 측면, 즉 신성에서 정신적인 것과 이념만을 가르쳐주며, 이성 속에서 지성은 마치 방사선처럼 신성의 최고천 안으로 투사하여 본다."

라톤의 철학이 지닌 탁월한 면을 실상 학문적으로는 아무 가치도 없는 그의 신화 속에서 찾았던 때가 있는가 하면, 또한 아리스토텔레스의 철학이 그 사변적 심오함 덕분에 존중받았고 또 분명 고대 **변증법**의 가장 위대한 예술 작품인 플라톤의 『파르메니데스』가 **신적인 삶의** 진정한 노정(露呈)이자 **긍정적 표현**으로 간주되었던 시기, 심지어 열광의 시대라고 불리던 그런 시기도 있었다. 그리고 더 나아가 비록 **몰아의 황홀**이 산출해낸 것이 상당히 혼탁함을 지니고 있을지라도 이렇게 오해된 몰아의 황홀이 실제로는 다름 아니라 **순수한 개념**이던 시대도 있었다. 게다가 우리 시대의 철학이 지닌 탁월한 면은 자신의 가치 자체를 학문성에 두고 있고 또 설사 다른 사람들은 이와 달리 생각할지라도 실제로 오직 학문성을 통해 자신의 타당성을 관철하고 있다는 점도 나는 염두에 두고 있다. 그래서 나는 또한 학문을 개념에 반환해주고 이런 자신의 고유한 요소 속에서 서술하려는 이 시도가 사태의 내적 진리를 통해 (사람들이 받아들이게 될) 진입로를 마련할 수 있을 것이라는 희망을 품는다. 참된 것은 때가 되면 관철되기 마련이라는 본성을 지니고 있으며, 오직 때가 되었을 경우에만 참된 것이 나타나고, 따라서 참된 것은 너무 앞서서 나타나는 법도 없고 미성숙한 독자와 마주치게 되는 일도 없다는 확신을 우리는 가져야만 한다. 또한 개인에게는 아직 그 자신만의 외로운 문제였던 것이 검증을 받고 또 아직 특수성에 속해 있던 신념이 보편적인 것으로서 경험되려면 그와 같은 효과가 필요하다는 확신을 우리는 가져야만 한다. 그렇지만 이때 독자를 그들의 대표자이자 대변인으로 행세하는 사람들(비평가)과 구별해야 할 때가 종종 있다. 독자는 여러 가지 점에서 자칭 그들의 대표자이자 대변인과는 다른 태도를, 아니 심지어는 상반되는 태도를 취한다. 독자는 어떤 철학서가 자기 마음에 들지 않을 때 그 책임을 관대하게도 자기 자신이 먼저 지려고 하는 반면에, 자칭 독자의 대표자이자 대변인은 자신의 권한을 과신하면서 모든 책임을 저자에게 미룬다. 철학서가 독자에게 미치는 영향은 '죽은 자들이 자기네 죽은 자들의 장사를 지내는' 행동보다 훨씬 더 조용하다.[78] 오늘날 보편적인 통찰이 무릇 더 도야되고 그것의 호기심은 더 예리해지고 그것의 판단은 더 신속하게 규정되어 있어서 '당신을 메고 나갈 사람들의 발이 벌써 문에 이르렀다면',[79] (철학서가 참된 독자에게 미치는) 좀 더 완만한 영향을 이와 구분해야 할 필요가 종종 있다. 그런 영향은 위압적인 단언으로 강요된 주목(注目)과 내동댕이쳐버리는 비난을 바로잡을 것이고, 또 어느 정도의 시간이 경과하고 난 후에야 비로소 일부에게 동시대 사람들의 관심을 허락하는 반면에 다른 일부에게는 이 시간이 지나고 난 뒤에는 더 이상 후대의 관심을 허용하지 않을 것이다.

덧붙여 말하자면 정신의 보편성이 그토록 강화되고 또 그만큼 개별성은 마땅하게도 점점 더 중요하지 않게 되었으며 또한 정신의 보편성이 자신의 범위 전체와 충분히 계발된 풍요로움을 견지하고 또 이를 요구하는 시대에는 정신의 작업 전체에서 개인의 활동이 담당하는 몫이 그저 미미할 수밖에 없다. 그렇기 때문에 이미 학문의 본성이 이런 결과를 수반하듯이 개인은 더욱더 자신을 망각해야 하며, 설사 그가 할 수 있는 것을 하고 또 그렇게 된다 하더라도 개인 스스로가 자기 자신에게서 너무 많은 것을 기대해서는 안 되고 또 자신을 위해 요구해서도 안 되듯이 또한 개인에게도 너무 많은 것을 요구해서는 안 된다.

---

78) 『신약성경』, 마태오 8:22. 이 문장과 다음 문장에서 인용한 성경 구절은 각각 비평가들이 서로를 비난하는 소란스러움과 자기 과신에서 나오는 평가의 성급함을 풍자하는 것으로 보인다.
79) 『신약성경』, 사도행전 5:9.

# I
# 정신현상학의 학문[80)]

80) 책의 제목을 다시 한번 명기한 이 중간 표지는 출판 과정 중에 애초의 제목인 '제1부. 의식의 경험의 학'을 수정하기 위해서 추가로 삽입된 것으로 추정된다. 1807년 초판 중 일부에만 이 표지가 첨가되어 있고 일부에는 여전히 누락되어 있다. 더 나아가 일부에는 '제1부. 의식의 경험의 학'이라는 표지가 제거되고서 이 수정된 표지가 맨 앞에 놓이면서 책의 표제가 완전히 대체된 경우도 있다.

# 서론

철학에서 사태 자체에, 즉 진리 속에 있는 것에 대한 현실적인 인식에 들어서기에 앞서 먼저 절대적인 것을 장악할 도구로 간주되거나 또는 절대적인 것을 살펴보는 수단으로 간주되는 인식에 대해서 이해하는 일이 필수적이라고 여기는 것은 자연스러운 표상이다.[81] 한편으로 인식에는 여러 종

---

81) J. Locke, *An Essay concerning Human Understanding*, Ed. by P. H. Nidditch, Oxford, 1975, p. 7: "대여섯 명의 친구들이 내 방에 모여서 이 책의 주제와는 거리가 먼 (형이상학적인) 문제에 관해서 토론했는데 곧 여기저기서 불거진 난점들로 교착 상태에 빠지게 되었음을 발견하였다. 우리를 당혹스럽게 만든 이 의문들을 해결하는 데에 아무런 진전도 보지 못한 채 한동안 어쩔 줄 몰라 하다가 번뜩 우리가 그릇된 길을 가고 있었다는 생각이 들었다. 즉, 우리가 그런 본성의 탐구에 착수하기에 앞서서 우선 우리 자신의 능력을 검토하여 우리의 오성이 어떤 대상을 다루는 데에 적합하고 또 적합하지 않은지를 살펴보는 것이 꼭 필요하다는 생각이 들었다. 그래서 나는 동료들에게 이를 제안하였고 그들은 모두 기꺼이 찬성하였다. 그리고 그 즉시 이 문제가 우리의 첫 번째 탐구가 되어야 한다는 데에 모두 동의하였다." 칸트의 비판철학 역시 인간의 인식 능력에 대한 예비적 검토를 주

류가 있어서 그 가운데 어느 하나는 다른 것보다 이런 최종 목표에 도달하는 데에 더 적합할 터이고, 따라서 그중에서 잘못된 선택을 할 수도 있다는 걱정, 그리고 또 한편으로 인식이 일정한 양식과 범위를 가진 능력이기 때문에 그 본성과 한계를 좀 더 면밀하게 규정하지 않으면 진리의 천국 대신에 오류의 구름을 붙잡게 되리라는 걱정은 온당한 듯이 보인다. 이런 걱정은 필시 심지어 다음과 같은 확신으로 변하기 마련이다. 즉, 인식을 통해 의식이 즉자인 것(dasjenige, was An-sich ist)을 획득하도록 만들려는 착수 전체가 그 개념상 부조리하며, 인식과 절대적인 것 사이에는 양자를 전적으로 갈라놓는 경계가 놓여 있다는 것이다. 왜냐하면 만약 인식이 절대적 본질을 장악하기 위한 도구라면, 어떤 도구를 사물에다 사용하는 것이 그 사물을 그 홀로의 상태로 놓아두지 않고 오히려 사물에 어떤 변형과 변경을 가한다는 사실이 곧바로 명백해지기 때문이다. 또는 인식이 우리의 활동 도구가 아니라 말하자면 진리의 빛을 우리에게 도달하게끔 해주는 수동적 매체라면, 이때에도 역시 우리는 진리를 그 자체의 상태에서가 아니라 그 매체를 관통해서 그 속에 있는 상태로 얻게 된다. 두 경우 모두 우리는 자신의 목적과 직접 반대되는 것을 산출하는 수단을 사용하는 셈이다. 또는 우리가 무릇 어떤 수단을 이용한다는 것이 오히려 부조리한 일이다. 물론 **도구**의 작용 방식에 관한 지식이 우리를 이런 곤경에서 구제할 수 있을 것처럼 보인다. 이런 지식은 우리가 그 도구를 통해 획득한 절대적인

---

요 목표로 삼는다. I. Kant, *Kritik der reinen Vernunft*, B 7: "이제 우리가 경험의 지반을 떠나서 그 유래도 모르면서 소유하고 있는 인식들을 가지고서 그 근원을 아는 바 없는 원칙을 담보로 하여 주도면밀한 검토를 거쳐 먼저 그 토대를 확보하지도 않은 채 곧장 건축물을 세우기보다는 오히려 오성이 도대체 어떻게 이 모든 인식들에 선천적으로 도달할 수 있으며 이런 인식들이 어떤 범위와 타당성과 가치를 지니는지에 대해서 먼저 질문을 던지는 것이 자연스러워 보인다."

것에 관한 표상 중에서 도구에 귀속하는 부분을 결과에서 제하고 그렇게 함으로써 참된 것을 순수하게 획득할 수 있도록 만들 것이기 때문이다. 하지만 이와 같은 수정(修正)은 실은 단지 우리를 원점으로 되돌려 보낼 뿐이다. 변형된 사물에서 도구가 가한 것을 다시 제거하면, 우리에게 그 사물(여기서는 절대적인 것)은 이런 불필요한 수고를 들이기 이전 바로 그만큼의 상태로 있게 된다. 또한 이를테면 끈끈이 덫으로 새를 잡듯이, 절대적인 것이 도구에 의해 아무런 변경도 겪지 않고서 단지 우리에게 좀 더 근접하게끔 된다고 하면, 절대적인 것은 즉자 대자적으로 이미 우리 곁에 있으며, 또 그렇게 있으려고 하지 않는 한 절대적인 것은 분명 이런 간계를 비웃을 것이다. 왜냐하면 이 경우에 간계는 곧 인식이 될 터인데, 이때 인식은 갖은 노력을 들이면서 마치 한낱 직접적이고 따라서 아무런 수고도 필요 없는 관계를 산출해내는 것과는 전혀 다른 일을 하고 있는 듯한 표정을 짓고 있기 때문이다. 또는 우리가 **매체**라고 표상하는 인식의 검증이 인식의 광선 굴절 법칙을 알려준다 하더라도, 이런 굴절을 결과에서 제하는 것은 그 또한 아무 도움도 되지 않을 것이다. 왜냐하면 인식은 빛의 굴절이 아니라 우리로 하여금 진리를 접하도록 해주는 빛 자체이며, 이런 인식을 제거하고 나면 우리에게는 단지 순수한 방향이나 공허한 위치의 표시만이 남게 될 터이기 때문이다.

다른 한편 그처럼 주저 없이 바로 작업에 돌입하여 현실적으로 인식하는 학문에 대해서 그것은 오류에 빠질지도 모른다는 걱정으로 불신한다면, 왜 거꾸로 이런 불신을 불신하면 안 되는지, 그리고 오류를 범할지 모른다는 공포가 이미 오류 자체라는 점을 걱정해서는 안 되는지 알 길이 없다. 실제로 그런 걱정은 무엇인가를, 그것도 여러 가지를 진리로 전제하며, 그것이 과연 진리인지 그 자체를 먼저 검증해야 할 것을 자신의 주저함과 그 귀결들의 근거로 삼고 있다. 요컨대 그런 걱정은 **인식**이 **도구**나 **매체**라는 **표상** 그리고 또한 **이런 인식과 우리 자신의 구별**을 전제한다. 무엇보다도 그것은 절대적인 것이 **한쪽**에 서 있고 **인식**은 **다른 한쪽**에 홀로 절대적인 것과 분리된 채로 있으면서도 어떤 실재적인 것으로 서 있다고, 또는 이와 더불어 절대적인 것의 밖에 있는 탓에 또한 분명 진리의 밖에 있는 인식이 그럼에도 불구하고 참된 것이라고 전제한다. 이런 가정을 통해 스스로를 오류에 대한 공포라고 일컫는 것이 실은 오히려 진리에 대한 공포라는 점을 알려준다.

이러한 귀결은 오직 절대적인 것만이 참이라는 사실 또는 오직 참된 것만이 절대적이라는 사실로부터 밝혀진다. 학문이 원하는 것처럼 절대적인 것을 인식하지는 못하지만 그래도 여전히 참인 인식이 있으며 인식 일반은 절대적인 것을 포착하지는 못할지라도 또 다른 진리에는 유능할 수 있다는 식의 구별을 통해 그러한 귀결을 거부할 수도 있다. 그렇지만 우리는 곧 그와 같은 설왕설래가 절대적 진리와 그 밖의 진리 사이의 불명료한 구별로 귀착하며, 여기서 '절대적인 것'이나 '인식' 등의 용어는 그 의미를 비로소 파악하여 얻어내는 것이 관건임에도 불구하고 이를 미리 전제한다는 점을 간파하게 된다.

인식은 절대적인 것을 손에 넣기 위한 도구라든가 우리가 진리를 살펴보는 매체라든가 등과 같은 아무 쓸모없는 표상과 상투어 대신에 (절대적인 것과 분리된 인식 그리고 인식과 분리된 절대적인 것이라는 이 모든 표상들은 결국 이런 상태로 귀착한다), 학문의 노고에서 벗어나면서 동시에 진지하고도 열성적인 노고를 들이는 듯한 외양을 주기 위해 그와 같은 상태를 전제하고서 이로부터 학문의 무능함을 끄집어내는 변명 대신에, 또한 이 모든 문제의 답을 얻으려고 힘겹게 애쓰는 대신에, 우리는 이것들을 모두 우연하고 자의적인 표상들이라고 서슴없이 물리치고 또 이와 관련된 '절대적인 것', '인식', 또 '객관'과 '주관' 그리고 그 밖에 그 의미가 일반적으로 잘 알려져 있다고 전제되는 수많은 용어들의 사용을 심지어 기만이라고 간주할 수 있을 것이다. 왜냐하면 때로는 이 용어들의 의미가 일반적으로 잘 알려져 있다고 한다거나 또 때로는 사람들이 스스로 이런 개념들을 가지고 있다고 둘러대는 것은 오히려 이런 개념들을 제공해야 한다는 핵심 사안을 단지 모면해보려는 것으로 보이기 때문이다. 이에 맞서서 학문 자체를 차단해버리려는 그와 같은 표상과 상투어에 주의를 기울이는 수고를 아예 들이지 않는 것이 훨씬 더 정당한 일일 것이다. 왜냐하면 그런 표상과 상투어는 한낱 지(知)의 공허한 현상만을 만들어낼 뿐이며, 이 현상은 학문이 출현하면 곧바로 사라져버릴 터이기 때문이다. 그런데 학문이 출현한다는 바로 그 점에서 학문은 그 자체가 하나의 현상이다. 학문의 출현은 (이제 막 출현한 학문은) 아직 자신의 진리 속에서 상술되고 펼쳐진 학문이 아니다. 여기서 **학문이 다른 지 곁에서 또 하나의 지로** 출현하기 때문에 현상이라고 여기건 아니면 그런 참되지 못한 다른 지를 학문의 가현(假現)이라고 부르건 아무래도 상관없다. 그렇지만 학문은 자신을 이러한 가상에서 해방시켜야 한다. 그리고 학문은 오직 이런 가상에 대항함으로써만 그렇게 할 수 있다. 왜냐하면 학문은 참되지 못한 지를 단지 사물에 관한 통속적인 견해라고 거부하면서 자신은 이와 전혀 다른 인식이며 그런 참되지 못한 지는 자신에게 아무것도 아니라고 단언할 수도 없고 또 참되지 못한 지 자체 속에 있을 법한 더 나은 지에 대한 예감을 증거로 내세울 수도 없기 때문이다. 앞의 **확언**을 통해 학문은 자신의 **존재**가 곧 자신의 힘이라고 선언하는 셈인데, 참되지 못한 지도 마찬가지로 **자신이 존재한다**는 사실을 증거로 내세우면서 자신에게 학문은 아무것도 아니라고 **단언한다**. 그런데

**어느 하나의** 무미건조한 확언은 그저 다른 확언만큼만 타당하다. 또한 참되지 못한 인식 속에서도 현존하고 또 그런 인식 자체 속에서 학문으로 향하는 지침이라고 하는 더 나은 예감을 증거로 내세울 수는 더더욱 없다. 왜냐하면 이때 학문은 한편으로는 또다시 앞서와 마찬가지로 존재를 증거로 내세우는 것이 될 터이고, 다른 한편으로는 자기 자신을 증거로 내세우되, 참되지 못한 인식 속에 있는 상태의 방식, 다시 말해 자신의 열등한 존재 방식을, 그리고 학문이 즉자 대자적으로 존재하는 상태보다는 오히려 그 현상을 증거로 내세우는 것이 될 터이기 때문이다. 이상과 같은 이유에서 이제 우리는 현상하는 지에 관한 서술에 착수하고자 한다.

그런데 이 서술은 단지 현상하는 지를 대상으로 삼기 때문에 그 자체로는 자유롭게 자신의 고유한 형태 속에서 운동하는 학문은 아닌 것처럼 보이게 되며, 이러한 관점에서는 참된 지를 향해 뻗어 나아가는 자연적 의식의 도정으로 간주될 수 있다. 또는 그것은 영혼의 본성에 의해 영혼에 미리 내장된 정류장들인 일련의 형태들을 두루 거쳐 가는 영혼의 도정으로 간주될 수도 있는데, 이 도정을 따라서 영혼은 자기 자신에 대한 완전한 경험을 통해 자신이 그 자체 즉자적으로 무엇인가에 관한 지식에 다다름으로써 스스로를 정신으로 정화한다.

자연적 의식은 단지 지의 개념이나 비실재적 지에 불과하다는 점이 밝혀질 것이다. 그렇지만 자연적 의식은 오히려 자신을 직접 실재적 지로 여기는 까닭에 이러한 도정이 자연적 의식에게는 부정적인 의미를 지니며, 개념을 실현하는 일이 자연적 의식에게는 오히려 자기 자신의 상실로 간주된다. 왜냐하면 자연적 의식은 이 도정에서 자신의 진리(자신이 진리라고 여기는 것)를 상실하게 되기 때문이다. 그러므로 이 도정은 **의심**(Zweifel)의 길 또는 더 본래대로 말하자면 절망(Verzweiflung)의 길로 간주될 수 있다. 통상 '의심'

이라고 하면 이러저러한 억측된 진리가 뒤흔들리고 난 다음에 곧이어 이런 의심이 다시 적당히 사라지면서 애초의 진리로 되돌아가는 일이 뒤따르고 그리하여 결국에는 사태가 처음의 그 상태로 받아들여지게 되는 것으로 이해하곤 하는데, 이 도정에서 일어나는 일은 그런 것이 아니다. 오히려 이 도정은 실은 한낱 실현되지 않은 개념에 불과한 것을 가장 실재적인 것으로 여기는 현상하는 지의 비진리에 대한 의식적 통찰이다. 그러므로 또한 이렇게 스스로를 완수하는 회의주의는 진리와 학문에 대한 진지한 열의가 진리와 학문을 성취하는 데에 그것만 있으면 충분히 마련하여 갖추었다고 여기는 것과도, 즉 학문에서 권위에 의존하여 타인의 사고에 승복하는 것이 아니라 모든 것을 스스로 검증하면서 오직 자기 자신의 확신만을 따르겠다는 **의향**, 또는 이보다 더 좋은 것으로는 모든 것을 스스로 산출해내고 오직 자기 자신의 행실만을 참된 것으로 간주하겠다는 **의향**과도 다르다. 의식이 이와 같은 도정에서 거쳐 가는 형태들의 계열은 오히려 의식 자신이 학문을 향해 나아가는 **도야**의 상세한 역사이다. 앞에서 언급한 의향은 도야를 의향이 지닌 단순한 방식에 따라서 직접적으로 이미 마무리되고 벌어진 일로 여긴다. 반면에 뒤에서 언급한 도정은 이런 비진리에 맞선 현실적 수행이다. 물론 자기 자신의 신념을 따르는 것이 권위에 순종하는 것보다는 낫다. 그렇지만 권위로부터 나온 억측이 자기 자신의 신념으로부터 나온 억측으로 전도된다고 해서 필연적으로 그 억측의 내용이 변하는 것도 아니고 또 오류 대신에 진리가 들어서는 것도 아니다. 사념과 편견의 체계에 빠지는 것이 타인의 권위를 추종해서건 아니면 자기 자신의 신념에서건, 그 둘의 차이라고는 고작 후자의 방식에 동반되는 허황된 자만에 있을 따름이다. 이에 반해 현상하는 의식의 범위 전체를 겨냥하는 회의주의는 정신으로 하여금 진리가 무엇인지를 검증하는 데에 비로소 능숙해지도록 만든다. 왜냐하면 그런 회의주의는 [그것들을 자기 자신의 것이라고 부르건 타인의 것이라고 부르건 아무런들 상관없이] 이른바 자연적인 표상과 사고와 사념에 대한 회의를 가져오기 때문이다. 반면에 **곧바로** 검증에 착수하려는 의식은 바로 이런 자연적 표상과 사고와 사념으로 가득 차 있고 들러붙어 있으며, 그렇기 때문에 실제로는 자신이 감행하려는 일(무엇이 진리인지를 검증하는 일)에 무능력하다.

    비실재적 의식이 지닌 형식들의 **완벽함**은 (비실재적 의식 자신이 수행하는 운동의) 전진과 연관의 필연성 자체에 의해 이루어질 것이다. 이를 이해하기 위해서 일반적으로 다음과 같은 사실을 미리 지적할 수 있다. 즉, 참되지 못한 의식을 그것의 비진리 속에서 서술하는 일은 한낱 **부정적인** 운동이 아니라는 점이다. 자연적 의식이야말로 무릇 이러한 서술에 관해 그와 같은 일면적인 견해를 가진다. 그리고 이런 일면성을 자신의 본질로 삼는 자는 불완전한 의식의 여러 형태들 가운데 하나인데, 그러한 형태는 도정의 진행 자체에 들어서게 되어 그 진행 속에서 스스로를 드러내게 될 것이다. 바로 그런 불완전한 의식의 형태가 곧 결론에서 항상 한낱 **순수한 무(無)**만을 볼 뿐이고 이 무가 특정하게 **그로부터 무가 귀결되는 것의**(그 전제가 되는 것의) 무라는 점을 사상하는 회의주의이다. 그런데 무는 그로부터 무가 유래하는 것의 무로 받아들일 경우에만 실제로 참된 결론이다. 따라서 그러한 무는 그 자체가 **규정된** 무이고 **내용**을 가지고 있다. 무나 공허함의 추상으로 종결되는 회의주의는 이런 추상에서 더 나아가지 못한 채 자신에게 어떤 새로운 것이 과연 제공될지 그리고 그것이 무엇일지를 기다려볼 수밖에 없지만, 이렇게 제공된 새로운 것마저 결국은 똑같이 공허한 심연 속으로 내던져버리고 만다. 이에 반해 그 진리 속에 있는 바대로의 결론은 **규정된** 부정이라고 파악되며, 이와 더불어 직접적으로 새로운 형식이 솟아나오고 또 부정 속에서 이행이 이루어지는데, 이를 통해 형태들의 완전한 계열을 관통하는 전진이 스스로 생겨나게 된다.

그런데 지에는 전진의 계열 못지않게 **목표** 또한 필연적으로 담겨 있다. 그 목표는 더 이상 자기 자신을 뛰어넘어 나아갈 필요가 없는 곳, 자기 자신을 발견하여 개념이 대상과 일치하고 또 대상이 개념과 일치하는 곳에 있다.[82] 그러므로 이 목표를 향한 전진 역시 중단되지 않으며, 목표에 다다르기 이전의 그 어떤 정류장에서도 만족을 찾을 수가 없다. 자연적 삶에 제한되어 있는 것은 그 자신에 의해서는 자신의 직접적 현존재를 초탈할 수 없다. 하지만 그것은 타자에 의해 자신의 직접적 현존재 밖으로 축출되는데, 이런 뽑혀 나감이 바로 자신의 죽음이다. 그러나 의식은 그 자체 대자적으로 자신의 **개념**이며, 그럼으로써 제한된 것을 직접적으로 넘어서는 초탈이자 또한 [이 제한된 것이 그 자신에 속하는 것이므로] 자기 자신을 넘어서는 초탈이다. 개별자와 더불어(자신이 개별성이라고 규정됨으로써) 동시에 의식에게는 피안이 정립된다. 설사 이 피안조차 공간적 직관에서처럼 한낱 제한된 것의 **옆에 나란히** 놓일지라도 말이다. 따라서 의식은 제한된 만족감이 깨지는 폭력을 자기 자신으로부터 당하게 된다. 이런 폭력의 감정 속에서 진리에 대한 두려움이 감퇴하면서 상실할 위험에 처한 것(자신이 진리라고 여기는 것)을 보존하려고 노력할 수도 있다. 그러나 진리에 대한 두려움은 평온을 찾지 못한다. 진리에 대한 두려움이 아무런 사고도 하지 않는 나태함 속에 멈춰 서 있기를 원할 수도 있겠지만, 사고는 사고하지 않음을 감

---

82) 이 문장은 원문에 나오는 첫 번째 'es'를 '목표'로 보고 두 번째 'es'를 '지'로 보아 다음과 같이 번역할 수도 있다. "그 목표는 지가 더 이상 자기 자신을 뛰어넘어 나아갈 필요가 없는 곳, 지가 자기 자신을 발견하여 개념이 대상과 일치하고 또 대상이 개념과 일치하는 곳에 있다."

쇠시키고 사고의 불안정은 나태함을 방해한다. 또한 진리에 대한 두려움이 자신을 견고하게 만들어서 모든 것을 **그 종에서**(그 나름의 방식으로, in seiner Art) **좋은 것**으로 여긴다고 단언하는 감상(感想)이 된다 하더라도, 이러한 확언은 그에 못지않게 어떤 것이 바로 하나의 종(한 가지 방식, eine Art)이라는 바로 그 이유에서 그것을 좋지 않다고 여기는 이성의 폭력을 당하게 된다. 또는 진리에 대한 공포는 다음과 같은 가상 뒤로 자신을 자기 자신과 타인들로부터 은폐할 수도 있다. 즉, 마치 바로 진리를 위한 뜨거운 열의 자체가 [그것이 자기 자신으로부터 나온 것이건 아니면 다른 사람으로부터 얻은 것이건 그 어떤 사고보다도 자신이 항상 더 똑똑하다고 여기는[83]] 허황된 자만이라는 유일한 진리 이외의 그 어떤 다른 진리도 발견하기 어렵게, 아니 불가능하게 만드는 척하는 가상 말이다. 이런 허황된 자만은 그 어떤 진리도 자신에게 허황하게 만들고서는 자신 안으로 회귀하는 법을 알며, 모든 사고를 항상 해체하면서 일체의 내용 대신에 단지 무미건조한 자아만을 발견할 줄 아는 이런 자기 자신의 오성을 즐거이 만끽한다. 이런 허황된 자만은 보편적인 것을 기피하고서 오직 대자 존재만을 구하기 때문에 그 자신에게 내맡길 수밖에 없는 만족이다.

이상과 같이 진전의 방식과 필연성에 관해 잠정적이고 일반적으로 언급한 것처럼, 이제 **상술**(詳述)**의 방법**에 관해서 간략하게라도 환기시키는 것이 유용할 터이다. **현상하는** 지에 관계하는 **학문의 태도**라고 그리고 **인식의 실재성에 관한 탐구와 검증**이라고 제시되는 이러한 서술은 그 근저에 척

---

[83] 원문의 직역은 다음과 같다. "그 어떤 사고보다도 항상 더 꺼려진다고 여기는" 그러나 원문의 '꺼리다(gescheut)'는 문맥상 '똑똑하다(gescheit)'의 오기로 보인다. Werke판 역시 이처럼 수정하고 있다.

도로 놓이는 어떤 전제가 없이는 이루어질 수 없을 것처럼 보인다. 왜냐하면 검증은 미리 상정된 척도를 갖다 대는 데에 있고, 검증되는 것이 옳은지 그른지에 대한 결정은 척도와 검증되는 것 사이에서 그 결과로 나타나는 동일성이나 비동일성에 있기 때문이다. 이때 척도 일반은, 그리고 학문이 척도가 된다면 마찬가지로 학문도, **본질** 또는 **즉자**로 상정된다. 그렇지만 학문이 비로소 출현하게 되는 바로 이곳에서는 학문 자체이건 또는 그 밖의 무엇이건 간에 본질이나 즉자로서 정당성을 입증받지 못했다. 그리고 그와 같은 본질이나 즉자가 없다면 검증은 이루어질 수 없는 듯이 보인다.

이런 모순과 그것의 제거는 먼저 의식에게 나타나는 바대로의 지와 진리에 관한 추상적 규정을 상기하면 더 명확하게 밝혀질 것이다. 말하자면 의식은 자신이 **관련하는** 그 무엇으로부터 동시에 자신을 **구별한다**. 또는 이렇게 표현할 수도 있겠는데, **의식에 대해**(의식을 위해, für das Bewußtsein) 그 무엇이 존재하며, 이러한 **관련지음**의 특정한(규정된) 측면 또는 **의식에 대한** 그 무엇의 **존재**라는 특정한 측면이 바로 **지**이다. 그런데 우리는 **즉자 존재**를 이런 대타 존재와 구별한다. 요컨대 지와 관련되어 있는 것은 또한 마찬가지로 지와 구별되어서 이런 관련 밖에서도 **존재하는 것**으로서 정립된다. 이러한 즉자의 측면이 바로 **진리**이다. 이런 규정들에 본래 무엇이 함축되어 있는지는 지금 여기서는 아직 문제가 되지 않는다. 왜냐하면 현상하는 지가 우리의 대상이므로 일단은 현상하는 지의 규정들이 직접 제공되는 바대로 받아들여지며, 그 규정들이 제공된다 함은 바로 그것들이 포착되는 바대로를 일컫기 때문이다.

이제 우리가 지의 진리를 탐구할 경우에 지가 **즉자적으로** 무엇인지를 탐구하는 것처럼 보인다. 그렇지만 이러한 탐구에서 지는 **우리의** 대상이며, 그것은 **우리에 대해**(우리를 위해, für uns) 존재한다. 그리고 그 결과로 도출되는 것의 **즉자**는 오히려 **우리에 대한** 그것의 존재일 것이다. 우리가 그것의 본질인 듯이 주장하는 것은 오히려 그것의 진리가 아니라 단지 그것에 관한 우리의 지에 불과할 것이다. 본질이나 척도는 우리에게 귀속하며, 본질이나 척도와 비교되고 또 이런 비교를 통해 (그것의 옳고 그름이) 결정되어야 하는 것이 그런 본질이나 척도를 필연적으로 인정해야만 할 필요는 없다.

그러나 우리가 탐구하는 대상의 본성은 이러한 분리에서 또는 분리와 전제라는 가상에서 벗어나 있다. 의식은 자신의 척도를 자기 자신에서 제공하며, 따라서 탐구는 의식이 스스로를 자기 자신과 비교하는 것이 된다. 왜냐하면 방금 전에 했던 (의식과 대상, 즉자 존재와 대타 존재, 진리와 지의) 구별은 의식 안으로 귀속되기 때문이다. 의식 속에서 그 하나가 다른 **하나에 대해** 존재한다. 또는 의식은 무릇 지라는 계기의 규정성을 자신에 지니고 있다. 이와 동시에 의식에게 이러한 타자는 **의식에 대해** 존재하는 것만이 아니라 또한 이런 관련 밖에서도 또는 **즉자적으로도** 존재한다. 이것이 바로 진리라는 계기이다. 그러므로 의식이 자기 자신 안에서 **즉자** 또는 **참된 것**이라고 선언하는 것에서 우리는 바로 의식 자신이 설정하여 그것에 준해서 자신의 지를 평가하는 척도를 가지는 것이다. 우리가 지를 **개념**이라고 부르는 반면에 본질 또는 **참된 것**을 존재자 또는 **대상**이라고 부른다면, 검증은 개념이 대상과 일치하는지를 지켜보는 데에 있다. 이와 반대로 우리가 **본질**을 또는 **대상**의 즉자를 **개념**이라고 부르고 반면에 **대상**을 **대상**으로서의 대상, 즉 **대타적으로** 존재하는 바대로의 대상이라고 이해한다면, 검증은 대상이 자신의 개념과 일치하는지를 지켜보는 데에 있다. 이 둘이(두 가지 검증 방식이) 실은 하나의 같은 것이라는 점은 분명하게 간파된다. 그런데 여기서 본질적인 것은 다음과 같은 점을 탐구 전반에서 확고하게 견지하는 것이다. 즉, **개념**과 **대상**, **대타적으로** 존재함과 **즉자적으로** 존재함, 이 두 가지 계기가 모두 우리가 탐구하는 지 자체에 귀속하며, 따라서 우리는 탐구할 때 우리가 척도를 들고 와서 **우리의** 착상과 사고를 적용할 필요가 없다는 점이다. 우리는 우리의 착상과 사고를 내버려둠으로써 사태를 그 자체 **즉자 대자적으로** 존재하는 바대로 고찰하는 데에 이르게 된다.

그런데 우리의 첨가 행위(Zutat)가 불필요한 잉여가 되는 것은 개념과 대상, 척도와 검증되어야 하는 것이 모두 의식 자체 안에 현존한다는 측면에서만 그러한 것이 아니다. 또한 우리는 그 두 가지를 비교하면서 실제로 **검증**하는 수고로부터도 면제되며, 따라서 의식이 자기 자신을 검증함으로써, 이러한 측면에서도 우리에게는 단지 순수한 관망(우리의 개입 없이 사태 자체의 자기 운동을 주의 깊게 지켜보는 일, das reine Zusehen)만이 남게 된다. 왜냐하면 의식이 한편으로는 대상에 관한 의식이자 다른 한편으로는 자기 자신에 관한 의식이며, 한편으로는 자신에게 참된 것에 관한 의식이자 다른 한편으로는 이 참된 것에 대한 자신의 지에 관한 의식이기 때문이다. 그 두 가지가 모두 **의식에 대해** 존재함으로써 의식 자체가 그 두 가지를 비교하는 것이 된다. 대상에 관한 자신의 지가 그 대상과 일치하는지 그렇지 않은지가 **의식에 대해** 있게 되는 것이다. 의식에 대해 대상은 단지 의식이 그 대상을 아는 바대로 그렇게 나타난다는 것은 사실이다. 말하자면 의식은 대상이 **의식에 대해서가 아니라 즉자적으로** 어떠한지 그 진상에 다다를 수 없는 듯이 보이며, 따라서 자신의 지도 대상에 준해서 검증할 수 없을 것처럼 보인다. 그렇지만 의식이 도대체 대상에 관해 알고 있다는 바로 그 점에서 이미 **의식에게** 무엇인가가 **즉자**인 반면에 다른 한 가지 계기는 지 라는 또는 의식**에 대한** 대상의 존재라는 구별이 현존한다. 이렇게 엄존하는 구별에 근거하여 검증이 이루어진다. 만일 이러한 비교에서 그 두 가지가 서로 일치하지 않는다면, 의식이 자신의 지를 변경하여 대상에 부합하도록 만들어야 할 것처럼 보인다. 그렇지만 지가 변화하면서 의식에게는 실제로 대상 자체도 변한다. 왜냐하면 현존하는 지는 본질적으로 대상에 관한 지였으며, 대상은 본질적으로 이러한 지에 귀속되는 까닭에 지와 더불어 대상 역시 다른 것이 되기 때문이다. 이를 통해 이전에는 의식에게 **즉자**였던 것이 즉자적이지 않다는 사실 또는 그것이 오직 **의식에 대해 즉자적**이라는 사실이 의식에게 자각된다. 따라서 의식이 대상에 준하여 자신의 지가 대상과 일치하지 않는다는 것을 발견하게 되면 대상 자체도 버티지 못하게 된다. 또는 척도를 적용해야 하는 것이 검증을 통과하지 못하면 검증의 척도가 스스로 변한다. 그리하여 검증은 지에 대한 검증일 뿐만 아니라 또한 검증의 척도에 대한 검증이기도 하다.

의식이 자기 자신에서, 즉 자신의 지에서도 그리고 또 자신의 대상에서도 수행하는 이런 **변증법적** 운동이야말로 그로부터 **의식에게 새로운 참된 대상이 솟아 나오는 한에서** 실로 **경험**이라고 불리는 바로 그것이다. 이와 관련하여 방금 언급한 진행 중에서 앞으로 전개될 서술이 지닌 학문적인 측면에 새로운 빛을 밝혀줄 한 가지 계기를 좀 더 상세하게 부각시켜야겠다. 의식이 **어떤 것**(Etwas)을 안다. 이 대상이 본질 또는 **즉자**이다. 그러나 그 대상은 또한 의식에 대해 **즉자**이다. 이로써 이 참된 것이 지닌 양의성이 등장하게 된다. 우리는 이제 의식이 두 개의 대상, 즉 첫 번째의 **즉자**(das an sich)라는 대상 하나와 **의식에 대한 이 즉자의 존재**(이 즉자가 의식에 대해 있음, das für es Sein dieses an sich)라는 두 번째 대상을 가지고 있다는 사실을 간파한다. 이 두 번째 대상은 처음에는 한낱 의식의 자기 자체 내 반성에 불과한 듯이, 즉 대상에 관한 표상이 아니라 한낱 첫 번째 대상에 대한 의식의 지에 관한 표상에 불과한 듯이 보인다. 그렇지만 앞에서 제시한 바와 같이 이때 (의식이 첫 번째 대상을 인지함으로써) 첫 번째 대상이 스스로 변한다. 그것은 즉자이기를 멈추고 의식에게 오직 **의식에 대해 즉자**인 그런 것이 된다. 이와 더불어 다음과 같이 된다. 즉, 그것은 **의식에 대한 이 즉자의 존재**(das für es Sein dieses an sich), 즉 참된 것이 되는데, 바로 이것이 **본질** 또는 의식의 **대상**이다. 이 새로운 대상은 첫 번째 대상의 헛됨을 내포하고 있으며, 이 두 번째 대상이 바로 첫 번째 대상에 대해서 (의식이) 겪은 경험이다.

이러한 경험의 진행에 관한 서술에는 사람들이 통상 '경험'이라는 말에서 이해하곤 하는 것과 일치하지 않는 듯이 보이는 한 가지 계기가 있다. 요컨대 여기서는 첫 번째 대상과 그것에 관한 지로부터 다른 대상으로의 **이행에서** 경험이 이루어진다고 언명되는데, 이 이행은 첫 번째 대상에 관한 지가 또는 첫 번째 즉자의 의식에 **대함**(das für das Bewußtsein des ersten an sich)이 두 번째 대상 자체가 되어야 한다고 진술되었던 것이다. 이와 달리 보통 우리는 우리가 가진 첫 번째 개념의 비진리를 어쩌다 외면적으로 발견한 **어떤 다른** 대상**에서** 우연한 방식으로 경험하며, 따라서 무릇 즉자 대자적인 것에 관해 순수하게 **파악하는 일**만이 우리에게 귀속하는 것처럼 보인다. 반면에 앞의 견해에서는 새로운 대상이 **의식** 자신**의 반전**(反轉, Umkehrung)을 통해 생성되는 것으로 나타난다. 사태에 관한 이러한 고찰이 곧 우리가 하는 첨가 행위인데, 이를 통해 의식의 경험의 계열이 학문적 경로로 고양되지만, 우리의 첨가 행위는 우리가 고찰하는 의식에 대해(의식에게 자각적으로) 존재하지는 않는다. 그런데 이는 또한 사실 앞에서 이런 서술과 회의주의의 관계와 관련하여 이미 언급한 것과 그 사정이 똑같다. 즉, 참되지 못한 지에서 그때그때 나오는 결론이 공허한 무(無)로 수렴되어서는 안 되며, 필연적으로 그 결론이 **그로부터 나온 결론인 바로 그것의** 무로, 다시 말해 선행하는 지가 그 자체에서 참된 것으로 지녔던 것을 포함한 그런 결론이라고 파악되어야만 한다는 것이다. 바로 이런 사정이 이제 여기서는 다음과 같이 나타난다. 즉, 처음에는 대상으로 나타났던 것이 의식에게 그 대상에 관한 지로 격하되고 또 즉자가 **의식**에 대한 **즉자의 존재**가 **됨**으로써 이것이 바로 새로운 대상이 되며, 이와 더불어 또한 선행하는 의식 형태에 본질이던 것과는 다른 어떤 것이 본질이 되는 새로운 의식 형태가 등장한다. 바로 이런 사정이 의식 형태들의 연속 전체를 그 필연성 속에서 이끄는 것이다. 다만 이러한 필연성 자체는, 또는 그것이 어떻게 일어나는지 알지 못하는 채로 의식에게 제공되는 새로운 대상의 **발생**은 말하자면 우리에게 의식의 배후에서 진행되는 것이다. 이를 통해 의식의 운동 속으로 **즉자** 또는 **우리에 대한 존재**라는 계기가 들어오는데, 이 계기는 그 자체가 경험의 와중에 있는 의식에게는 드러나지 않는다. 그렇지만 우리에게 발생한 것의 **내용**은 **의식에 대해** 존재한다. 그리고 우리는 그렇게 우리에게 발생한 것의 형식적인 면만을 또는 그것의 순수한 발생만을 개념적으로 파악할 따름이다. **의식에 대해서는** 이렇게 발생한 것이 단지 대상으로서만 존재한다. **우리에 대해서는** 그것이 또한 동시에 운동이자 생성으로서 존재한다.

 이러한 필연성에 의해 학문을 향한 이 도정은 그 자체가 이미 **학문**이며, 이와 더불어 그 내용상 **의식의 경험**의 학문이다.

 의식이 자신에 관해 얻는 경험은 그 개념상 의식의 체계 전체 또는 정신의 진리의 왕국 전체를 모조리 포괄할 수밖에 없다. 그리하여 정신의 진리가 지닌 계기들이 이런 특유의 규정성 속에서, 즉 추상적이고 순수한 계기들로서 존재하는 것이 아니라 의식에 대해 존재하는 바대로 또는 이 의식 자체가 자신과 이 계기들의 관련 속에서 등장하는 바대로 서술되는데, 이를 통해 전체의 계기들은 **의식의 형태들**이 된다. 자신의 참된 실존을 향해 전진해 나아감으로써 의식은 단지 의식에 대해서만 그리고 타자로서만 존재하는 이질적인 것과 결부되어 있다는 가상을 탈피하게 되는 지점에, 또는 현상이 본질과 동일하게 되고 따라서 의식의 서술이 바로 본래적인 정신의 학문이 서 있는 지점과 합치하게 되는 지점에 도달하게 될 것이다. 그리고 최종적으로는 의식 자체가 이런 자신의 본질을 파악함으로써 의식은 절대지(絶對知) 자체의 본성을 가리키게 될 것이다.

(A)

의식

# I
# 감각적 확신; 또는 '이것'과 사념

　최초에 또는 직접적으로 우리의 대상이 되는 지(知)는 그 자체가 직접적인 지, 즉 **직접적인 것** 또는 **존재자**에 관한 **지** 이외에 다른 것일 수가 없다. 우리도 마찬가지로 **직접적인** 또는 **수용적인** 태도를 취할 수밖에 없으며, 따라서 지가 스스로를 제공하는 바대로 그것에 아무런 변경도 가하지 말아야 하고 또 그것을 포착할 때 개념적으로 파악하는 일을 자제해야만 한다.
　**감각적 확신**이 가진 구체적인 내용은 감각적 확신을 직접적으로 **가장 풍부한** 인식, 심지어 무한한 풍요로움을 지닌 인식으로 나타나도록 만든다. 그 풍요로움이란 그것이 펼쳐지는 공간과 시간에서 우리가 **밖을 향해 나아갈** 때에도 또 우리가 그렇게 꽉 찬 더미에서 한 조각을 떼어내고 분할을 통해 그 조각 속으로 **안을 향해 들어갈** 때에도 한계를 찾을 수 없다는 것이다. 더 나아가 감각적 확신은 **가장 참다운** 인식처럼 보인다. 왜냐하면 감각적 확신은 대상에서 아무것도 빠뜨리지 않고 전체적인 완벽함의 상태로 대상을 눈앞에 두기 때문이다. 그러나 바로 이런 **확신**은 사실은 스스로 자신이 가장 추상적이고 가장 빈약한 **진리**임을 알려준다. 감각적 확신은 자신이 인지하는 것에 관해 단지 그것이 **존재한다**고만 말할 뿐이다. 그리고 감각적 확신의 진리는 오직 사물의 **존재**를 포함하고 있을 따름이다. 다른 한편 의식은 이러한 확신 속에서 단지 순수한 **자아**(나, Ich)로서 존재할 뿐이다. 이런 확신 속에서 **나**는 단지 순수한 **이이**(이 사람, dieser)로서 존재하고, 대상 또한 마찬가지로 단지 순수한 **이것**(dieses)으로서 존재할 따름이다. **이이**인 나는 **이것** 사물을 **확신**하는데, 그것은 이때 **내**가 의식으로서 나를 전개하고 여러 사고를 다양하게 움직였기 때문은 아니다. 또한 그것은 내가 확신하고 있는 **사물**이 그 자체에서 서로 구별되는 여러 가지 특성에 따른 풍부한 관련이거나 또는 다른 것과의 다중적인 관계이기 때문도 아니다. 이 두 가지는 감각적 확신의 진리와 아무런들 전혀 상관없다. 여기서는 자아도 또 사물도 다양한 매개의 의미를 지니고 있지 않다. 즉, 자아는 다양한 표상이나 사유라는 의미를 지니지 않으며, 사물은 다양한 특성이라는 의미를 지니지 않는다. 다만, 사물이 **존재한다**. 그리고 사물이 **존재하는** 까닭은 단지 그것이 **존재하기** 때문이다. 사물이 **존재한다**는 것, 바로 이 점이 감각적 지에 본질적인 것이며, 이런 순수한 **존재** 또는 이런 단순한 직접성이 그 사물의 **진리**를 이룬다. 이와 마찬가지로 **관련**으로서의 확신 역시 **직접적인** 순수한 관련이다. 의식은 **자아**이고 그 이상이 아니며 순수한 **이이**이다. **개별자**(der einzelne)가 순수한 이것 또는 **개별적인 것**(das einzelne)을 인지한다.

그러나 우리가 가만히 지켜보면, 이런 확신의 본질을 이루고 또 이런 확신을 그 진리라고 언표하는 **순수한 존재**에는 그 밖에 많은 것들이 주변에 관여되어 있다(beiherspielen). 현실적인 감각적 확신은 단지 이런 순수한 직접성이기만 한 것이 아니라 그런 직접성의 한 가지 **사례**(주변에 관여되어 있는 것들 가운데 하나, Beispiel)이다. 이때에 등장하는 수많은 구별자들(Unterschiede) 중에서도 우리는 어디에서나 핵심적인 상이성을 발견하게 되는데, 그것은 바로 감각적 확신 속에서 순수한 존재로부터 앞에서 이미 언급한 두 가지 '**이들**(Diese)', 즉 **자아**로서의 '**이이**'와 **대상으로서의** '**이것**'이 즉시 갈라져 나온다는 점이다. 우리가 이런 구별에 관해 반성해보면, 그 두 가지 중 어느 하나도 감각적 확신 속에서 단지 **직접적**이지만은 않고 동시에 **매개되어** 있다는 사실이 밝혀진다. 요컨대 자아는 타자, 즉 사물을 **통해** 확신을 가지게 되며, 또한 사물도 마찬가지로 타자를 **통해**, 즉 자아를 통해 확신 속에 있게 된다.

단지 우리만 이렇게 본질과 사례, 직접성과 매개를 서로 구별하는 것은 아니며, 우리는 이런 구별을 감각적 확신 자체에서 발견한다. 그리고 그 구별은 우리가 조금 전에 규정했던 바대로의 형식에서가 아니라 그것이 감각적 확신에서 존재하는 바대로의 형식에서 받아들여져야 한다. 감각적 확신 속에서 그중 하나인 **대상**은 단순하고 직접적으로 존재하는 것 또는 본질로서 정립되어 있는 반면에, 다른 하나인 **자아**, 즉 **지**는 감각적 확신 속에서 **즉자적**이지 못하고 타자를 통해서 존재하는 비본질적이고 매개되어 있는 것으로서 정립되어 있다. 이때 지는 오직 **대상**이 존재하기 때문에 그 대상을 인지할 뿐이며, 그 지는 존재할 수도 있고 존재하지 않을 수도 있다. 이에 반해 대상은 **존재하며**, 참된 것이자 본질이다. 대상은 인지되든 인지되지 못하든 아무런들 상관없이 **존재한다**. 대상은 설사 인지되지 않을 때에도 유지된다. 하지만 만일 대상이 없으면 지도 없다.

그러므로 대상이 감각적 확신 자체 속에서 과연 감각적 확신이 공언하는 것처럼 실제로 그런 본질로서 존재하는지, 그리고 그처럼 본질이라고 하는 대상의 개념이 과연 감각적 확신 속에서 대상이 현존하는 바와 일치하는지를 고찰해야 한다. 결국 우리는 대상에 관해 그것이 참으로 무엇일지를 반성하고 숙고할 것이 아니라 오로지 감각적 확신이 그 자신에서 이 대상을 어떤 방식으로 가지고 있는지에 따라서 대상을 고찰해야 한다.

그러므로 **감각적 확신**은 스스로 다음과 같이 자문해야 한다. "'**이것**'은 무엇인가?" 우리가 '이것'을 그 존재가 지닌 이중적 형태에서, 즉 '**지금**'과 '**여기**'로 받아들인다면, '이것'이 그 자체에서 지닌 변증법은 '이것' 자체가 그러한 만큼이나 이해할 만한 형식을 얻게 된다. 따라서 우리는 "'**지금**'은 무엇인가?"라는 질문에 예를 들어 "'**지금**'은 **밤이다**."라고 대답한다. 이런 감각적 확신의 진리를 검증하는 데에는 단순한 시도로도 충분하다. 우리는 이 진리를 기록해 놓는다. 기록한다고 해서 진리가 소실될 리는 없다. 또 우리가 그것을 보관해 놓는다고 해서 진리가 소실될 수도 없다. 이제 우리가 기록해 놓은 진리를 **지금, 이 한낮**에 다시 들여다보면, 그 진리가 퇴색했다(신선도가 떨어져 유효 기간이 지났다고)고 말할 수밖에 없게 된다.

밤이었던 '지금'은 **보존된다**. 요컨대 '지금'은 그것이 그러하다고 고시된 것으로, 즉 하나의 **존재하는 것**으로 취급된다. 그렇지만 '지금'은 오히려 자신이 존재하지 않는 것임을 스스로 입증한다. 물론 **지금** 자체는 유지되지만 밤이 아닌 것으로서 유지된다. 이와 마찬가지로 '지금'은 바로 지금인 낮에 맞서서 또한 낮도 아닌 것으로서 유지된다. 또는 '지금'은 **부정적인 것** 일반으로서 유지된다. 그러므로 이렇게 스스로를 유지하는 '지금'은 직접적인 것이 아니라 매개된 것이다. 왜냐하면 '지금'은 다른 것, 즉 낮과 밤이 존재하지 않는다는 것을 **통해** 지속되고 스스로를 유지하는 것이라고로 규정되기 때문이다. 이때에 '지금'은 예전과 마찬가지로 **지금** 여전히 단순하며, 이런 단순성 속에서 아직 '지금'에 관여되어 있는 것들과 아무런들 상관없다. 밤과 낮이 '지금'의 존재가 아닌 만큼이나 '지금'은 낮과 밤이기도 하다. '지금'은 이런 자신의 타자 존재에 의해 전혀 영향을 받지 않는다. 그렇게 부정을 통해 존재하는 단순한 것, 이것도 아니고 저것도 아니면서 **이것이 아닌 것**이자 또한 이것이건 저것이건 아무런들 상관없는 것, 이런 것을 우리는 **보편적인 것**이라고 부른다. 그러므로 보편적인 것이야말로 실은 감각적 확신의 진리이다.

우리는 감각적인 것도 보편적인 것으로서 **언표한다**. 우리가 말하는 것은 바로 '**이것**', 다시 말해 **보편적인 '이것'**이거나 또는 그것이 **존재한다**는 점, 다시 말해 **존재 일반**이다. 이때 우리는 물론 보편적인 '이것'이나 존재 일반을 **표상하고** 있지는 않지만 그런 보편적인 것을 **언표한다**. 또는 우리는 그것을 감각적 확신 속에서 **사념하는** 바대로 전적으로 언표하지는 않는다. 그런데 우리가 보는 바와 같이 언어는 (사념보다) 더 참된 것이다. 그런 언어 속에서 우리는 스스로 직접 우리의 **사념**을 반박하고 있다. 그리고 보편적인 것이 감각적 확신의 진리이고 또 언어는 단지 이 진리를 표현할 뿐이기 때문에, 우리가 **사념하는** 감각적인 것을 한 번이라도 말할 수 있다는 것은 도저히 불가능한 일이다.

'이것'의 또 다른 형식인 '**여기**'도 그 사정이 똑같이 된다. 예를 들어 '**여기**'는 **나무**이다. 내가 뒤로 돌아서면 이 진리는 사라지고 대립하는 진리로 반전된다. 즉, '**여기**'는 **나무가 아니라** 오히려 **집이다**. '**여기**' 자체가 사라지는 것은 아니며, 집이나 나무 등등이 사라지는 가운데서도 유지되어 집이나 나무인 것과는 아무런들 상관없이 **존재한다**. 따라서 '**이것**'은 다시금 자신이 **매개된 단순성**이나 **보편성**임을 스스로 드러낸다.

그러므로 감각적 확신이 그 자체에서 그 대상의 진리는 보편적인 것임을 입증함으로써 감각적 확신에는 **순수한 존재**가 자신의 본질로 남게 된다. 그런데 이 순수한 존재는 직접적인 것이 아니라 오히려 부정과 매개가 그것에 본질적인 그런 것, 따라서 우리가 '**존재**'라고 **사념하는** 것이 아니라 오히려 추상 또는 순수한 보편자라는 **규정**을 가진 **존재**이다. 그리고 보편자를 감각적 확신의 진리로 여기지 않는 **우리의 사념**만이 이런 공허하고 아무런들 상관없는 '여기'와 '지금'에 대치한 채 남아 있게 된다.

처음 **지**와 **대상**이 등장했을 때 서로 서 있던 관계를 이제 이와 같은 결론에 도달하여 서 있게 된 관계와 비교해보면, 그 관계는 전도되었다. 본질적인 것이라고 했던 대상이 이제는 감각적 확신의 비본질적인 것이 되었다. 왜냐하면 대상이 그렇게 생성되어 도달한 보편자는 더 이상 감각적 확신을 위해 본질적이라고 했던 그런 것이 아니며, 감각적 확신은 이제 그에 대립하는 것에, 즉 처음에는 비본질적인 것이었던 지에 놓여 있기 때문이다. 감각적 확신의 진리는 **나의**(mein) 대상으로서의 대상 속에 또는 **사념함**(나의 것. Meinen) 속에 있다. 대상은 **자아**(나)가 그것을 인지하기 때문에 존재한다. 따라서 감각적 확신은 비록 대상 밖으로 축출되었지만, 그렇다고 해서 이를 통해 지양된 것은 아직 아니고 단지 자아 속으로 되밀려 들어갔을 따름이다. 이런 감각적 확신의 실재에 관한 경험이 우리에게 무엇을 보여주는지 살펴보자.

요컨대 감각적 확신의 진리가 지닌 힘은 이제 **자아**에, 즉 내가 **보고 듣고** 하는 따위의 직접성 속에 놓이게 된다. 우리가 사념하는 개별적인 '지금'과 '여기'가 사라지지 않고 지탱되는 것은 **자아**가 그것을 고수함으로써 그런 것이다. '**지금**'은 낮인데, 이는 내가 그것을 보기 때문이다. '**여기**'는 나무인데, 이 역시 마찬가지 이유에서 그러하다. 그러나 감각적 확신은 이러한 관계 속에서도 앞의 관계에서와 똑같은 변증법을 그 자체에서 경험하게 된다. **이 자아가 나무를 보면서 나무를 '여기'라고 주장한다.** 하지만 **다**

른 **자아**는 집을 보면서 '여기'는 나무가 아니라 오히려 집이라고 주장한다. 그 두 가지 진리는 똑같은 자격 증명, 즉 본다는 것의 직접성과 자신의 지에 대한 양쪽 각자의 보증과 확언을 지니고 있다. 그렇지만 그중 하나의 진리는 다른 진리 속에서 사라져버린다.

여기에서 사라지지 않는 것은 **보편적인 것**으로서의 **자아**인데, 이 자아의 보는 행위는 나무를 보는 것도 아니고 이 집을 보는 것도 아니며, 이 집 등등의 부정을 통해 매개되어 있으면서도 또한 이에 못지않게 여전히 관여되어 있는 집이나 나무 등에 대해서 단순하면서도 아무런들 상관없는 그런 단순한 봄이다. '**지금**'이나 '**여기**'나 '**이것**' 일반과 마찬가지로 자아는 오직 보편적인 것일 따름이다. 물론 나는 하나의 **개별적인 자아**를 사념하지만, 내가 '여기'나 '지금'으로 사념하는 것을 말할 수 없는 것과 마찬가지로 자아라고 사념하는 것을 말하기도 불가능하다. 내가 **바로 여기**라든가 **바로 지금**이라든가 **개별자**라고 말하면, 나는 실은 **모든 이것**, **모든 '지금'과 '여기'**, **모든 개별자**를 말하는 것이다. 이와 마찬가지로 내가 **자아**, **이 개별적인 자아**라고 말하면, 나는 실은 무릇 **모든** 자아를 말하고 있다. 각각의 모든 이가 바로 내가 말하는 **자아**, **이 개별적인 자아**인 것이다. 만약 이른바 **바로 이 사물**이나 **바로 이 사람**을 연역하라든가 구성하라든가 선천적으로 발견하라든가 또는 이를 어떻게 표현하건 간에 그런 따위의 요구를 학문 앞에 내놓으면서 학문이 결코 견뎌내지 못할 시금석으로 삼는다면,[84] 그 요구는 도대체 어떤 **바로 이** 사물, 어떤 **바로 이** 자아를

---

84) W. T. Krug, *Briefe über den neuen Idealism*, Leipzig, 1801, p. 74: "외적 대상(예를 들어 내가 쓰고 있는 펜)에 관한 특정한 표상이 발생하는 방식과 방법을 기술하고 밝히는 시도를 한 관념론자는 아직까지 단 한 사람도 없었다. 그런데 이것이야말로 최소한 지(知)의 실재 일체가 달려 있는 이론의 필수 요건으로서 정당하게 기대할 수 있는 것일 터이다."

사념하고 있는지 **말하는** 것이 마땅한 일이다. 그러나 이를 말하기는 불가능하다.

그러므로 감각적 확신은 자신의 본질이 대상에 있는 것도 아니고 자아에 있는 것도 아니며 또 그 직접성이 대상의 직접성도 아니고 자아의 직접성도 아니라는 점을 경험한다. 왜냐하면 대상과 자아 양자에서 자아가 사념하는 것은 오히려 비본질적인 것이고, 대상과 자아는 내가 사념하는 '여기'와 '지금'과 자아가 존속하지 못하거나 **존재하지** 못하는 그런 보편적인 것이기 때문이다. 이를 통해 우리는 더 이상 먼저 자아에 대립한 대상을, 그다음에는 자아를 감각적 확신의 실재성이라고 여겼던 앞의 두 경우에서 그랬던 것처럼 단지 감각적 확신의 한 가지 계기만이 아니라 감각적 확신 **전체** 자체를 감각적 확신의 **본질**로서 정립하는 데에 이르게 된다. 그러므로 감각적 확신에서 **직접성**으로서 고수되고 이를 통해 앞의 두 경우에서 벌어진 모든 대립을 배제하는 것은 오직 감각적 확신 **전체** 자체일 따름이다.

따라서 나무가 아닌 '여기'로 이행하는 나무로서의 '여기'가 지닌 타자 존재나 밤인 '지금'으로 이행하는 낮으로서의 '지금'이 지닌 타자 존재 또는 다른 어떤 것을 대상으로 삼는 다른 자아는 이런 순수한 직접성에는 더 이상 아무 문제가 되지 않는다. 이런 순수한 직접성의 진리는 자기 자신과 동일하게 유지되는 관련으로서 스스로를 보존하는데, 이런 자기 동일적 관련은 자아와 대상 사이에 본질성과 비본질성이라는 구별을 전혀 하지 않고 따라서 또한 그 어떤 구별도 그 안으로 침투하지 못한다. 요컨대 바로 이 자아인 나는 나무를 '여기'라고 주장하고, 더 이상 나에게 '여기'가 나무가 아닌 것으로 되게끔 뒤돌아서지 않는다. 또한 다른 자아는 '여기'를 나무가 아닌 것으로 본다는 사실이나 나 자신이 다른 때에는 '여기'를 나무가 아닌 것으로 받아들이거나 '지금'을 낮이 아닌 것으로 받아들인다는 사실도 나는 개의치 않는다. 오히려 나는 순수한 직관이다. 나는 나 자신에게 '지금'은 낮이라는 사실에 또는 '여기'는 나무라는 사실에 확고하게 머문다. 또한 나는 '지금'과 '여기'도 서로 비교하지 않으며, "'지금'은 낮이다."라는 **한 가지** 직접적인 관련을 고수한다.

그런데 우리가 이런 확신으로 하여금 밤인 '지금'에 또는 그에게는 (지금이) 밤인 자아에 주목하도록 만들려고 할 때 이런 확신이 더 이상 (우리에게) 다가오려고 하지 않으므로, 이제는 우리가 이 확신에 다가서서 그것이 주장하고 있는 '지금'을 우리에게 보여주도록 만들자. 우리는 (감각적 확신으로 하여금) '지금'을 우리에게 **보여주도록** 만들어야만 하는데, 왜냐하면 이런 직접적인 관련의 진리는 스스로를 하나의 **'지금'** 또는 하나의 **'여기'**에 국한시키는 **바로 이** 자아의 진리이기 때문이다. 만일 우리가 이 진리를 **나중에** 집어 들거나 그것으로부터 **멀리 떨어져** 선다면, 이 진리는 아무런 의미도 지니지 않게 될 것이다. 왜냐하면 이 경우에 우리는 이 진리에 본질적인 직접성을 지양해버릴 것이기 때문이다. 따라서 우리는 (자아가 서 있는) 시간이나 공간의 바로 그 지점에 똑같이 들어서서 이 진리를 우리에게 보여주도록 만들어야만 한다. 다시 말해 우리는 확신하며 인지하는 자인 바로 이 자아로 우리를 똑같이 만들어야만 한다. 그럼 이제 우리에게 제시되는 직접적인 것이 대체 어떤 성질을 지니고 있는지 살펴보자.

'**지금**'이 제시된다. **바로 지금. 지금.** 그렇지만 '지금'이 제시되는 순간 그것은 존재하기를 멈춘다. **존재하는 지금**은 제시된 '지금'과는 다른 '지금'이다. 그리하여 우리는 '지금'이 존재하는 순간 이미 더 이상 존재하지 않는 바로 그런 것이라는 사실을 알게 된다. 우리에게 제시되는 바대로의 '지금'은 **존재했던** '지금'이다. 그리고 바로 이것이 '지금'의 진리이다. '지금'은 존재의 진리를 지니지 못한다. 물론 그것이 존재했다는 것은 참이다. 그러나 **존재했던**(gewesen) 것은 실은 **본질**(존재하는 본체, Wesen)**이 아니다. 그것은 존재하지 않는다.** 그런데 바로 존재가 문제의 관건이었다.

따라서 우리는 이런 제시 행위(Aufzeigen)에서 오직 하나의 운동과 그 운동의 다음과 같은 경로를 본다. ① 나는 '지금'을 제시한다. 이 '지금'은 참다운 것이라고 주장된다. 그러나 나는 이 '지금'을 존재했던 것 또는 지양된 것으로 보여주면서 첫 번째 진리를 지양한다. ② 지금 나는 '지금'이 **존재했고** 지양되었다는 두 번째 진리를 주장한다. ③ 그러나 존재했던 것은 존재하지 않는다. 나는 두 번째 진리인 존재했음 또는 지양되어 있음을 지양하고, 이와 더불어 '지금'의 부정을 부정하며, 그리하여 "'**지금**'이 존재한다."는 첫 번째 주장으로 복귀한다. 그러므로 '지금'과 이를 제시하기는 다음과 같은 성질을 지니고 있다. '지금'도 또 이 '지금'을 제시하기도 직접적으로 단순한 것이 아니라 그 자체에 다양한 계기들을 지닌 운동이다. **이것**이 정립된다. 그러나 오히려 **다른 것**(타자)이 정립되고 '이것'은 지양된다. 그러고는 이 **타자 존재** 또는 첫 번째 '이것'의 지양은 그 자체가 **다시 지양되며**, 그리하여 첫 번째 것으로 복귀한다. 그렇지만 이렇게 자신 안으로 반성된 첫 번째 것은 그것이 처음에 그러했던 것, 즉 **직접적인 것**과 아주 완전히 똑같은 것은 아니고 바로 **자신 안으로 반성된 것** 또는 타자 존재 속에서도 자기 자신인 것으로 남는 **단순한 것**이다. 즉, 절대적으로 다수의 '지금들'인 '지금'. 이것이야말로 참다운 '지금'이다. 다수의 '지금들', 즉 시간들을 내포하고 있는 단순한 낮으로서의 '지금'. 그리고 또한 어느 한 시간인 '지금'은 많은 분(分)들이고, 이 '지금'도 마찬가지로 많은 '지금들'이며 등등. ─ 그러므로 **제시 행위**는 그 자체가 '지금'이 참으로 무엇인지를, 즉 결론이라는 것 또는 집약된 '지금'의 다수성이라는 것을 언표하는 운동이다. 그리고 제시 행위는 '지금'이 **보편적인 것**이라는 사실을 경험하는 것이다.

이와 마찬가지로 내가 고수하는 **제시된 '여기'**도 **바로 이** '여기'인데, 이 '여기'는 실은 **바로 이** '여기'가 **아니라** 앞과 뒤, 위와 아래, 오른쪽과 왼쪽이다. 또한 '위' 자체도 이런 위, 아래 등등의 다양한 타자—존재(달리–있음)이다. 제시되어야 할 '여기'는 다른 '여기들' 속에서 사라지는데, 이런 사라짐 또한 마찬가지로 사라진다. 제시된 것, 고수된 것, 유지되는 것은 **부정적인 '이것'**인데, 이 부정적인 '이것'은 오직 **'여기들'**이 그러해야 하는 바대로 받아들여지지만 그렇게 하면서 스스로를 지양함으로써만 **존재한다**. 그것은 다수의 여기들의 단순한 복합물(Komplexion)이다. 사념된 '여기'는 점(點)일 것이다. 그러나 이 점은 **존재하지** 않는다. 오히려 이 점이 존재하는 것으로 제시되면서 그런 제시 행위가 직접적 지가 아니라 사념된 '여기'에서 출발해서 다수의 '여기들'을 거쳐 보편적인 '여기'에 이르는 운동임이 드러난다. 낮이 '지금들'의 단순한 다수성이듯이, 보편적인 '여기'는 '여기들'의 단순한 다수성이다.

감각적 확신의 변증법은 다름 아니라 감각적 확신의 운동이나 경험의 단순한 역사이며 감각적 확신 자체가 오직 이 역사일 따름이라는 점이 밝혀진다. 그렇기 때문에 자연적 의식 역시 감각적 확신에서 참된 것이 무엇인지에 대한 이런 결론을 향해 스스로 끊임없이 전진하면서 이를 경험한다. 그러나 자연적 의식은 또한 이를 그만 항상 다시 망각해버리고서는 그 운동을 처음부터 시작한다. 따라서 이런 경험에 반하여 **이것** 또는 감각적인 것으로서 외적 사물의 실재나 존재가 의식에 대해 절대적 진리를 지닌다고 하는 것이 보편적인 경험으로, 또한 철학적 주장으로도, 심지어는 회의주의의 결론으로 제기되는 것은 놀랄 만한 일일 수밖에 없다.[85] 그와 같은 주장은 자신이 무엇을 말하고 있는지를 알지도 못하며, 자신이 말하고자 하는 것과 반대되는 말을 하고 있다는 사실도 알지 못한다. (그러한 주장에 따르면) 의식에게 감각적인 '이것'이라는 진리가 보편적인 경험이어야 한다. 그렇지만 오히려 그 반대야말로 보편적인 경험이다. 어떤 의식이건 그와 같은 진리, 예를 들어 "'**여기**'는 나무이다."라거나 "'**지금**'은 오후이다."와 같은 진리를 스스로 다시 지양하고 그 반대인 "'여기'는 나무가 **아니라 오히려** 집이다."라고 언표한다. 그런데 이렇게 첫 번째 주장을 지양하는 (두 번째) 주장 속에도 또다시 마찬가지로 감각적인 '이것'에 관한 주장이 들어 있는데, 의식은 이 주장마저도 곧바로 지양한다. 그리하여 모든 감각적 확신 속에서 의식이 진실로 경험하는 것은 오로지 우리가 이미 살펴본 바와 같이 **보편적인 것**으로서의 '이것', 즉 앞의 주장이 보편적인 경험이라고 확언하는 것과는 반대되는 것이다. ― 이렇게 보편적인 경험을 증거로 끌어들여오면서 실천적인 문제를 선취하여 고려하는 것이 허용될 수 있으리라. 이러한 고려에서 감각적 대상의 실재성이라는 진리와 확신을 주장하는 사람들에게 그들은 지혜의 학교 중에서 가장 초급 단계, 즉 케레스와 바쿠스를 위한 고대 엘레우시스의 신비 의식으로 되돌아가서 빵을 먹고 포도주를 마시는 일의 비밀을 이제 비로소 배워야만 한다고 말할 수 있다.[86] 왜냐하면 이 비밀 의식에 입회한 자는 감각적 사물의 존재에 대

---

85) F. H. Jacobi, *David Hume über den Glauben oder Idealismus und Realismus. Ein Gespräch*, Breslau, 1787 및 G. E. Schulze, *Kritik der theoretischen Philosophie*, Hamburg, 1801 참조.
86) 로마 신화에서 케레스는 그리스 신화의 데메테르에 해당하는 농업과 곡물의 여신이다. 케레스와 바쿠스는 모두 풍요를 상징하며, 또한 둘 다 저승의 신 하데스의 영역에 다녀옴으로써 삶과 죽음의 경계를 가로지르는 존재이기도 하다. 고대 그리스에서 아테네 북서쪽에 있던 도시 엘레우시스에서는 데메테르가 관장하는 또는 데메테르를 기리는 비밀 예식이 열

해 단지 의심뿐만이 아니라 회의에까지 이르게 되며, 때로는 스스로가 감각적 사물들에서 그것들의 헛됨을 수행하기도 하고(감각적 사물들을 헛된 것으로 무화시키기도 하고) 또 때로는 그것들의 헛됨이 완수되는 것을 보기도(그렇게 완전히 무화되는 것을 지켜보기도) 하기 때문이다. 짐승들조차 이 지혜에서 배제되기는커녕 오히려 이 지혜를 가장 깊숙히 전수받아 통달하고 있다는 사실을 보여준다. 왜냐하면 짐승들은 감각적 사물들 앞에서 즉자적으로 존재하는 것이라고 하며 멈추어 서는 것이 아니라 그것들의 실재성을 회의하고 그것들의 헛됨을 전적으로 확신하면서 곧장 그것들에 다가가서 먹어 치우기 때문이다. 짐승들과 마찬가지로 온 자연이 감각적 사물의 진리가 무엇인지를 가르쳐주는 이런 현시된 신비를 경축한다.

   그런데 앞에서 지적한 바와 같이 그런 주장을 제기하는 사람 또한 그가 사념하는 것과는 직접 반대되는 것을 스스로 말한다. 이는 아마도 감각적 확신의 본성에 관해 숙고하도록 만드는 데에 가장 유능한 현상일 것이다. 그런 사람은 **외적** 대상의 현존재에 관해 말하는데, 이런 외적 대상은 더 정확하게는 그 각각이 자신과 절대적으로 동일한 것은 더 이상 없는 그런 **현실적인**, 절대적으로 **개별적인**, **전적으로 개인적인**, **개체적인** 사물이라고 규정될 수 있다. 그런데 이런 현존재가 절대적 확신과 진리를 지닌다는 것이다. 그는 내가 **바로 이것**을 쓰고 있거나 이미 써놓은 **바로 이** 한 장의 종이를 사념한다. 그러나 그는 자신이 사념하는 것을 말하지 않는다. 만일 그가 정말로 사념하고 있는 바로 이 한 장의 종이를 **말하려고** 했다면, 그리

---

리곤 했다. 디오니소스도 이 예식에 참여한 후에야 산 채로 죽음의 세계로 들어갈 수 있었다. 헤겔은 1796년에 친구인 횔덜린에게 「엘레우시스」라는 제목의 시를 보낸 것으로 알려져 있다.

고 그는 그것을 **말하고자** 했는데, 이는 불가능하다. 왜냐하면 사념되고 있는 감각적인 '이것'은 즉자적으로 보편적인 것인 의식에게 속하는 언어로서는 **도달할 수 없기** 때문이다. 따라서 이를 말하고자 정말로 시도한다면 그것은 이미 삭아버릴 것이다. 그것을 기술하려고 시작한 사람은 이를 완성하지 못한 채 그것의 기술을 다른 사람에게 떠넘길 수밖에 없을 터인데, 이 사람 역시 결국에는 **존재하지 않는 사물**에 관해 말하고 있다는 사실을 자인하게 될 것이다. 이 사람도 분명 앞의 것과는 전혀 다른 것인 여기 **바로 이 한 장의 종이**를 사념하지만, 그는 현실적인 **사물**, **외적** 또는 **감각적 대상**, **절대적으로 개별적인** 본체 등이라고 말한다. 즉, 그는 그것들에 관해 오로지 **보편적인** 것만을 말한다. 그러므로 언표될 수 없는 것이라고 불리는 것은 다름 아니라 참되지 못한 것, 비이성적인 것, 한낱 사념된 것에 불과하다. — 무엇인가에 관해 그것이 **하나의 현실적인 사물**이라든가 **외적 대상**이라는 것밖에 말할 수 없다면, 그것은 다만 가장 보편적인 것으로서 언표되고 있으며, 따라서 (다른 것과의) 차별성보다는 오히려 모든 것과의 **동일성**이 언표되고 있다. 내가 하나의 **개별적인 사물**이라고 말한다면, 나는 그것을 오히려 또한 전적으로 **보편적인 것**으로서 말하고 있다. 왜냐하면 모든 것이 개별적인 사물이며, 마찬가지로 **바로 이** 사물은 무엇이건 간에 모든 것이기 때문이다. 내가 **바로 이 한 장의 종이**라고 좀 더 상세하게 지시한다면, **모든 각각의** 종이가 **바로 이 한 장의** 종이이며, 나는 항상 보편적인 것만을 말한 것이다. 발화는 사념을 직접적으로 전도시켜서 다른 어떤 것으로 만들고 그리하여 사념이 전혀 **발언되지** 못하도록 만드는 신적인 본성을 지니고 있다. 만일 내가 바로 이 한 장의 종이를 **제시함으로써** 이런 발화를 보조해보려고 한다면, 나는 감각적 확신의 진리가 실제로 무엇인지를 경험하게 된다. 나는 그것을 하나의 '**여기**'로서 제시하는데, 이 '여기'

는 다른 '여기들'의 '여기' 또는 그 자체에서 다수의 **'여기들'의 단순한 모음** (einfaches Zusammen vieler Hier), 즉 보편적인 것이다. 이제 나는 그것을 참으로 존재하는 바대로 받아들이게 되며, 직접적인 것을 인지하는 대신에 **나는 지각한다**(참으로 받아들인다. wahr-nehmen).

# II
# 지각; 또는 사물과 착각

 직접적 확신은 참된 것을 취하지 않는다. 왜냐하면 직접적 확신의 진리는 보편자이지만, 직접적 확신은 (개별자로서의) '**이것**'을 취하려고 하기 때문이다. 이에 반해 지각(知覺, Wahrnehmung)은 자신에게 존재하는 것을 보편자로서 받아들인다. 무릇 보편성이 지각의 원리이듯이, 지각 내부에서 직접적으로 구별되는 지각의 계기들인 자아와 대상도 각각 보편적인 자아이고 보편적인 대상이다. 우리에게는 그와 같은 원리가 **발생했다**. 따라서 우리가 지각을 받아들이는 것은 더 이상 감각적 확신에서처럼 현상하는 받아들임이 아니라 필연적인 받아들임이다. 이 원리가 발생하면서 동시에 [그것들의 현상에서는 그저 **떨어져 나갈** 뿐인] 두 가지 계기가 다음과 같이 생성되었다. 즉, 그 한 가지 계기는 제시하기의 운동이 되었고, 다른 한 가지 계기는 이와 똑같은 운동이지만 단순한 것으로서의 운동이 되었다. 전자가 바로 **지각함**이고, 후자는 **대상**이다. 대상은 본질적으로 (지각함의) 운동과 같은 것인데, 운동은 계기들의 펼쳐짐과 구별이고 대상은 그 계기들이 함께 집약되어 있는 존재이다. 우리에 대해서는 또는 즉자적으로는 원리로서의 보편자가 지각의 **본질**이다. 그리고 이런 추상에 비하여 구별된 두 가지, 즉 지각하는 것과 지각되는 것은 **비본질적인 것**이다. 그러나 실은 그 두 가지가 다 그 자체로 보편자나 본질이기 때문에 두 가지 모두 본질적이다. 그렇지만 그 두 가지는 대립하는 것으로서 서로 관련되므로, 그런 관련 속에서는 오직 어느 한 가지만이 본질적인 것이 될 수 있으며, 본질적인 것과 비본질적인 것의 구별은 두 가지에 각각 배분되어야만 한다. 단순한 것이라고 규정된 그 하나, 즉 대상은 그것이 지각되느냐 안 되느냐와 아무런들 상관없이 본질이다. 반면에 운동으로서의 지각함은 존재할 수도 있고 그렇지 않을 수도 있는 불안정한 것이자 비본질적인 것이다.

    이제 이 대상을 좀 더 자세하게 규정해야 하는데, 그것에서 나오는 결론으로부터 이 규정을 간략하게 전개해보자. 지금은 이에 관해서 더 상세하게 개진할 자리가 아니다. 대상의 원리가 보편자, 즉 자신의 단순성 속에서 **매개되어 있는 것**이므로, 대상은 그 자체에서 이런 점을 자신의 본성이라고 표현해야 한다. 이를 통해 대상은 **다수의 특성들을 지닌 사물**로 나타난다. 감각적 지(知)의 풍요로움은 대상이 단지 함께 관여되어 있는 것에 불과하던 직접적 확신에 귀속하는 것이 아니라 지각에 귀속한다. 왜냐하면 오직 지각만이 자신의 본질에서 **부정**이나 구별이나 다양성을 지니고 있기 때문이다.

    그러므로 '이것'은 **이것이 아닌 것** 또는 **지양된 것**으로서 정립되어 있으며, 따라서 그것은 무(無)가 아니라 하나의 규정된 무 또는 **어떤 내용의 무**, 즉 '**이것**'**의 무**이다. 이를 통해 감각적인 것 자체는 여전히 현존하지만, 직접적 확신에서 그러했던 것처럼 사념된 개별자로서 현존하는 것이 아니라 보편자로서 또는 **특성**(Eigenschaft)이라고 스스로를 규정하게 될 것으로서 현존한다. **지양**(Aufheben)은 우리가 부정적인 것에서 보았던 그 참다운 이중적 의미를 보여준다. 즉, 지양은 **부정**(Negieren)이자 동시에 **보존**(Aufbewahren)이다. '이것'의 무(無)인 무는 직접성을 보존하며, 그 자체가 감각적이지만, 그러나 보편적인 직접성이다.― 그런데 존재는 그 자체에 매개나 부정적인 것을 지님으로써 보편자인 것이다. 존재가 이를 자신의 직접성에서 표현하면, 그것은 **구별되고 규정된** 특성이 된다. 이와 더불어 동시에 그 한 가지 특성은 다른 특성들의 부정인 그런 **다수의** 특성들이 정립된다. 이런 다수의 특성들이 보편자의 **단순성** 속에서 표현되면, [본래 더 많은 규정들이 덧붙여지고 나서야 비로소 특성이 되는] 이 **규정태들**은 자신을 **자기 자신과 관련짓고 서로에 대해서 아무런들 상관없게** 되어 그 각각이 다른 것으로부터 자유롭게 대자적으로 된다. 그런데 단순하면서 자기 자신과 동일한 보편성 자체는 다시 이런 자신의 규정들과 구별되어 자유롭다. 그런 보편성은 순수한 자기 관련 또는 **매체**인데, 이 매체 속에는 그와 같은 규정들이 모두 다 존재한다. 요컨대 **단순한** 통일인 이 보편성 속에서 그런 규정들은 서로 **접촉하지** 않으면서도 서로 **삼투한다**. 왜냐하면 그런 규정들은 이 보편성에 참여함으로써 서로에 대해서 아무런들 상관없이 대자적으로 존재하기 때문이다.― **물성**(Dingheit) 일반 또는 **순수한 본질**이라고 부를 수 있는 이런 추상적이고 보편적인 매체가 다름 아니라 '**여기**'와 '**지금**'인데, 이때 '여기'와 '지금'은 다수의 **단순한 모음**인 반면에 여기서 다수는 **그 규정성 속에서 그 자체가 단순하게 보편적인 것**임이 밝혀진 바 있다. 이 소금은 단순한 '여기'이자 동시에 다양하다. 즉, 그것은 하얗고, **또한** 짜고, **또한** 정육면체의 모양이기도 하며, **또한** 특정한 무게(비중)를 가지고 있기도 하고 등등으로 다중적이다. 이 모든 다수의 특성들이 **하나의** 단순한 '**여기**' 안에 존재하며, 따라서 이 '여기' 안에서 서로 삼투한다. 그중 어느 한 특성도 다른 특성과는 다른 '여기'를 가지지 않으며, 그 각각의 특성이 모두 다른 특성이 존재하는 같은 '여기' 속 어디에나 있다. 그리고 동시에 이 다수의 특성들은 여러 '여기'로 분산되지 않고 또 서로 삼투하면서도 서로에 영향을 주지 않는다. 하얀색(색상)은 정육면체(모양)에 영향이나 변화를 주지 않으며, 또 이 두 가지는 짠맛에 영향이나 변화를 주지 않는 등이다. 오히려 그 각각의 특성은 그 자체가 단순한 **자기 관련**이기 때문에 다른 특성들을 가만히 놓아두고서 오직 아무런들 상관없는 '**또한**'을 통해서만 다른 특성들과 관련될 뿐이다. 그러므로 이런 '**또한**'이 곧 순수한 보편자 자체 또는 매체, 즉 다수의 특성들을 집약하는 **물성**(Dingheit)이다.

지금까지 밝혀진 관계에서는 단지 긍정적 보편성이라는 특징만이 우선 관찰되고 전개되었다. 그렇지만 아직 또 한 가지 측면이 더 드러나는데, 이 역시 고려하지 않으면 안 된다. 즉, 만약 다수의 규정된 특성들이 전적으로 서로에 대해서 아무런들 상관없고 철저하게 오로지 자기 자신과만 관련된다면, 그런 특성들은 **규정된** 특성이 아닐 것이다. 왜냐하면 다수의 특성들은 서로 **구별되고** 또 대립하는 것으로서의 **다른 특성들과 관련되는** 한에서만 규정된 특성이 될 것이기 때문이다. 그러나 이런 대립에 따른다면 다수의 특성들이 그 매체의 단순한 통일 속에서 함께 있지 못하게 될 터인데, 이런 단순한 통일은 부정만큼이나 다수의 특성들에 본질적이다. 그러므로 아무런들 상관없는 구별이 아니라 배타적이면서 다른 것을 부정하는 구별인 한에서, 그런 특성들의 구별은 이 단순한 매체의 밖에 귀속된다. 따라서 이 단순한 매체는 단지 '**또한**', 즉 아무런들 상관없는 통일일 뿐만 아니라 또한 **단일자**(Eins), 즉 **배타적 통일**(단일성)이기도 하다.— 단일자는 그 자체가 단순한 방식으로 자신을 자기 자신과 관련시키고 타자를 배제하는 만큼 **부정의 계기**이다. 그리고 바로 이를 통해 **물성**이 **사물**이라고 규정된다. 특성에서는 부정이 **규정성**으로서 존재하는데, 이 규정성은 부정과의 이런 통일을 통해 보편성인 존재의 직접성과 직접적으로 하나이다.[87] 그러나 **단일자**로서의 부정은 이런 그 반대항과의 통일에서 해방되어 있으며, 그 자체 즉자 대자적으로 존재하는 바대로 존재한다.

여기서 전개할 필요가 있는 한에서는, 이와 같은 계기들이 합쳐지면 지각의 진리로서 사물이 완성된다. 사물은 ① 아무런들 상관없는 수동적 보편성, 다수의 특성들의 '**또한**', 또는 차라리 **질료들**이자,[88] ② 그에 못지않게 단순한 것으로서의 부정, 또는 **단일자**, 즉 대립하는 특성들의 배제이며, ③ 다수의 **특성들** 자체, 앞의 두 가지 계기들의 관련, 즉 아무런들 상관없는 요소와 관련되어 있으면서 자신을 일단의 구별자들로 확산시키는 부정이자 또한 존립의 매체 속에 있으면서 다수성으로 발산하는 개별성의 점(點)이다. 이러한 구별자들이 아무런들 상관없는 매체에 속해 있다는 측면에서는, 그 구별자들 자체가 보편적이고 오직 자기 자신과만 관련되며 또 서로 영향을 주지 않는다. 반면에 이러한 구별자들이 부정적 통일에 속해 있다는 측면에서는, 동시에 그 구별자들은 배타적이다. 그러나 이러한 구별자들은 **그것들의 '또한'**으로부터 떨어져 나온 특성에서 그처럼 대립하는 관련을 필연적으로 가지고 있다. 단일자와 순수한 보편성이 감각적 보편성으로부터 전개되어 서로 구별되면서도 감각적 보편성에 의해 함께 결합되는 한에서만 감각적 보편성은, 또는 존재와 부정적인 것의 **직접적** 통일은

---

87) 이 문장은 관계대명사들의 지시 관계를 다음과 같이 번역할 수도 있다. "특성에서는 부정이 **규정성**으로서 존재하는데, 이 규정성은 존재의 직접성과 직접적으로 하나이고 또 부정과의 이런 통일을 통해 보편이다."
88) (Werke) 아무런들 상관없는 수동적 보편성, 다수의 특성들의 또는 차라리 **질료들**의 '**또한**'이자,

비로소 **특성**이 된다. 감각적 보편성이 순수한 본질적 계기들(순수한 보편성 및 단일자라는 계기들)과 맺는 이와 같은 관련이 비로소 **사물**을 완성하는 것이다.

지각의 사물은 이상과 같은 성질을 지니고 있다. 그리고 이런 사물이 의식의 대상인 한에서 의식은 지각하는 자라고 규정된다. 의식은 대상을 **오로지 받아들이기만** 하면서 순수하게 파악하려는 태도를 지녀야 한다. 이를 통해 의식에게 그 결과로 생겨나는 것이 곧 참된 것이다. 만약 의식이 이렇게 받아들이는 와중에 무엇인가를 행한다면, 그와 같은 부가나 생략을 통해 진리에 변경을 가하는 셈이 될 것이다. 대상은 참되고 보편적인 것, 자기 자신과 동일한 것인 데에 반해 의식은 스스로에게 가변적이고 비본질적인 것이므로, 의식이 대상을 올바로 파악하지 못하고 착각하는 일이 생길 수 있다. 지각하는 자는 착각의 가능성에 대한 의식을 가지고 있다. 왜냐하면 원리가 되는 보편성 속에는 **타자 존재**(달리 있음) 자체가 의식에 대해 직접적으로 존재하되, 다만 그것이 **헛되고** 지양된 것으로서 존재하기 때문이다. 그러므로 의식이 가진 진리의 기준은 **자기 동일성**이며, 의식이 취하는 태도는 (대상을) 자기 자신과 동일한 것이라고 파악하는 일이다. 동시에 의식에 대해 상이한 것이 존재하므로, 의식은 자신의 파악 행위가 지닌 상이한 계기들을 서로 관련짓는 것이다. 그런데 만일 이렇게 비교하는 가운데 비동일성이 나타난다면, 이는 지각함의 비진리이지(잘못 지각하여 착각하는 데서 발생하는 오류이지) 대상의 비진리는 아니다. 왜냐하면 대상은 자기 자신과 동일한 것이기 때문이다.

이제 의식이 현실적으로 지각하면서 어떤 경험을 하는지 지켜보자. **우리에 대해서는** 이런 의식의 경험이 방금 전에 살펴본 대상의 전개와 그 대상에 대한 의식의 태도의 전개에 이미 내포되어 있다. 그리고 그 경험은 오직 이런 전개 안에 현존하는 모순들의 전개가 될 것이다. ― 내가 받아들이는 대상은 자신을 **순수한 일자**로서 제공한다. 나 역시 대상에서 그 특성을 감지하게 되는데, 이런 특성은 **보편적**이며, 그럼으로써 개별성을 넘어서는 것이다. 그러므로 일자라는 대상적 본체의 첫 번째 존재는 대상의 참다운 존재가 아니었다. **대상**이 참된 것이기에 비진리는 나의 탓이 되고 파악 행위가 올바르지 못한 것이었다. 특성의 **보편성**에 의거하여 나는 대상적 본체를 오히려 **공동성** 일반으로 받아들여야 한다. 더 나아가 이제 나는 특성을 **규정된 것**, 다른 것에 **대립하는 것**이자 다른 것을 배제하는 것이라고 지각한다. 따라서 내가 대상적 본체를 타자와의 **공동성**이나 연속성으로서 규정했을 때, 나는 실제로는 그것을 올바로 파악하지 못했던 것이다. 오히려 나는 특성의 **규정성**에 의거하여 연속성을 갈라놓고 대상적 본체를 배타적 단일자로서 정립해야만 한다. 나는 분리된 단일자에서 그와 같은 다수의 특성들을 발견하는데, 이 특성들은 서로 영향을 주지 않으며 서로에 대해서 아무런들 상관없는 것이다. 따라서 내가 대상을 **배타적인 것**이라고 파악했을 때, 나는 대상을 올바로 파악하지 못했던 것이다. 오히려 대상은, 아까는 단지 연속성 일반이었듯이, 이제는 보편적인 **공동의 매체**이며, 이 매체 속에서는 다수의 특성들이 감각적 **보편성들**로서 저마다 대자적으로 존재하며 또 **규정된 것**으로서 다른 특성들을 배제한다. 그러나 이로써 내가 지각하는 단순하고 참된 것은 또한 보편적 매체가 아니라 그 홀로의 **개별적 특성**인데, 이것은 실상 특성도 아니고 규정된 존재도 아니다. 왜냐하면 그런 개별적 특성은 이제 단일자에 존재하는 것도 아니고 또 다른 것과의 관련 속에 있지도 않기 때문이다. 하지만 개별적 특성은 단일자에서만(단일자에 속해 있을 때에만) 특성이 되고, 다른 것과의 관련 속에서만 규정된다. 이런 개별적 특성은 더 이상 부정성이라는 성격을 자신에 지니지 않기 때문에 그와 같은 순수한 자기 관련, 한낱 **감각적 존재** 일반으로 머문다.

그리고 이제 감각적 존재를 대하고 있는 의식은 한낱 **사념**일 따름이다. 다시 말해 의식은 지각에서 완전히 빠져나와 자신 안으로 되돌아갔다. 그런데 감각적 존재와 사념은 그 자체가 지각으로 이행한다. 나는 시초로 되던져져 그 모든 계기에서 그리고 전체로서도 스스로를 지양하는 똑같은 원환에 다시 휩쓸려 들어가게 된 것이다.

따라서 의식은 필연적으로 이 원환을 다시 완주할 수밖에 없지만, 동시에 첫 번째와 똑같은 방식으로 그러는 것은 아니다. 요컨대 의식은 지각의 결론이자 진리가 곧 지각의 해체라는 또는 참된 것(대상)에서 벗어나와 자기 자신 안으로의 반성이라는 그런 지각에 관한 경험을 했다. 이로써 의식의 지각이 본질적으로 어떤 성질을 지니고 있는지가 의식에 대해 규정되었다. 즉, 의식에 대해 의식의 지각은 단순하고 순수한 파악이 아니라 그렇게 **의식이 파악하는 가운데** 동시에 참된 것에서 **벗어나와 자신 안으로 반성되어** 있는 것이라고 규정되었다. 이런 의식의 자기 자신 안으로의 귀환은 (이 귀환이 지각에 본질적이라는 사실이 밝혀졌으므로) 순수한 파악에 직접 **개입함**으로써 참된 것을 변화시킨다. 동시에 의식은 이런 측면을 자신의 몫으로 인식하고서 떠맡는데, 이를 통해 의식은 참된 대상을 순수하게 보존하게 될 것이다. — 이와 더불어 감각적 확신에서 그랬던 것처럼 이제 지각에서도 의식이 자신 안으로 되밀려 들어가게 되는 측면이 현존하는데, 그렇다고 해서 감각적 확신에서처럼 마치 지각의 **진리**가 의식에게 귀속한다는 듯한 의미에서 그런 것은 아니고 오히려 의식은 여기서 등장하는 **비진리**가 자신에게 귀속한다는 것을 인식한다. 그러나 동시에 의식은 바로 이런 인식을 통해 이 비진리를 지양할 능력을 지니게 된다. 의식은 참된 것을 파악하는 자신의 행위를 자신의 지각 행위가 지닌 비진리와 구분하면서 이 비진리를 수정하는데, 이렇게 의식이 스스로 정정을 수행하는 한에서 **지**

각의 진리로서의 진리는 **의식에게** 귀속한다. 그러므로 이제 우리가 고찰할 의식의 태도는 다음과 같은 성질을 띠게 된다. 즉, 의식은 더 이상 단지 지각하는 것이 아니라 또한 자신의 자기 내 반성도 자각하고 있으며, 이런 자기 내 반성을 단순한 파악 자체와 분리한다.

따라서 나는 우선 사물을 **일자**라고 감지하게 되며, 이런 참된 규정 속에서 사물을 고수해야만 한다. 만일 지각의 운동 중에 그와 모순되는 무엇인가가 등장한다면, 이는 나의 반성이라고 인식되어야 한다. 물론 지각 속에는 마치 사물의 특성처럼 보이는 다양한 특성들이 등장한다. 그렇지만 사물은 단일자이며, 사물을 더 이상 단일자가 되지 못하게끔 만들 터일 이런 다양성에 관하여 우리는 그것이 우리에게 귀속한다는 점을 의식한다. 요컨대 이 사물은 실제로 오직 **우리의** 눈에 비쳐서야 하얗고, **우리의** 혀에 닿아야 **또한** 짜고, **우리의** 촉감으로 느껴져야 **또한** 정육면체이고 등등이다. 우리는 이런 측면들의 상이성 일체를 사물로부터 취하는 것이 아니라 우리 자신으로부터 취한다. 이 측면들은 그렇게 우리에게 혀와는 전적으로 구별되는 우리의 눈 (그리고 또한 촉감과는 전적으로 구분되는 우리의 혀) 등등에서 흩어져 떨어진다. 그러므로 우리야말로 그와 같은 계기들이 서로 분리되어 대자적으로 존재하고 있는 **보편적 매체**이다. 따라서 우리가 보편적 매체라는 규정성을 우리의 반성이라고 고찰함으로써 우리는 단일자라는 사물의 자기 동일성과 진리를 보존한다.

그렇지만 이렇게 의식이 떠맡는 **상이한 측면들**은 그 각각을 보편적 매체 안에 있는 것으로서 대자적으로 고찰할 경우에는 **규정되어 있다**. 하얀색은 오직 검은색에 대한 대립 속에서만 존재하고 등등인 것이다. 그리고 사물이 단일자인 것은 바로 자신을 다른 것과 대립시킴으로써 그런 것이다. 그러나 사물이 단일자인 한에서는 다른 것들을 자신으로부터 배제하지 않는다. 왜냐하면 단일자라 함은 보편적 자기 관련이며, 그것이 단일자라는 점으로는 오히려 다른 모든 것과 같기 때문이다. 사물이 다른 것들을 자신으로부터 배제하는 것은 **규정성**을 통해서이다. 따라서 사물 자체는 **즉자 대자적으로 규정된 것**이다. 사물은 자신을 다른 것들과 구별되도록 만들어주는 특성들을 가지고 있다. 그 **특성**이 사물의 **고유한** 특성 또는 사물 자체에 있는 규정성이기에 사물은 **여러 가지** 특성을 지니고 있다. 그 까닭은 다음과 같다. 첫째로, 사물은 참다운 것이고 **그 자체 즉자적으로** 존재한다. 사물에 존재하는 것은 사물 자체의 고유한 본질로서 그 사물에 존재할 뿐이지 다른 것 때문에 존재하는 것은 아니다. 따라서 둘째로, 규정된 특성들은 단지 다른 사물들 때문에 그리고 다른 사물들을 위해 존재하는 것이 아니라 그 사물 자체에 존재한다. 그렇지만 규정된 특성들이 **그 사물에** 존재하는 것은 오직 그것들이 서로 구별되는 여러 가지이기 때문이다. 그리고 셋째로, 규정된 특성들은 그렇게 물성 안에 존재하면서 즉자 대자적이고 또 서로에 대해서 아무런들 상관없는 것이다. 그러므로 하양고 **또한** 정육면체이고 **또한** 짜고 등등 한 것은 실은 사물 자체이다. 또는 사물은 바로 이 '**또한**' 또는 **보편적 매체**인데, 이 보편적 매체 안에는 다수의 특성들이 서로 접촉하거나 지양하는 일 없이 서로의 외부에 존립한다. 사물을 이렇게 받아들일 때 사물은 참된 것으로서 받아들여지는(지각되는) 것이다.

이처럼 지각하는 가운데 의식은 이제 동시에 자신이 **또한** 자기 자신 안으로 반성되어 있고 또 지각 중에는 '**또한**'과 대립하는 계기가 등장한다는 점을 자각한다. 그런데 이 계기는 바로 자신으로부터 구별을 배제하는 사물의 자기 자신과의 **통일**이다. 이에 따라 의식은 이런 사물의 자기 통일성을 자신이 떠맡아야만 한다. 왜냐하면 사물 자체는 **다수의 다양하고 독**

립적인 **특성들의 존립**이기 때문이다. 그래서 우리는 사물에 관하여 **그것은** 하얀 것**이고**, **또한** 정육면체이며, 또한 짜고 등등이라고 말한다. 그러나 그 사물이 하얀 **한에서는** 정육면체가 아니며, 그것이 정육면체이자 또한 하얀 **한에서는** 짜지 않고 등등이다. 이런 특성들을 **하나로 정립하는 일**은 오직 의식에게 귀속하며, 따라서 의식은 이 특성들로 하여금 사물에서 단일자로 함몰되지 않도록 해야 한다. 결국에는 의식이 '~인 한에서'를 들고 들어오는데, 이를 통해 의식은 특성들을 서로 떨어뜨려 놓으면서 사물을 '또한'으로서 보존한다. 지금까지 특성이라고 일컬어지던 것이 **자유로운 질료**라고 표상될 때 의식은 이런 **단일자임**(하나임, Einssein)을 비로소 제대로 떠맡게 된다. 이런 방식으로 사물은 질료들의 모음이 되고 또 단일자로 존재하는 대신 단지 (질료들을) 에워싸고 있는 표면이 됨으로써 참된 '**또한**'으로 고양된다.

의식이 이전에 떠맡았던 것과 지금 떠맡고 있는 것 그리고 의식이 이전에 사물에 귀속시켰던 것과 지금 귀속시키고 있는 것을 되돌이켜보면, 의식이 자기 자신과 또한 사물을 번갈아가면서 두 가지로, 즉 (한편으로는) 순수하면서 다수성을 결여한 **단일자** 그리고 (다른 한편으로는) 자립적인 질료들로 해체된 '**또한**'으로 만든다는 점이 밝혀진다. 따라서 이러한 비교를 통해 의식은 참된 것을 취하는 **자신의** 행위가 (대상을) **파악하기**(움켜잡음, Auffassen)와 **자기 내 복귀라는 상이성**을 그 자신에서 가지고 있을 뿐만 아니라 오히려 참된 것 자체, 즉 사물이 스스로를 이런 이중적인 방식으로 보여준다는 점을 발견하게 된다. 이와 더불어 사물은 파악하는 **의식에 대해** 자신을 특정한 방식으로 **전시하지만**, 그러나 **동시에** 그것이 스스로를 제공하는 방식에서 **벗어나와 자신 안으로 반성되어 있다는** 경험 또는 사물이 그 자체에 대립하는 진리를 지니고 있다는 경험이 현존한다.

그러므로 의식은 또한 이와 같이 지각하면서 취했던 태도의 두 번째 유형으로부터도, 즉 사물은 참되고 자기 동일적인 것으로 받아들이는 데에 반해 자기 자신은 비동일적인 것, 동일성에서 벗어나와 자신 안으로 복귀하는 것으로 받아들이는 태도의 유형으로부터도 스스로 벗어나게 된다. 그리고 대상은 이제 의식에게 이런 운동 전체가 되는데, 이 운동이 앞에서는 대상과 의식에게 분할되었다. 사물은 **단일자**이고 자신 안으로 반사(반성)되어 있다. 그것은 **대자적**이다. 그렇지만 사물은 또한 **대타적**이기도 하다. 더욱이 사물은 대자적으로는 **그것**이 대타적으로 존재하는 것**과는 다른 것**이다.(대자 존재로서의 사물은 대타 존재로서의 자신에 대해 타자이다.) 이에 따라 사물은 대자적이면서 **또한** 대타적이다. 즉, 사물은 **이중적인** 상이한 존재이다. 그러나 사물은 **또한 단일자**이기도 하다. 그런데 단일자임은 이런 자신의 상이성과 모순이다. 이에 따라 의식은 이렇게 하나로 정립하는 일을 사물로부터 떼어내 다시금 스스로 떠맡아야만 할 것이다. 따라서 의식은 사물이 대자적인 **한에서는** 대타적이지 않다고 말해야만 할 것이다. 그렇지만 의식이 이미 경험했듯이 사물 자체에는 또한 단일자임도 귀속한다. 사물은 본질적으로 자신 안으로 반사되어 있다. 따라서 '**또한**'이나 아무런들 상관없는 구별은 **단일자임** 못지않게 사물에 귀속한다. 그러나 이 두 가지는 상이하기 때문에 하나의 같은 사물에 귀속될 수는 없고 **상이한** 사물들에 귀속된다. 대상적 본체 일반에 존재하는 이 모순은 두 개의 대상에 분배된다. 따라서 사물은 분명 즉자 대자적이고 또 자기 자신과 동일하다. 그러나 이런 자기 통일성은 다른 사물에 의해 교란된다. 이렇게 해서 사물의 통일성(단일성)이 보존되고, 동시에 타자 존재는 사물 밖에서 그리고 의식 밖에서 보존된다.

비록 이렇게 해서 대상적 본체의 모순이 이제 상이한 사물들에 분배되지만, 바로 그렇기 때문에 그렇게 갈라낸 개별적 사물 자체에 구별이 들어서게 된다. 요컨대 **상이한 사물들**은 대자적으로 정립되어 있다. 그리고 각각의 사물이 자기 자신과 상이한 것이 아니라 단지 다른 사물과 상이하게 되는 식으로 사물들 간에 서로 길항이 생긴다. 그러나 이와 더불어 각각의 사물은 **그 자체가 구별된 것**이라고 규정되면서 다른 사물과의 본질적 구별을 **그 자체**에 지닌다. 하지만 동시에 그 사물이 자기 자체에 대립을 지니는 것은 아니며, 대자적으로는 사물이 **단순한 규정성**인데, 이 규정성이 그 사물을 다른 사물들과 구별되게끔 만드는 그 사물의 **본질적** 특징을 이룬다. 실제로는 상이성이 그 사물에 있는 것이기에 필연적으로 다양한 특성의 **현실적인** 구별로서 그 사물에 존재한다. 그렇지만 규정성이야말로 그 사물을 다른 사물과 구별 짓고 대자적으로 존재하도록 만드는 사물의 **본질**을 이루는 것이기 때문에, 그 외의 이런 다양한 특성은 **비본질적인 것**이다. 이로써 비록 사물이 자신의 단일성 속에 **이중의 '~인 한에서'**를 그 자체에 지니기는 하지만 그것은 **불균등한 가치**를 가진다. 따라서 이를 통해 그와 같이 대립해 있다는 점이 사물 자체의 현실적인 대립에 이르지는 않으며, 그것이 자신의 **절대적 구별**을 통해 대립에 이르는 한에서 사물은 자신 밖의 다른 사물에 대해서 대립하는 것이다. 하지만 그 외의 다양성도 비록 사물에서 누락시킬 수 없게끔 필연적으로 사물에 존재하기는 하지만, 그런 다양성이 사물에는 **비본질적인** 것이다.

사물의 본질적 특징을 이루면서 그것을 다른 모든 사물과 구별되도록 하는 이런 규정성은 이제 사물로 하여금 다른 사물들과 대립하지만 그런 대립 속에서 스스로를 대자적으로 보존하게끔 만드는 것이라고 규정되어 있다. 그러나 사물은 다른 사물들과 이런 관련 속에 있지 않은 한에서만 사물 또는 대자적으로 존재하는 단일자이다. 왜냐하면 그런 관련 속에는 오히려 타자와의 연관이 정립되어 있는데, 타자와의 연관은 곧 대자 존재의 종식이기 때문이다. 사물은 바로 **절대적 특징**과 그것의 대립을 통해 **타자와 관계하며**, 사물은 본질적으로 오직 이런 관계하기일 따름이다. 그러나 관계는 그 사물의 자립성에 대한 부정이며, 사물은 이런 자신의 본질적인 특성에 의해 오히려 몰락한다.

사물이 바로 자신의 본질과 자신의 대자 존재를 이루는 규정성에 의해 몰락한다는 경험이 의식에게 필연적이라는 사실은 단순한 개념에 의해 간략하게 다음과 같이 고찰될 수 있다. 사물은 **대자** 존재로서 또는 모든 타자 존재의 절대적 부정으로서 정립되어 있으며, 따라서 스스로를 오로지 자기 자신과만 관련짓는 절대적 부정이다. 그러나 이런 자기 관련적 부정은 **자기 자신의** 지양 또는 자신의 본질을 타자 속에서 갖는 것이다.

대상이 스스로 드러낸 바와 같이 대상의 규정은 실은 오직 다음과 같은 것을 내포하고 있을 따름이다. 즉, 대상은 자신의 단순한 대자 존재를 형성하는 본질적 특성을 지녀야 한다. 그러나 대상은 이런 단순성 외에 또한 상이성도 그 자체에 지녀야 하는데, 이 상이성은 비록 **필연적**인 것이긴 하지만 **본질적** 규정성을 이루어서는 안 되는 것이다. 그러나 이런 구별은 한낱 말에 불과하다. **비본질적인 것**이지만 동시에 **필연적**이어야 할 그런 비본질적인 것은 자기 자신을 지양한다. 또는 그것은 방금 자기 자신의 부정이라고 일컬었던 바로 그것이다.

이로써 대자 존재와 대타 존재를 나누었던 최후의 '**~인 한에서**'도 제거된다. 오히려 대상은 **한 가지 동일한 관점에서 자기 자신의 반대**이다. 즉, **대상은 대타적인 한에서 대자적이고 또 대자적인 한에서 대타적이다**. 대상은 **대자적**으로 존재하고 내적으로 반사되어 있으며 단일자이다. 그러나 이런 **대자**, 내적으로 반사되어 있음, 단일자임은 자신의 반대항인 **대타 존재**와 통일되어 있고, 따라서 단지 지양된 것으로서 정립되어 있을 뿐이다. 또는 이런 (본질적이어야 할) **대자 존재**는 유일하게 비본질적인 것이어야 할 타자와의 관계 못지않게 **비본질적**이다.

그리하여 대상은 자신의 감각적 존재 속에서 지양된 것이 되었듯이 또한 자신의 순수한 규정성 속에서도 또는 자신의 본질성을 이루어야 할 규정성 속에서도 지양되어 있다. 대상은 감각적 존재에서 벗어나 보편적인 것이 된다. 그러나 이런 보편적인 것은 **감각적인 것에서 유래하기** 때문에 바로 이 감각적인 것에 의해 본질적으로 **제약되어** 있으며, 따라서 결코 진정으로 자기 자신과 동일한 보편성이 아니라 **대립에 의해 촉발된** 보편성이다. 그렇기 때문에 그런 보편성은 자신을 개별성과 보편성, 특성들의 단일자와 자유로운 질료들의 '또한'이라는 양극단으로 분리시킨다. 이런 순수한 규정성들은 **본질성** 자체를 표현하는 듯이 보이지만, 실은 단지 **대타 존재**와 결부되어 있는 **대자 존재**에 불과하다. 그러나 그 두 가지가 본질적으로 **하나의 통일 속에** 있게 됨으로써 이제 무제약적인 절대적 보편성이 현존한다. 그리고 여기서 비로소 의식은 진정으로 오성의 왕국에 들어서게 된다.

그리하여 직접적 확신의 변증법적 운동 속에서 비록 감각적 개별성이 사라지면서 보편성이 되지만, 이는 단지 **감각적 보편성**에 불과하다. 사념은 사라지고, 지각은 대상을 **그것이 즉자적으로** 존재하는 바대로 또는 보편자 일반으로 받아들인다. 그러므로 개별성은 대상에서 참다운 개별성으로, 즉 **단일자의 즉자 존재**로 또는 자기 **자신 안으로 반성된 존재**로 출현한다. 그렇지만 그것은 여전히 **제약된** 대자 존재이며, **그 곁에는** 또 다른 대자 존재가, 즉 개별성에 대립하면서 개별성에 의해 제약되어 있는 보편성이 등장한다. 그러나 모순되는 이 두 극단은 단지 **서로 곁에 병치되어** 있을 뿐인 것이 아니라 **하나의 통일** 속에 있다. 또는 같은 말이지만, 양자에 공통적인 것, 즉 **대자 존재**는 무릇 그 대립항과 결부되어 **있다**. 다시 말해 그런 대자 존재는 동시에 **대자 존재**가 아니다. 지각의 궤변은 이런 계기들을 그 모순으로부터 구출해내려고 하고, **관점들의** 구별을 통해서라든가 '**또한**'과 '**~인 한에서**'를 통해서 그 계기들을 고수하려고 애쓰며, 또한 궁극적으로는 **비본질적인 것**과 이에 대립하는 **본질**의 구분을 통해 참된 것을 확보하려고 노력한다. 하지만 이런 궁여지책은 파악할 때의 착각을 방지하기는커녕 오히려 스스로를 헛된 것이라고 입증하며, 이런 지각의 논리를 통해 획득된다고 하는 참된 것은 **하나의** 동일한 관점에서 그 반대이고 또 아무 구별도 없는 무규정적 보편성을 자신의 본질로 삼는 것이라고 입증된다.

**개별성**과 이에 대립하는 **보편성** 그리고 비본질적인 것과 연계되어 있는 **본질**과 그래도 동시에 필연적인 **비본질적인 것**이라는 이런 공허한 추상물들이 지닌 위력의 유희가 바로 지각하는 상식(인간 오성, Menschenverstand), 종종 이른바 건전한 상식이라고 불리는 것이다. 스스로를 건실한 실제적 의식으로 간주하는 이 건전한 상식은 지각할 때에 한낱 **이런 추상물들의** 유희에 불과하다. 건전한 상식은 자신이 가장 풍부하다고 여기는 바로 그곳에서 무릇 항상 가장 빈곤하기 마련이다. 건전한 상식은 이처럼 헛된 본질들에 의해 휘둘리고, 그 하나의 품에서 다른 하나의 품으로 내던져지며, 자신의 궤변을 통해 지금 당장은 그 하나를 그리고 그다음에는 이에 곧바로 대립하는 것을 뒤바꿔가면서 고수하고 또 주장하려고 애쓰면서 진리에 대항한다. 그러면서 건전한 상식은 철학이 한낱 **사유물**(思惟物. Gedankendinge)만을 다룬다고 여긴다. 실제로 철학은 사유물 역시 다루며, 그것들을 순수한 본질 내지 절대적 요소이자 위력이라고 인식한다. 그러나 이와 더불어 철학은 동시에 사유물을 **그 규정성 속에서** 인식하며, 그럼으로써 사유물의 지배자가 된다. 이에 반해 앞의 지각하는 오성은 사유물을 참된 것으로 간주하면서 사유물에 의해 하나의 미망에서 다른 하나의 미망으로 내둘린다. 감각적 확신이 순수한 존재라는 공허한 추상이야말로 자신의 본질이라는 사실을 모르는 것과 마찬가지로, 지각하는 오성 자체는 그런 단순한 본질태들이 바로 오성 내부의 주재자라는 사실을 자각하지 못한 채 항상 전적으로 건실한 소재와 내용만을 다루고 있다고 사념한다. 그러나 실제로는 지각하는 오성이 그 모든 소재와 내용을 두루 거치면서 이리저리 돌아다니는 축(軸)이 되는 것은 다름 아닌 단순한 본질태들이다. 단순한 본질태들이 그런 소재와 내용을 응집시키고 지배하는 것이며, 그것들이야말로 감각적인 것이 의식에 대해 **본질로서** 존재하는 바로 그것이고, 감각적인 것에 대한 의식의 관계를 규정하는 것이며, 지각과 그 진리의 운동이 진행하는 축이 되는 것이다. 참된 것의 규정과 이런 규정의 지양이 지속적으로 뒤바뀌는 이와 같은 진행이 본래 지각하는 자가 그리고 진리 속에서 움직인다고 사념하는 의식이 영위하는 일상적이고 지속적인 삶과 소행을 이룬다. 이때에 의식은 이 모든 본질적인 본질태들이나 규정들이 곧바로 지양된다는 결론을 향해 쉼 없이 전진하지만, 그러면서도 각각의 모든 계기에서 오직 이 **하나의 규정성**만을 참된 것으로 의식했다가는 곧 다시 그에 대립하는 규정성을 참된 것으로 의식한다. 물론 의식은 분명히 그런 규정성의 비본질성을 알아챈다. 이렇게 다가오는 위험에 맞서 그 규정성을 구하기 위해 의식은 자신이 방금 참되지 못한 것이라고 주장했던 것을 이제 와서는 참된 것이라고 주장하는 궤변으로 넘어간다. 이런 참되지 못한 본질들이 지닌 본성은 오성을 본래 다음과 같은 목표를 향해 이끌어가려고 한다. 즉, 그와 같은 **보편성과 개별성**, '**또한**'과 **단일자**, **비본질성**과 **필연적**으로 연계되어 있는 **본질성**과 그래도 필연적인 **비본질적인**

**것**에 관한 사고들, 이런 비본질들(비실재적이고 기형적인 것들, Unwesen)에 관한 **사고들을 결집**시키고 또 그럼으로써 지양하려는 것이다. 그렇지만 오성은 '~**인 한에서**'와 상이한 **관점들**에 의지하여 이에 저항하거나 또는 어느 한 사고를 참된 것으로서 분리하여 보존하기 위해 다른 사고를 스스로 떠맡는 것을 통해 이에 저항한다. 그러나 이런 추상물들이 지닌 본성은 그것들을 즉자 대자적으로 결집시키는데, 추상물들이 그 소용돌이치는 원환 속에서 오성을 휘둘러서 강탈한 전리품이 바로 건전한 오성이다. 건전한 오성은 추상물들에 진리성을 부여하기 위해 때로는 그런 추상물들의 비진리성을 스스로 떠맡기도 하고, 또 때로는 착각을 신뢰할 수 없는 사물의 허상이라고 부르면서 그런 추상물들에 필연적이긴 하지만 그래도 비본질적이어야 하는 것으로부터 본질적인 것을 떼어내 분리해서 이런 비본질적인 것에 맞서 그런 본질적인 것을 추상물들의 진리로서 고수하기도 한다. 그러나 그렇게 하는 가운데 건전한 오성은 추상물들에 그 진리성을 확보해주지 못하며, 오히려 자기 자신에게 비진리성을 부여한다.

## III
## 힘과 오성, 현상과 초감각적 세계

감각적 확신의 변증법에서 의식에게 듣기나 보기 등(직접적 감각 활동)이 소멸되었으며, 또 지각으로서의 의식이 (개별성과 보편성, 단일성과 상이성, 본질과 비본질적인 것 등에 관한 추상적인) 사고들에 도달했지만, 의식은 이 사고들을 무제약적으로 보편적인 것 속에서 비로소 결집시킨다. 이런 무제약적인 것을 정적인 단순한 본질로 받아들인다면, 그것은 그 자체가 이제 다시금 (의식과 대상 사이의 관계에서) 한쪽에 등장하는 **대자 존재**라는 **극단**에 지나지 않을 것이다. 왜냐하면 그렇게 해서는 비본질이 무제약적인 것에 마주하여 대치할 것이기 때문이다. 그런데 이런 비본질에 관련된 채로는 무제약적인 것 자체가 비본질적인 것이 될 터이고, 의식은 지각의 착각에서 헤어나지 못할 것이다. 그렇지만 무제약적인 것은 그처럼 제약된 대자 존재로부터 자신 안으로 복귀한 것으로 밝혀졌다.—이런 무제약적 보편자가 이제 의식의 참다운 대상이다. 그러나 이 무제약적 보편자는 여전히 의식의 **대상**일 뿐이며, 의식은 그것의 **개념**을 아직 **개념**으로서 파악하지는 못했다. 그 두 가지는 본질적으로 구분되어야 한다. 의식에게 대상은 타자와의 관계에서 벗어나 자신 안으로 되돌아갔고, 이로써 **즉자적으로** 개념이 되었다. 그러나 의식은 아직 그 자체 대자적으로 개념은 아니며, 따라서 그렇게 반성된 대상 속에서 자신을 인식하지 못한다. **우리에 대해서는** 대상이 의식의 운동을 통해 다음과 같이 되었다. 즉, 의식이 대상의 생성에 얽혀 들어가서 반성이 양쪽에 동일한 반성 또는 오직 **하나의** 반성이 되었다. 그러나 의식이 이 운동에서 의식 자체가 아니라 단지 대상적 본체만을 자신의 내용으로 삼았기 때문에, 의식에 대해서는 그 (운동의) 결론이 대상적 의미 속에서 정립되어야 하며, 의식은 이렇게 생성된 것으로부터 여전히 물러서는 태도를 취해서 의식에게는 그것(생성된 결론)이 대상적인 것으로서 본질이 된다.

　이로써 오성은 자기 자신의 비진리와 대상의 비진리를 지양했으며, 이를 통해 오성에게 참된 것의 개념이 생성되었다. 하지만 이때의 참된 것은 아직 개념이 아닌 **즉자적으로** 존재하는 참된 것, 또는 의식의 **대자 존재**를 결여하고 있고 오성이 그 안에서 자기 자신을 인지하지 못하는 채로 그냥 놓아두는 그런 즉자적으로 존재하는 참된 것이다. 이런 즉자적으로 존재하는 참된 것은 자신의 본질을 그 자체 대자적으로 작동시킨다. 그래서 의식은 그런 참된 것의 자유로운 실현에 참여하지 못한 채 그 실현을 지켜보면서 순수하게 파악한다. 그러므로 우선 **우리가** 여전히 의식을 대신하여 나서서 결론 속에 포함되어 있는 것을 형성하는 개념이 되어야만 한다. 이렇게 형성되어 의식에게 하나의 존재자로 제공되는 대상에서 의식은 비로소 스스로 개념적으로 파악하는 의식이 된다.

　그 (의식의 운동이 도달한) 결론은 무제약적으로 보편적인 것이었는데, 그것은 우선 의식이 자신의 일면적인 개념들을 부정하고 사상시킨다는, 즉 그것들을 포기한다는 부정적이고 추상적인 의미에서의 무제약적으로 보편적인 것이었다. 그러나 그 결론은 즉자적으로 그 안에 **대자 존재**와 **대타 존재**의 통일이 정립되어 있다는 또는 (그 둘 사이의) 절대적 대립이 직접적으로 하나의 동일한 본질로서 정립되어 있다는 긍정적인 의미를 가지고 있다. 처음에는 이것이 단지 두 계기들 사이의 형식에만 관련되는 문제처럼 보인다. 그렇지만 대자 존재와 대타 존재는 그에 못지않게 **내용** 자체이기도 하다. 왜냐하면 그 대립은 진정 결론에서 밝혀진 본성 이외의, 즉 지각에서 참이라고 간주되었던 내용이 실제로는 단지 형식에 속할 뿐이고 또 형식의 통일 속으로 해체된다는 것 이외의 그 어떤 다른 본성도 가질 수 없기 때문이다. 동시에 이 내용은 보편적이다. 자신의 특수한 특성을 통해 이런 무제약적 보편성으로의 복귀에서 벗어날 법한 그런 다른 내용은 있을 수 없다. 그와 같은 내용은 대자적으로 존재하기와 타자에 태도를 취하면서 관계하기(대타적으로 존재하기, Zu anderem sich zu Verhalten)의 그 어떤 특정한 방식일 것이다. 그러나 **대자적으로 존재하기**와 **타자에 태도를 취하면서 관계하기 일반**이 바로 내용의 **본성**과 **본질**을 이루는 것이며, 그 진리는 곧 무제약적으로 보편적인 것이라는 데에 있다. 그런 결론은 전적으로 보편적이다.

그러나 이런 무제약적 보편자가 의식에 대한 대상이기 때문에 무제약적 보편자에서 형식과 내용의 구별이 대두된다. 그리고 내용이라는 형태 속에서는 그 계기들이 처음에 스스로를 제시했던 외양을, 즉 한편으로는 다수의 존립하는 질료들의 보편적 매체이고 다른 한편으로는 질료들의 자립성이 폐기되어 있는, 자신 안으로 반사된 단일자라는 외양을 지닌다. 전자의 계기는 사물의 자립성의 해체이거나 또는 대타 존재인 수동성이다. 이에 반해 후자의 계기는 대자 존재이다. 이 계기들이 그것들의 본질인 무제약적 보편성 속에서 스스로를 어떻게 서술하는지 살펴보자. 우선 이 계기들이 오로지 무제약적 보편성 속에 있음으로써 무릇 더 이상 서로의 바깥에 떨어져 놓여 있는 것이 아니라 본질적으로 그것들 자체에서 스스로를 지양하는 측면들이고 또 오직 계기들 서로로의 이행만이 정립되어 있다는 점이 밝혀진다.

요컨대 그중 한 가지 계기는 한쪽으로 비켜선 본질, 즉 보편적 매체 또는 자립적 질료들의 존립으로 나타난다. 그런데 이 질료들의 **자립성**은 다름 아니라 바로 이 매체이다. 또는 이 **보편적인 것**은 철저하게 그런 다양한 보편자들의 **다수성**이다. 보편자는 그 자체에서 이런 다수성과 불가분의 통일 속에 있다. 다시 말해 이 질료들은 그 각각이 다른 질료가 있는 곳에 존재하며, 그것들은 서로 삼투한다. 그러나 이때 질료들이 서로 접촉하지는 않는데, 왜냐하면 역으로 다수의 구별자들은 그에 못지않게 자립적이기 때문이다.[89] 이와 더불어 또한 동시에 이 질료들의 순수한 투과성 또는 지양태(지양되어 있음, Aufgehobensein)도 정립되어 있다. 그런데 다시 이런 지양태는, 또는 이런 상이성이 **순수한 대자 존재**로 환원된 것은 다름 아니라 매체 자체이고 또 이 매체는 구별자들의 **자립성**이다. 또는 자립적으로 정립된 것들은 직접 그것들의 통일로 이행하고 또 그것들의 통일은 직접 전개로 이행하며, 전개는 다시 환원으로 되돌아간다. 그런데 이런 운동이 바로 **힘**(Kraft)이라고 불리는 것이다. 힘의 한 가지 계기, 즉 그 존재 속에서 자립적 질료들이 확산되는 것으로서의 힘이 곧 힘의 **표출**이다. 반면에 그런 자립적 질료들이 사라져 버린 것으로서의 힘은 자신의 표출로부터 자신 안으로 **되밀려 들어간**(억눌려 있는) **힘** 또는 **본래적인 힘**이다. 그러나 첫째로 자

---

[89] J. Dalton, "Weitere Erörterung einer neuen Theorie über die Beschaffenheit gemischter Gasarten", in: *Annalen der Physik*, Hg. von L. W. Gilbert, Bd. 13, Halle, 1803 참조.

신 안으로 되밀려 들어간 힘은 반드시 스스로를 표출**해야만 한다**. 그리고 둘째로 표출 속에서 힘은 자기 **자신 안에** 존재하는 힘이며, 또한 이런 자신 안의 자기 존재 속에서 힘은 그에 못지않게 표출이다. ─ 우리가 이처럼 이 두 가지 계기를 그 직접적 통일 속에서 보존함으로써 힘의 개념이 귀속되는 오성은 실로 구별된 계기들을 구별된 것으로서 담지하는 **개념**이 된다. 왜냐하면 **힘 자체에서는** 그 계기들이 구별되어서는 안 되기 때문이다. 이에 따라 구별은 오직 사고 속에서만 존재한다. ─ 또는 이상의 논의에서는 이제 비로소 힘의 개념만이 정립되었을 뿐이지 아직 그 실재성이 정립된 것은 아니다. 그러나 실제로 힘은 **대타적으로** 존재하는 바가 그에 못지않게 즉자 자체인 그런 무제약적으로 보편적인 것, 또는 구별을 (구별은 다름 아니라 대타 존재이므로) 자기 자체에 지니고 있는 무제약적으로 보편적인 것이다. 그러므로 힘이 그 진리 속에 존재하려면, 힘이 사고로부터 자유롭게 풀려나 이런 구별자들의 실체로서 정립되어야만 한다. 다시 말해 힘은 **일단** 본질적으로 **즉자 대자적으로** 유지되는 이런 전체적인 힘으로서의 **힘이** 정립되어야 하고, **다음으로는** 힘의 **구별자들이 실체적인 것**으로서 또는 대자적으로 존립하는 계기들로서 정립되어야 한다. 이로써 그 자체로서의 힘 또는 자신 안으로 되밀려 들어간 것으로서의 힘은 **배타적** 단일자로서 대자적으로 존재하는데, 이 배타적 단일자에는 질료들의 전개가 **또 하나의 존속하는 본질**이다. 그리고 이렇게 해서 두 가지의 구별되는 자립적인 측면들이 정립되어 있다. 그러나 또한 힘은 전체이다. 또는 힘은 그 개념상 그러한 바인 것으로 유지된다. 즉, 이런 **구별자들은** 순수한 형식들, 피상적이고 **소멸하는 계기들**로 남는다. 자신 안으로 **되밀려 들어간** 본래적인 힘과 자립적 질료들의 **전개**라는 **구별자들**은 그것들이 **존속하지** 못하는 한에서는 동시에 아무것도 아닐 것이다. 또는 힘이 이런 대립된 방식으로 **실존하지** 않는다면 존재하지 않을 것이다. 그런데 힘이 이렇게 대립하는 방식으로 실존한다는 것은 다름 아니라 그 두 가지 계기가 그 자체로 동시에 **자립적으로** 존재한다는 것을 뜻한다. — 그러므로 이제 이렇게 그 두 가지 계기가 스스로를 지속적으로 자립화하고 또 스스로를 다시 지양하는 운동을 고찰해보자. 이 운동은 다름 아니라 바로 지각하는 자와 지각되는 것이라는 두 측면이 동시에 때로는 참된 것의 **파악**으로서 하나이자 구별되지 않는 것으로 존재하면서도 또한 그에 못지않게 그때에 각각의 측면이 자신 안으로 **반성되어** 있거나 대자적으로 존재하는 그런 지각의 운동이라는 점이 일반적으로 밝혀진다. 다만 여기서는 이런 두 측면이 힘의 계기들이다. 이 계기들은 통일 속에 있지만, 대자적으로 존재하는 극단들에 맞서 매개 중심(매개항, Mitte)으로 나타나는 이 통일은 그에 못지않게 스스로를 계속 바로 이런 극단들로 분열시키는데, 이를 통해 극단들이 비로소 존재하게 된다. — 그러므로 앞에서 모순된 개념들의 자기 파괴라고 서술되었던 운동이 여기서는 **대상적** 형식을 지니면서 힘의 운동이 되는데, 그 운동의 결과로 **비대상적인 것**으로서의 또는 사물들의 **내면**(심층, das Innere)으로서의 무제약적으로 보편적인 것이 출현한다.

위에서 규정된 바와 같이 힘은 힘 **자체**로 또는 **자신 안으로 반사된 것**으로 표상됨으로써 실체화된 극단이라는 힘 개념의 한 측면, 더욱이 단일자라는 규정성 아래에 정립된 것이라는 측면이 된다. 이와 더불어 전개된 질료들의 **존립**은 힘에서 배제되어 힘과는 **다른 것**(타자)이 된다. 그런데 **힘 자체**가 이런 (전개된 질료들의) **존립**이라는 것 또는 힘이 스스로를 **표출하는** 것이 필연적이기에, 힘의 표출은 **그런 타자가** 힘에 **다가와 가해져서** 힘을 유도하는 것으로 나타난다. 그러나 실제로는 힘이 스스로를 **필연적으로** 표출해야 하므로 타자의 본질로서 정립되었던 것(전개된 질료들의 존립)을 자기 자체에 지니고 있다. 힘은 **단일자**로서 정립되는 반면에 스스로를 표출한다는 힘의 본질은 외부로부터 다가와 힘에 가해지는 타자로서 정립되었다는 것(이라는 양자의 구별)은 철회되어야 한다. 오히려 힘은 그 자체가 이런 질료라는 계기들이 존립하는 보편적 매체이다. 또는 **힘은 스스로를 표출했으며**, 유도하는 타자라고 했던 것이 오히려 곧 힘이다. 그러므로 힘은 이제 전개된 질료들의 매체로서 실존한다. 그러나 힘은 존립하는 질료들의 지양태라는 형식도 똑같이 본질적으로 지니고 있거나 또는 본질적으로 **단일자**이다. 이와 더불어 **힘**은 질료들의 매체로서 정립되어 있으므로 이런 **단일자-존재**(단일자임, Eins-Sein)는 **이제 힘과는 다른 것**이며, 힘은 이런 자신의 본질(단일자임)을 자신 밖에 지닌다. 그러나 힘은 필연적으로 **아직** 그것으로서 정립되지 **않은** 바로 그것(단일자)이어야만 하므로 **이 타자는 다가와 가해져서** 힘을 자기 내 반사로 유도하거나 힘의 표출을 지양한다. 그렇지만 실제로는 **힘 자체**가 이렇게 자신 안으로 반사된-존재 또는 이런 표출의 지양태이다. 그것이 현상하는 **바대로의**, 즉 **타자**로서의 단일자임은 사라진다. **힘은 단일자임 자체이며**, 그것은 자신 안으로 되밀려 들어간 힘이다.

타자로 등장하여 힘을 표출하도록 유도하기도 하고 또 자기 자신 안으로 귀환하도록 유도하기도 하는 것은, 곧바로 밝혀지듯이, **그 자체가 힘**이다. 왜냐하면 그 타자는 보편적 매체로도 그리고 또한 단일자로도 나타나며, 그래서 이런 각각의 형태는 동시에 한낱 소멸되는 계기로 등장하기 때문이다. 그리하여 타자가 힘에 대해 존재하고 또 힘이 타자에 대해 존재함으로써 힘은 무릇 아직 자신의 개념에서 벗어나오지 않았다. 그러나 동시에 두 가지 힘이 현존한다. 그 두 힘의 개념은 똑같은 것이긴 하지만 개념의 단일성(통일성)으로부터 이원성으로 벗어났다. 대립이 철저하게 본질적으로 단지 계기로 머무는 대신에 전적으로 **자립적인 힘들**로 분열됨으로써 통일성의 지배로부터 벗어난 것처럼 보인다. 이런 자립성이 어떤 성질을 갖는지를 좀 더 상세하게 살펴보자. 우선 두 번째 힘은 유도하는 것으로서, 더욱이 보편적 매체로서, 그 내용상 유도된 것이라고 규정된 힘에 대항하여 등장한다. 그러나 이 두 번째 (유도하는) 힘은 본질적으로 이 두 가지 계기들의 교체(상호 전환)이자 그 자체가 힘이므로, 그것은 실제로는 이와 마찬가지로 **오직 그렇게 되도록 유도됨으로써만 비로소** (유도하는) 보편적 매체이며, 또한 그에 못지않게 오직 **그것이 유도됨으로써만** 부정적 통일 또는 힘의 회귀로 유도하는 것이 된다. 이와 더불어 그 하나는 **유도하는 것**이고 다른 하나는 **유도되는 것**이라고 하는 두 계기들 사이에 생겨났던 이런 구별도 그와 똑같은 서로 간의 규정성의 교환으로 변한다.

그리하여 이 두 힘의 유동(遊動)은 그런 두 힘의 대립하는 규정태에, 그 두 힘이 이런 규정 속에서 서로에 대해 있음에, 그리고 그 규정들의 절대적이고 직접적인 교체에, 즉 힘들이 **자립적으로** 등장하는 것처럼 보이게 하는 이런 규정들을 비로소 존재하도록 만드는 이행에 존립한다. 예를 들어 유도하는 것은 보편적 매체로서 정립되어 있는 반면에 유도된 것은 되밀려 들어간 힘으로서 정립되어 있다. 그러나 유도하는 것은 오직 그 타자가 되밀려 들어간 힘이라는 것을 통해서만 보편적 매체 자체가 된다. 또는 후자(유도되어 되밀려 들어간 힘)가 오히려 전자(유도하는 힘)를 유도하는 것이며, 전자를 비로소 매체로 만든다. 전자는 오직 타자를 통해서만 자신의 규정성을 지니고, 타자에 의해 유도하는 것이 되도록 유도되는 한에서만 유도적이다. 그리고 이에 못지않게 그것은 자신에 주어진 이 규정성을 직접적으로 상실한다. 왜냐하면 이 규정성은 타자에게로 넘어가거나 또는 오히려 이미 타자에게로 넘어갔기 때문이다. (유도되는) 힘을 유도하는 낯선 것은 보편적 매체로 등장하지만, 이는 오직 유도하는 것이 (유도되는) 힘에 의해 그렇게 유도됨으로써 그런 것이다. 다시 말해 이 (유도되는) **힘**이야말로 유도하는 것을 그렇게 **정립하며**, 오히려 그 **자체가 본질적으로** 보편적 **매체이다**. 이 (유도되는) 힘이 유도하는 것을 그렇게 정립하는 까닭은 이런 타자의 규정이 **힘에 본질적**이기 때문이다. 다시 말해 **이 타자의 규정이 오히려 힘 자체이기 때문이다**.

이런 운동의 개념을 완전하게 통찰하기 위해서 더 나아가 구별들 자체가 이중적인 구별로 나타난다는 점에 주의를 기울일 수 있다. 즉, **한 번은** 그 한 극단이 자신 안으로 반사된 힘인 반면에 다른 극단은 질료들의 매체라는 **내용의** 구별로, 그리고 **다른 한 번은** 그 한 극단이 유도하는 것이고 다른 한 극단은 유도되는 것, 전자는 능동적이고 후자는 수동적이라는 **형식의** 구별로 나타난다는 점 말이다. 내용의 구별에 따르면 그 구별자들(그 극단들)은 무릇 **존재하거나** 또는 우리에 대해 구별되어 **있다**.[90] 이에 반해 형식의 구별에 따르면 그 구별자들은 자립적이며, 그것들의 관련 속에서 서로로부터 자기 자신을 단절시키고서 서로 대립해 있다. 이렇게 극단들이 이 두 가지 측면 모두에서 **즉자적으로** 헛된 것이고, 그것들의 변별적 본질이 존립해야 할 이 두 측면이 한낱 소멸되는 계기들이자 그 각각의 측면이 대립하는 측면으로 직접 이행한다는 것, 바로 이런 사실이 힘의 운동에 대한 지각 속에서 의식을 위해 의식된다. 그러나 앞에서 환기한 것처럼 우리에 대해서는 또한 더 나아가 다음과 같은 사실이 존재했다. 즉, **내용과 형식이라는 구별들**로서의 구별들이 즉자적으로 소멸되었으며, 형식의 측면에서 그 본질상 **능동적인 것**이라든가 **유도하는 것**이라든가 **대자적으로 존재하는 것**이 내용의 측면에서는 자신 안으로 되밀려 들어간 힘이라고 서술

---

90) (Werke) 내용의 구별에 따르면 그 구별자들은 무릇 또는 우리에 대해 구별되어 **존재한다**.

된 것과 똑같은 것이고, 또 형식의 측면에서 수동적인 것이라든가 **유도되는 것**이라든가 대타적으로 존재하는 것이 내용의 측면에서는 다수의 질료들의 보편적 매체라고 서술된 것과 똑같은 것이라는 사실 말이다.

　이로부터 힘의 개념은 두 가지 힘으로의 이중화를 통해 **현실적이게** 된다는 점과 그 개념이 어떻게 그리되는지가 밝혀진다. 이 두 힘은 대자적으로 존재하는 본질로서 실존한다. 그렇지만 그 두 힘의 실존은 그것들의 **존재**가 오히려 순수하게 **타자에 의해 정립된 존재**인, 다시 말해 그것들의 존재가 오히려 순수한 **소멸**의 의미를 갖는 것인 그런 서로 간의 운동이다. 두 힘은 어떤 확고한 것을 대자적으로 지니면서 오직 서로에 대한 외적 특성만을 매개 중심으로 내보내 접촉하게끔 만드는 그런 극단으로서 존재하는 것이 아니다. 오히려 두 힘은 오직 이런 매개 중심과의 접촉 속에서만 그것인 바로서 존재한다. 이때에는 직접 힘의 자신 안으로 되밀려 들어간 존재 또는 **대자 존재** 못지않게 또한 그 표출이, 유도함 못지않게 또한 유도됨이 존재한다. 이와 더불어 이 두 계기는 그 각각에 단지 하나의 대립된 첨단만을 제공하는(서로 저항하는) 두 개의 자립적인 극단들로 배분되지 않으며, 그것들의 본질은 전적으로 그 각각이 오직 타자를 통해서만 존재하고 또 그렇게 그 각각이 타자를 통해 존재하는 바(그것인 바)가 [그 각각이 곧 그것인 바이기에] 직접적으로 더 이상 존재하지 않는(그것이 아닌) 그런 것이다. 이로써 두 힘은 실제로는 자신을 담지하고 보존해줄 고유한 실체를 가지지 못한다. 힘의 **개념**은 오히려 자신의 **현실태** 자체 속에서 스스로를 **본질**로서 보존한다. **현실적인 것으로서의 힘**은 전적으로 오직 **표출** 속에서만 존재하는데, 이 표출은 동시에 다름 아니라 자기 자신의 지양이다. 이런 **현실적인** 힘이 자신의 표출로부터 자유롭게 되어 대자적으로 존재하는 것이라고 표상되면 그것이 바로 자신 안으로 되밀려 들어간 힘이다. 그러나 이런 규정성은 이미 밝혀졌듯이 실제로는 그 자체가 단지 **표출의** 한 계기에 불과하다. 그러므로 힘의 진리는 오직 힘에 관한 **사고**로만 머문다. 그리고 힘의 현실태가 지닌 계기들과 힘의 실체들과 힘의 운동은 구별되지 않은(무차별적인) 통일로 속절없이 붕괴된다. 그런데 이런 구별되지 않은 통일은 [자신 안으로 되밀려 들어간 힘은 그 자체가 단지 그런 (무차별적 통일의) 한 가지 계기에 불과하기 때문에] 자신 안으로 되밀려 들어간 힘이 아니라 **힘의 개념으로서의 개념**이다. 따라서 힘의 실현은 동시에 실재성의 상실이다. 힘은 자신의 실현 속에서 오히려 전혀 다른 것, 즉 **보편성**이 되었다. 오성은 이런 보편성을 처음에 또는 직접적으로 힘의 본질이라고 인식하며, 또한 이런 보편성은 현실적인 실체들에 존재해야 할 힘의 실재성에서 자신이 힘의 본질임을 입증한다.

우리가 **첫 번째** 보편자를 그 안에서는 아직 힘이 대자적으로 존재하지 않는 오성의 **개념**으로 간주하는 한에서, 이제 두 번째 보편자는 자신을 **즉자 대자적으로** 서술하는 바대로의 힘의 **본질**이다. 또는 역으로 우리가 첫 번째 보편자를 의식에 대해 **현실적인** 대상이어야 할 **직접적인 것**으로 간주한다면, 두 번째 보편자는 감각적인 대상적 힘에 대해서 **부정적인 것**이라고 규정된다. 그것은 힘의 참다운 본질 속에서 오직 **오성의 대상**으로서 존재하는 바대로의 힘이다. 첫 번째 보편자가 자신 안으로 되밀려 들어간 힘 또는 실체로서의 힘이라고 한다면, 이에 반해 두 번째 보편자는 개념으로서의 개념과 똑같은 것인 **내면**으로서의 사물의 **내면**이다.

이런 사물의 참다운 본질은 이제 다음과 같이 규정되었다. 즉, 사물의 본질은 의식에 대해 직접적으로(무매개적으로) 존재하는 것이 아니며, 오히려 의식은 (사물의) 내면과 간접적인(매개적인) 관계를 가지면서 오성으로서 **이런 힘들의 유동의 매개 중심을 통해 사물의 참된 배후를 꿰뚫어 본다.** 오성과 내면이라는 양극단을 결합하는 매개 중심은 힘의 전개된 **존재**인데, 이것이 오성 그 자체에게는 오히려 (힘의) **소멸**이 된다. 그렇기 때문에 그것은 **현상**(現象, 비추어 나타남, Erscheinung)이라고 불린다. 왜냐하면 우리는 직접적으로 그 자체에서 **비존재**인 **존재**를 가상(假象, 비춤, Schein)이라고 일컫기 때문이다. 그러나 그것은 단지 가상이 아니라 현상, 즉 가상의 **전체**이다. 이런 전체로서의 또는 **보편자**로서의 **전체**가 바로 (사물의) **내면**을, 즉 그런 전체의 자기 자체 내 **반사**로서의 **힘들의 유동**을 이루는 것이다. 그 안에서는 의식에 대해 대상적인 방식으로 지각의 본질태들이 즉자적으로 존재하는 바대로서 **정립되어** 있다. 즉, 여기서 지각의 본질태들은 쉼 없이 존재를 결여한 채로 직접 그 반대로 바뀌는 계기들로, 다시 말해 단일자는 직접 보편자로 바뀌고 본질적인 것은 직접 비본질적인 것으로 바뀌며 또 그 역으로 바뀌는 그런 계기들로서 정립되어 있다. 그러므로 이런 힘들의 유동은 전개된 부정적인 것이지만, 그것의 진리는 긍정적인 것, 즉 **보편자** 내지 **즉자적으로** 존재하는 대상이다. — 의식에 **대한** 그것의 **존재**는 **현상**의 운동을 통해 매개되어 있다. 그런데 이 현상의 운동 속에서는 **지각의 존재**와 감각적으로 대상적인 것 일반이 단지 부정적인 의미만을 지니고 있다. 따라서 의식은 그것에서 벗어나 참된 것으로서의 자신 안으로 반성하면서도 의식으로서 이 참된 것을 다시 대상적 **내면**으로 만들며, 또 의식에게는 매개 운동이 그에 못지않게 여전히 대상적 운동이듯이 이런 대상의 반사를 의식의 자기 내 반성과 구별한다. 그렇기 때문에 이런 내면이 의식에게는 자신에 맞서 있는 극단이다. 그러나 의식은 **즉자**로서의 내면 안에서 동시에 자기 자신에 대한 확신 또는 자신의 대자 존재라는 계기를 지니기 때문에, 이 내면은 의식에게 참된 것이다.[91] 그러나 의식은 이런 근거를 아직 의식하지 못하고 있다. 왜냐하면 내면이 그 자체에 지니고 있어야 할 **대자 존재**는 다름 아니라 부정적 운동이어야 할 터이지만, 이런 운동이 의식에게는 여전히 **대상적인** 소멸하는 현상이지 아직 자기 자신의 **고유한** 대자 존재는 아니기 때문이다. 그렇기 때문에 의식에게는 내면이 분명 개념이기는 하되, 의식은 개념의 본성을 아직 알지 못한다.

**절대적으로 보편적인 것**으로서의 **내면적 진리**는 보편자와 개별자의 **대립**으로부터 정화되어 **오성에 대해** 존재하게 되었다. 이러한 내면적 진리 속에서 비로소 **현상하는 세계**로서의 **감각적 세계**를 넘어서 **참된** 세계로서의 **초감각적** 세계가 펼쳐 열리고 또 소멸하는 **차안**(此岸) 너머로 지속되는 **피안**(彼岸)이 펼쳐 열린다.[92] 즉, 최초이자 그렇기 때문에 그 자체가 이성의 불완전한 현상인, 또는 단지 진리가 자신의 **본질**을 그 안에서 지니는 순수한 요소일 뿐인 즉자가 비로소 펼쳐 열린다.

이로써 이제 **우리의 대상**은 오히려 사물의 내면과 오성을 그 극단으로 삼고 또 현상을 그 매개 중심으로 갖는 추론(Schluß)이다. 그런데 이 추론의 운동은 오성이 이 매개 중심을 관통하여 내면 속에서 무엇을 꿰뚫어 보는

---

91) 이 문장에서 주문장과 부문장의 주어가 모두 'es'이며, 주문장의 'es'는 '내면'을 지시한다. 역자는 부문장의 주어 'es'가 주문장의 주어와는 달리 '의식'을 지시한다고 보았다. 만일 주문장의 주어와 부문장의 주어를 같은 것으로 간주한다면 이 문장의 시작은 다음과 같이 된다. "그러나 그 내면은 **즉자**로서의 의식 안에서 …"

92) G. Galilei, *Dialogo sopra i due massimi sistemi del mondo*, Fiorenza, 1632 참조. 『두 가지 주요 세계 체계에 관한 대화』라는 제목의 이 저서에서 갈릴레이는 아리스토텔레스 및 프톨레마이오스의 우주관을 대변하는 가상 인물 심플리치오가 주장하는 감각적 질(質)의 현상 세계와 코페르니쿠스 및 갈릴레이 자신의 새로운 우주관을 대변하는 살비아티가 주장하는 수학적·기하학적 법칙의 세계를 대비시킨다. 갈릴레이에 따르면 세계의 본질은 질적으로 다양하고 끊임없이 변전하는 개별적 감각 경험이 아니라 목적인과 형상인과 질료인을 제거한 순수한 양적 공간 속에서 측정할 수 있는 보편적 작용 규칙의 수학적 진리에 있다.

지에 관한 더 상세한 규정과 오성이 이렇게 함께 결합되어 있음(추론 속에서 함께 묶여 있음)의 관계에 관하여 얻는 경험을 제공한다.

의식에 대해서는 (사물의) 내면이 여전히 **순수한 피안**이다. 왜냐하면 의식은 아직 사물의 내면 속에서 자기 자신을 발견하지 못하기 때문이다.[93] 내면은 단지 현상의 무(無)일 따름이고 긍정적으로도 단순한 보편자에 불과하기 때문에 **공허하다**. 내면의 이런 존재 방식은 사물의 내면은 인식할 수 없다고 말하는 자들에게 직접적으로 동조한다.[94] 그렇지만 그 근거는 달리 파악되어야만 할 것이다. 여기서 직접적으로 존재하는 바대로의 이런 내면에 관해서는 물론 어떤 지식도 있을 수 없다. 그러나 그 까닭은 이성이 너무 근시안적이거나 제한되어 있거나 또는 이를 어떻게 부르건 간에 그런 따위의 이유 때문은 아니다. 이에 관해서는 우리가 여기서 아직 그렇게까지 깊이 파고들지 않았기 때문에 전혀 알려진 바가 없다. 오히려 그 까닭은 사태 자체의 단순한 본성 때문이다. 즉, **공허** 속에서는 아무것도 인식되지 않거나 또는, 다른 측면에서 말하자면, 그것(공허한 사물의 내면)이 바로 의식의 **피안**이라고 규정되어 있기 때문이다. ― 맹인을 (초감각적 세계가 지닌 고유한 내용이 되었건 아니면 의식 자체가 그 내용이 되었건 간에 초감각적 세계가 어떤 내용을 가지고 있다면) 초감각적 세계의 보고(寶庫)

---

93) 이 문장은 대명사의 지시 관계에 따라 다음과 같이 번역할 수도 있다. "왜냐하면 사물의 내면은 여전히 의식 속에서 자기 자신을 발견하지 못하기 때문이다."

94) A. von Haller, "Die Falschheit der menschlichen Tugend", *Versuch schweizerischer Gedichte*, Bern, 1732, p. 78: "자연의 내면으로는 그 어떤 피조물의 정신도 침투하지 못한다." 할러가 1730년에 발표한 이 시의 구절은 이후에 칸트(I. Kant, *Kritik der reinen Vernunft*, B 334)와 괴테(J. W. Goethe, 'Allerdings-dem Physiker', *Gedichte*, Berliner Ausgabe Bd. 1, Berlin, 1960, pp. 555 f.) 등에 의해 비판적인 관점에서 언급되며 회자되었다.

속에 세워두거나 또는 볼 수 있는 사람을 순수한 암흑 속이나 아니면 달리 말해 [초감각적 세계가 오직 순수한 빛이라면] 순수한 광명 속에 세워두거나 그 결과는 물론 똑같다. 볼 수 있는 사람도 순수한 광명 속에서는 순수한 암흑 속에서와 마찬가지로 아무것도 보지 못할 터이고, 이와 똑같이 맹인도 자신 앞에 놓여 있는 풍성한 보고(寶庫) 속에서 아무것도 보지 못할 것이다. 내면이 그리고 현상을 통해 내면과 함께 결합되어 있다는 것이 그 이상의 의미를 지니지 않는다면, 현상에 기대어 고수하는 것 이외에는, 다시 말해 그것이 참이 아니라는 사실을 우리가 알고 있는 그 어떤 것을 참이라고 받아들이는 것(지각하는 것) 외에는 다른 수가 없을 것이다. 또는 [비록 이제 막 대상적 사물의 공허함이 되기는 했지만 **공허함 자체로서는** 일체의 정신적 관계의 공허함으로 그리고 의식으로서의 의식이 지닌 모든 구별의 공허함으로 간주되어야 하는] 그런 공허 속에 그래도 무엇인가가 있으려면, 다시 말해 **성스러운 것**이라고도 불리는 이런 **전적인 공허** 속에 그래도 무엇인가가 있으려면, 이를 몽상으로, 즉 의식이 자신에게 스스로 만들어낸 **현상들**로 채우는 것 외에는 다른 방법이 없을 것이다. 그것(사물의 내면)은 이런 푸대접을 감수할 수밖에 없을 것이다. 왜냐하면 심지어 몽상조차도 그것의 공허함보다는 훨씬 나은 것이기에 그것은 더 좋은 대접을 받을 자격이 없기 때문이다.

그런데 (사물의) 내면 또는 초감각적 피안은 **발생한** 것이다. 그것은 현상에서 **유래하며**, 현상은 그것을 매개하는 것이다. 또는 **현상은 내면 또는 초감각적 피안의 본질이며**, 실은 그것의 충족이다. 초감각적인 것은 그 **진리** 속에 있는 바대로 정립된 감각적이고 지각된 것이다. 그런데 **감각적이고 지각된 것의 진리**는 바로 **현상**이라는 데에 있다. 따라서 초감각적인 것은 **현상**으로서의 **현상**이다.─이때에 우리가 만약 **그러니까** 초감각적인 것은 감각적 세계라거나 또는 그것이 **직접적인 감각적 확신과 지각에 대해 존재하는** 바대로의 세계라고 생각한다면, 이는 전도(顚倒)된 이해이다. 왜냐하면 오히려 현상은 존재하는 것으로서의 감각적 지(知)와 지각의 세계가 **아니라** 오히려 감각적 지와 지각의 세계가 **지양된 것으로서** 또는 진리 속에서 **내면적인 것으로서 정립된** 그런 세계이기 때문이다. 사람들은 흔히 초감각적인 것은 현상이 **아니라고** 말하곤 한다. 그렇지만 이때에는 현상을 현상이라고 이해하지 않고 오히려 그 자체가 실제적인 현실로서의 **감각적** 세계라고 이해하는 것이다.[95]

우리의 대상인 오성은 (사물의) 내면이 오성에게 단지 보편적일 뿐이지 아직 충족되지 못한 **즉자**로서만 이제 비로소 생성되었다는 바로 그런 위치에 처해 있다. (오성에게) 힘들의 유동은 즉자적이지 못하다는 한낱 부정적인 의미만을 지닐 뿐이며, 그것이 지닌 긍정적인 의미조차도 다만 그것이 **매개자**이긴 하지만 오성 외부에 존재하는 매개자라는 것일 따름이다. 그러나 오성이 매개를 통해 내면과 맺는 관련은 오성의 운동인데, 이 운동을 통해 오성은 그 내면이 충만해진다. — 오성에 대해 힘들의 유동은 **직접적이다. 그러나** 오성에게 **참된 것**은 단순한 내면이다. 그러므로 힘의 운동도 이와 마찬가지로 오직 **단순한 것**으로서만 무릇 참된 것이다. 그런데 우리는 이런 힘들의 운동이 다음과 같은 성질을 지니고 있다는 점을 보았다. 즉, 다른 힘에 의해 **유도되는** 힘은 그에 못지않게 이 다른 힘에 대해 **유도하는 것**이고, 이를 통해 비로소 이 다른 힘 자체가 유도하는 힘이 된다는 점 말

---

[95] I. Kant, *Kritik der reinen Vernunft*, B 312: "오성은 (현상들로 간주되지 않는) 물 자체를 예지체(Noumena)라고 일컬음으로써 감성에 의해 제한되는 것이 아니라 오히려 감성을 제한한다. 그러나 오성은 또한 곧바로 물 자체는 범주를 통해서 인식되지 않으며 따라서 단지 알려지지 않은 그 무엇이라는 이름으로만 사유된다는 한계를 자기 자신에게 설정한다."

이다. 이와 마찬가지로 (오성을 고찰하는) 여기에서도 이제 등장하는 것의 유일한 **내용**을 이루는 **규정성**, 즉 보편적 매체이거나 아니면 부정적 통일이라는 규정성의 (상호간의) 직접적 교체 또는 절대적 교환만이 현존할 따름이다. 여기서 등장하는 것은, 그 자체가 특정하게(특정한 힘이라고 규정되어서) 등장하는 바로 그 와중에, 자신이 등장할 때 그것이었던 바이기를 직접적으로 멈춘다. 즉, 그것은 특정하게 등장하면서 상대편을 유도하는데, 이를 통해 이 상대편은 스스로를 **표출한다**. 다시 말해 이 상대편은 이제 직접적으로 첫 번째 편이 그렇게 존재해야 할 바로 그것이다. 유도의 **관계** 그리고 대립하는 특정한 내용의 **관계**라는 이 양 측면은 **그 각각이 대자적으로** 절대적 전도(顚倒)이자 전환이다. 그러나 이 두 가지 관계는 그 자체가 다시 똑같은 한가지이며, 유도되는 것과 유도하는 것이라는 **형식**의 구별은 유도되는 것 자체가 수동적 매체인 반면에 유도하는 것은 능동적인 것이거나 부정적 통일이거나 단일자라는 **내용**의 구별과 똑같은 것이다. 이를 통해 이런 운동 속에 현존해야 할 **특수한 힘들**의 서로에 대한 구별이 무릇 모두 사라진다. 왜냐하면 특수한 힘들은 오직 그와 같은 구별에 근거를 두고 있었기 때문이다. 그리고 힘들의 구별 또한 마찬가지로 그 두 가지 **구별**(형식의 구별과 내용의 구별)과 더불어 하나로 응축된다. 따라서 힘도 존재하지 않고 유도함과 유도됨도 존재하지 않고 또 존립하는 매체라거나 자신 안으로 반성된 통일이라는 규정성도 없으며, 개별적으로 홀로 있는 그 무엇도 없고 다양한 대립들도 없다. 이런 절대적 교체 속에 존재하는 것은 오직 **보편적 구별로서의 구별** 또는 다수의 대립들이 그것으로 환원되는 것으로서의 구별뿐이다. 그러므로 이런 **보편적 구별로서의 구별**이 **힘의 유동 자체에 있는 단순한 것**이고 힘의 유동의 진리이다. 이런 구별이 바로 **힘의 법칙**이다.

절대적으로 교체되는 현상은 내면이나 오성의 단순성과 관련을 맺음으로써 **단순한 구별**이 된다. 내면은 처음에는 단지 즉자적인 보편자이다. 그렇지만 이 즉자적으로 단순한 **보편자**는 본질적으로 그에 못지않게 절대적으로 **보편적인 구별**이다. 왜냐하면 이 보편자는 교체 자체의 결과이기 때문이다. 또는 교체가 바로 이 보편자의 본질이기 때문이다. 그런데 이때의 교체는 그것이 참으로 존재하는 바대로 내면 속에 정립된 것이며, 이에 따라 그와 마찬가지로 절대적으로 보편적이고 안정되고 자기 자신과 동일하게 유지되는 구별로서 내면 속으로 수용된 것이다. 또는 부정은 보편자의 본질적인 계기이며, 따라서 부정이나 매개가 보편자 속에서는 **보편적 구별**이다. 이런 보편적 구별은 요동하는 현상들의 **항구적인** 상(像, Bild)인 **법칙**(Gesetz) 속에 표현되어 있다. 이로써 **초감각적** 세계는 **법칙들의 정적**(靜的)**인 왕국**이다.[96] 비록 지각된 세계가 법칙을 단지 끊임없는 변화를 통해서만 전시하기 때문에, 이런 법칙들의 왕국은 지각된 세계의 피안에 있지만, 그에 못지않게 지각된 세계 속에서 **현전하며**, 지각된 세계의 직접적인 고요한 모상(模像, Abbild)이다.

이 법칙들의 왕국은 법칙 속에 담겨 있는 구별에서 그 **내용**을 지니는 오성의 진리임에 틀림없다. 그러나 그것은 동시에 단지 오성의 **첫 번째 진리**에 불과하며, 현상을 완전하게 충족시키지는 못한다. 법칙은 현상 속에서 현전하기는 하지만 현상의 전체적인 현전은 아니다. 법칙은 또 다른 여건 속에서는 늘 또 다른 현실태를 지니기 마련이다. 이에 따라 내면 속에는

---

[96] 예를 들어 우리는 움직이는 돌은 지각할 수 있지만, 이 운동을 보편화하여 공식화한 가속도의 법칙 $F=ma$를 지각할 수는 없다. 이 법칙은 경험 대상인 움직이는 돌(실은 모든 물체)의 내면에서 작동하되, 법칙 자체는 물론이고 이 법칙을 구성하는 요소들인 $F$(힘), $m$(질량), $a$(가속도)의 개념들은 움직이지도 않고 감각 경험의 대상도 아니다.

존재하지 않는 하나의 측면이 현상에 **대자적으로** 남게 된다. 또는 현상은 진실로는 아직 **현상**으로서, 즉 **지양된** 대자 존재로서 정립되지 않았다. 이런 법칙의 결함은 법칙 자체에서 뚜렷하게 드러날 수밖에 없다. 법칙에 결여되어 있는 듯이 보이는 것은 다름 아니라 법칙이 구별 자체를 자신에 지니기는 하지만 보편적(일반적)이고 무규정적인(불특정한) 구별로 지닌다는 점이다. 그런데 법칙이 곧 법칙 일반이 아니라 **한 가지** 법칙인 한에서, 그것은 그 자체에 규정성을 지닌다. 그리고 이와 더불어 불특정한 **다수의** 법칙들이 현존하게 된다. 하지만 이런 다수성은 오히려 그 자체가 하나의 결함이다. 즉, 그런 다수성은 단순한 내면의 의식인 오성에게는 즉자적으로 보편적인 **통일**(단일성)이 참된 것이라는 오성의 원리와 모순된다. 따라서 오성은 다수의 법칙들을 **하나의** 법칙으로 집약해야만 한다. 예를 들어 돌이 낙하하는 법칙과 천체가 운동하는 법칙이 **하나의** 법칙이라고 파악되었던 것처럼 말이다.[97] 그렇지만 이렇게 서로 응집됨으로써 법칙들은 자신의 규정성을 잃어버리고 만다. 법칙은 점점 더 피상적이게 되고, 그럼으로써 실제로는 **바로 이 규정된**(특정한) 법칙들의 통일이 아니라 그것들의 규정성을 소거해버린 법칙이 발견되는 것이다. 마치 지상에서의 물체의 낙하 법칙과 천체의 운행 법칙을 자신 안으로 통합하는 **하나의** 법칙이 실제로는 이 두 가지 (특수한) 법칙들을 표현하지 않는 것처럼 말이다. 모든 법칙들을 **보편적 인력**(만유인력)으로 통합하는 것은 바로 그 안에 **존재하는 것**으로서 정립된 **한낱 법칙 자체의 개념** 이외에 그 어떤 내용도 표현하지 않는다. 만유인력은 단지 **만물이 다른 것과의 항구적인 구별**을 지니고 있다는 것만을 말해줄 뿐이다. 이때에 오성은 보편적 현실 **자체**를 표현하는 보편적 법칙을 발

---

97) 뉴턴의 만유인력의 법칙을 염두에 두고 있다.

견했다고 사념하지만 실은 단지 **법칙 자체**의 **개념**을 발견했을 뿐이다. 그렇지만 오성은 동시에 이를 통해 **일체**의 현실은 **그 자체에서** 합법칙적이라고 언표한다. 그렇기 때문에 **만유인력**이라는 표현은, 모든 것이 우연성의 형태 속에서 제공되고 규정성은 감각적 자립성의 형식을 지니게 되는 무사유(無思惟)의 **표상**을 표적으로 삼는 한에서는, 커다란 중요성을 지닌다.[98]

그리하여 만유인력 또는 법칙의 순수한 개념이 특정한 법칙들과 대치한다. 이런 순수한 개념이 본질이나 참된 내면으로 간주되는 한, 특정한 법칙 자체가 지닌 **규정성**은 여전히 현상에 또는 오히려 그보다는 감각적 존재에 귀속된다. 그렇지만 법칙의 순수한 **개념**은 **다른 특정한** 법칙들에 그 자체가 **특정한** 법칙으로서 맞서 있는 그런 법칙을 넘어설 뿐만 아니라 또한 **법칙** 자체를 **초과하여** 넘어선다. 지금 논하고 있는 규정성은 본래 그 자체가 여기서는 더 이상 본질성을 띨 수 없는 한낱 사라지는 계기일 뿐이다. 왜냐하면 오직 법칙만이 참된 것으로서 현존하기 때문이다. 그러나 법칙의 **개념**은 **법칙** 자체와 배치된다. 즉, 법칙에서는 구별 자체가 **직접적으로** 파악되면서 보편자 안으로 수용되지만, 그럼으로써 법칙이 그것들 사이의 관련을 표현하는 계기들은 아무런들 상관없고 즉자적으로 존재하는 본질태들로서 **존속**한다. 그런데 법칙에 담겨 있는 이런 구별의(서로 구별되는) 부분들은 동시에 그 자체가 특정한 측면들이다. 만유인력이라는 법칙의 순수한 개념은 그 참된 의미에서는 다음과 같이 파악되어야 한다. 즉, 절대적으로 **단순한 것**으로서 법칙의 순수한 개념 속에서는 법칙 자체에 현존

---

98) F. W. J. Schelling, "Allgemeine Deduction des dynamischen Proceßes oder der Categorieen der Physik", in: *Zeitschrift für spekulative Physik*, Hg. von F. W. J. Schelling, Bd. 1, H. 2, Jena-Leipzig, 1800, p. 24: "이와 같은 인력의 상호 전이가 모든 물질들 사이에 공통적이므로, 이를 통해 **모든 물질들 상호 간의 만유인력**이 생성된다."

하는 **구별자들**이 그 자체 다시금 **단순한 통일로서의 내면 속으로 되돌아간
다**. 이런 단순한 통일이 바로 법칙의 내적 **필연성**이다.

그럼으로써 법칙은 이중의 방식으로 현존한다. 즉, 한 번은 구별자들이
자립적인 계기라고 표현되는 법칙으로서 존재하며, 다른 한 번은 **단순한
자신 안으로 되돌아간 존재**라는 형식을 띠고서 존재한다. 그런데 이런 후
자의 형식을 다시금 **힘**이라고 일컬을 수 있지만, 그것은 되밀려 들어간 힘
이 아니라 힘 일반이거나 힘의 개념으로서의 힘, 다시 말해 끌어당기는 것
과 끌려가는 것 사이의 구별 자체를 자신 안으로 끌어들이는 추상이다. 예
를 들면 그런 식으로 **단순한** 전기(電氣)는 **힘**이다. 그런데 구별의 표현은 **법
칙**에 귀속한다. 이런 구별이 바로 양전기와 음전기이다. 낙하 운동에서 **힘**
은 단순한 것인 **중력**인데, 이때 중력은 구별되는 운동 계기들의 크기가,
즉 경과한 **시간**과 통과한 **공간**의 크기가 서로 제곱근과 제곱의 비례 관계
에 있다는 **법칙**을 가지고 있다.[99] 전기 자체가 구별 그 자체이거나 그 본질
에서 양전기와 음전기라는 이중적 존재는 아니다.[100] 그렇기 때문에 전기
는 이런 방식으로 **존재한다는** 법칙을 **가지고 있다**거나 그런 식으로 표출
되는 **특성을 가지고 있다**고 사람들이 말하곤 하는 것이다. 물론 이런 특성
은 이 힘의 본질적이면서 유일한 특성이다. 또는 이런 특성은 이 힘에 **필연
적**이다. 그러나 여기서 필연성은 공허한 말에 불과하다. 힘이 그렇게 스스
로를 이중화**해야만** 하는 까닭은 바로 그렇게 이중화**할 수밖에 없기 때문**이

---

99) 자유 낙하의 운동 법칙은 $s=(1/2)gt^2$이다.($s$: 거리, $g$: 중력 가속도, $t$: 시간) 즉, 낙하 거리
는 시간의 제곱에 비례하고, 역으로 낙하 시간은 거리의 제곱근에 비례한다.
100) B. Franklin, *Briefe von der Elektricität*, übers. von J. C. Wilcke, Leipzig, 1758,
Vorrede 참조.

다. 만일 **양**전기가 정립되어 있으면 당연히 **음**전기도 **즉자적으로** 필연적으로 존재한다. 왜냐하면 **양**(긍정적인 것)은 오직 **음**(부정적인 것)과의 관련으로서만 존재하기 때문이다. 또는 양은 **그 자신 자체에서** 자기 자신과의 구별이며, 음도 이와 마찬가지이다. 그렇지만 전기 자체가 스스로를 이렇게 나누는 것이 즉자적으로 필연적인 것은 아니다. **단순한 힘**으로서의 전기는 양전기와 음전기로서 **존재한다**는 자신의 법칙에 대해서 아무런들 상관없다. 그리고 우리가 전자(단순한 힘으로서의 전기)를 전기의 개념이라고 부르고 후자(양전기와 음전기임)를 전기의 존재라고 부른다면, 전기의 개념은 전기의 존재에 대해서 아무런들 상관없다. 전기는 단지 이런 (양전기와 음전기로서 존재한다는) 특성을 **가지고 있을** 따름이다. 즉, 그런 존재는 전기에 **즉자적으로** 필연적이지는 않다는 말이다. — 만약 양전기와 음전기로서 존재하는 것이 전기의 **정의**(定義)에 속한다거나 그것이 전적으로 **전기의 개념이자 본질**이라고 말한다면,[101] 이런 아무런들 상관없음은 또 다른 형태를 띠게 된다. 그 경우에는 전기의 존재가 곧 **전기의 실존** 일반을 뜻하게 된다. 그렇지만 앞의 정의 속에 **전기가 실존해야 할 필연성**이 들어 있는 것은 아니다. 그런 필연성은 사람들이 그것을 **발견하기** 때문에 존재하거나, 다시 말해 그런 필연성은 전혀 필연적이지 않거나, 아니면 전기의 실존은 다른 힘에 의해 존재하는 것, 다시 말해 그 실존의 필연성은 외적 필연성이다. 그런데 필연성이 **타자에 의한 존재**라는 규정성에 놓이게 됨으로써 우리는 법칙으로서의 **법칙**을 고찰하기 위해 방금 벗어났던 특정한 법칙들의 **다수성**으로 도로 후퇴

---

101) G. Ch. Lichtenberg, "Von einer neuen Art die Natur und Bewegung der elektrischen Materie zu erforschen", in: *Georg Christoph Lichtenberg's vermischente Schriften*, Hg. von L. Ch. Lichtenberg/F. Kries, Bd. 9, Göttingen, 1806, p. 93 참조.

하여 떨어지게 된다. 법칙의 개념으로서의 **개념** 또는 법칙의 필연성은 오직 이 법칙으로서의 법칙과만 비교되어야 하는데, 그러나 이런 법칙의 필연성은 그 모든 형식 속에서 그저 한낱 공허한 말에 불과한 것으로 드러났다.

법칙과 힘 또는 개념과 존재가 서로 아무런들 상관없는 데에는 방금 제시된 방식과는 또 다른 방식이 아직 있다. 예를 들어 운동의 법칙에서는 운동이 시간과 공간으로 또는 그다음에 또한 거리와 속도로 **분할되는** 것이 필연적이다. 운동은 오직 이 계기들의 관계일 따름이므로 보편자인 운동이 여기서 **그 자체 즉자적으로**(자기 자체에서) 분할되는 것이 분명하다. 그러나 이제 (운동의 법칙 속에서) 시간과 공간 또는 거리와 속도라는 이 부분들이 그와 같이 일자로부터 기원한다는 사실을 그 자체에서 표현하지는 않는다. 이 부분들은 서로에 대해서 아무런들 상관없다. 즉, 공간은 시간이 없어도 존재할 수 있고 또 시간은 공간이 없어도 존재할 수 있다고 표상되며, 적어도 거리는 속도가 없어도 존재할 수 있다고 표상된다. 이와 마찬가지로 이 부분들이 **양**과 **음**처럼 서로 관계하는 것도 아니고, 그래서 **자신의 본질**을 통해 서로 관련을 맺고 있는 것도 아니므로, 그것들의 크기도 서로에 대해서 아무런들 상관없다. 따라서 **분할**의 필연성은 여기에 분명 현존하지만, 서로에 대한 **부분들** 자체의 필연성이 현존하는 것은 아니다. 그런데 바로 그런 까닭에 분할의 필연성 자체도 한낱 기만적인 허위의 필연성에 불과하다. 다시 말해 운동이 그 자체 **단순한 것**이나 순수한 본질이라고 표상되지 않고 **이미** 분할되어 있는 것이라고 표상되고 있다. 시간과 공간은 (이때에) 운동의 **자립적인** 부분들이거나 **그것들 자체에서 본질**이다. 또는 거리와 속도는 그 하나가 다른 하나 없이도 얼마든지 존재할 수 있는 존재 방식 또는 표상 방식이며, 그렇기 때문에 운동은 단지 그것들의 **피상적인** 관련일 뿐이지 그것들의 본질은 아니다. 단순한 본질이나 힘이라고 표상될 경우에 운동이 **중력**임은 분명하지만, 이 중력은 여하간 그와 같은 구별을 그 자체에 내포하고 있지 않다.

그러므로 그 두 경우 모두에서 구별은 **그 자체 즉자적인 구별**(자기 자체에서의 구별)이 아니다. 보편자인 힘이 법칙 속에 존재하는 분할에 대해서 아무튼들 상관없거나 아니면 구별자들이, 즉 법칙의 부분들이 서로에 대해서 아무튼들 상관없는 것이다. 그러나 바로 법칙이 한편으로는 **즉자적으로 존재하는 내면**이지만[102] (다른 한편으로는) 동시에 **그 자체에서 구별된 것**이라는 점에서 오성은 이런 **구별 자체**에 관한 개념을 **가지고** 있다. 이로써 이 구별이 **내적** 구별이라는 사실은 법칙이 **단순한** 힘이라는 점 또는 구별의 **개념**으로서 존재한다는 점, 따라서 **개념의 구별**이라는 점에 현존한다. 그렇지만 이런 내적 구별은 처음에는 단지 여전히 **오성에** 귀속할 뿐이지 아직 **사태 자체에 정립되어** 있는 것은 아니다. 따라서 오성이 언표하는 것은 단지 **그 자신의 고유한** 필연성일 따름이다. 즉, 오성이 언표하는 것은 오성이 만들어낸 구별, 더욱이 오성이 동시에 그 구별은 **사태 자체의 구별**이 아니라고 표현하면서 만들어낸 그런 구별이다. 그렇기에 단지 명목뿐인 이런 필연성은 그 (적용) 범위를 형성하는 계기들을 열거하는 일이다. 비록 계기들이 구별되기는 하지만 동시에 그것들의 구별이 사태 자체의 구별은 아니라고 표현되며, 따라서 그 구별 자체가 곧바로 다시 지양된다. 이런 운동이 바로 **설명**(Erklären)이라고 일컬어지는 것이다. 요컨대 한 가지 **법칙**이 언표되고, 그 법칙의 즉자적 보편자 또는 근거가 **힘**으로서 이 법칙과 구별된다. 그렇지만 이런 (법칙과 그 근거로서의 힘 사이의) 구별에 관해 그것은 구별이 아니고 오히려 근거가 법칙과 전적으로 같은 성질을 지니고 있다고 언술된

---

102) (Werke) 그러나 바로 법칙이 한편으로는 내면, **즉자적으로 존재하는 것**이지만

다. 예를 들어 번개라는 개별적 사건이 보편적인 것이라고 파악되고 또 이 보편적인 것이 전기의 **법칙**이라고 언표된다. 그다음에 설명은 **법칙**을 법칙의 본질이 되는 **힘**이라고 요약한다. 그다음 이 힘은 그것이 표출되면 서로 대립하는 전기들을 유발하고 또 이 대립하는 전기들은 다시 서로 안에서 사라지는 **그런 성질을 지니고 있다**. 다시 말해 **힘은 바로 법칙과 똑같은 성질을 지니고 있다**. 즉, 그 두 가지는 전혀 구별되지 않는다는 것이다. 구별된 것들은 순수한 보편적 표출 내지 법칙과 순수한 힘이다. 그러나 이 두 가지는 **똑같은** 내용과 **똑같은** 성질을 가지고 있다. 따라서 또한 내용의 구별, 즉 **사태**의 구별로서의 구별이 다시금 철회된다.

 오성은 이런 동어반복적 운동 속에서 자신의 대상의 정적인 통일을 고수하며, 운동은 단지 오성 자체에 귀속할 따름이지 대상에 귀속하지 않는다는 점이 밝혀진다. 이 운동이 바로 설명인데, 이런 설명은 아무것도 설명하지 않을 뿐만 아니라,[103] 이미 말한 것과는 구별되는 무엇인가를 말하는 척하면서 오히려 아무것도 말하지 않고 그저 똑같은 말을 반복하는 것에 불과하다는 점이 명백하다. 이런 운동을 통해 사태 자체에서는 그 어떤 새로운 것도 발생하지 않으며, 운동은 오성의 운동으로서 고찰된다. 그런데 이런 오성의 운동 속에서 우리는 바로 법칙에 결여되어 있던 것인 절대적 교체 자체를 인식한다. 왜냐하면 우리가 좀 더 상세하게 고찰하면 이 **운동**은 직접적으로 그 자신의 반대이기 때문이다. 즉, 이 운동은 **하나의 구별**을 정립하지만, 그 구별은 단지 우리에 대해서만 **아무 구별도 아닌 것**이 아

---

103) 원문의 직역은 다음과 같다. "이런 설명은 무(無, Nichts)를 설명할 뿐만 아니라," 그러나 원문의 '무(Nichts)'는 '아무것도 … 않는(nichts)'의 오기로 보인다. Werke판 역시 이렇게 수정하고 있다.

니라 이 운동 자체가 그 구별을 구별로서 지양한다. 이는 바로 힘들의 유동이라고 서술한 것과 똑같은 교체이다. 힘들의 유동에서도 유도하는 것과 유도되는 것의 구별, 자신을 표출하는 힘과 자신 안으로 되밀려 들어간 힘의 구별이 존재했다. 그러나 이런 구별들은 실은 아무 구별도 아니었고, 따라서 또한 스스로를 직접적으로 다시 지양하는 것이었다. 한낱 통일만이 현존해서 **그 어떤 구별도 정립되지 않았을** 뿐만 아니라, **물론 구별이 지어지긴 하지만** 그 구별이 아무 구별도 아니기에 **다시 지양된다는** 것이 바로 이 **운동**이다. — 그러므로 설명과 더불어서 전에는 내면 밖의 현상에서만 존재했던 변동과 교체가 초감각적인 것 자체 속으로 침투하게 된다. 그러나 우리의 의식은 대상으로서의 내면에서 벗어나와 다른 쪽에 있는 **오성**으로 넘어와서 오성 속에서 교체를 지니게 되었다.

그래서 이런 교체는 아직 사태 자체의 교체는 아니며, 오히려 교체하는 계기들의 **내용**이 똑같은 것으로 유지된다는 바로 그 점을 통해 자신을 **순수한 교체**라고 서술한다. 그러나 오성의 개념으로서의 **개념**이 사물의 **내면**과 똑같은 것이므로, **이 교체**는 오성에 대해 **내면의 법칙**이 된다.(오성은 이런 교체를 내면의 법칙이라고 의식하게 된다.) 요컨대 오성은 다음과 같은 사실들이 **현상 자체의 법칙**이라는 점을 **경험한다**. 즉, 구별들이 생성되지만 그 구별들은 아무 구별도 아니라는 것 또는 **같은 이름의 것**(동일자, das Gleichnamige)이 자신을 자기 자신으로부터 **밀쳐낸다**는 것, 그리고 또한 구별들이 진실로는 아무 구별도 아닌 바로 그런 것에 불과해서 스스로를 지양한다는 것 또는 **다른 이름의 것**(비동일자, das Ungleichnamige)이 스스로를 **끌어당긴다**는 것이 바로 현상 자체의 법칙이라는 점 말이다. — 이것이 바로 **제2법칙**인데, 그 내용은 앞서 (제1) 법칙이라고 불린 것과, 즉 자기 자신과 영속적으로 동일하게 유지되는 구별과 대립한다. 왜냐하면 이 새로운 법칙은 오히려 **동일**

한 것의 비동일화와 동일하지 않은 것의 동일화를 표현하기 때문이다. 개념은 무사유로 하여금 이 두 가지 법칙을 결합하도록 그리고 또한 이 법칙들의 대립을 자각하도록 강요한다.— 이 두 번째 법칙도 물론 법칙이거나 자기 자신과 동일한 내적 존재이긴 하지만, 그것은 오히려 비동일성의 자기동일성, 비영속성의 영속성이다.— 힘들의 유동에서 이 법칙은 바로 이런 절대적 이행이자 순수한 교체임이 밝혀졌다. **같은 이름의 것**, 즉 힘은 스스로를 대립으로 **분열하는데**, 이 대립이 처음에는 자립적 구별로 나타나지만 실은 **아무 구별도 아닌 것**임이 입증된다. 왜냐하면 자신을 자기 자신으로부터 밀쳐내는 것은 다름 아니라 **같은 이름의 것**이고, 따라서 이렇게 밀쳐진 것은 (밀쳐내는 것과) **똑같은 것**이므로 본질적으로 자신을 끌어당기기 때문이다. 요컨대 만들어진 구별은 아무 구별도 아니기에 자신을 다시 지양한다. 이로써 구별은 자신을 **사태 자체의** 구별 또는 절대적 구별이라고 서술하며, 따라서 이런 **사태**의 구별은 다름 아니라 [자신을 자신으로부터 밀쳐냈고, 따라서 아무 대립도 아닌 대립만을 정립하는] 그런 같은 이름의 것이다.

　이 원리를 통해 첫 번째 초감각적인 것은, 즉 지각된 세계의 직접적 모상(模像)인 법칙들의 정적인 왕국은 자신의 반대로 전복되었다. 법칙은 그것의 구별자들과 마찬가지로 무릇 자신과 **동일하게 유지되는 것**이었다. 그러나 이제는 그 두 가지가 모두 오히려 자기 자신의 반대라는 점이 정립되어 있다. 즉, **자신과 동일한 것**은 오히려 자신을 자신으로부터 밀쳐내며, 자신과 동일하지 않은 것은 오히려 자신을 자신과 동일한 것으로서 정립한다. 사실은 오직 이런 규정에 의해서만, 다시 말해 동일한 것은 자신과 동일하지 않고 또 동일하지 않은 것은 자신과 동일하다는 점에 의해서만 구별은 **내적** 구별 또는 **그 자체 즉자적인** 구별(자기 자체에서의 구별)이 된다.— **이런 두 번째 초감각적 세계**는 그와 같은 방식으로 **전도**(顚倒)**된** 세계이다. 게다가 그 한 측면이 이미 첫 번째 초감각적 세계에 현존하므로, 이 두 번째 초감각적 세계는 이런 **첫 번째** 초감각적 세계의 **전도된** 세계이다. 이로써 내면은 현상으로서 완성된다. 왜냐하면 첫 번째 초감각적 세계는 단지 지각된 세계를 보편적 요소로 **직접적으로** 고양시킨 것에 불과했기 때문이다. 첫 번째 초감각적 세계는 자신의 필연적인 대립상(對立像, Gegenbild)을 지각된 세계에서 가지는데, 이 지각된 세계는 여전히 **교체**와 **변화의 원리**를 **대자적으로** 보유하고 있었다. 법칙의 첫 번째 왕국은 이 원리를 결여하고 있었지만, 이제 이를 전도된 세계로서 획득하게 되는 것이다.

따라서 이런 전도된 세계의 법칙에 의하면 첫 번째 (초감각적) 세계에서 **같은 이름의 것**은 자기 자신과 **동일하지 않은 것**이며, 첫 번째 세계에서 **동일하지 않은 것**은 이와 마찬가지로 **자기 자신**(동일하지 않은 것)**과 동일하지 않은 것**이, 다시 말해 자신과 **동일하게** 된다. 특정한 계기들에서는 이것이 다음과 같은 결과를 낳는다. 즉, 첫 번째 세계의 법칙에서는 단맛이 이런 전도된 즉자 속에서는 쓴맛이 되고, 전자에서는 검은색이 후자에서는 흰색이 된다. 첫 번째 세계의 법칙에서는 자석에서의 북극이 그 상대방인 초감각적 즉자에서는 (즉, 지구에서는) 남극이며, 전자에서의 남극이 후자에서는 북극이다. 이와 마찬가지로 전기의 첫 번째 법칙에서는 산소 전극이 그 상대방인 초감각적 본질에서는 수소 전극이고, 또 역으로 전자에서의 수소 전극이 후자에서는 산소 전극이 된다. 또 다른 영역(법률의 영역)에서는 **직접적인 법**에 따르면 훼손된 개체성(상해를 입은 개인)에 대한 최상의 보상은 적에 대한 복수이다. 그러나 나를 자기 본질(자기 목적적 존재, Selbstwesen)로서 대우하지 않는 자에게 나를 그 자에게 대립해 있는 본질로 보여주고서 오히려 본질로서의 그 자를 지양한다는 **이 법**은 다른 세계의 원리에 의하면 이에 **대립하는 법으로 전도된다.** 다시 말해 타자의 본질을 지양함으로써 나 자신을 본질로서 복원시키는 일은 자기 파괴로 전도된다. 범죄의 **처벌로**서 서술되는 이러한 전도가 이제 **법**이 되고 나면, 그러한 전도 또한 다시금 단지 하나의 세계의 법에 불과하다. 그러한 세계는 **전도된** 초감각적 세계를 자신과 **대치하여** 지니며, 이 전도된 초감각적 세계 속에서는 그 (첫 번째) 세계에서 경멸당하는 것이 존경받고 또 여기서 존경받는 것이 거기서는 경멸당한다. **첫 번째 세계의 법**에 따르면 인간을 모욕하고 말살하는 처벌이 그것의 **전도된 세계**에서는 인간의 본질을 보존하고 인간을 존경받도록 만드는 은혜로 뒤바뀐다.

피상적으로 보면 이런 전도된 세계는 첫 번째 세계의 반대여서 이 첫 번째 세계를 자신 외부에 지니면서 이를 전도된 **현실**이라고 하며 자신으로부터 밀쳐낸다. 그래서 **그 하나는 현상**인 데에 반해 **다른 하나는 즉자**가 되고, **그 하나는 대타적인** 바대로의 세계인 반면에 **다른 하나는 대자적인** 바대로의 세계가 된다. 그리하여 앞의 사례를 활용하자면, 단맛이 나는 것이 **본래는** 또는 사물에 **내면적으로는** 쓴맛이 나고, 또는 현상 속의 현실적인 자석에서는 북극이 **내적인 또는 본질적인 존재에서는** 남극이 될 것이다. 또 현상하는 전기에서는 산소 전극으로 나타나는 것이 현상하지 않는 전기에서는 수소 전극이 될 것이다. 또는 **현상**에서는 범죄인 행위가 **내적으로는** 본래 선일 수도 있다는 것이다. (즉, 나쁜 행위가 좋은 의도를 지닌 것일 수도 있다는 것이다.) 또한 처벌은 단지 **현상 속에서만** 처벌인 데에 반해, **즉자적으로는** 또는 이와 다른 세계에서는 범죄자를 위한 선행이라는 것이다. 하지만 그와 같은 두 가지 현실로서의 내면과 외면, 현상과 초감각적인 것의 대립이 여기서는 (사실은) 더 이상 현존하지 않는다. 밀쳐져 나온 구별자들이 그것들을 담지하면서 그것들에 서로 분리된 존립을 부여해 줄 그런 실체들로 새롭게 배분되는 것은 아니다. 그렇게 된다면 오성은 내면에서 빠져나와 다시금 애초의 위치로 퇴락하고 말 것이다. 즉, 그 한쪽 또는 실체는 다시 두 가지 법칙 중 하나가 자신의 본질을 작동시키는 지각의 세계가 될 터이고, 이런 지각의 세계에 대치하여 내적 세계가, 즉 첫 번째 세계와 마찬가지인 **바로 그런 감각적 세계**, 그러나 **표상** 속의 감각적 세계가 존재하게 될 것이다. 이런 내적 세계는 감각적 세계로 제시될 수도 없고, 보이거나 들리거나 맛보일 수도 없을 터이지만, 그래도 그런 감각적 세계로 표상될 것이다. 그러나 실제로는, 만약 **정립된 한 가지**가 지각된 것이고 또 [이것이 전도된 것으로서] 그것의 **즉자**가 그와 마찬가지로 **감각적으로 표상된 것**이라면, 단맛이 나는 사물의 즉자일 터일 쓴맛은 단맛이 나는 사물과 마찬가지의 현실적인 사물, 즉 **쓴맛이 나는 사물**이 된다. 또한 흰색의 즉자일 터일 검은색은 현실적인 검은색의 것이 되고, 남극의 즉자인 북극은 **하나의 같은 자석에 현존하는** 북극이 되며, 수소 전극의 즉자인 산소 전극은 한 가지 같은 전지(電池)에 **현존하는** 산소 전극이 된다. 그렇지만 **현실적 범죄는 자신의 전도를** 그리고 **가능성으로서 자신의 즉자를 의도** 자체 속에 지니지만, 그렇다고 선한 의도 속에 지니는 것은 아니다. 왜냐하면 의도의 진리는 오직 행실 자체일 따름이기 때문이다. 그런데 범죄는 그 내용상 **현실적** 처벌에서 자신의 자기 내 반성 또는 자신의 전도를 지니게 된다. 현실적 처벌은 범죄 속에서 법과 대립하는 현실과 법의 화해이다. 결국 **현실적** 처벌은 다음과 같은 방식으로 자신의 **전도된** 현실을 그 자체에 지닌다. 즉, 현실적 처벌은 법의 실현이 되는데, 이를 통해 처벌로서의 법이 지니는 활동성이 **자기 자신을 지양하고**, 활동적인 법에서 벗어나 다시 **안정되고** 유효한 법이 되며, 법에 반하는 개체의 운동과 개체에 맞서는 법의 운동이 소멸된다.

그러므로 초감각적 세계의 한 측면이 지닌 본질을 형성하는 전도(顚倒)라는 표상으로부터 존립의 상이한 요소들 속에 구별자들을 고정하는 감각적 표상을 제거해야 하며, 이런 내적 구별로서의 구별의 절대적 개념을, 즉 자기 자신으로부터 같은 이름을 가진 것으로서의 같은 이름을 가진 것(동일자로서의 동일자)의 밀쳐냄 그리고 동일하지 않은 것으로서의 동일하지 않은 것(비동일자로서의 비동일자)의 동일함을 순수하게 서술하고 파악해야 한다. 순수한 교체 또는 **자기 자신 안에서의 대립**, 즉 **모순을 사유해야** 한다. 왜냐하면 내적 구별인 구별 속에서는 대립하는 것이 단지 (서로 무관하게 병존하는) **두 가지 중 하나**에 불과한 것이 아니라 (만약 그렇다면 그것은 존재하는 것이지 대립하는 것이 아닐 터이다) 대립하는 것에 대립하는 것(대립자의 대립자)이기 때문이다. 또는 대립하는 것 안에 상대방(타자)이 그 자체로 직접 현존한다. 물론 나는 반대항(대립자들 중 하나)을 **여기에** 놓고 그것의 반대가 되는 상대항은 **저기에** 놓는다. 즉, **반대항**을 상대항 없이 한쪽에 즉자 대자적으로 세워 놓는다. 그러나 내가 이때 **반대항을 즉자 대자적으로** 지니고 있다는 바로 그 이유에서 반대는 자기 자신의 반대이다. 또는 실은 반대항은 상대항을 직접 그 자체에 지니고 있다.—그리하여 전도된 세계인 초감각적 세계는 동시에 그와 다른 세계를 장악하여 자기 자신에 이 다른 세계를 지니게 된다. 초감각적 세계는 대자적으로 전도된 세계, 즉 자기 자신의 전도된 세계이다. 초감각적 세계는 **하나의** 통일 속에서 초감각적 세계 자체이자 자신에 대립하는 세계이다. 오직 그럴 경우에만 초감각적 세계는 **내적** 구별 또는 **자기 자신에서의 구별**(그 자체 즉자적인 구별)이다. 또는 그런 구별은 **무한성**으로 존재한다.

우리는 무한성을 통해 법칙이 법칙 자체에서 필연성으로 완성되고 또 현상의 모든 계기가 내면으로 수용된다는 것을 본다. 법칙의 단순한 것이 곧 무한성이라 함은 지금까지 밝혀진 바에 따르면 다음과 같은 뜻을 지닌다. ① 법칙의 단순한 것은 **자기 동일적인 것**이되, 이 자기 동일적인 것은 그 자체에서의 **구별**(구별 자체)이다. 또는 그것은 자신을 자기 자신으로부터 밀쳐내는 또는 스스로를 양분하는 같은 이름의 것이다. **단순한** 힘이라고 일컬어진 것은 자기 자신을 **이중화**하며, 자신의 무한성에 의해 법칙이 된다. ② **법칙** 속에서 표상된 부분들을 이루는 양분된 것은 자신을 존립하는 것이라고 서술한다. 그리고 내적 구별이라는 개념을 결여한 채로 이렇게 양분된 것을 고찰하면, 그것은 공간과 시간이거나 또는 중력의 계기들로 등장하는 거리와 속도이다. 그런데 이때 거리와 속도는 서로에 대해서도 또 중력 자체에 대해서도 아무런들 상관없고 필연성도 결여하고 있으며, 또한 이런 단순한 중력도 거리와 속도에 대해서 그러하다. 또는 단순한 전기도 양과 음에 대해서 이와 마찬가지이다. ③ 그러나 내적 구별의 개념에 의해서 이렇게 동일하지 않고 아무런들 상관없는 것, 즉 공간과 시간 등등은 아무 **구별**도 아닌 **구별** 또는 단지 **같은 이름의 것**의 구별이고 또 그것의 본질은 통일이다. 그것들은 양과 음(긍정적인 것과 부정적인 것)으로서 서로에 영혼을 불어넣으며, 그것들의 존재는 오히려 자신을 비존재로서 정립하는 것 또는 통일 속에서 지양하는 것이다. 그 두 가지 구별자들은 존립하고, **즉자적으로** 존재하며, 그것들은 **즉자적으로 대립하는 것으로서** 존재한다. 즉, 그것들은 자기 자신에 대립하는 것이다. 그것들은 자신의 타자를 그 자체에 지니고 있으며, 그것들은 오직 **하나의** 통일이다.

이런 단순한 무한성 또는 절대적 개념은 생명의 단순한 본질, 세계의 영혼, 보편적인 피[血]라고 불릴 수 있다. 그것은 모든 곳에 편재(遍在)하면서 구별에 의해 혼탁해지지 않고 중단되지도 않으며, 오히려 그 자체가 모든 구별자들이자 또한 그것들의 지양태이고, 따라서 스스로 움직이지 않으면서도 자신 안에서 고동치고 또 불안정해지지 않으면서도 자신 안에서 요동치는 그런 보편적인 피이다. 이런 단순한 무한성은 자기 **자신과 동일하다**. 왜냐하면 구별자들은 동어반복적이기 때문이다. 즉, 그것은 아무 구별도 아닌 그런 구별들이기 때문이다. 그러므로 이처럼 자기 동일적인 본질은 오로지 자기 자신과만 관련한다. 그런데 그것은 **자기 자신과** 관련하므로, 이 자기 자신은 관련을 맺게 되는 타자이고, **자기 자신과의 관련**은 오히려 **분열**(양분)이다. 또는 그런 자기 동일성은 바로 내적 구별이다. 그리하여 이렇게 **분열된 것들**은 그 자체 즉자 대자적이다. 그 각각은 **다른 것의** 반대이며, 그래서 그 각각 안에 이미 자신과 더불어 동시에 **타자**가 언표되어 있다. 또는 그 각각은 **다른 것의** 반대가 아니라 오로지 **순수한 반대**이며, 그리하여 그 자체에서 자신의 반대이다. 또는 그것은 전혀 반대가 아니라 순수하게 대자적으로 존재하고, 그 어떤 구별도 자신에 지니지 않는 순수한 자기 동일적 존재이다. 그래서 우리는 '**어떻게** 이런 순수한 본질로부터, 어떻게 그로부터 **벗어나서** 구별이나 타자 존재가 나오는가?'[104] 라고 질문할 필요도 없고 그런 질문과 골치 아프게 씨름하는 것을 철학이라고 간주하거나 심지어 철학이 이 질문에 답변하지 못할 것이라고 여길 필요는 더더욱 없다. 왜냐하면 분열은 이미 일어났으며, 자기 동일자로부터 구별이 배제되면서 풀려나와 그 곁에 세워졌기 때문이다. 그러므로 **자기 동일자**라고 하는 것은 절대적 본질이라기보다는 오히려 이미 분열된 것들 중의 하나이다. 그렇기 때문에 **자기 동일자가 스스로 분열한다** 함은 또

---

104) F. Köppen, *Schellings Lehre oder das Ganze der Philosophie des absoluten Nichts*, Hamburg, 1803, p. 28; C. A. Eschenmayer, *Die Philosophie in ihrem Uebergang zur Naturphilosophie*, Erlangen, 1803, pp. 65 f.; J. J. Wagner, *System der Idealphilosophie*, Leipzig, 1804, XXXII 이하 및 이들의 비판적 물음에 대한 쉘링의 답변인 F. W. J. Schelling, *Philosophie und Religion*, Tübingen, 1804, pp. 18 ff. 참조.

한 그에 못지않게 그것이 이미 분열된 것으로서의 자신을, 즉 타자 존재로서의 자신을 지양한다는 것을 뜻한다. 사람들이 그로부터는 구별이 생겨나올 수 없다고 말하곤 하는 **통일**은 실은 그 자체가 단지 분열의 **한 가지** 계기에 지나지 않는다. 그런 통일은 구별과 대치해 있는 단순성이라는 추상이다. 그러나 그것이 추상이고 대립자들 중의 하나에 불과하다는 말에서 이미 그런 통일은 분열이라는 점이 진술되어 있다. 왜냐하면 만약 통일이 **부정적인 것, 대립하는 것**이라면 그런 통일은 바로 대립을 그 자체에 지니는 것으로서 정립되어 있기 때문이다. 그러므로 **분열 및 자기 자신과 동일하게 되기**라는 구별들은 그에 못지않게 오직 **이런 자기 지양의 운동**이다. 왜냐하면 자신을 이제 비로소 분열시키거나 자신의 반대로 되어야 할 자기 동일자는 추상이거나 또는 **이미 그 자체가** 분열된 것이라는 점과 더불어 그것의 분열은 그것이 그러한 바의 지양, 즉 자신의 분열태(분열된 존재)의 지양이기 때문이다. **자기 자신과 동일하게 되기**는 그에 못지않게 분열이다. **자기 자신과 동일하게** 되는 것은 그럼으로써 분열과 대치하여 등장한다. 다시 말해 그것은 그렇게 함으로써 자신을 **한쪽에** 세운다. 또는 그것은 오히려 **분열된 것이 된다.**

어떤 한 가지 방식으로 규정된 것, 예컨대 존재라고 규정된 것이 (그 자체에서 동시에) 이런 규정성의 반대라고 하는 무한성 또는 이런 순수한 자기 운동의 절대적 불안정은 비록 이미 지금까지 논한 모든 것의 영혼이기는 했지만 **내면** 속에서 비로소 그 자체가 자유롭게 등장한다. 현상이나 힘들의 유동이 이미 그런 무한성 또는 순수한 자기 운동의 절대적 불안정을 그 자체로 전시하지만, 무한성 또는 순수한 자기 운동의 절대적 불안정이 처음으로 자유롭게 등장하는 것은 **설명**으로서이다. 그리고 무한성 또는 순수한 자기 운동의 절대적 불안정이 마침내 **그것이 그러한 바의 것으로서** 의식에 대해 대상이 됨으로써 의식은 **자기의식**이 된다. 오성의 **설명**(오성이 제시하는 설명)은 처음에는 단지 자기의식이 무엇인지에 관해 기술할 뿐이다. 오성은 법칙 속에 현존하는 [이미 정화되었지만 여전히 아무런들 상관없는] 구별자들을 지양하여 **하나의** 통일 속에, 즉 힘 속에 정립한다. 그러나 이런 동일화는 그에 못지않게 직접적으로 분열이다. 왜냐하면 오성은 오직 법칙과 힘이라는 새로운 구별을, 그러나 그것이 동시에 아무 구별도 아닌 그런 구별을 만들어냄으로써만 구별자들을 지양하고 힘의 단일자를 정립하기 때문이다. 그 구별이 그에 못지않게 아무 구별도 아니라는 점에 덧붙여 오성은 힘을 법칙과 똑같은 성질을 가진 것이 되도록 만듦으로써 이런 구별을 다시금 지양하는 데로 오성 자체가 전진한다.—그렇지만 이런 운동 또는 필연성은 그처럼 아직 필연성에 불과하며, 오성의 운동 또는 운동 **그 자체는 오성의 대상**이 **아니다**. 오히려 오성은 그런 운동 속에서 양전기와 음전기, 거리, 속도, 인력(引力) 그리고 여타의 수많은 것들을 대상으로 삼는데, 이런 대상들이 운동 계기들의 내용을 이룬다. 설명하는 방식으로 표현할 때에 의식은 자기 자신과의 직접적인 자기 대화(독백) 속에서 오직 자기 자신만을 향유할 뿐이고, 그때에 의식은 비록 다른 어떤 일에 종사하는 듯이 보이지만 실은 단지 자기 자신과 유유자적할 뿐이다. 바로 그렇기 때문에 설명을 할 때에 그토록 커다란 자기만족이 있는 것이다.

첫 번째 법칙의 전도로서 이에 대립하는 법칙 속에서는 또는 내적 구별 속에서는 무한성 자체가 오성의 **대상**이 되지만, 오성은 구별 자체, 즉 (한편으로는) 같은 이름의 것이 자기 자신을 밀쳐냄과 (다른 한편으로는) 자신을 끌어들이는 비동일자들을 다시 두 개의 세계에 또는 두 가지 실체적 요소에 배분함으로써 무한성 자체를 다시 놓쳐버린다. 이때에 경험 속에 있는 바대로의 **운동**이 오성에게는 하나의 벌어진 사건(Geschenhen)이고, 같은 이름의 것('동일자') 그리고 동일하지 않은 것('비동일자')은 존재하는 기체(基體)를 자신의 본질로 삼는 **술어들**이다. 오성에게 감각적 외피 속에서 대상이 되는 바로 그것이 우리에게는 그 본질적 형태 속에서, 즉 순수한 개념으로서 존재한다. 이렇게 그 **진리 속에서** 존재하는 바대로 구별을 파악하기 또는 **무한성** 자체에 관해서 파악하기는 **우리에 대해** 또는 **즉자적으로** 존재한다. 무한성 자체의 개념에 대한 개진은 학문(『논리학』)에 속하는 일이다. 그런데 무한성의 개념을 **직접적으로** 지니고 있는 바대로의 의식은 다시금 의식의 고유한 형식 또는 새로운 형태로 등장하는데, 이런 의식의 고유한 형식 또는 새로운 형태는 선행하는 것에서 자신의 본질을 인식하지 못한 채 이를 전혀 다른 어떤 것으로 간주한다.— 의식에게 이런 무한성의 개념이 대상이 됨으로써 의식은 요컨대 그에 못지않게 **직접적으로** 지양된 구별로서의 구별에 대한 의식이다. 의식은 **그 자체 대자적**이다. 의식은 **구별되지 않는 것의 구별**(Unterscheiden des Ununterschiedenen) 또는 **자기의식**이다. 나는 **나를 나 자신으로부터 구별하는데, 그러면서도 이런 구별된 것이 구별되어 있지 않다는 점이 직접적으로 나에 대해 존재한다.** 같은 이름의 것인 나는 나를 나 자신으로부터 밀쳐낸다. 그러나 이렇게 구별된 것, 동일하지 않게 정립된 것은 그것이 구별되어 있는 가운데 직접적으로 나에 대해 아무런 구별도 아니다. 타자에 대한 의식, 즉 대상 일반에 대한 의식은 그 자체가 필연적으로 **자기의식**, 자신의 타자 존재 속에서 자신 안으로 반성된 존재, 자기 자신에 대한 의식이다.[105] 하나의 사물을, 즉 자기 자신과는 다른 것을 자신의 진리로 여겼던 지금까지의 의식 형태들의 **필연적인 전진**은 바로 사물

---

105) (Werke) **자기의식**, 자신 안으로 반성된 존재, 자신의 타자 존재 속에서 자기 자신에 대한 의식이다.

에 대한 의식이 오직 자기의식에 대해서만 가능하다는 점뿐만 아니라 또한 오직 자기의식만이 지금까지의 의식 형태들의 진리라는 점을 표현한다. 그렇지만 이 진리는 오직 우리에 대해서만 현존할 뿐이지 의식에 대해서는 아직 그렇지 못하다. 그런데 자기의식은 이제 비로소 **대자적으로** 되었을 뿐이고 아직 의식 일반과의 **통일로서** 존재하지는 않는다.

현상의 내면 속에서 오성이 진실로 경험하는 것은 현상 그 자체, 그러나 힘들의 유동으로서의 현상이 아니라 그것의 절대적·보편적 계기들과 그 계기들의 운동 속에서의 힘들의 유동이며, 따라서 실은 오직 **자기 자신**을 경험할 뿐이라는 점을 우리는 알게 된다. 지각 너머로 고양되면서 의식은 스스로를 현상이라는 매개 중심을 통해 초감각적인 것과 함께 결합되어 있는(추론 속에서 함께 묶여 있는) 것이라고 서술하는데, 이때에 의식은 현상이라는 매개 중심을 통해 이 배후를 바라본다. 한 극단인 순수한 내면과 다른 한 극단인 이 순수한 내면을 바라보는 내면이라는 두 극단은 이제 서로 합치되었으며, 극단으로서의 두 극단이 사라진 것과 마찬가지로 또한 두 극단과는 다른 어떤 것으로서의 매개 중심도 사라졌다. 내면 앞에 있던 장막은 걷혔고, 내면이 내면 속을 바라보게 되었다. 즉, 자기 자신을 밀쳐내어 **구별된** 내면으로서 정립하지만 그에 못지않게 **그것에 대해** 직접적으로 양자(밀쳐내는 자기 동일적 내면과 밀쳐져 나와 구별된 내면이라는 두 계기)의 **무구별성**이 존재하는 그런 **구별되지 않는** 같은 이름의 것의 (자기 자신을) 바라봄이, 다시 말해 **자기의식**이 현존한다. 이른바 내면을 은폐하고 있다는 장막의 배후로 **우리가** 스스로 들어가지 않는다면 볼 수 있는 것은 아무것도 없으며, 그렇게 해서는 설사 볼 수 있는 무엇인가가 그 배후에 있다 하더라도 그와 마찬가지로 아무것도 보이지 않으리라는 사실이 드러난다. 그러나 동시에 아무런 수고로움 없이 곧바로 그 배후로 들어갈 수 없다는 사실도 밝혀진다. 왜냐하면 현상과 그 내면에 관한 **표상**의 진리가 무엇인지에 대한 지는 그 자체가 오로지 사념과 지각과 오성이라는 의식의 여러 가지 방식들이 사라지게 되는 번잡한 운동의 결과이기 때문이다. 그리고 또한 **의식이 자기 자신을 알면서 알게 되는 것이 무엇인지**에 관한 인식은 더 많은 수고로움과 상세함이 필요하다는 사실도 밝혀질 것이다. 이에 관한 해설이 이제 뒤따른다.

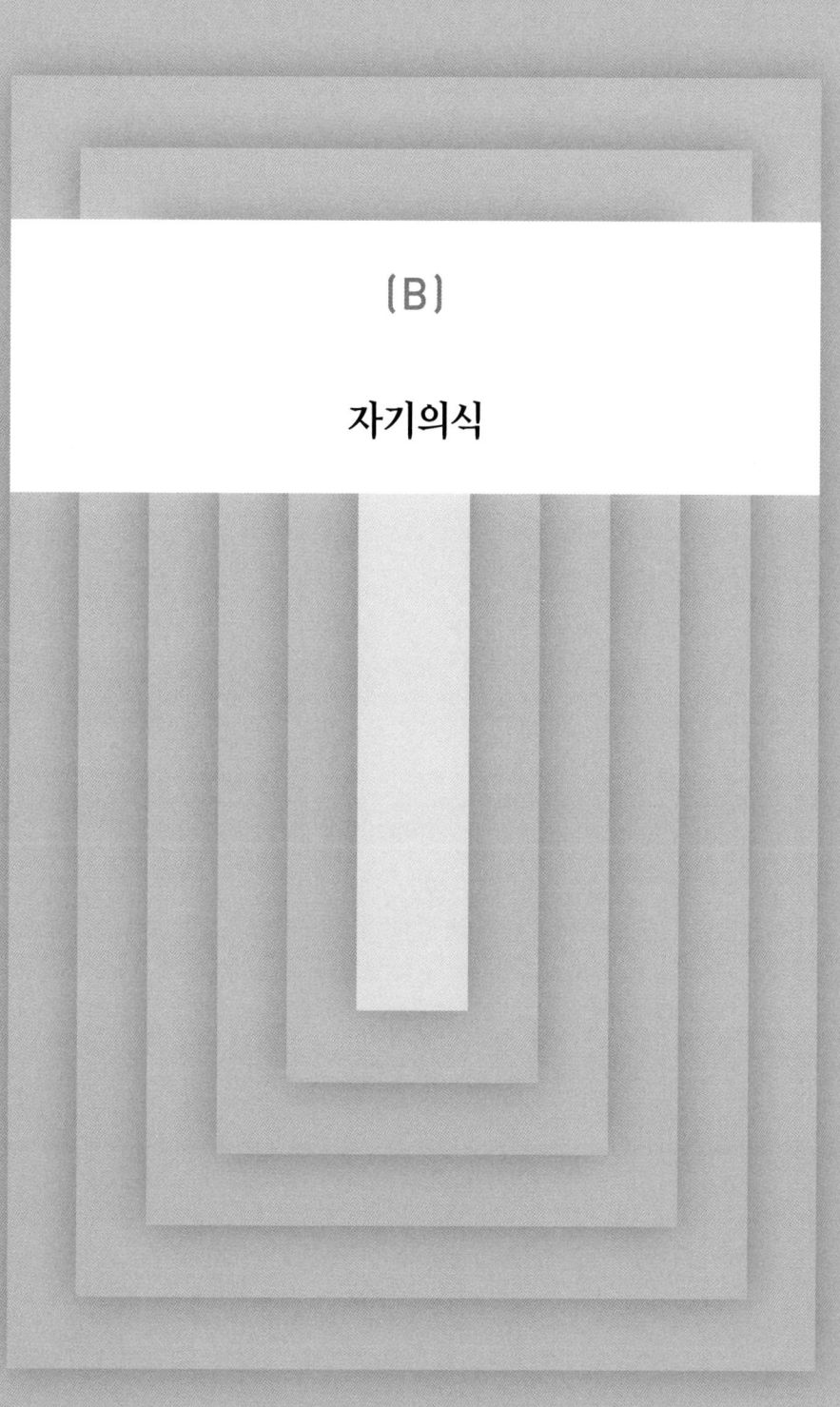

(B)

자기의식

# IV
# 자기 확신의 진리

지금까지 확신의 방식에서는 의식에게 참된 것이 의식 자신과는 다른 어떤 것이었다. 그러나 이런 참된 것의 개념은 그것에 대한 경험 속에서 사라진다. 감각적 확신의 (대상인) 존재자라든가 지각의 구체적인 사물이라든가 오성의 힘같이 대상이 직접 **즉자적으로** 존재했지만, 이런 대상은 오히려 진리 속에 있지 않다는 점이 입증되고 또 이런 **즉자**는 대상이 단지 대타적으로 존재하는 한 가지 방식임이 밝혀진다. 그런 (즉자적인) 대상의 개념은 현실적인 대상에서 지양된다. 또는 경험에서 최초의 직접적인 표상과 확신은 진리 속에서 소실된다.[106] 그렇지만 이런 앞의 관계들에서는 성취되지 않았던 것, 즉 자신의 진리와 동일한 확신이 이제는 생성되어 있다. 왜

---

106) (Werke) "그런 대상의 개념은 현실적인 대상에서 지양되거나 최초의 직접적인 표상은 경험 속에서 지양되며, 확신은 진리 속에서 소실된다."

냐하면 확신은 그 자신에게 자신의 대상이고, 의식은 그 자신에게 참된 것이기 때문이다. 물론 이런 확신 속에도 또한 타자 존재가 존재한다. 즉, 의식은 구별 짓는다. 그러나 의식은 의식에게 동시에 구별되지 않는 것인 그런 것을 구별 짓는다. 우리가 지(知)의 운동을 **개념**이라고 일컫는 반면에 정적인 통일로서의 지 또는 자아로서의 지를 **대상**이라고 일컫는다면, 우리는 우리에 대해서만이 아니라 지 자체에 대해 대상이 개념과 일치한다는 점을 보게 된다. ― 또는 다른 방식으로 말해서 대상이 **즉자적으로** 그것인 바를 **개념**이라고 부르는 반면에 대상이 **대상**으로서 또는 타자에 **대해** 존재하는 바를 대상이라고 부른다면, 즉자 존재와 대타 존재가 한가지 똑같은 것임이 밝혀진다. 왜냐하면 **즉자**는 의식이기도 하고 또한 그에 못지않게 즉자가 **그것에 대해** 타자(즉, **즉자**)인 바로 그것이기 때문이다.[107] 대상의 즉자와 대상의 대타 존재가 한가지 똑같은 것이라는 점이 의식에[108] 대해 존재하게 된다.(의식이 이를 자각하게 된다.) 자아는 관련의 내용이자 관련지음 자체이다. 자아는 타자에 맞서 자아 자체이며, 동시에 자아에 대해 마찬가지로 오직 그것[109] 자체인 이 타자를 장악한다.

그러므로 우리는 자기의식과 더불어 이제 진리의 왕국 본고장에 들어섰다. 자기의식이 처음에 어떤 형태로 등장하는지를 살펴보아야 한다. 자기 자신에 대한 지라는 이런 새로운 지의 형태를 타자에 대한 지였던 지의 이전 형태와의 관계 속에서 고찰해보면, 이런 지의 이전 형태는 사라졌다. 그

---

107) 다수의 번역서들은 뒷문장의 주어 'es'가 앞문장의 주어인 '즉자'가 아니라 술어인 '의식'을 지시하는 것이라고 보아 다음과 같이 번역하고 있다. "왜냐하면 **즉자**는 의식이지만, 의식은 그에 못지않게 **그것에 대해** 타자(즉, **즉자**)가 존재하는 바로 그것이기 때문이다."
108) 인칭대명사가 '의식" 대신에 '즉자'를 지시하는 것으로 독해할 수도 있다.
109) 여기서 '그것'은 '타자'를 가리키는 것으로 볼 수도 있고 '자아'를 가리키는 것으로 볼 수도 있다.

러나 그것의 계기들은 또한 동시에 그에 못지않게 보존되었다. 상실은 그 계기들이 (앞에서는 즉자적인 바대로 현존하지 못했던 반면에) 여기서는 즉자적인 바대로 현존한다는 데에 있다. 사념의(사념이 생각하는 대상인) **존재**라든가 지각의 **개별성**과 이에 대립하는 **보편성**이라든가 오성의 **공허한 내면** 등은 더 이상 본질로서 존재하는 것이 아니라, 오히려 자기의식의 계기들로서, 다시 말해 의식 자신에 **대해** 동시에 아무것도 아닌, 또는 아무 구별도 아니고 순수하게 사라지는 본질인 그런 추상물들이나 구별자들로서 존재한다. 따라서 단지 의식에 대한 **단순한 자립적 존립**이라는 주된 계기 자체만이 상실된 듯이 보인다. 그러나 실제로 자기의식은 감각적이자 지각된 세계의 존재로부터의 반성이고 또 본질적으로 **타자 존재**로부터의 귀환이다. 자기의식은 자기의식으로서 운동이다. 그러나 자기의식이 **오직** 자기 자신**으로서의 자기 자신을** 자신으로부터 구별하므로, 자기의식에게 구별은 **직접적으로** 타자 존재로서 **지양되어** 있다. 구별은 **존재하지** 않으며, **자기의식**은 단지 '나는 나이다.'라는 운동 없는 동어반복일 따름이다. 또한 자기의식에게 구별이 **존재**의 형태를 지니지 않으므로, 자기의식은 자기의식이 아니다. 그렇기에 타자 존재가 자기의식에 대해 **하나의 존재로서** 또는 **구별된 계기**로서 존재한다. 그렇지만 또한 이 구별과 자기의식 자신의 통일이 자기의식에 대해 **두 번째의 구별된** 계기로서 존재한다. 앞의 첫 번째 계기로써 자기의식은 **의식**으로서 존재하며, 의식으로서의 자기의식에 대해서는 감각적 세계의 펼쳐짐 전체가 보존된다. 그러나 동시에 감각적 세계의 펼쳐짐 전체는 오직 자기의식의 자기 자신과의 통일이라는 두 번째 계기와 관련되어서만 자기의식에 대해 존재하며, 따라서 그것은 자기의식에 대해 단지 **현상**에 불과한 존립 또는 **즉자적으로** 존재를 지니지 못하는 구별에 불과한 존립이다. 그런데 이러한 자기의식의 현상과 그 진리의 대립은 오직 자기의식의 자기 자신과의 통일이라는 진리만을 자신의 본질로 삼는다. 이 진리가 자기의식에게 본질적이게 되어야 한다. 다시 말해 자기의식은 **욕망**(Begierde) 일반이다. 자기의식으로서의 의식은 이제 이중의 대상을 가지고 있다. 그 하나는 직접적 대상, 즉 감각적 확신과 지각의 대상인데, 하지만 이 대상은 **자기의식에 대해 부정적인 것이라는 성격**으로 특징지어진다. 그리고 다른 한 대상은 **자기 자신**인데, 이것이 곧 참된 **본질**이며, 그것은 처음에는 첫 번째 대상과의 대립 속에서만 비로소 현존한다. 여기서 자기의식은 자신을 이런 대립이 지양되면서 자신에게 자기 자신과의 동일성이 생성되는 운동이라고 서술한다.

그런데 자기의식에 대해 부정적인 것인 대상은 상대편에 있는 의식 못지않게 그편에서 **우리에 대해** 또는 **즉자적으로** 자신 안으로 되돌아갔다. 이러한 자신 안으로의 반사를 통해 대상은 **생명**이 되었다. 자기의식이 **존재하는 것이라고** 자신과 구별 짓는 것은 또한 그것이 존재하는 것으로서 정립되어 있는 한에서 한낱 감각적 확신과 지각의 방식만을 그 자체에 지니는 것이 아니라 자신 안으로 반사된 존재이며, 직접적 욕망의 대상은 **생동하는 것**(생명체)이다. 왜냐하면 **즉자**는, 또는 오성이 사물의 내면과 갖는 관계의 **보편적인** 결과는 구별되지 않는 것의 구별 또는 구별된 것들의 통일이기 때문이다. 그런데 우리가 보았듯이 이러한 통일은 그에 못지않게 자기 자신으로부터의 밀쳐냄이며, 이러한 개념은 자신을 자기의식과 생명의 대립으로 **양분한다**. 여기서 전자는 **그것에 대해** 구별자들의 무한한 통일이 존재하는 그런 통일인 반면에, 후자는 단지 이런 통일 자체**이어서**, 이 통일이 동시에 **그 자체 대자적**이지는 못하다. 그러므로 의식이 자립적인 만큼이나, **즉자적으로** 그것의 대상도 자립적이다. 그렇기 때문에 전적으로 **대자적**이고(자신을 위해 존재하고) 자신의 대상을 직접 부정적인 것이라는 성격으로 특징짓는 자기의식 또는 처음에는 **욕망**인 자기의식은 오히려 대상의 자립성에 관한 경험을 하게 된다.

우리를 지금의 영역으로 들어서게 한 개념이나 일반적인 결론에서 도출된 생명의 규정은 이로부터 생명의 본성을 더 상세하게 전개하지 않더라도 생명을 특징짓는 데에 충분하다. 생명에 대한 규정은 다음과 같은 계기들로 그 범위가 획정된다. (그 한 계기인) **본질**은 모든 구별의 **지양태**로서의 무한성, 순수한 축(軸)회전 운동, 절대적으로 불안정한 무한성으로서의 무한성 자체의 정지이다. 운동의 구별자들이 해체되어 있는 **자립성** 자체. 이러한 자기 동일성 속에서 공간의 견고한 형태를 지니는 시간의 단순한 본질. 이에 반해 (다른 한 계기인) **구별자들**은 이런 **단순한 보편적** 매체에서 그에 못지않게 **구별자들**로서 존재한다. 왜냐하면 이런 보편적 유동성은 오직 그것이 **구별자들의 지양**이 됨으로써만 자신의 부정적 본성을 지니는데, 그러나 구별자들이 존립하지 못한다면 보편적 유동성이 구별자들을 지양할 수 없기 때문이다. 바로 이런 자기 동일적 자립성으로서의 유동성은 그 자체가 구별자들의 **존립**이거나, 또는 그 안에서 구별자들이 그렇게 구별된 지체(肢體)들이자 **대자적으로 존재하는** 부분들로서 존재하는 구별자들의 **실체**이다. **존재**는 더 이상 **존재라는 추상**의 의미를 지니지 않고 또 구별자들의 순수한 본질성도 **보편성**이라는 **추상**의 의미를 지니지 않으며, 구별자들의 존재는 바로 그 자기 자신 안에서의 순수한 운동의 단순한 유동적 실체이다. 그러나 이 지체들의 **서로에 대한 구별**은 구별로서 무릇 오직 무한성의 계기들이라는 규정성 또는 순수한 운동 자체라는 규정성에 존립할 뿐이지 그 어떤 다른 **규정성**에도 존립하지 않는다.

자립적인 지체들은 **대자적으로** 존재한다. 그렇지만 이 **대자 존재**는 오히려 **직접적으로** 통일(단일성) 속으로의 자립적 지체들의 반사이며, 또한 그에 못지않게 이러한 통일은 자립적인 형태들로의 분열이다. 통일이 분열되어 있는 까닭은 그것이 절대적으로 부정적인 통일 또는 무한한 통일이기 때문이다. 그리고 **통일**이 **존립**이기 때문에 구별 또한 오직 **통일에서만** 자립성을 지닌다. 이런 형태의 자립성은 **규정된 것, 대타적인 것**으로 나타나는데, 왜냐하면 그것은[110] 분열된 것이기 때문이다. 그리고 그러한 한에서 분열의 **지양**은 타자에 의해 일어난다. 그러나 분열의 지양은 이에 못지않게 그것[111] 자체에 존재한다. 왜냐하면 앞서 언급한 유동성이 바로 자립적 형태들의 실체이기 때문이다. 그런데 이 실체는 무한하다. 그렇기 때문에 형태는 자신의 존립 자체 속에서 분열이거나 자신의 대자 존재의 지양이다.

여기에 내포되어 있는 계기들을 좀 더 상세하게 구별해보자. 그러면 우리는 **자립적** 형태들의 **존립**을 또는 그 자체에서 **구별인 것**(즉자적으로 구별인 것)의 억제를, 다시 말해 즉자적으로 존재하지 않고 존립을 지니지 못하는 것의 억제를 **첫 번째** 계기로 지니고 있음을 본다. 그러나 **두 번째** 계기는 구별의 무한성 아래로 그러한 (자립적 형태들의) 존립의 **종속**이다. 첫 번째 계기 속에는 존립하는 형태가 있다. **대자적으로 존재하는 것**으로서 또는 그 규정성 속에서의 무한한 실체로서 그것은 **보편적** 실체에 대항하여 등장하며, 이러한 유동성 및 자신과의 연속성을 부정하면서 자신이 이런 보편자 속에서 해체되지 않고 오히려 자신을 이런 자신의 비유기적 자연으로부터 분리하고는 그것을 섭취해버림으로써 자신을 보존한다고 스스로 주장한다. 보편적인 유동적 매체 속에서의 생명, 즉 형태들을 **정적으로** 따로 떼어

---

110) 여기서 '그것'은 '형태' 또는 '형태의 자립성'을 지시하는 것으로 볼 수도 있고 '통일'을 지시하는 것으로 볼 수도 있다. 문맥상 '(자립적인) 형태'를 가리키는 것으로 독해하는 것이 가장 적절해 보인다.
111) 각주 110) 참조.

놓기는 바로 이를 통해 그 형태들의 운동 또는 **과정**으로서의 생명이 된다. 단순한 보편적 유동성은 **즉자**이고, 형태들의 구별은 **타자**이다. 그러나 이 유동성은 그 자체가 이런 구별을 통해 **타자**가 된다. 왜냐하면 이 유동성은 이제 **구별에 대해** 존재하는데, 이 구별은 그 자체 즉자 대자적이며, 따라서 그런 정적인 매체를 섭취해버리는 무한한 운동이기 때문이다. 즉, 이러한 유동성은 이제 **생동하는 것**으로서의 생명이다.[112] — 그러나 바로 그렇기 때문에 이러한 **전도**(顚倒)는 다시 **그 자신 자체에서의 전도됨**이다. 섭취되어버리는 것은 바로 본질이다. 보편자를 희생시켜 자신을 보존하면서 자기 자신과의 통일의 감정을 스스로에게 부여하는 개체는 바로 이를 통해 **자신을 대자적으로 존재하게끔 만드는 타자와의 대립**을 지양한다. 개체가 스스로에게 부여하는 자기 자신과의 **통일**은 다름 아니라 구별자들의 **유동성** 또는 **보편적 해체**이다. 그러나 역으로 개체적 존립의 지양은 그에 못지않게 개체적 존립의 산출이다. 왜냐하면 개체적 형태의 **본질**인 보편적 생명 그리고 대자적으로 존재하는 것이 곧 즉자적으로 단순한 실체인 까닭에, 그것은 **타자**를 자신 안에 정립함으로써 이런 자신의 **단순성**이나 자신의 본질을 지양하기 때문이다. 즉, 그것은 자신의 단순성을 분열시킨다. 그리고 이런 구별 없는 유동성의 분열이 곧 개체성의 정립이다. 따라서 생명의 단순한 실체는 자기 자신을 형태들로 분열시키는 것이자 동시에 이런 존립하는 구별들을 해체하는 것이다. 그리고 분열의 해체는 동시에 그에 못지않게 분열 또는 분절화(分節化)이다. 이로써 지금까지 구분되어 왔던 운

---

112) 이 두 문장은 다음과 같이 번역될 수도 있다. "왜냐하면 이 유동성은 이제 (그 자체 즉자 대자적이고, 따라서 그런 정적인 매체를 섭취해버리는 무한한 운동인) **구별에 대해 생동하는 것**으로서의 생명이기 때문이다."

동 전체의 두 측면, 즉 자립성의 보편적 매체 속에서 정적으로 따로 떨어져 놓여 있는 형태와 생명의 과정이 서로 합치된다. 생명의 과정은 형태화 못지않게 또한 형태의 지양이다. 그리고 전자, 즉 형태화는 분절화 못지않게 또한 (분절된 지체들의) 지양이다. 유동적 요소는 그 자체가 단지 본질의 **추상**일 뿐이다. 또는 그것은 오직 형태로서만 **현실적**으로 존재한다. 그리고 그것이 스스로를 분절화하는 것은 다시 분절된 것의 분열 또는 해체이다. 이런 순환 운동 전체가 생명을 이루는 것이다. 처음에 언급한 그 본질의 직접적 연속성과 견고성도 아니고, 존립하는 형태와 대자적으로 존재하는 불연속체도 아니며, 존립하는 형태의 과정도 아니고, 또한 이 계기들의 단순한 결집도 아니며, 오히려 스스로를 전개하는 그리고 자신의 전개를 해체하면서 이 운동 속에서 스스로를 단순하게 보존하는 전체가 바로 생명을 이루는 것이다.

최초의 직접적 통일에서 출발하여 형태화와 과정이라는 계기들을 거쳐서 이 두 계기의 통일로 그리고 그럼으로써 다시 최초의 단순한 실체로 귀환하였기에 이런 **반성된 통일**은 최초의 통일과는 다른 것이다. 그런 **직접적** 통일 또는 **존재**라고 언표된 통일에 반하여 이 두 번째 통일은 그 모든 계기들을 지양된 것으로서 자신 안에 지니고 있는 **보편적** 통일이다. 그것은 **단순한 유**(類)이되, 이 단순한 유가 생명의 운동 속에서 스스로가 **대자적으로** 이런 **단순한 것으로서 실존하는** 것은 아니며, 오히려 생명은 이러한 **결과** 속에서 자신과는 다른 것을, 다시 말해 그것에 대해 생명이 이런 통일로서 또는 유로서 존재하는 의식(생명이 이런 통일 또는 유라는 점을 자각하는 의식)을 지시한다.

그런데 그것에 대해 **유**가 유로서 존재하는 또는 그것이 그 자체 대자적으로 유(類)인 이 또 다른 생명인 자기의식은 처음에는 스스로에게 단지 이런 단순한 본질로서 존재하며 **순수한 자아**로서의 자신을 대상으로 삼고 있다. 이제 고찰할 자기의식의 경험 속에서 이런 추상적인 대상이 자기의식에게 풍부해지면서 우리가 생명에서 살펴보았던 전개를 펼치게 될 것이다.

단순한 자아는 이런 유이다. 또는 그것은 오직 형태화된 자립적 계기들의 **부정적 본질**일 따름이기에 그것에 대해 구별들이 아무 구별도 아닌 그런 단순한 보편자이다. 그리하여 자기의식은 오직 그에게 자립적 생명으로 나타나는 이런 타자의 지양을 통해서만 자기 자신을 확신한다. 즉, 자기의식은 **욕망**이다. 이런 타자의 헛됨을 확신하면서 자기의식은 타자의 헛됨을 **대자적으로** 자신의 진리로서 정립하며, 자립적 대상을 파괴(무화)함으로써 자신에게 자기 확신을 **참다운** 확신으로서, 즉 그 자신에게 **대상적 양식**이 된 확신으로서 부여한다.

그러나 이런 만족 속에서 자기의식은 그 대상의 자립성에 관한 경험을 하게 된다. 욕망과 그것의 만족 속에서 성취한 자기 확신은 대상에 의해 제약되어 있다. 왜냐하면 이런 자기 확신은 타자의 지양을 통해서 존재하며, 이런 지양이 있으려면 반드시 이 타자가 존재해야만 하기 때문이다. 따라서 자기의식은 (대상에 대한) 자신의 부정적 관련으로는 대상을 지양하지 못한다. 그렇기 때문에 자기의식은 오히려 대상을 욕망과 마찬가지로 재산출한다. 실제로 자기의식과는 다른 것이 존재하며, 이것이 욕망의 본질이다.[113] 이와 같은 경험을 통해 자기의식 자신에게 이러한 진리가 생성되었다. 그러나 동시에 자기의식은 그에 못지않게 절대적으로 대자적이며,

---

113) 원문은 다음과 같다. "Es ist in der Tat ein anderes, als das Selbstbewußtsein, das Wesen der Begierde." 이 문장은 본문에 제시된 번역문 이외에도 여러 가지로 독해할 수 있는데, 그중 하나가 다음과 같은 번역이다. "실제로 이런 자기의식은 욕망의 본질인 자기의식과는 다른 것이다."

이는 오직 대상의 지양을 통해서만 그러하다. 바로 이것이 자기의식의 만족(충족)이 되어야만 하는데, 왜냐하면 그것이 진리이기 때문이다. 그리하여 이런 대상의 자립성 때문에 자기의식은 오직 대상이 스스로 자신에게서 부정을 완수할 때에만 만족에 도달할 수 있다. 그리고 대상은 이런 자기 자신에 대한 부정을 그 자체에서(즉자적으로) 완수해야만 하는데, 왜냐하면 대상은 **즉자적으로** 부정적인 것이고 또 대상이 그러한 바가 대타적으로도 그러해야 하기 때문이다. 대상이 그 자체 즉자적으로(자기 자체에서) 부정이고 그런 가운데 동시에 자립적이라면, 그 대상은 의식이다. 욕망의 대상인 생명의 경우에 **부정**은 **타자에게서**, 즉 욕망에서 존재하거나(타자에 의해서, 즉 대상 외부에 있는 자기의식의 욕망에 의해서 이루어지거나) 아니면 아무런들 상관없는 다른 형태에 맞선 **규정성**으로서 또는 생명의 **비유기적인 보편적 본성**으로서 존재한다. 그런데 그것에서 부정이 절대적 부정으로서 존재하는 그런 보편적인 자립적 본성은 유(類) 그 자체이거나 또는 **자기의식**으로서 존재한다.[114] **자기의식은 오직 다른 자기의식 속에서만 자신의 만족에 도달한다.**

자기의식의 개념은 다음과 같은 세 가지 계기 속에서 비로소 완성된다. ① 구별되지 않은 순수한 자아는 그 자신의 첫 번째 직접적인 대상이다. ② 그러나 이런 직접성(무매개성)은 그 자체가 절대적 매개이다. 그런 직접성은 오직 자립적 대상의 지양으로서만 존재한다. 또는 그것은 욕망이다. 물론 욕망의 만족이 자기의식의 자기 자신으로의 반성이거나 또는 진리가 된 확신이기는 하다. ③ 그러나 이런 확신의 진리는 오히려 이중적인 반성, 즉 자기의식의 이중화이다. 그 자체 즉자적으로(자기 자체에서) 자신의 타자 존

---

114) (Werke) "그런데 그것에서 부정이 절대적 부정으로서 존재하는 그런 보편적인 자립적 본성은 그 자체로서의 유 또는 **자기의식**으로서의 유이다."

재나 구별을 아무 구별도 아닌 것으로서 정립하고 그러는 가운데서 자립적인 그런 대상이 의식에 대해 존재한다. 물론 단지 **생동하는** 구별된 형태는 생명의 과정 자체 속에서 자신의 자립성마저 지양한다. 그렇지만 자신의 자립성이 지양되는 것과 더불어 그것은 그것인 바(구별된 형태)이기를 멈춘다. 그러나 자기의식의 대상은 그에 못지않게 자기 자신의 부정성 속에서 자립적으로 존재한다. 그리고 그럼으로써 자기의식의 대상은 그 자체 대자적으로 유(類), 다시 말해 자신의 분화가 지닌 고유함 속에서의 보편적 유동성이다. 즉, 자기의식의 대상은 생동하는 자기의식이다.

**자기의식이 자기의식에 대해** 있다. 이를 통해 비로소 자기의식이 실로 존재한다. 왜냐하면 그럼으로써 비로소 자신의 타자 존재 속에서 자기 자신과의 통일이 자기의식에 대해 생성되기 때문이다.(그럼으로써 비로소 자기의식이 자신의 타자 존재 속에서 자기 자신과 통일되어 있음을 자각하게 되기 때문이다.) 그 자신의 개념의 대상인 **자아**는 실제로는 **대상**이 아니다. 그런데 욕망의 대상은 소멸시킬 수 없는 보편적 실체이자 유동적인 자기 동일적 본질이기 때문에 오직 **자립적**일 따름이다. (그러나 이제) 자기의식이 (자기의식의) 대상이 됨으로써 그 대상은 자아이자 또한 그에 못지않게 대상이다.— 이로써 우리에 대해서는 이미 **정신의** 개념이 현존한다. 의식에 대해 앞으로 일어나는 일은 정신이 무엇인지에 대한 경험이다. 정신은 대자적으로 존재하는 상이한 자기의식들이라는 자신의 대립이 지닌 완전한 자유와 자립성 속에서 그것들의 통일인 절대적 실체, 즉 **우리**인 **나**이자 **나**인 **우리**이다. 의식은 정신의 개념인 자기의식에서 비로소 감각적 차안(此岸)의 다채로운 가상과 초감각적 피안의 공허한 밤에서 벗어나와 현재의 정신적 대낮으로 들어서는 전환점을 얻게 된다.

## A. 자기의식의 자립성과 비자립성; 지배와 예속

자기의식은 다른(타자의) 자기의식에 대해 즉자 대자적임으로써 그리고 이를 통해서 **즉자 대자적**으로 존재한다. 다시 말해 자기의식은 오직 승인 받은 것으로서만 존재한다. 이런 자신의 이중화 속에서의 통일이라는 개념, 즉 자기의식 속에 실현되어 있는 무한성의 개념은 다면적이고 다의적으로 교착된 것이다. 그래서 그것의 계기들이 한편으로는 엄밀하게 서로 구분되어야 하지만, 다른 한편으로는 그러한 구별 속에서도 동시에 또한 구별되지 않는 것이라고 또는 자신과 대립된 의미에서(각 계기가 자신과 대립하는 의미를 지니는 것이라고) 받아들여지고 인식되어야 한다. 구별된 것이 지니는 양의성은 자기의식의 본질 안에 놓여 있는데, 자기의식의 본질은 무한하다는 것 또는 직접적으로 그것이 정립되는 규정성의 반대라는 것이다. 이런 자신의 이중화 속에서의 정신적 통일이라는 개념에 관한 상술은 우리에게 **승인**(Anerkennen)의[115] 운동을 펼쳐 보여준다.

하나의 자기의식에 대해 다른 하나의 자기의식이 있다. 자기의식은 **자신 밖으로 나왔다**(탈자화되었다). 이는 이중적인 의미를 지닌다. **첫째로** 자기 의식은 자기 자신을 상실했다. 왜냐하면 자기의식은 자신을 하나의 **다른 본질**(다른 본체로서의 타자)로서 발견하기 때문이다. **둘째로** 이와 더불어 자기

---

115) 'Anerkennung'의 우리말 번역어로는 현재 학계에서 '승인(承認)'과 '인정(認定)'이 혼용되고 있다. 여기서는 주로 '승인'으로 옮기되 문맥에 따라 '인정'도 병용한다. 한자 본래의 의미로 '받아들여 허락함'을 뜻하는 '승인'이 '옳다고 믿어 정함'이라는 사전적 의미를 지닌 '인정'보다 헤겔의 용법에 더 잘 부합한다. 철학계보다 더 일찍 이 단어가 전문 용어로 정착되어 상용화된 법학계에서도 이를 주로 '승인'이라고 옮기고 있다.

의식은 타자를 지양했다. 왜냐하면 자기의식은 타자마저도 본질이라고 보지 않고, 오히려 타자 속에서 **자기 자신**을 보기 때문이다.[116]

자기의식은 이런 **자신의 타자 존재**(달리 있음)를 지양해야만 한다. 이는 첫 번째 이중적인 의미의 지양이며, 그렇기 때문에 그 자체가 이중적인 의미를 띤다. **첫째로** 자기의식은 **다른** 자립적 본질을 지양함으로써 **자신**을 본질이라고 확신하게 되는 데로 나아가야만 한다. **둘째로** 이와 더불어 자기의식은 **자기 자신**을 지양하는 데로 나아가게 되는데, 왜냐하면 이 타자는 바로 자기의식 자신이기 때문이다.

이런 양의적인 자신의 타자 존재의 양의적인 지양은 그에 못지않게 양의적인 **자기 자신 안으로의** 귀환이다. 왜냐하면 **첫째로** 자기의식은 **자신의** 타자 존재의 지양을 통해 다시 자기 자신과 동일하게 되므로 이런 지양을 통해 자기 자신을 되찾게 되기 때문이다. 그러나 **둘째로** 자기의식은 이에 못지않게 다른 자기의식을 그에게 다시 되돌려준다. 왜냐하면 자기의식은 자신이 타자 속에 있었는데, 이런 타자 속의 **자신의** 존재를 지양하면서 결국 타자를 자유롭게 방면하기 때문이다.

그런데 이처럼 자기의식이 다른 자기의식과의 관련 속에서 펼쳐가는 운동은 (지금까지) **그 일자의 행동**이라는 방식으로 표상되었다. 그러나 그 한쪽의 행동은 그 자체가 **자신의 행동**이자 또한 이에 못지않게 **타자의 행동**이라는 이중적인 의미를 지니고 있다. 왜냐하면 타자도 그에 못지않게 자립적이고 자신 안에서 완결되어 있으며, 그의 안에는 그 자신에 의한 것이 아닌 그 무엇도 존재하지 않기 때문이다. 첫 번째 자기의식은 대상이 처음에

---

116) 뒷구절은 다음과 같이 번역할 수도 있다. "오히려 타자 속의 **자기 자신**을 본질이라고 보기 때문이다."

단지 욕망에 대해 존재했던 그런 방식으로만 대상을 마주하는 것이 아니라, 오히려 하나의 대자적으로 존재하는 자립적인 대상을 마주하고 있다. 그렇기 때문에 이런 대자적으로 존재하는 자립적인 대상에 관해 자기의식이 대상에서[117) 행하는 바를 대상이 자기 자신에게서(그 자체 즉자적으로) 행하지 않는다면 자기의식은 그 무엇도 자신을 위해(홀로. 대자적으로) 할 수 있는 것이 없다. 그러므로 운동은 전적으로 두 자기의식의 이중적인 운동이다. 각각의 자기의식은 **자신이** 행하는 바를 **타자도** 똑같이 행한다는 것을 본다. 각자는 자기가 타자에게 요구하는 바를 그 스스로 행한다. 그리고 각자는 또한 **오직** 타자가 똑같은 것을 행하는 한에서만 바로 그 때문에 자신이 행하는 바를 행하는 것이다. 일방적인 행동은 아무 소용이 없을 터인데, 왜냐하면 일어나야 할 일이 오직 양자에 의해서만(두 자기의식의 이중적 상호 행위에 의해서만) 성취될 수 있기 때문이다.

그러므로 (자기의식의) 행동이 **자신에 대한** 행동이자 이에 못지않게 **타자에 대한** 행동이라는 점에서뿐만 아니라 또한 그것이 불가분하게 **그 일자의 행동**이자 이에 못지않게 **타자의 행동**이라는 점에서 양의적이다.

이러한 운동에서 우리는 힘들의 유동이라고 서술한 과정이 반복되는 것을 보는데, 다만 여기서는 그것이 의식 속에서 일어난다. 힘들의 유동에서는 우리에 대해 존재하던 것이 여기서는 양극단(자기의식들) 자체에 대해 존재한다. 그 매개 중심은 자신을 양극단으로 분열시키는 자기의식이며, 각각의 극단은 이와 같은 자신의 규정성의 교환이자 대립자로의 절대적 이행이다. 물론 의식으로서의 자기의식은 **자신 밖으로 나오지만**(탈자화하지만),

---

117) 인칭대명사가 '대상' 대신에 '자기의식'을 지시하는 것으로 독해할 수도 있다. 이 경우 이 구절은 다음과 같이 번역된다. "⋯ 자기의식이 그 자신에서 행하는 바를 ⋯"

자기의식은 자신의 탈자 존재 속에서 동시에 자신 안에 머물러 있고 **대자적**이며, 자기의식의 탈자는 **자기의식에 대해** 존재한다. 자기의식이 직접적으로 타자의 의식**이자** 타자의 의식이 **아니라는** 점이 자기의식에 대해 존재한다. 그리고 또한 이 타자가 오직 대자적으로 존재하는 것으로서의 자신을 지양함으로써만 그리고 오직 타자의 대자 존재 속에서 대자적으로 존재함으로써만 대자적이라는 점도 마찬가지로 자기의식에 대해 존재한다. 각자는 타자에게 매개 중심이며, 이 매개 중심을 통해(자신에게 매개 중심이 되는 타자를 통해) 각자는 자신을 자기 자신과 매개하여 합치한다. 그리고 각자는 자신에게나 타자에게나 직접 대자적으로 존재하는 본질인데, 이 본질은 동시에 오직 이와 같은 (타자를 매개 중심으로 삼아 이루는 자기 자신과의) 매개를 통해서만 그처럼 대자적으로 존재한다. 그들은 **상호적으로 서로를 승인하는** 자로서 서로 **승인한다**.

자기의식의 통일 속에서의 이중화라는 이런 승인의 순수한 개념은 이제 그것이 자기의식에 대해 어떤 과정으로 나타나는지에 따라서 고찰되어야 한다. 그 과정이 처음에는 양자 간의 **불평등**(비동일성)이라는 측면을 보여주게 된다. 또는 그것은 매개 중심이 극단들로 갈라져 나와 이들이 양극단으로서 서로 대립하는 가운데 그 하나는 오직 승인받는 자이고 다른 하나는 오직 승인하는 자임을 보여준다.

처음에 자기의식은 단순한 대자 존재이며, 모든 **타자를 자신으로부터** 배제함으로써 자기 동일적으로 존재한다. 자기의식에게 그의 본질이자 절대적 대상은 **자아**이다. 그리고 자기의식이 이런 **직접성** 속에서는 또는 이런 자신의 대자 존재의 **존재** 속에서는 **개별자**이다. 자기의식에 대해 타자인 것은 비본질적인 것으로서 부정적인 것이라는 성격으로 특징지어진 대상이다. 그러나 이 타자 역시 하나의 자기의식이다. (그러므로 이제) 한 개인이 한 개인에 맞서 등장한다. 그들은 이렇게 **직접적으로** 등장하면서 서로에 대해 통상적인 대상이라는 양상을 띠게 된다. 즉, 그들은 서로에 대해 **자립적인** 형태들, (여기서는 존재하는 대상이 생명이라고 규정되었으므로) **생명의 존재** 속에 함몰되어 있는 의식들이다. 이렇게 생명의 존재 속에 함몰된 의식들은 일체의 직접적 존재를 소멸시키고서 오로지 자기 동일적 의식의 순수한 부정적 존재가 되는 절대적 추상의 운동을 **서로에 대해** 완수하지 않았다. 또는 그들은 자신이 순수한 **대자 존재**임을, 즉 **자기**의식임을 아직 서로에게 전시하지 않았다. 각자는 물론 자기 자신을 확신하지만 타자를 확신하지는 못하며, 그렇기 때문에 자신에 대한 그의 고유한 확신이 아직 진리성을 지니지 못한다. 왜냐하면 오직 그의 고유한 대자 존재가 자신에게 스스로를 자립적 대상이라고 서술하는 것만이 또는, 같은 말이지만, 대상이 스스로를 이와 같은 순수한 자기 확신이라고 서술하는 것만이 그의 진리일 터이기 때문이다. 그런데 이는 승인 개념에 따라서 오직 각자가 자기 자신에게서 그 자신의 행동을 통해 그리고 다시 타자의 행동을 통해 이런 대자 존재의 순수한 추상을 타자가 자신에 대해 하듯이 또한 자신이 타자에 대해 완수함으로써만 가능하다.

그런데 (자기의식이) 자신을 자기의식의 순수한 추상이라고 **서술**(전시)한다는 것은 스스로를 자신의 대상적 양식에 대한 순수한 부정이라고 보여주거나 또는 그 어떤 특정한 **현존재**에도 얽매여 있지 않다는 것을, 즉 현존재 일반의 보편적 개별성에, 다시 말해 생명에 얽매여 있지 않다는 것을 보여주는 데에 있다. 이러한 서술은 타자의 행동이자 자기 자신에 의한 행동이라는 **이중의** 행동이다. 그것이 **타자의** 행동인 한에서는 그러니까 각자가 서로 타자의 죽음을 겨냥한다. 그런데 거기에는 또한 **자기 자신에 의한 행동**이라는 두 번째 행동도 현존한다. 왜냐하면 앞의 (타자의 죽음을 겨냥하는) 행동은 자기 자신의 생명을 거는 일을 함축하고 있기 때문이다. 따라서 두 자기의식 사이의 관계는 그들이 생사를 건 투쟁을 통해 자기 자신을 그리고 서로를 (자기의식의 순수한 추상으로서) **입증한다는** 것으로 규정된다. ─ 그들은 이러한 투쟁 속으로 뛰어들어야만 한다. 왜냐하면 그들은 **대자적으로 존재한다는** 자기 확신을 타자에게서 그리고 자기 자신에게서 진리로 고양해야만 하기 때문이다. 그리고 (대자 존재로서 자기의식의) 자유가 입증되는 것은 오직 생명을 거는 일을 통해서만 이루어진다. 다시 말해 생명을 걺으로써만 자기의식에게 본질은 **존재**도 아니고 자기의식이 등장하는 **직접적** 방식도 아니며 자신이 생명의 펼쳐짐 속에 함몰되어 있는 상태도 아니라는 것, 오히려 자기의식에게서는 자신에 대해 소멸하지 않는 계기는 그 무엇도 없다는 것, 즉 자신이 오직 순수한 **대자 존재**일 따름이라는 것이 입증된다. 생명을 과감하게 걸어보지 않은 개인은 **인격자**(Person)로서[118] 승인받을 수는 있다. 그러나 그런 개인은 이처럼 자립적 자기의식으로서 승인받은 존재(승인받았음, Anerkanntsein)라는 진리에는 도달하지 못한 것이다. 각자는 자신의 생명을 거는 일 못지않게 또한 타자의 죽음을 겨냥할 수밖에 없다. 왜냐하면 그에게 타자는 더 이상 그 자신으로 간주되지 않기 때문이다.[119] 그에게는 자신의 본질이 타자로 나타나며, 그는 탈자화되어 있다. 그는 이런 자신의 탈자 존재를 지양해야만 한다. 타자는 여러모로 속박되

---

118) '인격자(Person)'의 어원이 되는 'persona'는 본래 연극 배우가 쓰고 있는 '가면'을 뜻했고, 이로부터 일정한 배역을 연기하는 '배우'라는 의미가 파생되었다. 그러다가 로마 시대에 '추상적 권리 주체로서의 인격자'를 뜻하는 용어로 사용되기 시작했다. 헤겔은 이 단어를 주로 '법적 권리 자격을 지닌 사적 개인'이라는 의미로 사용한다. 여기서는 '인격자' 또는 '(법적) 인격자'로 옮겼다.
119) 이 문장은 다음과 같이 번역할 수도 있다. "왜냐하면 그에게 타자는 자기 자신 이상의 가치를 지니지 않기 때문이다."

어서 존재하는 의식이다. 그는 자신의 타자 존재를 순수한 대자 존재로서 또는 절대적 부정으로서 직관해야만 한다.

그러나 죽음을 통한 입증은 이로부터 발현되어야 할 진리를 지양할 뿐만 아니라 이와 더불어 또한 자기 확신마저도 무릇 지양한다. 왜냐하면 생명이 의식의 **자연적인** 긍정, 즉 절대적 부정성을 결여한 자립성이듯이, 죽음은 의식의 **자연적인** 부정, 즉 자립성을 결여한 부정이고, 그러한 부정은 여기서 요구되는 승인의 의미를 결여한 채로 남기 때문이다. 비록 죽음을 통해서 양자가 자신의 생명을 과감하게 걸었고 자신에게서나 타자에게서나 생명을 가벼이 여겼다는 확신이 생기기는 했지만, 그렇다고 그것이 이 투쟁을 견뎌낸 자들에게 생긴 것은 아니다. 그들은 이런 자연적 현존재라는 낯선 본질태 속에 정립했던 자신의 의식을 들어 올리고, 또는 자신을 들어 올리고,[120] 대자적으로 존재하고자 하는 **극단들**로서(의 자기 자신이) 지양된다. 그러나 이와 더불어 스스로를 상반된 규정성을 지닌 극단들로 분열시킨다는 본질적인 계기가 교체의 유동(遊動)에서 사라져버린다. 그리고 그 매개 중심은 [죽은 채로 단지 존재할 뿐이지 상반된 극단들로 분열되어 있지는 않은] 그런 죽은 통일 속으로 붕괴된다. 그리고 양극단은 의식을 통해 상호적으로 서로를 서로로부터 되돌려 주고 되돌려 받는 것이 아니라 서로를 단지 아무런들 상관없이 사물로서 방치할 뿐이다. 그들의 행실은 추상적인 부정에 불과하며, 지양된 것을 **보존하고 유지하면서** 이를 통해 자신이 지양되는 것을 버텨내어 살아남도록 그렇게 **지양하는** 의식의 부정은 아니다.

---

120) (Werke) 그들은 이런 자연적 현존재라는 낯선 본질태 속에 정립했던 자신의 의식을 지양하고, 또는 자신을 지양하고,

이러한 경험을 하면서 자기의식은 생명 역시 순수한 자기의식과 마찬가지로 자신에게 본질적이라는 점을 깨닫게 된다. 직접적 자기의식 속에서는 단순한 자아가 절대적인 대상이지만, 이 대상이 우리에 대해서는 또는 즉자적으로는 절대적 매개이고 또 존속하는 자립성을 본질적인 계기로 가지고 있다. 그러한 단순한 통일의 해체는 (직접적 자기의식이 겪는) 첫 번째 경험의 결과이다. 이 경험을 통해 순수한 자기의식이 정립되었고 또한 순수하게 대자적인 것이 아니라 대타적인 의식, 즉 **존재하는** 의식 또는 **물성**의 형태를 지닌 의식인 그런 의식이 정립되었다. 그 두 계기는 모두 본질적이다.—그런데 그 두 계기가 처음에는 불평등하면서 대립해 있고 또 통일 속으로의 반성이 아직 일어나지 않았으므로, 그 두 계기는 대립하는 두 가지 의식 형태로서 존재하게 된다. 그 한 형태는 대자 존재가 그에게 본질인 자립적 의식이고, 다른 한 형태는 생명 또는 대타 존재가 그에게 본질인 비자립적 의식이다. 전자가 **주인**이고, 후자는 **노예**이다.

주인은 **대자적으로** 존재하는 의식이다. 그렇지만 주인은 더 이상 단지 대자적으로 존재하는 의식이라는 개념에 불과한 것이 아니라 **타자의** 의식을 통해, 다시 말해 자립적인 **존재** 또는 물성 일반과 종합되어 있다는 점이 그의 본질에 속하는 그런 의식(노예의 의식)을 통해 자신과 매개되어 있는 대자적으로 존재하는 의식이다. 주인은 자신을 (한편으로는) 욕망의 대상인 **사물** 자체 그리고 (다른 한편으로는) 그에게는 물성이 본질적인 것인 의식이라는 이 두 계기와 모두 관련시킨다. 그리고 주인은 ① 자기의식의 개념으로서는 **대자 존재**의 직접적 관련이지만, ② 이제 이와 동시에 매개로서 또는 오직 타자를 통해서만 대자적인 대자 존재로서 존재한다. 그러므로 주인은 자신을 ① 직접적으로는(무매개적으로는) 그 두 가지 모두와 관련시키고, ② 간접적으로는(매개적으로는) 각각 그 하나를 통해 다른 하나와 관련시킨다. 주인은 자신을 **자립적인 존재**(사물)**를 통해 간접적으로 노예와** 관련시킨다. 왜냐하면 노예는 바로 여기에 매여 있기 때문이다. 자립적인 존재는 노예의 사슬인데, 이를 노예는 (자신의 순수한 대자 존재를 입증하는 생사를 건) 투쟁 중에 추상하지 못했으며, 그렇기 때문에 자신이 비자립적인 것임을, 즉 자신의 자립성을 물성에 지니고 있음을 증명했던 것이다. 반면에 주인은 이런 (자립적인) 존재에 대한 위력이다. 왜냐하면 주인은 투쟁을 하면서 그에게는 존재가 한낱 부정적인 것으로서의 가치만을 지닐 뿐이라는 점을 증명했기 때문이다. 주인이 이런 존재에 대한 위력이고 또 이 존재는 타자(노예)에 대한 위력이므로, 이런 추론 속에서 주인은 이 타자를 자신 아래에 종속시킨다. 이와 마찬가지로 주인은 자신을 **노예를 통해 간접적으로 사물에** 관련시킨다. 노예도 자기의식 일반으로서 자신을 사물에 부정적으로 관련시키면서 이 사물을 지양한다. 그러나 동시에 사물은 노예에 대해 자립적이며, 그렇기 때문에 노예는 자신의 부정하는 행위를 통해서 파괴에 이를 정도로까지 사물과 끝을 내지는 못한다. 또는 노예는 단지 사물을 **가공할** (bearbeiten) 뿐이다. 이에 반해 주인에게는 이러한 매개를 통해서 사물의 순수한 부정으로서의 **직접적** 관련 또는 **향유**가 **생성된다**. 욕망이 성취하지 못한 일, 즉 사물과 끝을 내고 향유 속에서 만족을 얻는 일을 주인은 성취한다. 욕망은 사물의 자립성 때문에 이를 성취하지 못했다. 반면에 사물과 자신 사이에 노예를 끼워 넣는 주인은 이를 통해 자신을 오로지 사물의 비자립성에만 결부하면서 사물을 순수하게 향유한다. 그 반면에 그는 사물을 가공하는 노예에게 (사물의) 자립성이라는 측면을 떠넘긴다.

    이런 두 가지 계기 속에서 다른 의식에 의한 자신의 승인받은 존재가 주인에 대해 생성된다.(이런 두 가지 계기 속에서 주인은 자신이 타자, 즉 노예의 의식에 의해 승인받은 존재임을 자각하게 된다.) 왜냐하면 이 다른 의식(타자의 의식)은 그 두 계기 속에서 한편으로는 사물을 가공하면서, 그리고 다른 한편으로는 특정한 현존재에 종속되어 있으면서 자신을 비본질적인 것으로서 정립하기 때문이다. 다른 의식은 그 두 가지 점에서 존재의 지배자가 되지 못하고 또 절대적 부정에도 이르지 못한다. 따라서 여기에는 다른 의식이 대자 존재로서의 자신을 지양하고 이로써 첫 번째 의식(주인)이 그에게 행하는 바를 스스로 행한다는 그런 승인의 계기가 현존한다. 이와 마찬가지로 이런 두 번째 의식(노예)의 행동이 첫 번째 의식 그 자신의 행동이라는 또 다른 계기 역시 현존한다. 왜냐하면 노예가 행하는 바는 본래 주인의 행동이기 때문이다. 주인에게는 오직 대자 존재만이 본질이다. 주인은 사물을 무(無)로 만드는 순수한 부정적 위력이며, 따라서 이러한 관계에서 순수한 본질적 행동이다. 반면에 노예는 순수하지 못한 비본질적 행동이다. 그러나 진정한 승인에 이르기에는 주인이 타자에게 행하는 바를 자기 자신에게도 행하고 또 노예가 자신에게 행하는 바를 타자에게도 행한다는 계기가 결여되어 있다. 이를 통해 일방적이고 불평등한 승인이 발생한다.

여기서 비본질적 의식(노예의 의식)은 주인에 대해 그의 자기 확신의 **진리**를 이루는 대상이다. 그러나 이 대상이 그 개념에 일치하지 않으며, 오히려 주인이 자신을 (자립적이고 본질적인 주인의 의식이 되도록) 성취한 바로 거기에서 자립적 의식과는 전혀 다른 무엇이 생성되었다는 점이 밝혀진다. 주인에 대해 존재하는 것은 자립적 의식이 아니라 오히려 (노예의) 비자립적 의식이다. 따라서 그는 진리인 **대자 존재**를 확신하는 것이 아니며, 그의 진리는 오히려 비본질적 의식과 그것의 비본질적 행동이다.

이에 따라 자립적 의식의 **진리**는 **노예적**(노예의) **의식**이다. 비록 노예적 의식이 처음에는 자신 **밖에** 있고 (탈자화되어 있고) 자기의식의 진리가 아닌 듯이 보인다. 그러나 지배가 의도하는 바의 전도된 것이 오히려 지배의 본질임을 지배가 보여주었듯이, 또한 예속도 그것이 완성될 때에 오히려 그것이 직접적으로 그러한 바의 반대가 된다. 예속은 자신 안으로 **되밀려 들어간**(억압된) 의식으로서 자신 안으로 들어가서 자신을 참다운 자립성으로 전환한다.

우리는 단지 지배와의 관계 속에서 예속(Knechtschaft)이 무엇인지를 보았다. 그러나 예속은(예속된 노예도 역시) 자기의식이며, 이런 면에서 예속이 즉자 대자적으로 무엇인지를 이제 살펴보아야 한다. 우선 예속된 노예(Knechtschaft)에 대해서는 주인이 본질이다. 따라서 예속된 노예에게 **진리는 대자적으로 존재하는 자립적 의식**인데, 그러나 이 진리가 **예속된 노예에 대해서는**(노예에게 대자적으로는) 아직 **그 자신에게서**(즉자적으로) 존재하지 않는다. 그렇지만 예속된 노예는 이런 순수한 부정성과 **대자 존재**라는 진리를 **실제로는 그 자신 자체에** 지니고 있다. 왜냐하면 그는 이러한 본질을 그 자신에게서 **경험했기** 때문이다. 즉, 이 (노예의) 의식은 이것저것에 관한 두려움이나 이런저런 순간의 두려움이 아니라 자신의 본질 전체에 관한 두려움을 가지고 있다. 왜냐하면 그는 절대적 주인인 죽음의 공포를 지각했기 때문이다. 죽음의 공포 속에서 그는 내면적으로 해체되었고 자기 자신 속에서 전율하였으며 고정되어 있던 모든 것이 그의 안에서 뒤흔들렸다. 하지만 이런 순수한 보편적 운동, 존립하는 것 일체의 절대적 유동화가 곧 자기의식의 단순한 본질, 절대적 부정성, **순수한 대자 존재**인데, 바로 이것이 그럼으로써 이제 이 의식**에게서**(노예의 의식에게 즉자적으로) 존재하게 된 것이다. 이런 순수한 대자 존재라는 계기는 또한 **그 의식에 대해서도**(노예의 의식에게 대자적으로도) 존재한다. 왜냐하면 노예의 의식에게 순수한 대자 존재라는 계기가 주인 속에서 자신의 **대상**이기 때문이다. 더 나아가 그는 단지 이런 보편적 해체 **일반**에 불과한 것이 아니라 (주인에게) 봉사하는 가운데 이런 보편적 해체를 **현실적으로** 완수한다. 그는 봉사하는 가운데 모든 **개별적** 계기들 속에서 자연적 현존재에 대한 그의 집착(Anhänglichkeit)을 지양하고 자연적 현존재를 노동하여 처리해버린다.

그러나 절대적 위력 일반에 대한 감정 그리고 봉사의 개별적인 것에서 느끼는 절대적 위력에 대한 감정은(그러나 죽음의 공포 속에서 일반적으로 그리고 봉사를 하면서 개별적인 사안에서 느끼는 절대적 위력에 대한 감정은) 단지 **즉자적으로만** 해체이다. 그리고 비록 주인에 대한 공포가 지혜의 단초이기는 하지만, 여기서 의식은 **그 자신에 대해** 존재할 뿐이지 **대자 존재**는 아니다. 그렇지만 의식은 노동을 통해 자기 자신에 도달한다. 주인의 의식 속에 있는 욕망에 상응하는 계기(노예의 노동) 속에서 이때에도 사물의 자립성이 유지되므로 사물과의 비본질적 관련이라는 측면은 (노예의) 봉사하는 의식에게 귀속하는 것처럼 보인다. 욕망은 대상의 순수한 부정을 그리고 그 결과 혼합되지 않은 자기 감정(Selbstgefühl)을 자신의 몫으로 남겨 놓았다. 그러나 바로 그렇기 때문에 이러한 만족은 그 자체가 단지 소멸일 뿐이다. 왜냐하면 그런 만족에는 **대상적** 측면이나 **존립**이 결여되어 있기 때문이다. 이에 반해 노동은 **억제된** 욕망, **지연된** 소멸이다. 또는 노동은 **형성한다**(도야한다, bilden). 노동하는 자에게는 대상이 자립성을 지니므로, 바로 그런 까닭에 대상과의 부정적 관련은 대상의 **형식**(Form)이 되고 **지속적인 것**이 된다. 이런 **부정적** 매개 중심 또는 조형하는 **행동**은 동시에 의식의 **개별성** 또는 순수한 대자 존재이기도 한데, 이러한 의식이 이제 노동하는 가운데 자신을 탈피하여 지속이라는 요소 속으로 들어선다. 그러므로 노동하는 의식은 이를 통해 자립적 존재를 **자기 자신으로서** 직관하기에 이른다.

그런데 조형 행위(Formieren)는 봉사하는 의식이 조형 행위를 하면서 순수한 **대자 존재**로서 스스로에게 **존재자**가 된다는 긍정적인 의미만을 지니는 것이 아니라 또한 자신의 첫 번째 계기였던 공포에 맞서는 부정적인 의미도 지니고 있다. 왜냐하면 사물을 형성하는 가운데 봉사하는 의식이 자신과 대립하여 존재하는 **형식**을 지양함으로써만 그의 고유한 부정성, 즉 그의 대자 존재가 자신에게 대상이 되기 때문이다. 그런데 이 대상적인 **부정적인 것**이 바로 그를 전율하게 만들던 낯선 본질이다. 하지만 이제 그는 이 낯선 부정적인 것을 파괴하고서는 **자신을** 부정적인 것으로서 지속의 요소 속에 정립하며, 이를 통해 **그 자체 대자적이게, 즉 대자적으로 존재하는 것**이게 된다.[121] 주인 속에서는 대자 존재가 봉사하는 의식에게 **타자**이거나 또는 단지 그(봉사하는 의식)**에 대해** 존재한다. 공포 속에서는 대자 존재가 **그 자신 자체에** 존재한다. 형성 행위(Bilden) 속에서는 대자 존재가 봉사하는 의식에 대해 **자신의 고유한** 대자 존재가 되어서 그 스스로가 즉자 대자적이라는 점을 의식하게 될 것이다. 형식이 **밖으로 정립**(외화, hinausgesetzt)되지만, 그렇다고 해서 그것이 봉사하는 의식에게 자신과 다른 것(소외된 것)이 되지는 않는다. 왜냐하면 바로 이 형식이 그의 순수한 대자 존재이며, 이런 자신의 순수한 대자 존재가 이 형식 속에서 자신에게 진리가 되기 때문이다. 따라서 자신이 단지 **낯선 의미**만을 지니는 것처럼 보였던 바로 그 노동 속에서 그는 이렇게 자기 자신이 자신을 재발견함으로써 **자신의 고유한 의미**가 된다. ─ 이러한 (노예가 대자 존재로서의 자신으로 귀환하는) 반성을 위해서는 공포와 봉사 일반 그리고 또한 형성 행위라는 두 가지 계기가 모두 필수적이며,[122] 동시에 그 두 가지가 보편적인 방식으로 이루어져야 한다. 봉

---

121) (Werke) 이를 통해 **그 자신에 대해 대자적으로 존재하는 것**이 된다.
122) 이 문장은 다음과 같이 번역할 수도 있다. "이러한 반성을 위해서는 공포와 봉사 일반이라는 두 계기 그리고 또한 형성 행위라는 계기가 모두 필수적이며,"

사와 복종의 훈육이 없다면 공포는 형식적인 것에 머물러서 현존재의 의식적 현실성(현존하는 것의 현실성에 관한 의식) 너머로 확산하지 못한다. 형성 행위가 없다면 공포는 내면적이고 침묵으로 남아서 의식이 그 자신에 대해 존재하지 못하게 된다. 의식이 첫 번째 계기인 절대적 공포 없이 조형 행위만 한다면 그는 단지 허황된 자신만의 고유한 의미에 불과하다. 왜냐하면 그 (절대적 공포를 모르면서 조형하는 의식)의 형식이나 부정성은 **즉자적** 부정성(자기 자신에게서의 부정성, Negativität an sich)이 아니기 때문이다. 그런 까닭에 그의 조형 행위는 본질로서의 자신에 대한 의식을 그에게 부여하지 못한다. 의식이 절대적인 공포를 이겨내지 않고서 단지 몇몇 가지의 두려움만을 견뎌냈다면, 부정적 본질은 그에게 외적인 것으로 남게 되며, 그의 실체는 그것에 의해 철저하게 침윤되지 못한다.[123] 그의 자연적 의식을 채우는 모든 것이 뒤흔들리지는 않았으므로, 그는 **즉자적으로** 여전히 특정한 존재에 귀속된다. 자신의 특유한 의미(eigener Sinn)는 **아집**(Eigensinn), 즉 아직 예속 상태 안에 머물러 있는 자유이다. 순수한 형식이 그에게 본질이 되지 못하는 만큼이나, 또한 개별적인 것을 넘어서는 확장으로 간주되는 순수한 형식은 보편적 도야 내지 절대적 개념이 되지 못한다. 그런 순수한 형식은 단지 몇몇 가지에 대해서만 위력을 지닐 뿐이지 보편적 위력과 대상적 본체 일체에 대해서는 위력을 지니지 못하는 숙련성에 불과하다.

---

[123] 마지막 구절은 인칭대명사의 지시 관계에 따라 다음과 같이 번역할 수도 있다. "그것의 실체는 그에 의해 철저하게 침윤되지 못한다."

## B. 자기의식의 자유; 스토아주의, 회의주의, 불행한 의식

(주인의) 자립적 의식에게는 한편으로 오직 **자아**라는 순수한 추상만이 그의 본질이며, 다른 한편으로 자아라는 순수한 추상이 스스로를 형성하면서 자신에게 여러 구별을 제공하지만 이러한 구별이 자립적 의식에게 **즉자적으로** 존재하는 대상적 본체가 되지는 않는다. 따라서 이런 자기의식은 자신의 단순성 속에서 자신을 진실로 구별 짓는 자아나 이런 절대적 구별 속에서 자기 동일적으로 유지되는 자아가 되지 못한다. 이에 반해 (노예의) 자신 안으로 되밀려 들어간 의식은 조형 행위를 하면서 자신에게 형성된 사물의 형식으로서 대상이 되고, 동시에 주인에게서 대자 존재를 의식으로서 직관한다. 그렇지만 봉사하는 의식 자체에게는 (한편으로는) 자립적 대상으로서의 **자기 자신**과 (다른 한편으로는) 의식으로서의 이 대상 그리고 이와 더불어 자신의 고유한 본질이라는[124] 두 가지 계기가 서로 분리되어 떨어져 나간다. 그러나 **우리에 대해서는** 또는 **즉자적으로는** 형식과 **대자 존재**가 한가지 똑같은 것이고 또 자립적 의식이라는 개념 속에서는 **즉자** 존재가 곧 의식이므로, 노동 속에서 형식을 획득하는 **즉자** 존재 또는 **물성**이라는 측면은 의식과는 다른 실체가 아니며, (이로써 이제) 우리에게 자기의식의 새로운 형태가 생성되었다. 즉, 무한성으로서 또는 의식의 순수한 운동으로서 스스로에게 본질이 되는 의식, **사유하는** 의식 또는 자유로운 자기의식인 의식이 생성되었다. 왜냐하면 **사유한다는 것**은 추상적 자아로서가 아니라 그것이 동시에 **즉자** 존재의 의미를 지니는 자아로서 스스로에게 대상이

---

[124] 이 구절은 다음과 같이 번역할 수도 있다. "의식으로서의 그리고 이와 더불어 자신의 고유한 본질로서의 이 대상이라는"

된다는 것을 또는 의식에 대해 존재하는 대상적 본체가 의식의 **대자 존재**라는 의미를 지니게끔 대상적 본체에 대해서 태도를 취하면서 관계한다는 것을 뜻하기 때문이다.—**사유**에는 대상이 표상이나 형태 속에서 운동하는 것이 아니라 **개념** 속에서, 다시 말해 의식에 대해 직접적으로 의식과 구별되지 않는 것인 그런 구별된 즉자 존재 속에서 운동한다. **표상된 것, 형태화된 것, 존재하는 것** 자체는 의식과는 다른 어떤 것이라는 형식을 지닌다. 반면에 개념은 동시에 **존재하는 것**이기도 하다. 그리고 이러한 구별이 의식 자체에 존재하는 한에서 그 구별은 의식의 규정된 내용이다.[125] 그러나 이 내용이 동시에 개념적으로 파악된 것이라는 점에서 의식은 이 규정되고 구별되어 존재하는 것과 자신의 통일을 지속적으로 **직접** 의식한다. 표상에서는 이것(규정되고 구별되어 존재하는 것)이 곧 **자신의** 표상이라는 점을 의식이 이제 비로소 특별히 기억해내야만 하는데, 이런 표상과는 달리 개념은 나에게 직접적으로 **나의** 개념이다. 사유 속에서 나는 **자유롭게 존재한다**. 왜냐하면 (사유 속에서) 나는 타자 속에 있는 것이 아니라 전적으로 나 자신에게 머물러 있고, 나에게 본질이 되는 대상은 불가분의 통일 속에서 나의 나에 대해 있음(나의 대자 존재, mein Fürmichsein)이며, 개념 속에서의 나의 운동은 나 자신 속에서의 운동이기 때문이다.—그런데 이런 형태의 자기의식의 규정에서 본질적으로 고수해야 할 점은 이런 형태의 자기의식이 바로 **사유하는** 의식 **일반** 또는 자신의 대상이라는 것, 즉 **즉자 존재**와 **대자 존재**의 **직접적** 통일이라는 것이다.[126] 자신을 자기 자신으로부터 밀쳐내는 (자신과 비동일적인) 자신과 같은 이름의 (자기 동일적) 의식은 스스로에게 **즉자적으로** 존재하는 요

---

125) 이 문장은 인칭대명사의 지시 관계에 따라 다음과 같이 번역할 수도 있다. "그리고 이러한 구별이 개념 자체에 존재하는 한에서 그 구별은 개념의 규정된 내용이다."

소가 된다. 그러나 이 의식은 이제 비로소 보편적 본질 일반으로서 스스로에게 그런 요소가 될 뿐이지 아직 자신의 다양한 존재의 전개와 운동 속에서의 이런 대상적 본체로서 스스로에게 그런 요소가 되지는 못한다.

**스토아주의**

이런 자기의식의 자유는 잘 알려진 바와 같이 정신의 역사에서 자신을 자각한 현상으로 등장하면서 **스토아주의**라고 불렸다. 스토아주의의 원리는 의식이 사유하는 본질(본체)이며 그 무엇이건 오직 의식이 그때에 사유하는 본질로서 행위하는 경우에만 의식에 대해 본질성을 지니거나 참이고 선하다는 것이다.

스스로를 자신 안에서 다중적으로 구별하는 생명의 펼침과 개별화와 착종은 욕망 및 노동이 활동하는 대상이다. 이런 다양한 행동이 이제는 사유의 순수한 운동 속에 있는 단순한 구별로 응집되었다. 그것이 **자신의 고유한 의식**에 의해서 정립되었건 아니면 **낯선 의식**에 의해서 정립되었건 간에 **특정한 사물**이라든가 **특정한 자연적 현존재의 의식**이라든가 감정이라든가 **욕망**과 **이를 위한 목적** 등으로서 정립된 구별은 더 이상 본질성을 지니지 않으며, 오로지 **사유된** 구별 또는 직접적으로 **나**와 구별되지 않는 구별만이 본질성을 지닌다. 이에 따라 이러한 의식은 지배와 예속의 관계에 대해서 부정적이다. 그런 의식이 하는 행동은 지배하는 가운데 자신의 진리를 노예에게서 지니는 것도 아니고 또한 노예로서 자신의 진리를 주인의 의지에서 그리고 자신의 봉사에서 지니는 것도 아니다. 오히려 그의 행동

---

126) (Werke) 그런데 이런 형태의 자기의식의 규정에서 본질적으로 고수해야 할 점은 이런 형태의 자기의식이 바로 **사유하는** 의식 **일반**이라는 것 또는 그것의 대상이 **즉자 존재**와 **대자 존재**의 **직접적** 통일이라는 것이다.

은 왕좌에 앉아 있건 사슬에 묶여 있건 간에 자신의 개별적 현존재가 지닌 그 모든 의존성 속에서도 자유롭게 존재하는 것[127] 그리고 현존재의 운동에서, 즉 작용을 가하거나 받는 것에서 벗어나 굳건하게 **사고**(思考)**의 단순한 본질성**으로 **퇴거한** 비생동성을 스스로 유지하는 것이다. 아집은 자신을 개별성에 고착하고서 예속 상태 **내에** 머무르는 자유이다. 반면에 스토아주의는 항상 곧바로 예속에서 벗어나와 사고의 **순수한 보편성**으로 되돌아가는 자유이다. 이러한 자유는 세계 정신의 보편적인 형식으로서는 오직 보편적인 공포와 예속의 시대에 등장하지만 또한 형성 행위를 사유에 이르기까지 고양한 보편적 교양의 시대에도 등장할 수 있었다.

이러한 자기의식에게 본질이 되는 것은 자신과는 다른 것(타자)도 아니고 자아라는 순수한 추상도 아니며, 오히려 타자 존재를 지니기는 하지만 이를 자신에게서 사유된 구별로서 지니는 자아, 그래서 자신의 타자 존재 속에서 직접 자신 안으로 귀환한 자아이다. 그렇기는 하지만 이와 같은 그의 본질은 동시에 단지 **추상적인** 본질에 불과하다. 이런 자기의식의 자유는 자연적 현존재에 대해서 **아무런들 상관없고**, 그렇기 때문에 **이 자연적 현존재를 그에 못지않게 자유롭게 방치했으며**, (이때에 자기의식의) **반성**은 **이중적인** 반성이다. 사고 속에서의 자유는 단지 **순수한 사고**만을 자신의 진리로 삼는데, 이러한 진리는 생명의 충만함을 결여한 것이다. 따라서 그러한 자유는 또한 단지 자유의 개념일 뿐이지 생동하는 자유 그 자체는 아니다. 왜냐하면 그런 자유에 본질이 되는 것은 어디까지나 단지 **사유** 일반, 즉 사물의 자립성을 떨궈내고서 자신 안으로 복귀한 형식 자체일 뿐이기 때

---

127) 후기 스토아주의를 대표하는 사상가 중에서 아우렐리우스는 로마 제국의 황제였고 에픽테토스는 노예 신분의 이방인이었다.

문이다. 그러나 개체가 행위하는 존재로서 자신을 생동하는 것이라고 서술하거나 또는 사유하는 존재로서 생동하는 세계를 사고의 체계라고 파악해야 하므로, 전자의(행위의) 확장을 위해서는 무엇이 선인지에 관한 **내용**이 그리고 후자의(사유의) 확장을 위해서는 무엇이 참인지에 관한 **내용**이 **사고 자체** 안에 담겨 있어야만 할 것이다. 그럼으로써만 **의식에 대해 존재하는 것** 안에 본질이 되는 개념과는 다른 그 어떤 성분도 **전혀** 함유되지 않을 터이기 때문이다. 그렇지만 여기서 개념이 **추상**으로서 자신을 사물의 잡다성으로부터 단절시키는 만큼, 그러한 개념은 **그 자체에는 아무런 내용도** 지니지 않고 그저 **주어진 내용**을 지닌다. 물론 의식은 내용을 사유하면서 낯선 **존재**로서의 그 내용을 말소해버린다. 그러나 개념은 **규정된** 개념이고, 이런 개념의 **규정성**은 개념이 자체에 지닌 낯선 것이다. 그렇기 때문에 스토아주의는 그 용어가 표현하듯이 진리 일반의 **기준**에 관해 질문을 받았을 때, 다시 말해 실은 **사고 자체**의 **내용**에 관해 질문을 받았을 때 당혹스러움에 빠지게 되었던 것이다.[128] 자신에게 제기된 '**무엇이** 선하고 참된 것인가?'라는 질문에 대해서 스토아주의는 다시금 **아무 내용 없는** 사유 자체를 답변으로 내놓았다. 즉, 참되고 선한 것은 이성성 안에 존립한다는 것이다. 그러나 이러한 사유의 자기 동일성은 또다시 그 무엇도 규정되어 있지 않은 순수한 형식에 불과하다. 따라서 스토아주의가 멈추어 서 있을 수

---

128) '기준'이나 '척도'를 뜻하는 'Kriterium'은 식별할 수 있도록 만드는 '표지' 또는 분별하는 '판결' 등의 뜻을 지닌 'κριτήριον'에서 유래하며, 이 단어는 다시 '분리', '구별', '판단', '결정', 생과 사나 이것과 저것을 가르는 '위기' 등의 뜻을 지닌 'κρίσις'에서 파생된 것이다. 헤겔에 따르면 사유가 내용을 지니려면 판단 형식을 띠어야 하는데, 판단(Urteil)은 반성 속에서 주어(주체)와 술어(대상)의 개념적 분리를 전제한다. 그러므로 진리는 개념의 근원적 분리(Ur-Teilen), 즉 개념의 내적 구별(κρίσις)을 매개로 하여 성립한다.

밖에 없는 진(眞)과 선(善), 지혜와 덕이라는 일반적인 용어들은 일반적으로 분명 고무적이지만 실은 아무런 내용의 확장도 이루지 못하는 까닭에 금방 지루함을 주기 시작한다.

그러므로 자신을 그처럼 규정했듯이 이런 추상적 자유로서의 사유하는 의식은 단지 타자 존재의 불완전한 부정에 불과하다. 이 의식은 현존재로부터 단지 자신 안으로 **퇴거했을** 뿐이어서 자신을 그 자신에서 타자 존재의 절대적 부정으로 완성하지는 못했다. 그에게 내용은 비록 사고로서만 유효하지만, 또한 이때 내용은 동시에 **규정된** 사고이자 규정성 자체로서 유효하다.

### 회의주의

**회의주의**는 스토아주의가 단지 개념에 머물렀던 것의 실현이자 사고의 자유가 무엇인지에 대한 현실적인 경험이다. 사고의 자유는 **즉자적으로** 부정적인 것이고 또 자신을 그렇게 서술해야만 한다. 자기의식이 자기 자신에 관한 단순한 사고 속으로 반성하는 것과 더불어 실은 그러한 반성에 마주하여 자립적인 현존재 또는 지속적인 규정성이 무한성으로부터 떨어져 나왔다. 이제 회의주의에서는 이런 타자의 전적인 비본질성과 비자립성이 **의식에 대해** 생성된다.(이렇게 타자가 전적으로 비본질적이고 비자립적이라는 점을 이제 회의주의에서는 의식이 자각하게 된다.) 사고는 **다양하게 규정된** 세계의 존재를 무화하는 완벽한 사유가 되고, 자유로운 자기의식의 부정성은 스스로에게 이런 생명의 다양한 형태화에서 실제적 부정성이 된 것이다.— 스토아주의가 지배와 예속의 관계로 나타났던 **자립적** 의식의 **개념**에 상응하듯이, 회의주의는 타자 존재에 대한 부정적인 성향으로서의, 즉 욕망과 노동으로서의 자립적 자기의식의 **실현**에 상응한다는 점이 밝혀진다. 그러나 욕망과 노동이 부정을 자기의식을 위해 완수하지 못했다면, 이런 사물의 다양한 자립성에 대해서 논쟁적인 성향(회의주의)은 이를 성취할 것이다. 왜냐하면 그런 논쟁적인 성향은 내적으로 미리 완성된 자유로운 자기의식으로서 사물의 다양한 자립성에 맞설 것이기 때문이다. 더 특정하여 말하면, 그런 논쟁적인 성향은 **사유**나 무한성을 그 자체에 지니며, 그럼으로써 자신의 구별에 따른 자립적인 것들이 그것에는 한낱 소멸되는 양(量, Größe)에 불과하기 때문이다. 자기 자신에 대한 순수한 사유 속에서는(스토아주의에서는) 단지 구별들의 추상에 불과한 그런 구별들이 여기서는(회의주의에서는) 구별들 **일체**가 되며, 구별된 존재 일체는 자기의식의 구별이 된다.

이를 통해 무릇 **회의주의**가 하는 **행동**과 그 **방식**이 규정되었다. 회의주의는 감각적 확신과 지각과 오성이 거쳐 간 **변증법적 운동**을 보여주며, 또한 지배와 봉사의 관계에서 그리고 추상적 사유 자체에 대해 **규정된 것**으로 간주되는 것의 비본질성도 보여준다. 앞서 지배와 봉사의 관계는 동시에 인륜적 법칙도 그처럼 지배의 율법(Gebot)으로서 현존하게 되는 **특정한**(규정된) **방식**을 내포하고 있다. 이에 반해 추상적 사유 속에 있는 규정들은 [아무 내용 없는 사유가 스스로를 확장하고, 개념의 내용을 이루면서도 개념과는 독립적인 존재에다 실로 한낱 외적인 방식으로만 개념을 갖다 붙이며, 또 그것이 또한 순수한 추상에 불과할지라도 단지 **규정된** 개념들만을 유효한 것으로서 지니는] 그런 학문의 개념들이다.

직접적으로 **존재하는** 바대로의 부정적 운동으로서 **변증법적인 것**은 처음에는 의식에게 의식이 그것에 내맡겨지고 의식 자신에 의해 존재하는 것이 아닌 그 어떤 것으로 나타난다. 반면에 **회의주의로서의** 이런 부정적 운동은 자기의식의 계기여서, 이때의 자기의식에게는 그에게 참되고 실제적인 것이 부지불식간에 사라지는 일이 **벌어지지** 않으며, 오히려 자신의 자유를 확신하면서 자기의식은 실재하는 듯이 행세하는 이런 다른 것(타자)

자체를 사라지도록 만든다. 대상적인 것 자체만이 아니라 그것을 대상적인 것으로 간주하면서 유효하게끔 만드는 자기의식 자신의 대상적인 것에 대한 태도, 따라서 또한 자기의식의 **지각하기** 및 자기의식이 상실할 위험에 처한 것을 **고정하기, 궤변** 그리고 자기의식이 **그 자신**으로부터 **규정하고 확립한 참된 것**도 이렇게 사라지는 타자이다. 이런 자기의식적 부정을 통해 자기의식은 **자신의 자유에 대한 확신**을 스스로에게 **그 자체 대자적으로** 마련하며, 그런 확신에 관한 경험을 만들어가면서 이를 통해 그 확신을 **진리**로 고양시킨다.[129] 사라지는 것은 그것이 어떤 방식이 되었건 또 어디에서 나왔건 간에 스스로를 확고하고 변치 않는 것이라고 내세우는 규정된 것 또는 구별이다. 그런 구별은 그 어떤 지속적인 것도 자체에 지니고 있지 않으며, 사유에 대해서 필히 사라질 **수밖에 없다**. 왜냐하면 구별된 것이란 바로 **자기 자신에서**(그 자체 즉자적으로) 존재하지 않고 오히려 자신의 본질성을 오직 타자 속에서만 지니는 것이기 때문이다. 반면에 사유는 이런 구별된 것의 본성에 관한 통찰이자 단순한 것으로서의 부정적 본질이다.

그러므로 회의주의적 자기의식은 그에 대해 자신을 확고하게 만들려고 하는 모든 것의 변천 속에서 자신의 고유한 자유를 그 자신이 스스로에게 부여하고 유지하는 것으로서 경험한다. 회의주의적 자기의식은 스스로에게 이런 자기 자신에 관한 사유의 평정심(ataraxia),[130] 즉 변치 않는 **참다운**

---

129) 이 문장은 지시대명사와 인칭대명사의 지시 관계에 따라 다음과 같이 번역할 수도 있다. "그런 자신의 자유에 관한 경험을 만들어가면서 이를 통해 자신의 자유를 **진리**로 고양시킨다."
130) 아타락시아(ataraxia)는 에피쿠로스 학파가 행복에 도달하기 위해 갖추어야 할 제1의 덕목으로 제시한 도덕적 태도이다. 통상 '평정심'으로 번역하는데, 어원상 '동요하지 않고 혼란하지 않은 마음의 상태'를 뜻한다.

**자기 확신**이다. 이런 자기 확신은 자신의 다양한 전개를 자신 안으로 붕괴시켜버리는 어떤 낯선 것에서부터 이를 배후에 두고서 자신의 생성을 끝낸 결과로 등장하는 것이 아니다. 오히려 그 의식 자체가 **절대적인 변증법적 불안정**, 즉 감각적 표상과 사유된 표상의 혼합물이어서, 그 두 가지 표상 사이의 구별이 허물어지는 것 못지않게 또한 그것들의 **동일성**도 (이 동일성은 그 자체가 **비동일적인 것**에 대치한 **규정성**이므로) 다시 해체된다. 그런데 바로 이런 점에서 이 의식은 실은 자기 동일적 의식이기는커녕 한낱 전적으로 우연한 혼란, 자신을 지속적으로 산출하는 무질서의 어지러움에 불과하다. **이 의식은 그 자체 대자적으로 이러한 것**(우연성의 혼란과 무질서의 어지러움)**이다.** 왜냐하면 이 의식은 그 자체가 이렇게 스스로 운동하는 혼란을 보존하고 산출하는 것이기 때문이다. 그렇기 때문에 또한 이 의식은 이를 자인하면서 자신이 전적으로 **우연하고 개별적인** 의식이라는 점을, 즉 자신에 대해 아무 실재성도 가지지 못하는 것을 추종하고 자신에게 아무런 본질도 아닌 것에 복종하며 자신에게 아무 진리도 아닌 것을 행하면서 현실화하는 그런 **경험적** 의식이라는 점을 고백한다. 그렇지만 이 의식은 이런 식으로 자신을 **개별적이고 우연하며** 실로 동물적인 생명이자 **상실한**(패배한) 자기의식으로 간주하는 것 못지않게 또한 반대로 자신을 다시 **보편적 자기 동일자**로 만든다. 왜냐하면 이 의식은 모든 개별성과 모든 구별의 부정성이기 때문이다. 이런 자기 동일성으로부터 또는 오히려 이런 자기 동일성 자체 속에서 이 의식은 다시금 앞의 우연성과 혼란으로 되돌아가 빠져든다. 왜냐하면 바로 이런 자기 운동적 부정성은 단지 개별적인 것과만 관련되고 우연한 것을 가지고서 헤맬 뿐이기 때문이다. 따라서 이 의식은 자기 동일적 자기의식이라는 한 극단에서 우연하고 혼란스러우면서 혼란하게 하는 의식이라는 다른 극단으로 왔다 갔다 하는 의식 없는 산만함(허튼소리,

Faselei)이다. 이 의식 자체는 이러한 자기 자신에 관한 두 가지 사고를 한데 합치지 못한다. 이 의식은 **이럴 때에는** 자신의 자유를 온갖 혼란과 모든 현존재의 우연성을 넘어서는 고양이라고 인식하고, 또한 그에 못지않게 **저럴 때에는** 자신이 **비본질성**으로의 퇴락이자 비본질성 속에서의 배회임을 고백한다. 이 의식은 비본질적인 내용을 자신의 사유 속에서 소멸시키지만, 바로 그렇게 하는 가운데 이 의식은 비본질적인 것의 의식이다. 이 의식은 절대적 **소멸**을 언표하지만, 이 **언표 행위는 존재하며**, 이 의식은 다름 아닌 언표된 소멸이다. 이 의식은 보거나 듣는 것 등등의 헛됨을 언표하면서도, 그 **스스로가 보고 듣고** 등등을 한다. 이 의식은 인륜적 본질태들의 헛됨을 언표하면서도, 이런 인륜적 본질태들 자체를 자신의 행위가 지니는 위력으로 삼는다. 그의 행동과 그의 말은 늘 자신과 모순되며, 이에 못지않게 이 의식은 그 자체가 (한편으로는) 불변성 및 동일성 그리고 (다른 한편으로는) 전적인 우연성 및 자신과의 비동일성이라는 이중적인 모순된 의식을 가지고 있다. 그런데 이 의식은 이러한 자기 자신의 모순을 서로 갈라놓고서는 이에 대해서도 자신의 순수한 부정적 운동 일반에서 취했던 것과 같은 태도를 취한다. 즉, 그에게 **동일성**이 제시되면, 그는 **비동일성**을 제시한다. 그리고 그가 방금 언표한 비동일성을 이제 그에게 들려주면, 그는 **동일성**을 제시하는 것으로 넘어간다. 그가 하는 잡담은 실은 이 사람이 'A'라고 말하면 저 사람은 'B'라고 말하고 또 저 사람이 'B'라고 말하면 이 사람은 'A'라고 말하면서 **서로 간의** 모순 속에 머무는 즐거움을 **자기 자신과의** 모순을 통해 얻어내는 고집불통의 어린이들이 벌이는 말싸움에 불과하다.

**불행한 의식**

회의주의에서 의식은 진실로 자신을 그 자체 안에서 자신과 모순되는 의식이라고 경험한다. 이러한 경험으로부터 **새로운 형태**(새로운 의식 형태)가 등장하는데, 그것은 회의주의가 갈라놓았던 두 가지 사고를 한데 모은다. 회의주의가 지닌 자기 자신에 관한 무사유는 사라져야 한다. 왜냐하면 그 두 가지 (사고) 방식을 자신에 지니고 있는 것은 실은 **하나의** 의식이기 때문이다. 그리하여 이 새로운 형태는 **대자적으로** 자신에 관한 이중적 의식, 즉 (현존재의 무질서와 혼란으로부터) 자기를 해방시키는 불변의 자기 동일적인 자신 그리고 절대적으로 자기를 혼란하게 하고 전도시키는 자신이라는 이중적 의식이며, 이러한 자신의 모순에 관한 의식이다. — 스토아주의에서는 자기의식이 자기 자신의 단순한(einfach) 자유이다. 회의주의에서는 이런 자기 자신의 단순한 자유가 실현되면서 규정된 현존재라는 다른 측면은 파괴되지만, 오히려 (의식은) **자신을** 이중화하면서 이제 스스로에게 두 갈래의 것(ein zweifaches)이 된다. 이를 통해 앞에서는 주인과 노예라는 두 개별자(두 개별적 의식)에게 분할되었던 이중화가 일자(하나의 의식)로 회귀한다. 그럼으로써 정신의 개념에 본질적인 것인 자기 자신 안에서 자기의식의 이중화가 현존하지만, 그 이중화의 통일은 아직 현존하지 않으며, **불행한 의식**은 단지 모순되는 이중적 본질로서의 자신에 관한 의식이다.

그러므로 불행한 의식의 본질이 지닌 이런 모순은 그 자신에게 **하나의** 의식이기 때문에, 이렇게 **자신 안에서 양분되어 있는 불행한** 의식은 그 하나의 의식 속에서 항상 또한 다른 의식도 지니고 있을 수밖에 없으며, 그래서 그 각각의 의식이 승리를 얻어 통일의 안정에 도달했다고 여길 때 그로부터 다시 직접적으로 그 의식에서 추방될 수밖에 없다. 그렇지만 불행한 의식이 자기 자신 안으로 참되게 귀환한다면 또는 자신과 화해한다면, 이는 생동하게 되고 실존하게 된 정신의 개념을 서술하게 될 것이다. 왜냐하면 불행한 의식이 **하나의** 분리되지 않은 의식으로서 이중적인 의식이라는 점이 이미 불행한 의식에 존재하기 때문이다. 불행한 의식 자체가 하나의 자기의식이 다른 자기의식 속으로 바라보는 것(Schauen eines Selbstbewußtseins in ein anderes)**이고**, 그 자신이 그 두 가지 자기의식 모두**이며**, 그 둘의 통일이 또한 그에게 본질이다. 그러나 불행한 의식이 **대자적으로** 스스로에게 아직 이런 본질 자체가 아니고 또 아직 양자의 통일도 아니다.

  불행한 의식이 처음에는 단지 그 두 가지의 **직접적 통일**일 뿐이어서 그 두 가지가 불행한 의식에 대해 같은 하나의 것이 아니라 오히려 대립해 있는 것이므로, 불행한 의식에게 그 한 가지, 즉 단순한 불변적인 의식이 **본질로서** 존재하는 반면에 다른 한 가지, 즉 다중적인 가변적인 의식은 **비본질적인 것**으로서 존재한다. **불행한 의식에 대해** 그 두 가지는 서로 낯선 본질이다. 불행한 의식은 이런 모순의 의식이기 때문에 그 자신은 스스로를 가변적인 의식의 편에 세우고 스스로에게 비본질적인 것이다. 그러나 동시에 불변성 또는 단순한 본질의 의식으로서 불행한 의식은 자신을 비본질적인 것으로부터, 다시 말해 자기 자신으로부터 해방시키는 데로 나아가야 한다. 왜냐하면 불행한 의식이 물론 **대자적으로는** 단지 가변적인 것이고 또 그에게는 불변적인 것이 낯선 것이긴 하지만, **불행한 의식 그 자체가** 단순한 것이고, 따라서 불변적인 의식**이기** 때문이다. 그래서 불행한 의식은 이 불변적인 의식을 **자신의** 본질이라고 자각하지만, **불행한 의식 그 자체가** 대자적으로는 다시금 이런 본질이 아니다. 그러므로 불행한 의식이 그 두 가지에 부여하는 지위는 그 두 가지가 서로에 대해서 아무런들 상관없음, 다시 말해 불변자에 대한 불행한 의식 자신의 아무런들 상관없음이 될 수는 없다. 오히려 불행한 의식은 직접적으로 그 자신이 이 두 가지 모두이며, 불행한 의식은 비본질에 대한 본질의 관련으로서 **그 두 가지의 관련**이다. 그래서 (이러한 관련 속에서) 이 비본질은 지양되어야만 하지만, 불행한 의식에게는 그 두 가지가 모두 동등하게 본질적이면서 서로 모순적이므로, 불행한 의식은 반대항이 자신의 반대항 속에서 안정을 찾지 못한 채 오히려 자신의 반대항 속에서 자신을 단지 그 반대항으로서 새롭게 생산해내는 그런 모순적인 운동에 불과하다.

이로써 하나의 적에 맞선 투쟁이 현존하는데, 여기서 적에 대한 승리는 오히려 패배이고 하나의 성취는 오히려 그 반대편에서 이를 상실하는 것이다. 생명과 그것의[131] 현존재 및 행동에 대한 의식은 단지 이런 현존재와 행동에 대한 고통이다. 왜냐하면 이때에 그 의식은 단지 자신의 반대항이 본질이라는 의식이자 자기 자신의 헛됨에 대한 의식일 뿐이기 때문이다. 의식은 이로부터 불변자로의 고양으로 이행한다. 그러나 이러한 고양 자체가 바로 이 의식이다. 따라서 이 고양은 직접적으로 그 반대의 의식, 다시 말해 개별성으로서의 자기 자신에 대한 의식이다. 의식 속에 들어오는 불변자는 바로 이를 통해 동시에 개별성과 접촉하게 되면서 오직 이 개별성과 더불어서만 현전한다. 불변자에 대한 의식 속에서 이 개별성이 절멸되기는커녕 그 속에서 항상 불거져 나올 뿐이다.

그러나 이 의식은 이러한 운동 속에서 바로 이런 **불변자에서 개별성이 발현**하고 또 **개별성에서 불변자가 발현**한다는 점을 경험한다. 불변적인 본질(본체)**에서 개별성 일반**이 그리고 동시에 불변적인 본질에서 **그 자신의 개별성이 의식에 대해** 생성된다. 왜냐하면 이 운동의 진리는 바로 이런 이중적인 의식의 **하나임**(Einssein)이기 때문이다. **이런 통일이 이 의식에게 생성되지만, 그것은 의식에게 처음에는** 그 자체가 **여전히** 양자 간의 **상이성**이 지배적인 것인 그런 통일이다.[132] 이를 통해 개별성이 불변자와 결부되

---

131) 인칭대명사가 '생명' 대신에 '의식'을 지시하는 것으로 독해할 수도 있는데, 이 경우 이 구절은 "생명, 즉 의식의"로 번역한다.

는 삼중의 방식이 의식에 대해 존재하게 된다. **첫째로**, **의식**[133] 자체가 다시 스스로에게 불변적인 본질에 대립하는 것으로 등장한다. 그러고서 의식은[134] 관계 전체의 요소로 남아 있는 투쟁의 시초로 되던져진다. 그러나 **둘째로**, 의식에[135] 대해 **불변자** 자체가 **자신에게서 개별성**을 지닌다. 그래서 개별성은 그럼으로써 실존의 양식 전체가 그리로 넘어가는 불변자의 형태가 된다. **셋째로, 의식은**[136] 자기 자신을 이런 불변자 속의 개별자로서 발견한다. **첫 번째** 불변자는 의식에게 단지 개별성을 유죄로 선고하는 **낯선** 본질일 뿐이다. **두 번째** 불변자는 불변자 자신인 것과 마찬가지로 **개별성의 형태**이기도 하므로, **셋째로** 불변자는 정신이 되어 거기서 자기 자신을 발견하는 기쁨을 누리면서 자신의 개별성이 보편자와 화해했다는 것을 자각하게 된다.[137]

여기서 불변자가 지닌 양식과 관계라고 서술되는 것은 양분된 자기의식이 자신의 불행 속에서 거치는 **경험**이라는 점이 밝혀졌다. 그런데 이러한 **경험**이 **양분된 자기의식의 일방적인** 운동은 분명 아니다. 왜냐하면 양분된 자기의식은 그 자체가 불변적인 의식이고, 그래서 불변적인 의식은 또한 동시에 개별적 의식이며, 그 (양분된 자기의식의) 운동은 이에 못지않게 불변적

---

132) (Werke) 그러나 **이런 통일이 의식에게 처음에는** 그 자체가 **여전히** 양자 간의 **상이성**이 지배적인 것인 그런 통일이 **된다**.
133) 인칭대명사가 '의식' 대신에 '불변자'를 지시하는 것으로 독해할 수도 있다.
134) 각주 133) 참조.
135) 각주 133) 참조.
136) 각주 133) 참조.
137) 이 문장은 인칭대명사의 지시 관계에 따라 다음과 같이 번역할 수도 있다. "**두 번째** 불변자는 의식 자신과 마찬가지로 **개별성의 형태**이므로, **셋째로** 의식은 정신이 되어 거기서 자기 자신을 발견하는 기쁨을 누리면서 자신의 개별성이 보편자와 화해했다는 것을 자각하게 된다."

인 의식의 운동이어서, 이 운동 속에서는 다른 의식(가변적인 개별적 의식) 못지 않게 불변적인 의식도 등장하기 때문이다. 왜냐하면 이 운동은 다음과 같은 계기들을 거치면서 진행되기 때문이다. 즉, 이 운동은 한 번은 불변적인 의식이 개별적 의식 일반에 대립해 있고, 그다음에는 개별적 의식 자신이 다른 개별적 의식에 대립해 있으며, 마지막으로는 (개별적 의식이) 다른 개별적 의식과[138] 하나라는 계기들을 거치면서 진행된다. 그러나 이와 같은 고찰은 우리에게 귀속하는 것인 한에서 아직은 시기상조이다. 왜냐하면 지금까지 우리에게 발생한 것은 단지 의식의 불변성으로서의 불변성, 그러므로 진정한 불변성이 아니라 여전히 대립과 결부되어 있는 불변성일 뿐이지 **그 자체 즉자 대자적인** 불변자는 아니기 때문이다. 그렇기 때문에 우리는 이 즉자 대자적인 불변자가 어떤 행태를 취할지를 알지 못한다. 다만 여기서 밝혀진 점은 지금 우리의 대상인 의식에게 이상과 같이 제시된 규정들이 불변자에게서 나타난다는 것뿐이다.

그러므로 이러한 이유에서 불변적인 **의식**은 자신의 형태화 자체 속에서도 개별적 의식에 맞서 양분된 존재이자 대자 존재라는 특성과 그 토대를 계속 간직하고 있다. 그럼으로써 불변자가 개별성의 형태를 띠게 되는 일이 개별적 의식을 위해서는 무릇 하나의 **벌어진 사건**(Geschenhen)이 된다. 개별적 의식이 자신을 불변자에 대립해 있는 것으로서 단지 **발견할** 뿐이고, 따라서 **그 본성상** 이러한 관계를 지니고 있다는 것도 이와 마찬가지이다.[139] 개별적 의식이 마침내 **자신을** 불변자 속에서 **발견한다**는 것이 개별

---

138) 인칭대명사가 '다른 개별적 의식' 대신에 '불변자'를 지시하는 것으로 독해할 수도 있다.
139) 이 문장은 인칭대명사의 지시 관계에 따라 다음과 같이 번역할 수도 있다. "불변자가 자신을 개별적 의식에 대립해 있는 것으로서 단지 **발견할** 뿐이고, 따라서 **그 본성상** 이러한 관계를 지니고 있다는 것도 이와 마찬가지이다."

적 의식에게는 비록 부분적으로는 자기 자신이 야기한 일 또는 자기 자신이 개별적이기 때문에 일어나는 일로 나타나지만,[140] 이런 통일의 일부는 그 발생이라는 면에서나 또 그 통일이 존재하는 한에서나 불변자에게 귀속하는 것으로 나타난다. 그리고 이런 통일 자체 속에서도 대립은 유지된다. 실제로 불변자의 **형태화**를 통해 피안이라는 계기는 그대로 유지될 뿐만 아니라 오히려 더 공고해진다. 왜냐하면 불변자가 개별적 현실태라는 형태를 통해서 비록 한편으로는 개별적 의식에게 더 가까이 다가온 듯이 보이지만, 다른 한편으로는 오히려 불변자가 불투명한 감각적 **단일자**로서 **현실적인 것**이 지닌 일체의 완강함을 가지고서 개별적 의식과 마주하고 있기 때문이다. 불변자와 하나가 된다는 희망은 어디까지나 희망으로, 다시 말해 충족되지 않고 현재화되지 못한 채로 남을 수밖에 없다. 왜냐하면 그런 희망과 충족 사이에는 바로 그 희망의 근거가 되는 형태화 자체 속에 놓여 있는 절대적 우연성 또는 부동의 아무런들 상관없음이 가로 서 있기 때문이다. **존재하는 단일자**의 본성에 의해, 즉 존재하는 단일자가 끌어들인 현실성에 의해 바로 이 존재하는 단일자가 시간 속에서 소멸되고 공간 속에서 멀리 떨어져 있었으며 또 전적으로 계속 멀리 떨어져 머물게 되는 일이 필연적으로 일어날 수밖에 없다.

애초에 양분된 의식이라는 한낱 개념은 양분된 의식이 개별적 의식으로서의 자신을 지양하고서 불변적인 의식이 되려고 지향하는 것이라고 규정되었다. 그런데 이제 양분된 의식의 추구 행위는 오히려 양분된 의식이 **형**

---

140) 이 구절은 인칭대명사의 지시 관계에 따라 다음과 같이 번역할 수도 있다. "불변자가 마침내 **자신을** 개별적 의식 속에서 **발견한다**는 것이 불변자에게는 비록 부분적으로는 자기 자신이 야기한 일 또는 자기 자신이 개별적이기 때문에 일어나는 일로 나타나지만." 그러나 이런 해석은 바로 뒤에 이어지는 구절에 비추어볼 때 문맥상 개연성이 적다.

**태화되지 않은** 순수한 불변자와 맺는 관계를 지양하고서 오직 **형태화된 불변자와의**[141] 관련만을 자신에게 부여한다는 규정을 지닌다. 왜냐하면 (양분된 의식이라는) 개념 속에서는 단지 무형의 추상적 불변자만이 본질적인 대상이었다면, 이제는 개별자가 불변자와 **하나임**이 개별자에게 **본질**이자 **대상**이기 때문이다. 그리고 이런 개념의 절대적인 분열태라는 관계야말로 이제 양분된 의식이 내던져버려야만 하는 것이다. 그런데 양분된 의식은 낯선 현실적인 것으로서의 형태화된 불변자와 맺은 애초의 외적 관련을 절대적인 하나됨으로까지 고양해야만 한다.

비본질적인 의식이 이런 (불변자와) 하나임에 도달하려고 애쓰는 운동은 그 자체가 비본질적인 의식이 자신의 형태화된 피안과 맺게 되는 삼중의 관계에 따른 **삼중적인** 운동이다. 즉, 첫째로 **순수한 의식**으로서(의 비본질적인 의식의 운동이고), 둘째로 **현실**에 대해서 욕망과 노동으로 대처하는 **개별적 본질**로서(의 비본질적인 의식의 운동이며), 셋째로 **자신의 대자 존재의 의식**으로서(의 비본질적인 의식의 운동)이다. — 이런 비본질적인 의식의 존재가 지닌 세 가지 양식이 앞에서 본 보편적인 관계 속에서 어떻게 현존하고 또 규정되어 있는지를 이제 살펴보자.

따라서 먼저 비본질적인 의식을 **순수한 의식**으로서 고찰하면, 형태화된 불변자가 순수한 의식에 대해 존재하게 됨으로써 그가 그 자체 즉자 대자적으로 존재하는 바대로 정립된 듯이 보인다. 하지만 이미 환기시킨 바와 같이 형태화된 불변자가 어떻게 그 자체 즉자 대자적으로 존재하는지는

---

[141] 지금까지 '불변자'는 주로 중성 명사인 'das Unwandelbare'로 표기되었으나 이 구절과 이하에서는 종종 남성 명사인 'der Unwandelbare'의 형태로 등장한다. 여기서는 둘 다 '불변자'로 옮긴다.

아직 생성되지 않았다. 형태화된 불변자가 그 자체 즉자 대자적으로 존재하는 바대로 의식 속에 존재할 것이라는 점은 분명 의식에게서 비롯되기보다는 오히려 형태화된 불변자에게서 비롯되어야만 할 것이다. 그러나 여기서는 그런 형태화된 불변자의 임재가 이제 겨우 일면적으로 의식을 통해서 현존할 뿐이며, 바로 그런 까닭에 완전하지도 또 참되지도 못하고 불완전성이나 대립을 떠안은 채로 남아 있다.

그러나 이에 따라 비록 불행한 의식이 그와 같은 (형태화되어 즉자 대자적으로 존재하는 불변자의) 임재를 지니고 있지는 못할지라도 불행한 의식은 동시에 순수한 사유를 넘어서 있다. 순수한 사유가 **개별성** 일반을 **외면하는** 스토아주의의 추상적 사유이거나 또는 회의주의의 한낱 **불안정한** 사유(실은 단지 의식을 결여한 모순과 그것의 쉼 없는 운동으로서의 개별성)인 한에서 말이다. 불행한 의식은 그 두 가지를 넘어서서 순수한 사유와 개별성을 한데 모아 결합하지만, 아직은 **그것에 대해** 의식의 개별성이 순수한 사유 자체와 화해한 그런 사유로까지 고양되지는 못했다. 오히려 불행한 의식은 추상적 사유가 개별성으로서의 의식의 개별성과 접촉하는 매개 중심에 서 있다. 불행한 의식 그 자체가 이러한 접촉**이다**. 불행한 의식은 순수한 사유와 개별성의 통일이다. 불행한 의식은 또한 **자신에 대해** 이런 사유하는 개별성이거나 또는 본질적으로 그 자체가 개별성으로서의 순수한 사유이자 불변자이다.[142] 그렇지만 이런 자신의 대상, 즉 그에게 본질적으로 개별성의 형태를 지닌 불변자가 **불행한 의식 자신**이라는 것, 즉 의식의 개별성인 그 자신이라는 것이 **불행한 의식에 대해** 존재하지는 않는다.

---

142) (Werke) 불행한 의식은 또한 **자신에 대해** 이런 사유하는 개별성 또는 순수한 사유이며, 본질적으로 그 자체가 개별성으로서의 불변자이다.

우리가 비본질적인 의식(불행한 의식)을 **순수한 의식**으로서 고찰하는 이런 첫 번째 양식에서 이 의식은 **자신의 대상에 대해서** 사유하는 태도를 취하면서 관계하지는 않는다. 비록 의식 자신이 **즉자적으로는** 순수한 사유하는 개별성이고 또 이것이 바로 그의 대상이긴 하지만, **그것들**(의식과 대상) **서로의 관련 자체**가 **순수한 사유**는 아니다. 그렇기에 의식은 말하자면 단지 사유를 **향해**(an das Denken hin) 나아가며, 그것은 **기도**(Andacht)이다. 이 의식의 사유 자체는 무정형적인 종소리의 웅웅거림이나 따듯한 안개의 자욱함에 머문다. 즉, 그것은 음악적 사유에 머물러서, (사유의) 유일하게 내재적인 대상적 방식이 될 개념에는 도달하지 못한다. 물론 이런 무한하고 순수한 내적 느낌에는 그러한 (음악적) 사유가 그것의 대상이 된다. 그러나 그 대상이 개념적으로 파악된 대상으로 등장하지는 않으며, 따라서 그저 낯선 것으로 등장한다. 그럼으로써 자기 자신을 느끼기는 하되 자신을 분열로서 고통스럽게 **느끼는** 그런 **순수한** 심성(Gemüte)의 내면적 운동이 현존하게 된다. 그것은 자신의 본질이 그와 같은 순수한 심성이라는, 즉 자신을 **개별성이라고 사유하는** 순수한 **사유**라는 확신을 가지고 있는 무한한 **동경**의 운동, 바로 이 대상이 자신을 개별성이라고 사유하는 까닭에 이 대상에 의해 인식되고 승인받는다는 확신을 가지고 있는 무한한 동경의 운동이다. 그러나 동시에 이 본질(본체)은 붙잡으려고 하면 벗어나 도망가는 또는 오히려 이미 도망가버린 도달할 수 없는 **피안**이다. 그것은 이미 도망가버렸다. 왜냐하면 그러한 본질은 한편으로는 자신을 개별성이라고 사유하는 불변자이며, 그렇기 때문에 의식은 그런 본질 속에서 직접적으로 자기 자신에 도달하되, 다만 **불변자에 대립하는 것으로서의 자기 자신**에 도달하기 때문이다. 의식은 본질을 포착하는 대신에 다만 그것을 **느낄** 뿐이며, (이러한 시도 속에서) 자신 안으로 퇴락한다. (피안의 본체에) 도달하려고 할 때 자신이 이렇게 (본체의) 대립자가 되는 것을 막지 못하는 까닭에, 의식은 본질을 포착하는 대신에 단지 비본질성만을 포착했을 뿐이다. 이렇게 **의식이** 한편 **으로는 본질 속에서 자신에게** 도달하려고 애쓰는 가운데 단지 자신의 분리된 현실만을 포착하듯이, 다른 한편으로 의식은 타자를 **개별적인 것으로서** 또는 **현실적인 것으로서** 포착하지 못한다. 본질을[143] 구하려는 곳에서 그것은 발견될 수가 없다. 왜냐하면 그것은 바로 **피안**, 즉 결코 발견될 수 없는 그런 것이어야 하기 때문이다. 그것을 개별적인 것으로서 구한다면, 그것은 **보편적인** 사유된 **개별성**인 개념이 아니라 오히려 대상으로서의 **개별적인 것**이나 **현실적인 것**이다. 즉, 그것은 직접적인 감각적 확신의 대상이며, 바로 그렇기 때문에 단지 소멸하는 것에 불과하다. 그러므로 의식에게는 오직 그것의 생명의 (본체의 생명이 소멸하고서 남긴) **무덤**만이 현재화될 수 있을 뿐이다. 그러나 이 무덤조차도 하나의 **현실**이고 또 지속적인 점유를 허용하는 일은 이런 현실의 본성에 배치되기 때문에, 그와 같은 무덤의 현전도 단지 패배할 수밖에 없는 노력의 투쟁일 뿐이다. 하지만 의식이 대상으로 삼는 **현실적인** 불변적 본질의 **무덤**이 **아무런 현실성도** 지니지 **않는다는** 것,[144] **소멸한 개별성**은 소멸한 것으로서 참된 개별성이 아니라는 것을 의식이 경험하면서, 의식은 불변적인 개별성을 **현실적인 것으로서** 구하려고 하거나 소멸한 것으로서 꼭 붙잡으려고 하는 일을 단념하게 될 것이고, 이를 통해 비로소 의식은 개별성을 참다운 개별성으로서 또는 보편적 개별성으로서 발견할 수 있는 능력을 지니게 된다.

---

143) 인칭대명사가 '본질' 대신에 '타자'를 지시하는 것으로 독해할 수도 있다.
144) 『신약성경』, 루카 24:2-3: "그런데 그들이 보니 무덤에서 돌이 이미 굴려져 있었다. 그래서 안으로 들어가 보니 주 예수님의 시신이 없었다."

그러나 **심성의 자기 내 귀환**은 우선은 심성이 스스로에게 **개별적인 것**으로서 **현실성**을 지닌다는 것으로 받아들여져야 한다. **우리에 대해서는** 또는 **즉자적으로는** 자신을 발견하고 내적으로 포만해진 것이 곧 **순수한 심성**이다. 왜냐하면 비록 **심성에 대해서는** 심성의 감정 속에서 본질이 심성과 분리되지만, 즉자적으로는 이런 감정이 **자기** 감정이기 때문이다. 심성은 그의 순수한 느낌의 대상을 감지했는데, 이 대상은 바로 자기 자신이다. 따라서 심성은 이로부터 자기 감정 또는 대자적으로 존재하는 현실적인 것으로 등장한다. 이런 자신 안으로의 귀환 속에서 우리에 대해 심성의 **두 번째 관계**가 생성되었다. 즉, 우리에 대해 의식이 획득했던 내적 자기 확신을 낯선 본질의, 다시 말해 자립적인 사물이라는 형식을 띤 낯선 본질의 지양과 향유를 통해 의식에게 입증하는 욕망과 노동의 관계가 생성되었다. 그런데 불행한 의식은 자신을 오직 **욕망하고 노동하는 자**로서만 **발견한다**. 내적 자기 확신이 그 근저에 놓여 있고 또 본질에 대한 자신의 감정이 이런 자기 감정이 되는 식으로 자신을 발견한다는 사실이 불행한 의식에 대해서는 현존하지 않는다. 불행한 의식은 이런 내적 자기 확신을 **그 자체 대자적으로** 지니고 있지 않으므로, 그의 내면은 오히려 여전히 부서진(좌절된, gebrochen) 자기 확신으로 머문다. 그렇기 때문에 불행한 의식이 노동과 향유를 통해 획득하게 될 입증도 바로 그런 **부서진** 입증이다. 또는 불행한 의식은 오히려 스스로 자신에게 이런 입증을 파괴해야만 한다. 그래서 불행한 의식은 이렇게 (노동과 향유를 통해 자기 확신을) 입증하는 가운데 그 입증을 발견하기는 하되, 단지 불행한 의식이 대자적으로 그러한 바에 대한 입증, 즉 자신의 분열에 대한 입증만을 발견할 뿐이다.

욕망과 노동이 대처하는 현실이 이 의식에게는 더 이상 **그 자체로**(즉자적으로) **헛된 것**, 의식에 의해 그저 지양되고 먹어 치워져야 하는 것이 아니라 의식 자신과 마찬가지로 **부서져 양분된 현실**이어서, 그것은 한편으로는 단지 그 자체로 헛될 뿐이지만 다른 한편으로는 또한 신성해진 세계인 그런 현실이다. 이 현실은 바로 불변자의 형태이다. 왜냐하면 불변자는 자신에게서(즉자적으로) 개별성을 획득했으며, 또한 불변자는 불변자로서 보편자이므로 그의 개별성은 무릇 일체의 현실이라는 의미를 지니기 때문이다.

만약 의식이 대자적으로 자립적인 의식이고 또 그에게는 현실이 즉자대자적으로 헛된 것이라면, 현실을 지양하는 자는 의식 자신일 터이기에 이를 통해 의식은 노동하고 향유하는 가운데 자신의 자립성에 대한 감정에 도달했을 것이다. 그러나 그에게 현실은 불변자의 형태이므로 의식은 그 자신만으로는 이 현실을 지양하지 못한다. 오히려 의식이 비록 현실을 무화시키고 향유하는 데에 이르더라도, 이는 본질적으로 불변자 자신이 그의 형태를 **포기하고서**(희생하고서) 자신을 향유에 **내맡기기** 때문에 의식에 대해 일어나는 것이다. — 여기서 의식은 그 자신도 **마찬가지로** 현실적인 것으로 등장하지만, 그에 못지않게 또한 내면적으로 부서진 것으로도 등장한다. 이러한 분열은 의식이 노동하고 향유하는 가운데 자신을 (한편으로는) **현실과의 관계** 또는 **대자 존재**로 그리고 (다른 한편으로는) **즉자 존재**로 쪼개는 것으로 나타난다. 앞의 현실과의 관계는 **변화시킴** 또는 **행동**이며, **개별적** 의식 자체에 귀속하는 대자 존재이다. 그러나 의식은 이렇게 하는 가운데서도 또한 **즉자적**이다. 이런 면은 불변적인 피안에 귀속된다. 능력과 힘이 바로 이에 해당하는데, 이것은 마찬가지로 불변자가 이를 사용하기 위해서 의식에게 내맡기는 낯선 선물(천부적 재능)이다.

이에 따라 의식은 자신의 행동에서 처음에는 양극단 사이의 관계 속에 있다. 의식은 능동적인 차안으로서 한편에 서 있고, 그에 마주하여 수동적인 현실이 서 있으며, 그 둘은 상호 관련 속에 있으면서도 또한 둘 다 불변자로 회귀하여 자신을 고수한다. 그렇기 때문에 단지 표면만이 양측으로부터 서로 떨어져 나오는데, 바로 이것이 상대편에 맞서는 운동의 유동 속으로 들어간다. — 현실이라는 (수동적인) 극단은 능동적인 극단(의식)에 의해 지양된다. 그러나 현실이 그 나름대로 지양될 수 있는 까닭은 오직 그 현실의 불변적인 본질이 현실 자체를 지양하고 자신을 현실로부터 떨쳐내며, 그렇게 떨쳐낸 것을 (의식의) 활동에 넘겨주기 때문이다. 능동적인 힘은 현실을 해체하는 **위력**으로 나타난다. 그렇지만 바로 그렇기 때문에 의식이 활동할 때 그렇게 나타나는 이 위력은 **즉자**나 본질이 그에게는 타자인 이 의식에 대해서는 자기 자신의 피안이다. 그러므로 의식은 자신의 행동으로부터 자신 안으로 귀환하여 자신을 그 자체 대자적으로 입증하기는커녕 오히려 이 행동의 운동을 다른 극단으로 되돌려 반사한다. 이를 통해 이 다른 극단은 순수한 보편자로, 즉 그것으로부터 운동이 사방으로 퍼져 나가고 또 처음에 등장했던 바와 같이 스스로를 파열시키는 극단들의 본질이자 (그 극단들 상호간의) 교체 자체의 본질인 그런 절대적인 위력으로 드러난다.

  불변적인 의식이 자신의 형태를 **포기하고서 희생하는** 반면에, 개별적 의식은 이에 **감사하면서**, 즉 자신의 **자립성**에 관한 의식을 만족시키는 일을 **단념하면서** 행동의 본질을 자신으로부터 떼어내어 피안에 배속한다. 바로 이런 양측의 **쌍방적인** 자기 **포기**라는 두 계기를 통해 결국 의식에게 불변자와 자신의 통일이 분명 생성된다. 하지만 동시에 이 통일은 분리에 의해 감염되어 있고, 자신 안에서 다시 쪼개져 있으며, 이런 통일로부터 다시 보편자와 개별자의 대립이 발현한다. 왜냐하면 비록 의식이 **겉으로는**(가상적으로는) 자신의 자기 감정을 만족시키는 일을 단념하지만 (실은 오히려) 이를 **현실적으로** 만족시키는 데에 도달하기 때문이다. 왜냐하면 **의식은** 욕망과 노동과 향유**였다. 그것은** 의식으로서 **의욕하고 행동하고 향유했다.** 다른 극단(자신을 희생시키는 불변자)을 본질로서 승인하면서 자신을 지양하는 의식의 **감사**도 마찬가지로 [그 자체가 다른 극단의 행동을 상쇄하면서 자신을 희생하는 (불변자의) 선행에 그와 **동일한** 행동으로 응대하는] 의식 **자신의 고유한** 행동이다. 다른 극단이 자신의 **표면**을 의식에게 양도할 때, **하지만** 의식도 **역시** 이에 감사하며, 자신의 행동을, 즉 자신의 **본질**을 스스로 포기하는 가운데 의식은 실은 단지 표면만을 자신으로부터 밀쳐내는(떼어내 양도하는) 타자(불변자)보다 더 많은 것을 행한다. 따라서 전체적인 운동은 현실적인 욕망과 노동과 향유에서뿐만이 아니라 심지어 그 반대가 벌어지는 듯이 보이는 감사에서조차 자신을 **개별성이라는 극단**으로 반사한다. 그러는 가운데 의식은 자신을 이런 개별자로서 감지하며, 자신의 포기 행위가 지닌 가상에 현혹되지 않는다. 왜냐하면 의식의 포기 행위가 지닌 진리는 의식이 자신을 포기하지 않았다는 것이기 때문이다. 그렇게 해서 이루어진 것은 단지 양극단으로의 이중적인 반성뿐이며, 그 결과는 (한편으로는) **불변자**의 대립하는 의식과 (다른 한편으로는) 이에 **마주서서** 의욕하고 완수하고 향유하는 의식 그리고 자신을 포기하는 행위 자체의 의식 또는 **대자적으로 존재하는 개별성** 일반의 의식으로의 반복된 균열이다.

이로써 이 의식의 운동이 지닌 **세 번째 관계**가 등장하는데, 이 세 번째 관계는 자신의 의욕과 완수를 통해 참으로 자신을 자립적인 것이라고 검증했던 두 번째 관계 자체로부터 발현한다. 첫 번째 관계에서는 의식이 단지 현실적인 의식의 **개념** 또는 아직 행동과 향유 속에서 현실적이지는 않은 **내적 심성**에 불과했다. 두 번째 관계는 외적인 행동과 향유로서의 이런 (의식의 자립성의) 현실화이다. 그렇지만 **두 번째 관계**(의 의식)는 이로부터 귀환하여 자신을 현실적(wirklich)이면서 작용하는(wirkend) 의식으로서 **경험하는**

의식 또는 **즉자 대자적으로** 존재한다는 것이 그에게 **참**이 되는 그런 의식이다. 그러나 그렇게 하는 가운데 이제 (의식이 맞서 투쟁하는) 적(敵)이 가장 고유한 형태 속에서 발견되었다. 심성의 투쟁에서 개별적 의식은 단지 음악적인 추상적 계기에 불과하다. 이런 본질을 결여한 존재의 실현인 노동과 향유 속에서 개별적 의식은 직접적으로 **자신을** 망각할 수 있으며, 이런 현실 속에서 자각된 (개별적 의식의) **고유성**은 (불변자를 향한) 감사의 승인을 통해 진압된다. 하지만 이런 진압은 실상 의식의 자기 내 귀환이며, 더욱이 의식에게 참다운 현실인 자기 자신으로의 귀환이다.

이런 (개별적 의식의 고유성이라는) 참다운 현실이 그 **한** 극단을 이루는 이 세 번째 관계는 헛된 것으로서의 이 현실이 보편적 본질과 맺는 **관련**인데, 이제 이러한 관련이 전개하는 운동을 고찰해보자.

먼저 의식에게 자신의 **실재**가 **직접적으로 헛된 것**인 그런 의식의 대립된 관련에 관하여 살펴보면, 결국 그의 현실적인 행동은 아무것도 아닌 행동이 되고 또 그의 향유는 자신이 불행하다는 감정이 된다. 그럼으로써 (의식의) 행동과 향유는 [만약 행동과 향유가 보편적인 내용과 의미를 지녔더라면 즉자 대자 존재를 가지게 되었을 터이므로] 일체의 **보편적인 내용과 의미**를 잃고서 행동과 향유 모두가 의식이 지양의 표적으로 삼았던 개별성으로 후퇴하고 만다. 의식이 자신을 **바로 이 현실적인 개별자**라고 자각하는 것은 동물적인 기능들 속에서이다. 의식은 동물적인 기능들을 거리낌 없이, 즉 즉자 대자적으로 헛되고 정신을 위해서 아무런 중요성과 본질성도 획득하지 못하는 그런 것으로서 행할 수는 없다. 오히려 동물적인 기능들은 (의식의) 적(敵)을 고유한 형태로 보여주는 것이기에 (의식에게) 진지한 노력의 대상이자 또한 바로 가장 중요한 것이 된다. 그런데 이 적은 자신의 패배 속에서 스스로를 산출해내고, 또 의식은 자신을 이 적에 고정함으로써 그로부터 자유롭게 되기는커녕 오히려 늘 거기에 억류되어 있어서 항상 자신을 오염된 상태로 인지하며, 동시에 의식이 추구하는 것의 내용도 본질적인 것이기는커녕 가장 비천한 것이고 보편적인 것이기는커녕 극히 개별적인 것이다. 그래서 우리는 단지 그 자신과 그의 하찮은 행동에 제한되어 있으면서 노심초사하는 불행하고 초라한 인격만을 볼 뿐이다.

그러나 자신이 불행하다는 감정과 자신의 행동이 보잘것없다는 이 두 가지 점에 또한 불변자와 자신(의식)의 통일이라는 의식도 결부된다. 왜냐하면 의식이 시도했던 자신의 현실적인 존재의 직접적인(무매개적인) 무화는 불변자에 관한 사고에 의해 **매개되어** 있고 또 이러한 **관련** 속에서 일어나기 때문이다. 의식이 자신의 개별성을 겨냥하는 부정적인 운동, 그러나 그것이 **자신에서의 관련**(관련 자체, Beziehung an sich)으로서 그에 못지않게 긍정적이고[145] 또 의식 자신을 위해 이런 자신의 **통일**을 산출해낼 부정적인 운동의 본질을 이루는 것은 바로 **이런 매개적** 관련이다.

결국 이 매개적 관련은 자신을 처음에 **즉자**에 대립하는 것으로서 고정하는 개별성이 오직 제3자를 통해서 그 다른 극단과 결합되는 추론이다. 이 (제3의) 매개 중심을 통해서 불변적인 의식이라는 극단이 (다른 극단인) 비본질적인 의식에 대해 존재하는데, 이 비본질적인 의식 속에는 또한 동시에 자신이 마찬가지로 오직 이 매개 중심을 통해서만 불변적인 의식에 대해 존재한다는 사실이 담겨 있다. 그럼으로써 이 매개 중심은 그 양극단을 서로에게 표상하게 하고(서로 앞에 내세우고) 상호적으로 서로가 다른 하나의 봉사자가 되게끔 하는 것이다. 이 매개 중심은 그 자체가 의식적인 본질(본체)

---

145) 본문의 'Beziehung'과 'an sich'를 분리하여 독해할 경우 이 구절은 다음과 같이 번역된다. "그러나 그것이 이에 못지않게 **관련**으로서 **즉자적으로**(그 자체에서) 긍정적이고"

이다. 왜냐하면 그것은 의식 자체를 매개하는 행동이기 때문이다. 이 행동의 내용은 의식이 자신의 개별성에 대해서 착수하는 절멸이다.

그러므로 의식은 이 매개 중심 속에서 **자신의 것**으로서의 행동과 향유로부터 자신을 해방시킨다. 의식은 **대자적으로** 존재하는 극단으로서의 자신으로부터 자신이 지닌 **의지**의 본질을 밀쳐내고서 매개 중심 또는 봉사자에게 결단의 고유성과 자유를 투사하며, 이와 더불어 자신의 행동의 **죄과**(책임, Schuld)도 투사한다. 불변적인 본질과 직접적인 관련 속에 있는 자로서 이 매개자는 올바름에 관해 **조언**(Rat)을 하는 것으로 봉사한다. 낯선 자의 결의를 따름으로써 행위는 행동이나 **의지**의 측면에서 더 이상 자신의 고유한 행위가 아니게 된다. 그러나 비본질적인 의식에게는 여전히 그 행위의 **대상적인** 측면, 즉 자신이 행한 노동의 **결실**과 **향유**가 남아 있다. 따라서 의식은 이런 향유조차도 자신으로부터 밀쳐내고서 자신의 의지를 포기하는 것 못지않게 또한 노동하고 향유하면서 획득한 자신의 **현실성**도 포기한다. 의식은 **부분적으로는** 그가 성취한 자신을 자기의식하는(자기 자신을 의식하는, seiner selbstbewußt) **자립성**이라는 진리로서의 현실성을 (의식이 전혀 생소하고 자신에게 무의미한 무엇인가를 표상하고 말하면서 운동함으로써) 포기하고, 부분적으로는 (의식이 노동을 통해 획득한 점유로부터 무언가를 내놓음으로써) **외적 소유물**로서의 현실성을 포기하며, 또 부분적으로는 (의식이 금식과 금욕 속에서 향유를 다시 전적으로 거부함으로써) 누리고 있던 **향유**로서의 현실성을 포기한다.

자신의 고유한 결단의 포기 그리고 다음으로 소유 및 향유의 포기라는 계기를 통해서 그리고 끝으로 (자신이) 이해하지 못하는 업무의 수행이라는 긍정적인 계기를 통해서 의식은 내적 및 외적 자유의 의식 그리고 자신의 **대자 존재**로서의 현실성이라는 의식을 자신에게서 진정으로 완벽하게 제거한다. 의식은 진실로 자신의 **자아**를 단념하여 내놓았고, 자신의 직접적인 자기의식을 하나의 **사물**, 즉 하나의 대상적 존재로 만들었다는 확신을 가지고 있다. ─ 의식은 자신에 대한 포기 행위를 오직 이런 **현실적인** 희생으로만 입증할 수 있었다. 왜냐하면 오직 이런 현실적인 희생 속에서만 마음과 심정(Gesinnung)과 입을 통한 감사의 **내적** 승인 안에 놓여 있는 **기만**이 사라지기 때문이다. 그런 (기만적인 감사의 내적) 승인은 비록 대자 존재가 지닌 위력 일체를 자신으로부터 떨구어내고 그것을 위로부터 하사받은 것으로 돌리기는 하지만, 이와 같이 떨구어내는 가운데에서도 그가 포기하지 않는 점유에서의 **외적** 고유성을 자신에게 남겨두며, 또한 자기 스스로 내린 결단이라는 의식 속에서의 그리고 자신을 무의미하게 채우는 낯선 내용과 맞바꾸지 않고서 그 자신이 규정한 내용이라는 의식 속에서의 **내적** 고유성을 자신에게 남겨두는 것이다.

그런데 현실적으로 완수된 희생 속에서 **즉자적으로는** 의식이 자신의 것으로서의 **행동**을 지양한 것과 마찬가지로 또한 자신의 **불행**도 자신으로부터 떨쳐버렸다. 그렇지만 이러한 떨쳐냄이 **즉자적으로** 일어났다는 것은 추론의 다른 극단인 **즉자적으로 존재하는** 본질이 한 행동이다. 그러나 동시에 비본질적인 극단이 행한 희생은 일방적인 행동이 아니라 다른 극단의 행동을 자신 안에 포함하고 있다. 왜냐하면 자신의 고유한 의지를 포기하는 일은 단지 일면적으로만 부정적이며, 동시에 **그것의 개념**상으로는 또는 **즉자적으로는** 긍정적이기도 하기 때문이다.[146] 즉, 그것은 **타자**로서의 의지

---

146) 원문에서 쉼표의 위치가 애매하기 때문에 이 문장은 다음과 같이 번역할 수도 있다. "왜냐하면 자신의 고유한 의지를 포기하는 일은 단지 일면적으로는, 즉 **그것의 개념**상으로는 또는 **즉자적으로는** 부정적이지만, 동시에 긍정적이기도 하기 때문이다."

의 정립, 더 특정하여 말하자면 개별적인 것이 아니라 보편적인 것으로서의 의지의 정립이다. 이처럼 부정적으로 정립된 개별 의지가 지닌 긍정적인 의미는 이 의식에 대해서는 다른 극단의 의지이다.(불행한 의식의 관점에서는 이처럼 자신의 개별 의지를 부정하는 일이 동시에 보편 의지의 정립이라는 긍정적인 의미를 지니게 되는 것이 그 자신에 의해서가 아니라 오히려 자신과 대립한 극단인 불변자의 의지에 의해서 일어난다.) 이 다른 극단의 의지는 의식에 대해 타자이기 때문에 의식에게는 자신에 의해서가 아니라 제3자인 매개자에 의해 조언으로서 생성된다. 그렇기 때문에 **의식에 대해서는** 자신의 의지가 보편적이면서 **즉자적으로** 존재하는 의지가 되지만, **의식 자신은 스스로에게** 이런 **즉자**가 **아니다**. 의식에게는 **개별적인 것**으로서의 자신의 의지를 포기하는 행위가 개념상으로 보편 의지라는 긍정적인 것은 아니다. 이와 마찬가지로 그가 점유와 향유를 포기하는 행위는 단지 이와 똑같은 부정적인 의미만을 지닐 뿐이며, 이를 통해 의식에 대해 생성되는 보편자가 의식에게는 자신의 **고유한 행동**이 아니다. 이런 대상적인 것과 대자 존재의 **통일**은 행동의 **개념** 속에 존재하며, 그렇기 때문에 의식에게는 본질이자 **대상**으로서 생성된다. 그러나 이런 통일이 의식에게는 자신의 행동의 개념이 아닌 것과 마찬가지로 또한 이런 통일이 **의식에 대해** 직접적으로 그리고 의식 자신에 의해 대상으로서 생성된다는 점도 의식에게는 없다. 그 대신에 의식은 매개하는 봉사자로 하여금 다음과 같은 그 자체가 여전히 부서져 있는 확신을 언표하도록 만든다. 즉, 단지 **즉자적으로**만 자신의 불행이 이와 전도된 것, 다시 말해 자신이 행동하는 가운데 스스로를 만족시키는 행동 또는 축복받은 향유이고, 마찬가지로 자신의 보잘것없는 행동이 **즉자적으로는** 이와 전도된 것, 다시 말해 절대적인 행동이며, 단지 개별자의 행동일 뿐인 행동이 개념상으로는 무릇 행동(보편적인 행동 일반)이라는[147] 확신을 언표하도록 만든다. 그러나 **의식 자체에 대해서는** 행동이 그리고 자신의 현실적인 행동이 보잘것없는 행동으로 남고, 그의 향유는 고통에 머물며, 그것들의 지양태는 긍정적인 의미에서 **피안**으로 머문다. 그러나 의식에게 이런 **개별적** 의식으로서의 자신의 행동과 존재가 곧 존재와 행동 **자체**(즉자적인 존재와 행동)가 되는 이런 대상 속에서 의식에게는 **이성**의 표상이, 즉 자신의 개별성 속에서의 의식의 확신이 절대적으로 **즉자적**이라는 또는 실재성 일체라는 표상이 생성된다.

---

147) 이 구절은 다음과 같이 번역할 수도 있다. "개념상으로는 행동이 오직 개별자의 행동으로서만 무릇 행동이라는"

# (C)

## (AA) 이성

# V
# 이성의 확신과 진리

　의식은 그가 포착한 사고, 즉 **개별적** 의식이 **즉자적으로** 절대적 본질이라는 사고 속에서 자기 자신으로 되돌아간다. 불행한 의식에 대해서는 **즉자 존재**가 자기 자신의 **피안**이다. 그러나 불행한 의식은 자신에게서 다음과 같은 운동을 완수했다. 즉, 불행한 의식은 완전하게 전개된 개별성을 또는 **현실적인 의식**인 개별성을 자기 자신에 대해서 **부정적인 것**으로서, 다시 말해 **대상적인** 극단으로서 정립했다. 또는 불행한 의식은 자신의 대자 존재를 자신으로부터 탈취하여 ⟨대상적인⟩ 존재로 만들었다. 이렇게 하는 가운데 또한 의식에 대해 이런 보편자와 자신의 **통일**이 생성되었는데, 이러한 통일은 우리에 대해서는 [지양된 개별적인 것은 곧 보편자이므로] 더 이상 의식 외부에 귀속되지 않으며 또한 그것은 [의식이 이런 자신의 부정성 속에서 자기 자신을 보존하므로] 의식 자신에게서 그의 본질이다. 양극단이 서로 절대적으로 떨어져 있는 상태로 등장했던 추론에서 그 매개 중심으로 나타나는 것이 바로 불행한 의식의 진리인데, 이 매개 중심은 불변적인 의식에게는 개별자가 스스로를 단념했다는 점을 언표하고 또 개별적 의식에게는 불변자가 더 이상 그에 대해 (대립해 있는) 극단이 아니며 그와 화해했다는 점을 언표한다. 이러한 매개 중심은 그 양자를 직접 인지하면서 관련시키는 통일이며, 이 매개 중심이 의식에게 그리고 이와 더불어 **자기 자신에게** 언표하는 이러한 통일의 의식은 (그러한 매개항으로서의 자신이) 곧 진리 일체라는 확신이다.

  자기의식이 이성이 됨으로써 타자 존재에 대한 자기의식의 부정적인 관계가 긍정적인 관계로 뒤바뀐다. 지금까지 자기의식에게 중요한 것은 오직 자신의 자립성과 자유뿐이었다. 즉, 자기의식에게 그 두 가지 모두 그의 본질에 대해서 부정적인 것으로 나타났던 **세계** 및 그 자신의 고유한 현실을 대가로 하여 자신을 그 자체 대자적으로 구원하고 보존하는 일만이 그에게 중요했다. 그렇지만 자기 자신을 확언하는 이성으로서 자기의식은 이런 세계 및 자신의 고유한 현실에 대해서 평온을 얻었고 이것들을 감내할 수 있게 되었다. 왜냐하면 자기의식은 자기 자신을 실재성으로서 확신하기 때문이다. 또는 자기의식은 현실 일체가 다름 아니라 자신이라는 점을 확신한다. 그의 사유는 직접적으로 그 자체가 현실이다. 그러므로 (이성으로서의) 자기의식은 현실에 대해 관념론(이념론)으로서의[148] 태도를 취하며 관계

---

148) 통상 '관념론'으로 옮기는 'Idealismus'는 헤겔의 용법에서는 '이념'을 뜻하는 'Idee'에서 유래한 것이며, 이때 '이념'은 개념과 실재의 사변적 통일, 주관적 사유가 객관적 존재 속에서 실현되어 있는 것을 뜻한다. 이런 이념을 구성하고 파악하는 능력이 곧 '이성'이다. 이런 의미에서 'Idealismus'는 '이념론'으로 옮기는 것이 더 적합하다. 그러나 '관념론'이라는 용어가 이미 학술 용어로 정착되어 있고 또 헤겔 자신도 'Idealismus'를 (예를 들면 '절대적 관념론'처럼) 이런 적극적이고 긍정적인 의미로 사용하는 외에도 (예를 들면 '주관적 관념론'이나 '독단적 관념론'처럼) 실재론(Realismus)에 대립하는 소극적인 또는 부정적인

한다. 자기의식이 자신을 그렇게 파악함으로써 자기의식에게는 마치 세계가 이제 그에게 비로소 생성된 것처럼 된다. 그전에는 자기의식이 세계를 이해하지 않았다. 그는 단지 세계를 욕망하고 가공할 뿐이었다. 그는 세계로부터 자신 안으로 물러서서 자신을 위해 세계를 절멸시키고 또 의식으로서의 자기 자신을, 즉 세계가 본질이라는 의식으로서의 그리고 또한 세계의 헛됨에 대한 의식으로서의 자기 자신을 절멸시켰다. 자신의 진리의 무덤이 사라지고 자신의 현실을 절멸시키는 일 자체가 절멸하면서 의식의 개별성이 스스로에게 즉자적으로 절대적인 본질이 되고 나서야 이제 비로소 자기의식은 세계를 **자신의** 새로운 현실적인(진정한) 세계로 발견한다. 이전에는 자기의식이 단지 세계의 소멸에만 관심을 가졌지만 이제는 그것의 유지에 관심을 갖는다. 왜냐하면 세계의 **존속**이 자기의식에게 자신의 고유한 **진리**이자 **현전**이 되기 때문이다. 자기의식은 세계 속에서 오직 자신을 경험할 따름이라는 점을 확신한다.

"이성은 자기가 곧 일체의 실재라는 의식의 확신이다." 관념론은 이성의 개념을 이렇게 언표한다. 이성으로서 **등장하는** 의식이 이러한 확신을 **직접적으로** 자신에 지니듯이, **관념론** 또한 이 확신을 **직접적으로** 다음과 같이 언표한다. "나는 나이다."[149] 단, 이때 나에게 대상이 되는 자아(나)는 자기의식 일반에서처럼 단지 **공허한** 대상 일반에 불과한 것도 아니고 또한 자유로운 자기의식에서처럼 자신 **옆에** 여전히 유효하게 병존하는 타자들로

---

의미로 사용하기도 하므로 관례에 따라 '관념론'으로 옮긴다.
149) 피히테는 "나=나; 나는 나이다."라는 명제를 "인간의 지(知) 일체의 절대적으로 제1의 단적으로 무제약적인 근본 명제"로 제시한다.(J. G. Fichte, *Grundlage der gesammten Wissenschaftslehre*, in: Fichtes Werke Bd. 1, Hg. von I. H. Fichte, Berlin, 1971, pp. 91, 94)

부터 퇴각한 대상에 불과한 것도 아니며, 오히려 그 어떤 타자도 **비존재**라는 의식을 가진 대상, 유일한 대상, 그것이 일체의 실재이자 현전인 자아라는 의미에서 그렇게 언표한다. 그러나 자기의식은 일체의 실재가 **됨으로써** 또는 오히려 자신을 그런 실재라고 **입증함**으로써 비로소 단지 **대자적으로**만이 아니라 또한 **즉자적으로도** 일체의 실재이다. 그래서 자기의식은 다음과 같은 **도정**을 거치면서 자신을 그렇게 입증한다. 즉, 우선은 사념과 지각과 오성의 변증법적 운동 속에서 **즉자**로서의 타자 존재가 사라지는 도정을 거치고, 그다음에는 지배와 예속에서 의식의 자립성을 통한 운동 속에서 그리고 자유의 사고와 회의주의적 해방과 자신 안에서 양분된 의식의 절대적 해방을 위한 투쟁을 통한 운동 속에서 단지 **자기의식에 대해** 존재하는 한에서의 타자 존재가 **자기의식 자체에 대해** 사라지는 도정을 거친다. 자기의식은 두 가지 측면에 따라 번갈아가며 나타났는데, 그 한 측면에서는 본질이나 참된 것이 의식에 대해 **존재**라는 규정성을 가졌고, 다른 한 측면은 오직 **의식에 대해** 있다는 규정성을 가졌다.[150] 그러나 그 두 측면은 **하나의** 진리, 즉 **존재하는** 것이나 **즉자**는 오직 그것이 의식**에 대해** 있는 한에서만 존재하고 또 **의식에 대해** 있는 것은 또한 **즉자적으로** 존재한다는 하나의 진리로 환원된다. 이러한 진리인 의식은 **직접적으로** 이성으로 등장하면서 그와 같은 도정을 뒤에 두고 망각했다. 또는 이렇게 직접적으로 등장하는 이성은 단지 그와 같은 진리에 대한 **확신**으로만 등장한다. 그처럼 이성은 단지 자기가 곧 일체의 실재라고 **단언할** 뿐이지 스스로가 이를 개념적으로 파악하고 있는 것은 아니다. 왜냐하면 그렇게 망각된 도

---

150) (Werke) 다른 한 측면에서는 본질이나 참된 것이 오직 **의식에 대해** 있다는 규정성을 가졌었다.

정이야말로 직접적으로 표현된 이 주장의 개념적 파악이기 때문이다. 그리고 그러한 도정을 거쳐 오지 않은 사람도 마찬가지로 이 주장을 ('나는 일체의 실재로서 나이다'와 같이) 그 순수한 형식으로 들었을 경우 (그 사람 스스로도 분명 그런 주장을 구체적인 형태로는 할 것이므로), 그에게 이 주장은 도무지 개념적으로 파악할 수 없는 것이다.

그와 같은 도정은 서술하지 않은 채 이러한 주장으로 (직접적으로) 시작하는 관념론은 그런 까닭에 또한 자기 자신을 개념적으로 파악하지도 않고 또한 다른 사람들에게 자신을 개념적으로 파악할 수 있도록 만들지도 못하는 순수한 **확언**이다. 이런 관념론은 하나의 **직접적인 확신**을 언표하는데, 이 확신은 그와 같은 (이성의 확신이 생성되는 과정이지만 의식이 망각한) 도정에서 실은 소멸해버린 다른 직접적인 확신들과 대치해 있다. 그렇기 때문에 이런 확신의 **확언** 곁에 또한 그런 다른 확신의 **확언**들이 똑같은 권리를 가지고서 제기된다. 이성은 '**나는 나이다. 나의 대상과 본질은 나이다.**'라는 각자의 모든 의식이 지닌 **자기**의식을 증거로 소환하며, 그 어떤 의식도 이성에게 이 진리를 부인하지 않을 것이다. 그러나 이성이 (자신의 확신이 지닌) 진리를 이와 같은 증거 제시에 근거를 두고서 정당화하는 가운데 이성은 또 다른 확신의 진리를 인준한다. 즉, '**나에 대해 타자가 존재한다. 나와는 다른 타자가**'[151] 나에게 대상이자 본질이다. 또는 **내가 나에게 대상이자 본질이 되는 것은 내가 타자 일반으로부터 물러나 타자 곁에 병존하는 하나의 현실로서 나섬으로써 그런 것이다.**'라는 또 다른 확신의 진리를 인준한다.[152] — 이성이 이렇게 대립하는 확신으로부터의 **반성**으로 등장할 때

---

151) 이 구절은 다음과 같이 번역할 수도 있다. "**자아로서의 타자가**"
152) 피히테는 제2의 근본 명제로 "**확실히 자아에는 단적으로 비아**(非我)**가 대립해 있다.**"라는

에 비로소 이성의 자기 주장은 한낱 확신과 확언에 그치지 않고 **진리**로, 그것도 여타의 진리들 **곁에 병존하는** 진리가 아니라 **유일한** 진리로 등장한다. (진리의 또는 이성의 확신의) **직접적인 등장**은 그것의 **현존태**(Vorhandensein)라는 추상이며, 그것의 **본질**이자 **즉자 존재**는 절대적 개념, 즉 **그것의 생성됨**(Gewordensein)**의 운동**이다. ― 자신을 자각해가는 세계 정신이 도달한 어느 한 단계에 바로 그 의식이 서 있는가에 따라서 의식은 타자 존재나 자신의 대상과 맺는 자신의 관계를 상이한 방식으로 규정하게 될 것이다. 의식이[153] 그때마다 자신과 자신의 대상을 **직접적으로** 어떻게 발견하고 규정하는지는, 또는 의식이[154] **자신에 대해** 어떻게 존재하는지는(대자적으로 어떠한지는) 세계 정신이 이미 무엇이 **되었는지**에 또는 세계 정신이 이미 **즉자적으로** 무엇인지에 달려 있다.

이성은 자기가 곧 일체의 **실재**라는 확신이다. 그러나 이러한 **즉자** 또는 이러한 **실재**는 아직 전적으로 보편적인 것, 즉 실재성의 순수한 **추상**이다. 그것은 **그 자체 즉자적인** 자기의식이 **대자적으로** 그러한 것인 첫 번째 **긍정성**(Positivität)이며,[155] 따라서 자아는 오직 존재하는 것의 **순수한 본질성** 또는 단순한 **범주**일 따름이다. '**범주**'는 통상 존재자 일반이건 아니면 의식에

---

명제를 제시한다.(J. G. Fichte, *Grundlage der gesammten Wissenschaftslehre*, p. 104) 자기 자신을 정립하는 절대적 자아의 자기 동일성을 단언하는 제1의 정립 명제 그리고 자아와 비아의 대립에 의한 유한한 자아의 비동일성을 단언하는 제2의 반정립 명제는 두 가지 모두 동등하게 근원적인 근본 명제이어서 입증될 수도 없고 근거 지을 수도 없는 "이성의 사실"이다.(Ibid., p. 252)

153) (Werke) 세계 정신이
154) (Werke) 세계 정신이
155) 이 구절은 다음과 같이 번역할 수도 있다. "그것은 **대자적으로 그 자체 즉자적인** 자기의식인 첫 번째 **긍정성**이며,"

대해서 존재하는 것이건 이를 **규정하지 않은 채로**(막론하고서) 존재자의 본질성이라는 의미를 지닌다. 하지만 이제 **범주**는 오직 사유하는 현실로서의 존재자의 **본질성** 또는 단순한 **통일**이다. 또는 자기의식과 존재가 **똑같은 하나의** 본질, 더욱이 서로 비교해서 같은 하나가 아니라 즉자 대자적으로 **똑같은 하나의** 본질이라는 것이 곧 범주이다. 오직 일면적인 조악한 관념론만이 이러한 통일을 다시 (분리하여) 한편에 의식으로 그리고 맞은편에 **즉자**로 등장하게끔 만든다.— 하지만 이제 이런 범주는 또는 자기의식과 존재의 **단순한** 통일은 그 자체에(즉자적으로) **구별**을 지니고 있다. 왜냐하면 그것의 본질은 바로 **타자 존재** 속에서 또는 절대적 구별 속에서 직접적으로 자기 자신과 동일하다는 것이기 때문이다. 그러므로 구별이 **존재한다**. 그렇지만 이 구별은 완전히 투명하며, 동시에 구별이 아닌 구별로서 존재한다. 구별은 범주의 **다수성**으로 나타난다. 관념론은 자기의식의 **단순한 통일**(단일성)을 일체의 실재라고 언표하고서 이런 단순한 통일을 절대적으로 부정적인 본질로서 개념적으로 파악하지 않은 채 (절대적으로 부정적인 본질만이 그 자체에 부정이나 규정성이나 구별을 지니고 있는데) **직접적으로** 본질로 만들기에, 범주 안에 **구별들** 또는 여러 **종류**가 있다는 이 두 번째 것은 (이성이 곧 일체의 실재라는 또는 범주는 자기의식과 존재의 통일이라는) 첫 번째 것보다도 더 개념적으로 파악하기 어려운 것이다. 무릇 이러한 (범주 안에 구별들 또는 여러 종류가 있다는) 확언 그리고 또한 범주에는 **일정한 수의 종류**가 있다는 확언은[156] 하나의 새로운 확언인데, 이 확언들은 사람들이 이를

---

156) 아리스토텔레스는 10가지(Aristoteles, *Categoriae*, 1b 25 참조) 또는 8가지 범주(Aristoteles, *Analytica Posteriora*, A 22 참조)를 제시했고, 칸트는 4가지 아래에 각각 3개씩, 총 12가지 범주를 제시했다.(I. Kant, *Kritik der reinen Vernunft*, B 106 참조)

확언 이상으로 받아들이지 못할 수밖에 없다는 점을 그 자체에 내포하고 있다. 왜냐하면 순수한 자아 및 순수한 오성 자체 안에서 **구별**이 시작되므로, 이와 더불어 이때에 **직접성**이라든가 **확언**이라든가 **발견**은 포기되고서 **개념적 파악**이 시작된다는 점이 정립되어 있기 때문이다. 그런데도 범주의 다수성을 다시 모종의 방식으로, 예를 들어 판단들로부터 나온 습득물로 채용하여 받아들이는 것은 학문의 수치로 간주할 수밖에 없다.[157] 오성이 필연성을 제시하는 일을 순수한 필연성인 자기 자신에서 할 수 없다면, 도대체 오성은 이를 어디서 할 수 있다는 말인가?

이처럼 사물의 순수한 본질성 및 사물들의 구별이 이성에 귀속하기 때문에, 이제 무릇 **사물**에 관해서는, 다시 말해 의식에 대해 단지 의식 자신의[158] 부정적인 것이 되는 것에 관해서는 본래 더 이상 거론할 수 없을 것이다. 왜냐하면 다수의 범주들은 곧 순수한 범주의 **종류들**(하나의 순수한 범주가 지닌 다양한 종류들)이기 때문이다. 다시 말하면, **순수한 범주**는 다수의 범주들에 대립해 있는 것이 아니라 다수의 범주들의 유(類)나 **본질**이다. 그러나 다수의 범주들은 이미 양의적인 것인데, 그것은 (자신들의 유나 본질인 하나의 순수한 범주 안에 대립 없이 포섭되어 있으면서) 동시에 자신의 **다수성** 속에서 (단일성으로서의) 순수한 범주에 **대치해 있는** 타자 존재를 그 자체에 지니고 있다. 실제로 다수의 범주들은 이런 다수성에 의해 순수한 범주와 모순되는데, 순

---

157) 칸트는 『순수이성비판』 중 「선험적 분석론」 장에서 판단표로부터 범주표를 도출하여 '발견(Entdeckung)'하려고 시도한다. I. Kant, *Kritik der reinen Vernunft*, B 104 이하: "**판단에서** 상이한 표상들에 통일성을 부여하는 기능과 똑같은 기능이 또한 **직관 속에 있는** 상이한 표상들의 단순한 종합에 통일성을 부여하는 것인데, 이러한 통일이 일반적으로 표현해서 순수한 오성 개념이라고 불린다. … 이런 방식으로 앞의 표에서 모든 가능한 판단들의 논리적 기능들이 있는 바로 그만큼 많은 수의 … 순수한 오성 개념들이 생겨난다."
158) 인칭대명사가 '의식 자신' 대신에 '자기 자신'을 지시하는 것으로 독해할 수도 있다.

수한 통일(단일성)은 다수의 범주들을 그 자체에서 지양해야 하며, 이를 통해 순수한 통일(순수한 범주)은 자신을 구별들의 **부정적 통일**로서 구성한다. 그러나 **부정적** 통일로서의 순수한 통일은 **구별들** 자체 못지않게 또한 앞서 첫 번째의 **직접적인** 순수한 통일 자체도 자신으로부터 배제하며, 그리하여 그것은 곧 **개별성**이다. 이는 새로운 범주인데, 그것은 배타적 의식이다. 다시 말해 개별성이라는 범주는 의식에 대해 **타자**가 존재한다는 것을 뜻한다. 개별성은 자신이 자신의 개념으로부터 **외적** 실재로 이행하는 것이다. 즉, 그것은 순수한 **도식**(Schema)인데, 이는 (단일하고 순수한) 의식이면서 또한 [그것이 개별성이자 배타적 단일자이기에] 타자를 향한 시사(示唆)이기도 하다.[159] 그러나 이런 (부정적 통일로서의 개별성이라는) 범주의 바로 그 **타자**는 오직 **처음의 여타 범주들**, 즉 **순수한 본질성**과 **순수한 구별**일 따름이며, 이 (개별성이라는) 범주 속에서, 즉 바로 타자가 정립되어 있음 속에서 또는 이 타자 자체 속에서 의식은 그에 못지않게 의식 자신이다.[160] 이런 다양한 계기들은 저마다 다른 계기를 지시한다. 그러나 동시에 이런 계기들 속에서 그 어떤 계기도 타자 존재에 도달하지는 않는다. 순수한 범주는 (다수의 범주들의) **종류들**을 지시하는데, 이 종류들은 부정적 범주 또는 개별성으로 이행한다. 그러나 부정적 범주 또는 개별성은 순수한 범주를[161] 되돌아 지시한다. 개별성은 그 자체가 순수한 의식인데, 그것은 각각의 계기 속에서 스

---

159) 칸트는 오성의 순수한 개념인 범주를 경험적 현상에 적용하면서 양자를 매개하는 표상, 구상력의 산물로서 한편으로는 지성적이면서 동시에 다른 한편으로는 감성적인 표상을 '선험적 도식'이라고 부른다.(I. Kant, *Kritik der reinen Vernunft*, B 176 이하 참조)
160) 이 구절은 다음과 같이 번역할 수도 있다. "즉 바로 타자가 정립되어 있음 속에서 또는 이 타자 자체 속에서 의식은 마찬가지로 타자 자체이다."
161) 지시대명사가 '순수한 범주' 대신에 '(범주의) 종류들'을 지시하는 것으로 독해할 수도 있다.

스로에게 그런 자신과의 명료한 통일로서 유지된다. 그러나 그런 (순수한 의식의) 명료한 통일은 그에 못지않게 타자를 향하도록 지시받게 되는데, 이 타자는 그것이 존재하는 가운데 사라지고 또 그것이 사라지는 가운데 또한 다시 산출된다.

우리는 여기서 순수한 의식이 이중의 방식으로 정립되어 있음을 본다. 즉, 우리는 한편으로는 [포착되면 지양되는 타자 존재가 그 속에서 어른거리는] 자신의 모든 계기들을 거쳐 가는 불안정한 **우왕좌왕**으로서의 순수한 의식을 보고, 다른 한편으로는 오히려 자신의 진리를 확신하는 **정적인 통일로서의 순수한 의식**을 본다. 이 통일에 대해서는 저 운동이 **타자**이지만, 이 운동에 대해서는 저 통일이 타자이다. 그리고 의식과 대상은 이런 상호 규정 속에서 서로 교체된다. 그러므로 의식은 스스로에게 한편으로는 우왕좌왕하는 탐색이고 그의 대상은 **순수한 즉자**이자 본질이며, 다른 한편으로는 스스로에게 단순한 범주이고 그 대상은 구별자들의 운동이다. 그런데 본질로서의 의식은 [단순한 범주로서의 자신으로부터 개별성과 대상으로 이행하고, 대상에서 이런 진행을 직관하며, 구별된 것으로서의 대상을 지양하여 **자신의 것으로 삼고서는**, 자신이 자기 자신이면서 또한 자신의 대상이기도 한 일체의 실재라는 확신이라고 언표하는] 이런 전체적인 진행 자체이다.

의식이 표명하는 최초의 언표는 단지 일체가 **자신의 것**이라고 하는 추상적이고 공허한 말뿐이다. 왜냐하면 자기가 곧 일체의 실재라는 확신은 이제 겨우 순수한 범주에 불과하기 때문이다. 공허한 관념론은 대상 속에서 자신을 인식하는 이런 최초의 이성을 표현한다. 이 관념론은 이성을 단지 그것이 처음에 자신에게 존재하는 바대로만 파악하며, 모든 존재 속에서 그런 의식의 순수한 **나의 것**(Mein)을 제시하고(모든 존재가 순수한 의식 자신에 의해 정립된 것임을 제시하고) 또 사물을 (의식하의) 지각이나 표상이라고 언표함으로써 이를 완전한 실재로서 제시했다고 착각한다. 그래서 이 공허한 관념론은 동시에 절대적 경험론일 수밖에 없다. 왜냐하면 공허한 **나의 것**을 **채우기** 위해서, 다시 말해 그것의 구별과 전개 및 형태화 전체를 위해서 공허한 관념론의 이성은 그 속에 비로소 지각이나 표상의 **잡다성**이 놓여 있는 낯선(타자의) 부딪힘(Anstoß)이 필요하기 때문이다.[162] 그렇기 때문에 이 관념론은 바로 회의주의와 마찬가지로 자기 모순적인 양의성을 띠게 되는데, 다만 회의주의가 자신을 부정적으로 표현하는 반면에 이 관념론은 자신을 긍정적으로 표현할 따름이다. 그러나 이 관념론은 (회의주의 못지않게) 일체의 실재로서의 순수한 의식이라는 사고와 또한 이와 동등한 실재로서의 낯선 부딪힘이라든가 감각적 지각과 표상이라는 사고, 이런 자신의 모순되는 사고들을 한데 모으지 못하고 그 하나에서 다른 하나로 자신을 내던지면서 악무한(惡無限, schlechte Unendlichkeit)에, 즉 감각적 무한성에 빠지고 만다. 이성이 추상적인 **나의 것**이라는 의미에서 일체의 실재이고 **타자**는 그에게 **아무런들 상관없는 낯선 것**이기에, 여기에 바로 **사념**과 **지각** 그리고 사념되고 지각된 것을 파악하는 **오성**으로 등장한 바로 그런 타자에 관한

---

[162] J. G. Fichte, *Grundlage der gesammten Wissenschaftslehre*, pp. 227 f.: "무한을 향해 나아가는 자아의 활동은 바로 그것이 무한을 향해 나아가는 까닭에 아무것도 구별될 수 없다. 이런 자아의 활동에 부딪힘이 발생한다. 그러고는 이때에 결코 파괴되어서는 안 될 (자아의) 활동이 반사되어서 내부로 향하게 된다." Ibid., p. 212: "자아의 활동이 없으면 부딪힘도 없다. … 부딪힘이 없으면, (자아의) 자기 규정도 없다."
여기서 '부딪힘'이라고 옮긴 피히테의 'Anstoß'는 '충돌', '저지', '동인' 등 여러 가지 용어로 옮겨지고 있고 영어권에서는 주로 'impulse'로 번역한다. 이 개념은 '외부로부터 오는 기선(機先)과의 만남을 통해 받는 충격'을 뜻하는데, 이를 통해 자아는 자신과는 다른 외부의 그 무엇(비아 또는 타자)에 대한 의식 그리고 그것과 대립해 있는 자기 자신에 대한 의식(자기의식)을 획득하게 된다.

이성의 지(知)가 정립되어 있다. 그러한 지가 참되지 못한 지임은 동시에 이 관념론의 개념에 의해서도 주장된다. 왜냐하면 (이 관념론의 개념에 따르면) 오직 통각(Apperzeption)의 통일만이 지의 진리이기 때문이다.[163] 따라서 순수 이성에게 **본질적**이지만, 그러니까 다시 말해 그에게 **즉자**이지만 순수 이성이 자기 자신 안에 지니고 있지 않은 이 **타자**에 도달하기 위해서 이 관념론의 순수 이성은 참된 것에 관한 지가 아닌 그런 (타자에 관한) 지로 그 자신에 의해 되돌려 보내지게 된다. 그처럼 이런 순수 이성은 지와 의지를 가지고서 스스로를 참되지 못한 지라고 단죄하며, 그 자신을 위해서 아무런 진리도 지니지 않는 사념과 지각을 떨쳐버리지 못한다. 이런 순수 이성은 전적으로 대립하는 이중적인 것을 본질이라고 주장하는 직접적인 모순 속에 처해 있다. 즉, 이런 순수 이성은 (한편으로는) **통각의 통일**을 본질이라고 주장하면서, 또한 (다른 한편으로는 동시에) 그것을 **낯선 부딪힘**, **경험적** 본질, **감성**, **물 자체**(Ding an sich) 등 무엇이라고 부르건 간에 그 개념에서는 똑같이 통각의 통일에 이질적인 것으로 남는 **사물**을 본질이라고 주장한다.[164]

---

163) I. Kant, *Kritik der reinen Vernunft*, B 136: "통각의 종합적 통일이라는 근본 명제는 모든 오성 사용의 최고 원리이다."
164) I. Kant, *Prolegomena zu einer jeden künftigen Metaphysik*, Akademische Ausgabe Bd. IV, pp. 288 f.: "관념론은 다음과 같은 주장에 존립한다. '사유하는 본체 이외의 본체는 없고 우리가 직관 속에서 지각한다고 믿는 그 밖의 사물들은 단지 사유하는 본체 속의 표상일 따름이며, 실제로 사유하는 본체 외부에 있는 그 어떤 대상도 사유하는 본체에 대응하지 않는다.' … 따라서 나는 물론 다음과 같이 고백한다. '우리 외부에 물체, 즉 그것이 그 자체로 무엇인가라는 면에서는 우리에게 전혀 알려져 있지 않지만 우리의 감성에 미치는 그것의 영향이 우리에게서 만들어내는 표상을 통해 우리가 아는 사물들이 있다. 우리는 이런 사물들에 '물체'라는 이름을 부여하는데, 이 용어는 단지 그와 같이 우리에게 알려져 있지는 않지만 그에 못지않게 현실적인 대상의 현상을 의미할 뿐이다.' 이를 과연 관념론이라고 부를 수 있을까? 그것은 오히려 관념론의 반대이다."

이 관념론이 그와 같은 모순 속에 있는 까닭은 다음과 같다. 이 관념론은 이성의 **추상적인 개념**을 참된 것이라고 주장하며, 따라서 이 관념론에는 직접적으로 (이성의) 실재가 발생하는 일 못지않게 또한 오히려 이성의 실재가 아닌 그런 실재도 발생한다. 그런데 이성은 동시에 일체의 실재여야만 한다. 이런 이성은 탐색 자체 속에서 발견하려는 것을 충족하는 일이 전적으로 불가능하다고 선언하는 그런 불안정한 탐색에 머물고 만다. — 그러나 현실적인 이성이 그처럼 비일관적일 리는 없다. 오히려 이제 겨우 자기가 곧 일체의 실재라는 **확신**에 불과한 이성은 이러한 (추상적인) **개념** 속에서 **자아**로서는 아직 참으로 실재가 아니라는 **확신**으로서 스스로를 자각하며,[165] 자신의 확신을 진리로 고양하면서 **공허한** 나의 것을 채우도록 추동된다.

## A. 관찰하는 이성

**존재**(Sein)가 **자기 것**(das Seine)이라는 의미를 지니는 이런 의식이 이제 또다시 사념과 지각 속으로 들어가는 것을 우리는 보지만, 그렇다고 단지 **타자**에 관한 확신 속으로 들어가는 것은 아니며, (이성으로서의) 의식은 자기가 곧 이 타자 자체라는 확신을 가지고 있다. 앞에서는 사물에서 이러저러한 것을 지각하고 **경험하는** 일이 의식에게 단지 **벌어질** 뿐이었다. 이제 여기서는 의식이 관찰과 경험을 스스로 행한다. 사념과 지각이 앞에서는 우리

---

165) (Werke) 오히려 이제 겨우 자기가 곧 일체의 실재라는 **확신**에 불과한 이성은 이러한 **개념** 속에서 **확신**으로서는, 즉 **자아**로서는 아직 참으로 실재가 아니라는 점을 자각하며,

에 대해 지양되었지만, 이제는 의식에 의해 의식 자신에 대해 지양된다. 이성은 진리를 **인지하는** 데로 나아간다. 즉, 이성은 지각과 사념을 위해서는 하나의 사물이었던 것을 개념으로서 발견하는 데로, 다시 말해 물성 속에서 오직 이성 자신의 의식을 지니는 데로 나아간다. 그렇기 때문에 이성은 이제 세계에 관해 보편적인 **이해 관심**을 가지고 있다. 왜냐하면 이성은 자기가 세계 속에서 현전한다는 확신 또는 현전하는 것이 이성적이라는 확신이기 때문이다. 이성은 타자를 구하되, 그때에 자기 자신과는 다른 타자를 가지는 것은 아니라는 점(오직 자기 자신으로서의 타자만을 가지게 된다는 점)을 안다. 이성은 오직 자기 자신의 무한성을 구할 따름이다.

처음에는 현실 속에서 자신을 단지 어렴풋하게만 예감하면서 또는 현실을 단지 **자신의 것** 일반이라고만 인지하면서, 이성은 이런 의미에서 그에게 확보된 소유물을 보편적으로 취득하는 데로 나아가며, (현실의) 모든 고지와 심처에 자신의 주권의 증표를 박아 넣는다. 그렇지만 이런 피상적인 나의 것은 이성의 궁극적인 관심사가 아니다. 이런 보편적인 점유 취득의 기쁨은(이성은 이런 보편적인 점유 취득을 기뻐하지만) 여전히 자신의 소유물에서 추상적인 이성이 자기 자신에 지니고 있지 않은 낯선 타자를 발견한다. 이성은 자신을 그보다 더 심오한 본질이라고 예감한다. 왜냐하면 순수한 자아는 **존재하며**, 또한 순수한 자아는 구별, 즉 **잡다한 존재**가 자아에게 자기 자신의 것이 될 것을, 다시 말해 순수한 자아가 자신을 **현실**로서 직관하고 또 자신이 형태와 사물로서 현전한다고 발견되는 것을 요구해야만 하기 때문이다.[166] 그러나 이성이 사물의 온갖 내장을 헤집고 거기에다 혈관을

---

166) 이 두 문장은 다음과 같이 번역할 수도 있다. "이성은 순수한 자아가 **존재한다**는 것보다 더 심오한 본질로서 자신을 예감하며, 또한 이성은 구별, 즉 **잡다한 존재**가 자아에게 자기

모두 뚫어줘서 그로부터 이성이 솟아나올 수 있게끔 하더라도 이런 행복에 도달하지는 못한다. 오히려 이성이 자신의 완성을 경험할 수 있으려면 그 전에 먼저 자신을 그 자체에서 완성해야만 한다.

의식은 **관찰한다**. 다시 말해 이성은 자신을 존재하는 대상으로서, 즉 **감각적으로 현전하는 현실적인** 양식으로서 발견하고 또 가지고자 한다. 물론 이렇게 관찰하는 의식은 **자기 자신**을 경험하려는 것이 **아니라** 반대로 **사물로서의 사물의 본질**을 경험하고자 한다고 사념하고 또 그렇게 말한다. 이 **의식**이 이렇게 사념하고 말하는 까닭은 이 의식이 이성**이기는** 하지만 이성이 이 의식에게 아직 그 자체로서 대상이 되지는 않는다는 데에 놓여 있다. 만약 의식이 **이성**을 사물과 자기 자신 모두의 동일한 본질이라고 인지한다면, 그리고 만약 이성은 오직 의식 속에서만 그 특유의 형태 속에서 현전할 수 있다는 점을 의식이 인지한다면, 의식은 오히려 자신의 고유한 심연 속으로 내려가 사물 속에서가 아니라 바로 그곳에서 이성을 찾을 것이다. 의식이 자신의 고유한 심연 속에서 이성을 발견했다면, 이성은 다시 그곳에서 나와 현실로 인도될 터인데, 이를 통해 이성은 현실 속에서 자신의 감각적 표현을 직관하되, 곧바로 이런 자신의 감각적 표현을 본질적으로 **개념**으로서 받아들이게 될 것이다. 자기가 곧 일체의 실재라는 의식의 확신으로서 **직접적으로** 등장하는 바대로의 이성은 자신의 실재를 **존재의 직접성**이라는 의미로 받아들이고, 또한 이런 대상적 본체와 자아의 통일 역시 **직접적 통일**이라는 의미로 받아들인다. 그런데 이런 직접적 통일에서는 아직 이성이 존재와 자아라는 계기를 서로 분리한 다음에 다시 통일하지는

---

자신의 것이 될 것을, 다시 말해 순수한 자아가 자신을 **현실**로서 직관하고 또 자신이 형태와 사물로서 현전한다고 발견되는 것을 요구해야만 한다.

않으며, 또 이성이 이 통일을 인식하고 있는 것도 아니다. 그렇기 때문에 관찰하는 의식으로서의 이성은 사물을 자아에 대립하는 감각적 사물로서 참되게 받아들이고 있다는 사념을 가지고서 사물에 접근한다. 하지만 이성의 현실적인 행동은 이런 사념과 모순된다. 왜냐하면 이성은 사물을 **인식하며**, 사물의 감각성을 **개념으로**, 다시 말해 그것이 동시에 자아인 그런 존재로 전환시키고, 이와 더불어 사유를 존재하는 사유로 또는 존재를 사유된 존재로 전환시키면서, 실제로는 사물이 오직 개념으로서만 진리성을 지닌다고 주장하기 때문이다. 그렇게 하는 가운데 이 관찰하는 의식에 대해서는 다만 **사물**이 무엇인지가 생성될 뿐이지만, 우리에 대해서는 **관찰하는 의식 자신**이 무엇인지가 생성된다.(그렇게 하는 가운데 관찰하는 의식은 단지 사물의 본질만을 자각할 뿐이지만, 우리는 관찰하는 의식 자신의 본질을 자각할 수 있게 된다.) 그렇지만 관찰하는 의식이 수행하는 운동의 결과는 관찰하는 의식이 즉자적으로 그것인 바가 그 자체 대자적으로(의식 자체에 대해) 그렇게 되는 것이다.

관찰하는 이성의 **행동**을 그 운동의 여러 계기들 속에서 고찰해야 한다. 즉, 관찰하는 이성이 어떻게 자연과 정신 그리고 마지막으로는 그 둘 사이의 관련을 감각적 존재로서 수용하고 또 자신을 존재하는 현실로서 구하고 있는지를 고찰해야 한다.

### a. 자연의 관찰

사고를 결여한 의식이 관찰과 경험을 진리의 원천이라고 언표할 때, 이 의식은 마치 맛보고 냄새 맡고 피부로 느끼고 듣고 보는 것만이 유일하게 문제가 된다는 듯이 충분히 말할 수도 있을 것이다. 서둘러 맛보고 냄새 맡고 등등을 권하는 데에 열중한 나머지 이 의식은 실은 또한 그에 못지않게 이런 감각(Empfinden)의 대상을 본질적으로 이미 규정해 놓았고 또 이러한 규정이 자신에게 최소한 저 감각만큼이나 유효하다고 말하는 것을 잊고 만다. 또한 이 의식은 그처럼 자신에게 무릇 지각만이 문제가 되는 것은 아니라는 점을 곧바로 실토하면서, 이를테면 이 주머니칼이 이 담뱃갑 옆에 놓여 있다는 지각을 관찰이라고 간주하지는 않을 것이다. 지각된 것은 적어도 **보편자**의 의미를 지녀야 하지 **감각적인 이것**이라는 의미를 지녀서는 안 된다.

### 기술 일반

이런 보편자는 그처럼 이제 겨우 **자기 동일적으로 유지되는 것**일 뿐이며, 그것의 운동은 똑같은 행동의 천편일률적인 반복에 불과하다. 그러한 한에서 대상 속에서 단지 **보편성**이나 **추상적인 나의 것**을 발견할 뿐인 의식은 본래는 대상[167] 본래의 운동을 **자기** 스스로 떠맡아야만 한다. 이 의식이 아직 대상에 대한 오성은 아니므로, 현실에서 오직 개별적인 방식으로만 현존하는 것을 보편적인 방식으로 표현하는 것은 적어도 의식의 기억일 수밖에 없다.[168] 이처럼 개별성으로부터 (보편자를) 피상적으로 끄집어 올

---

167) 지시대명사가 '대상' 대신에 '보편자'를 지시하는 것으로 독해할 수도 있다.
168) 이 문장은 지시 관계가 애매할 뿐만 아니라 문법적으로도 불완전하여 여러 가지로 독해할 수 있다. 예를 들면 이 문장은 다음과 같이 번역할 수도 있다. "이 의식이 아직 대상에 대한 오성은 아니므로, 현실에서 오직 개별적인 방식으로만 현존하는 것을 보편적인 방식으로 표현하는 그런 의식의 기억이 적어도 존재해야만 한다." 또는 "이 의식이 아직 보편자에 대한 오성(또는 보편자의 오성)은 아니므로, 현실에서 오직 개별적인 방식으로만 현존하는 것을 보편적인 방식으로 표현하는 것은 적어도 보편자에 대한 기억(또는 보편자의 기억)일 수밖에 없다." 또는 "현실에서는 오직 개별적인 방식으로만 현존하는 것을 보편적인 방식으로 표현하는 것은 대상에 대한 오성(또는 보편자의 오성 또는 보편자에 대한 오성)은 아니므로 최소한 의식의 기억(또는 대상에 대한 기억 또는 보편자의 기억 또는 보편자에 대한 기억)이어야만 한다."

리는 일 그리고 마찬가지로 감각적인 것이 그 자체에서(그 자체 즉자적으로) 보편적인 것이 되지 않은 채로 단지 (감각적인 것 자체로서) 수용되기만 하는 보편성의 피상적인 형식이 곧 **기술**(記述, Beschreiben)이다. 그런데 이런 사물의 **기술**은 아직 대상 자체 속에 운동을 지니는 것이 아니며, 운동은 오히려 단지 기술하기 속에 존재할 뿐이다. 그렇기 때문에 대상은 기술되고 나면 관심을 잃어버리게 된다. 기술하기가 소진되지 않으려면, 어느 한 대상을 기술하고 나서는 항상 또 다른 대상을 구하여 다루어야만 한다. 새로운 **전체적인** 사물을 발견하기가 더 이상 용이하지 않을 경우에는, 이미 발견한 사물로 되돌아가서 이를 더 세밀하게 나누고 분해하여 그것에서 물성의 새로운 면을 탐지해내야만 한다. 이처럼 쉼 없이 요동하는 본능에는 결코 소재가 떨어지는 일이 있을 수 없다. 특출한 새로운 유형을 발견한다거나 심지어 비록 하나의 개체에 불과할지라도 보편자의 본성을 띠고 있는 새로운 행성을 발견하는 일은 오직 운 좋은 자들에게만 허락된다. 그러나 코끼리라든가 떡갈나무라든가 금같이 **특출한** 것의 경계, **유**(類)와 **종**(種)이 되는 것의 경계는 여러 단계를 거치면서 혼란스럽게 동물과 식물, 암석의 종류 또는 폭력과 기술을 통해서 비로소 드러나는 광물, 토양 등등의 끝없는 **특수화**로 넘어간다. 특수화가 다시 **개별화**에 가까워지고 또 여기저기서 다시 개별화 속으로 완전히 하강하게 되는 보편자의 무규정성의 왕국에서는 관찰과 기술을 위해 무궁한 저장고가 활짝 열려 있다. 그러나 관찰과 기술에 헤아릴 수 없이 광활한 영역이 열려 있는 여기 보편자의 경계에서는 무한한 풍요로움 대신에 오히려 자연과 자신의 고유한 행동(관찰하고 기술하는 일)이 지닌 한계만을 발견할 수 있을 뿐이다. 즉자적으로 존재하는 듯이 보이는 것이 실은 하나의 우연에 불과한 것이 아닌지를 관찰과 기술은 더 이상 알 도리가 없다. 혼잡하고 미숙하며 나약하고 거의 기초적인 무규정성에서 벗어나 발전하지 못한 모습의 각인을 그 자체에 지니고 있는 것은 단지 기술해주기를 요구하는 주장조차도 제기할 권리가 없다.

**징표**

이렇게 찾고 기술하는 일에는 오직 사물만이 문제가 되는 듯이 보이지만, 찾고 기술하는 일이 실제로는 **감각적 지각**에서 진행되는 것은 아니며, 사물 자체에는 분명 없어서는 안 되지만 의식은 그럴 필요가 없는 감각적 특성들의 여타 범위보다도 오히려 사물을 **인식하게끔** 해주는 바로 그것(사물을 식별하는 징표가 되는 본질적 특성)이 바로 찾고 기술하는 일에 더 중요하다는 점을 우리는 발견한다. 이런 **본질적인 것**과 **비본질적인 것**의 구분을 통해서 감각적 분산으로부터 개념이 솟아오르며, 그렇게 하는 가운데 인식은 자신에 적어도 사물 못지않게 **자기 자신**이 본질적으로 문제가 된다고 선언한다. 인식은 이런 이중의 본질성에 직면하면서 **인식**을 위해 본질적이고 필수적인 것이 과연 **사물에서도** 역시 그러한지 여부에 관해 흔들리게 된다. 한편으로는 **징표**(Merkmal)가 사물들을 서로 구별하게끔 인식에만 쓰여야 하지만, 다른 한편으로는 인식해야 할 것은 바로 사물의 비본질적인 것이 아니라 사물 자체가 존재 일반의 보편적 연속성으로부터 자신을 **떼어내고** 타자로부터 자신을 **유리시켜서 대자적으로** 존재하게끔 하는 그런 것이다. 징표는 인식과 본질적인 관련을 지닐 뿐만 아니라 또한 사물의 본질적인 규정성도 지녀야 하며, (관찰하는 이성이 자연을 인식하기 위해 만들어낸) 인공적인 체계는 자연 자체의 체계에 부합해야 하고 또 오직 이를 표현해야만 한다. 이런 점은 이성의 개념으로부터 필연적이며, 또한 (관찰하는 데에서는 이성이 단지 본능으로서 태도를 취하면서 관계하므로) 이성의 본능은 자신의 체계 내에서도 이런 통일에 도달하는데, 즉 여기서는 그 대상 자체가 단지 바로 이 **순간**이나 바로 **여기**라는 우연에 불과한 것이 아니라 자신에게서 본질성 또는 **대자 존재**를 지닌다. 예를 들어 동물을 구별하는 징표는 발톱과 이빨에서 취한다.[169] 왜냐하면 실제로 단지 인식만이 이를 통해 한 동물을 다른 동물과 구분하는 것이 아니라 동물 스스로가 이를 통해 자신을 **분별하기** 때문이다. 발톱과 이빨이라는 무기를 통해 동물은 자신을 **대자적으로** 그리고 보편자로부터 특수하게 갈라져 나와 보존한다. 반면에 식물은 **대자** 존재에 이르지 못한 채 단지 개체성의 경계에 접할 뿐이다. 그렇기 때문에 식물은 양성(兩性)으로 **양분**되는 듯한 외관(가상)을 보여주는 이 경계에서 (인식에 의해) 받아들여지고 구별된다.[170] 그렇지만 그보다 더 하위에 있는 것들은 스스로 자신을 다른 것과 구별 짓지 못하고 대립 속에 들어서면서 소멸해버린다. **정적인 존재**와 **관계 속의 존재**가 서로 알력을 빚게 되며, 관계 속의 존재로서의 사물은 정적인 존재에 따른 사물과는 다른 것이다. 왜냐하면 개체란 이와 달리 바로 타자와의 관계 속에서 자신을 보존하는 것이기 때문이다. 그렇게 하지 못하고서 **화학적 방식으로는 경험적 방식으로** 존재할 때와 다른 것이 되는 것은 인식에 혼란을 초래한다. 그런 것은 그 사물 자체가 동일하게 유지되는 것이 아니라 이런 측면과 저런 측면이(정적인 존재라는 측면과 관계 속의 존재라는 측면이 또는 경험적 존재 방식에 따른 측면과 화학적 존재 방식에 따른 측면이) 사물에서 서로 분리되어 나오기 때문에 인식

---

169) 이와 같은 동물종의 분류법을 헤겔은 아리스토텔레스와 린네로부터 받아들인 것으로 추정된다. Aristoteles, *Historia animalium*, Aristotelis Opera, ed. I. Bekker, Berlin, 1831, 499b 6-500b 13 및 C. Linnaeus, *Systema naturae, sive regna tria naturae systematice proposita per classes, ordines, genera, & species*, Leyden, 1735 참조. 이와 관련된 당시의 논의로는 D. J. F. Blumenbach, *Handbuch der Naturgeschichte*, Göttingen, 1791 참조.
170) 자웅동체(Monoecia)와 자웅이체(Dioecia)의 구분에 따른 식물의 분류법으로는 C. Linné, *Systema vegetabilium secundum classes ordines genera species cum characteribus et differentiis*, Göttingen, 1784, pp. 21 ff. 참조.

이 그중에서 어느 측면을 고수해야 하는가라는 앞서와 똑같은 분쟁 속으로 인식을 몰고 간다.

그러므로 이런 자기 동일적으로 유지되는 보편적인 것의 체계에서 자기 동일적으로 유지되는 보편적인 것은 인식의 자기 동일적인 것이자 또한 사물 자체의 자기 동일적인 것이라는 의미를 지니고 있다. 하지만 그 각각이 평온하게 자신의 진행 계열을 기술하고 또 대자적으로 지속되기 위한 공간을 차지하는 **자기 동일적 규정태들의** 확장은 본질적으로 이에 못지않게 그 반대로, 즉 이 규정태들의 혼란으로 이행한다. 왜냐하면 징표, 즉 보편적 규정성은 규정된 것과 즉자적 보편자라는 대립물의 통일이기 때문이다. 따라서 보편적 규정성은 이런 대립 속으로 갈라져 나갈 수밖에 없다. 이제 한편에서는 규정성이 자신의 본질을 담고 있는 보편자를 정복한다면, 다른 한편에서는 이에 못지않게 반대로 보편자가 규정성에 대한 지배를 유지하면서 규정성을 그 한계로 몰아붙여 거기서 규정성의 구별들과 본질태들을 뒤섞어버린다. 규정성의 구별들과 본질태들을 질서정연하게 분별하고 그것들에서 무엇인가 확고한 것을 쥐고 있다고 믿는 관찰은 하나의 원리 위로 또 다른 원리들이 넘어와 겹치고 이행과 혼란이 일어나면서 자신이 처음에는 전적으로 분리된 것으로 받아들인 것을 여기서는 서로 결합하고 또 처음에는 합산했던 것을 여기서는 분리하고 있음을 보게 된다. 그럼으로써 정적이고 자기 동일적으로 유지되는 존재를 고수하려는 일은 바로 여기 자신의 가장 보편적인 규정들에서, 예컨대 동물이나 식물은 무엇을 본질적인 징표로 지니고 있는지에 관한 극히 보편적인 규정들에서 [자신으로부터 모든 규정을 박탈하고, 자신이 올라서 도달한 보편성을 침묵시키며, 사유를 결여한 관찰과 기술로 자신을 후퇴시키는] 사례들에 의해 조롱받게 되는 것을 볼 수밖에 없다.

따라서 이렇게 자신을 단순한 것에 국한시키거나 또는 보편자를 통해 감각적 분산을 제한하는 관찰은 자신의 대상에서 **자신의 원리가 지닌 혼란스러움**을 발견한다. 왜냐하면 (그처럼 관찰하는 이성에 의해) 규정된 것은 자신의 본성에 의해 자신의 반대항 속에서 소실될 수밖에 없기 때문이다. 그런 까닭에 이성은 오히려 지속되는 듯한 가상을 지닌 **관성적인** 규정성을 관찰하는 데에서 그 규정성이 참으로 존재하는 바대로, 다시 말해 그 규정성이 **자신을 자신의 반대와 관련시킨다는 것**을 관찰하는 데에로 전진할 수밖에 없다. 본질적 징표라고 불리는 것은 **정적인** 규정성인데, 이런 정적인 규정성은 그렇게 **단순한** 규정성으로 표현되고 파악됨에 따라 실은 그 본성을 이루는 것을, 즉 자신 안으로 환수되는 운동의 소멸하는 **계기**라는 점을 서술하지 않는다. 이제 만일 이성 본능(Vernunftinstinkt)이 규정성을 그 본질상 대자적으로 존재하는 것이 아니라 대립자로 이행하는 것이라는 규정성의 본성에 부합하게끔 탐색하는 데에 이른다면, 이성의 본능은 **법칙과 그 개념**을 찾으려 하게 된다. 비록 이때 이성 본능은 마찬가지로 법칙과 그 개념을 **존재하는** 현실로서 찾으려 하겠지만, 이런 존재하는 현실이 이성 본능에 실제로는 사라지면서 법칙의 여러 측면들은 순수한 계기나 추상물들이 된다. 그렇게 해서 감각적 현실의 아무런들 상관없는 존립을 그 자체에서 소멸시킨 개념의 본성 속에서 법칙이 출현하게 된다.

**법칙**

   관찰하는 의식에게 **법칙의 진리**는 **감각적 존재**가 그 자체 즉자 대자적으로 존재하는 바대로가 아니라 **관찰하는 의식에 대해** 존재하는 방식으로서의 **경험** 속에 있다. 그러나 법칙이 그 진리를 개념 속에 지니지 않는다면, 그런 법칙은 필연성이 아니라 어떤 우연한 것이다. 또는 그런 법칙은 실제로는 법칙이 아니다. 그렇지만 법칙이 본질적으로 개념으로서 존재한다는 것은 법칙이 관찰을 위해 현존한다는 것과 배치되지 않을 뿐만 아니라 오히려 그렇기 때문에 필연적 **현존재**를 지니면서 관찰을 위해 존재한다. **이성의 보편성**(Vernunftallgemeinheit)**이라는 의미**에서 보편적인 것은 또한 개념이 자체에 지니고 있는 의미에서도, 즉 그런 보편적인 것이 의식에 **대해** 자신을 현전하는 것이자 현실적인 것이라고 서술한다는 의미에서도 또는 개념이 자신을 물성과 감각적 존재라는 방식으로 서술한다는 의미에서도 (그러나 그렇다고 해서 자신의 본성을 상실한 채 관성적인 존속이나 아무런들 상관없는 순열로 전락하지 않고서도) 보편적이다. 보편적으로 타당한 것은 또한 보편적으로 유효하다. 존재**해야 하는** 것은 또한 실제로도 **존재하며, 존재하지** 않으면서 단지 존재**해야 할**뿐인 것은 진리성을 지니지 못한다. 이성의 본능은 이 점을 나름대로 정당하게 (권리를 가지고서) 고수하며, 설사 그 어떤 경험에서도 마주치지 않을지라도 오직 존재**해야만** 하며 또 **당위**로서 진리성을 지닌다고 하는 사유물(思惟物)들에 의해서, 즉 가설에 의해서나 또 그 밖의 모든 영구적 당위의 비가시성들에 의해서 현혹되지 않는다.[171] 왜냐하면 이성은 바로 자신이 실재성을 지닌다는 확신이며, 의식에 대해 자기 본질로서 존재하지 않는 것은, 다시 말해 현상하지 않는 것은 의식에 대해 전혀 아무것도 아니기 때문이다.

이렇게 관찰하는 데에 머물러 있는 의식에게는 법칙의 진리가 본질적으로 **실재**라는 점이 다시금 개념에 대한 그리고 즉자적으로 보편적인 것에 대한 **대립**이 된다. 또는 자신의 (관찰을 통해 파악한) 법칙 따위가 이 의식에게

---

171) J. G. Fichte, *System der Sittenlehre nach den Principien der Wissenschaftslehre*, in: Fichtes Werke Bd. 4, p. 209: "즉, 윤리 법칙의 최종 목적은 절대적 독립성과 자립성이다. … 그런데 이 목적은 도달할 수 없는 것이지만, 그럼에도 이를 향한 지속적이고 끊임없는 접근이 이루어진다."

는 이성의 본질이 되지 않는다. 이 의식은 법칙에서 어떤 **낯선 것**을 얻었다고 사념한다. 비록 그렇긴 하지만 이런 의식의 사념은 (의식 자신의) 행실을 통해 반박된다. 즉, 의식 스스로가 법칙의 진리성을 주장할 수 있으려면 **모든 개별적인** 감각적 사물이 의식에게 법칙의 현상을 보여주었어야만 한다는 의미로 자신의 보편성을 받아들이지는 않는 것이다. 돌을 지면 위로 들어 올린 다음에 놓으면 돌이 낙하한다는 사실을 (보편적 법칙이라고 주장하기) 위해 모든 돌로 그런 실험이 이루어질 것을 결코 요구하지는 않는다. 그것은 아마도 그와 같은 실험이 최소한 상당히 많이 이루어져 이로부터 높은 개연성을 가지고서 또는 완전한 권리를 가지고서(전적으로 정당하게) **유추에 따라** 나머지 경우도 추론할 수 있다고 말하는 것일 터이다. 그러나 유추가 (보편적 법칙을 결론으로 도출할) 완전한 권리를 부여하지는 못할 뿐만 아니라, 유추는 그 본성상 자기 자신을 반박하는 경우가 많아서 유추가 오히려 그런 추론을 허용하지 않는다는 점이 유추 자체에 의거하여 추론된다. 유추의 결론이 결국 그리로 환원되는 **개연성**은 **진리**와 마주해서는 좀 더 낮은 개연성과 좀 더 높은 개연성이라는 구별 일체를 상실하고 만다. 개연성이 얼마나 높건 간에 그것은 진리에 대해서는 아무것도 아니다. 그러나 이성의 본능은 실제로는 그런 (단지 높은 개연성을 지닐 뿐인) 법칙을 **진리**로 상정한다. 그러고는 자신도 인식하지 못하는 법칙의 필연성과의 관련 속에서 비로소 이성의 본능은 이런 (개연성의 높고 낮은 정도에 관한) 구분에 빠져들어 사태 자체의 진리를 개연성으로 격하시키며, 그렇게 함으로써 아직 순수한 개념의 통찰에 이르지 못한 의식에 대해 진리가 현존하는 불완전한 방식을 보여준다. 왜냐하면 (관찰하는 의식에 대해서는) 보편성이 단지 **단순한 직접적** 보편성으로서 현존할 뿐이기 때문이다. 그러나 동시에 그런 보편성 덕분에 법칙이 의식에 대해 진리성을 지닌다. 돌이 낙하한다는 사실이 의식에게 참인 까닭은 의식에게 돌이 **무게를 지니기** 때문이다. 다시 말해 돌이 그 중량에서 **그 자체 즉자 대자적으로 지구와** 본질적인 관련이 있고, 바로 이 관련이 스스로를 낙하로 표현하기 때문이다. 그러므로 의식은 경험 속에서 법칙의 **존재**를 가지지만 또한 그에 못지않게 법칙을 **개념**으로서도 가지며, **그 두 가지 사정 덕분에** 함께 법칙이 의식에게 참이 된다. 법칙은 그것이 자신을 현상 속에서 나타내고 또한 동시에 그 자체 즉자적으로 개념이기 때문에 법칙으로서 유효하다.

법칙은 동시에 **즉자적으로 개념**이므로, 이러한 의식이 지닌 이성 본능은 자신이 그렇게 하려고 하는지를 알지 못하면서도 필연적으로 스스로가 법칙과 그 계기들을 **개념**이 되게끔 **정화하는** 데로 나아간다. 이성 본능은 법칙에 관해 여러 가지 실험을 한다. 법칙이 처음에 현상하는 바대로는 불순하게 개별적인 감각적 존재로 뒤덮인 채로 나타나며, 법칙의 본성을 이루는 개념은 경험적 소재들 속에 매몰된 상태로 나타난다. 이성 본능은 여러 가지 실험을 하면서 이러저러한 상황 속에서 어떤 결과가 나오는지를 발견하려고 한다. 이를 통해 법칙이 단지 더욱더 감각적 존재 속으로 빠져드는 듯이 보인다. 하지만 오히려 이런 실험들 속에서 감각적 존재가 소멸된다. 이러한 연구는 법칙**의 순수한 조건**을 찾아낸다는 내적 의미를 지니고 있다. 이것이 말하는 바는 다름 아니라 법칙을 전적으로 개념의 형태로 고양시키고 **법칙의 계기들이 특정한 존재**에 결부되어 있다는 점을 **제거한다**는 것이다. 설령 자신을 그런 식으로 (실험을 통해) 표현하는 의식은 그렇게 함으로써 자신이 이와는 전혀 다른 어떤 것을 말하고 있다고 사념할지라도 말이다. 예를 들어 애초에는 양전기가 **유리**(琉璃) 전기라고 알려지고 음전기는 **수지**(樹脂) 전기라고 알려졌지만, 여러 차례의 실험을 통해 이런 의미는 완전히 사라지고서 그 각각이 더 이상 (유리나 나무의 진이라는) 특수한 종류의 사물에 귀속되지 않는 순수한 **양**전기와 **음**전기가 된다. 그리고 음전기를 띤 물체와 양전기를 띤 물체가 따로 있다고는 더 이상 말하지 않는다.[172) 또한 산(酸)과 염기(鹽基) 사이의 관계와 그것들 서로 간의 운동도 마찬가지로 하나의 법칙을 이루는데, 이 법칙 속에서는 그런 대립항들이 (각각 독립적인) 물체로 나타난다. 하지만 이렇게 유리되어 있는 사물들은 아무런 현실성도 지니지 못한다. 사물들을 서로 떼어 놓는 폭력은 그 사물들이 즉각 하나의 (화학 반응의) 과정 속으로 들어서는 것을 막지 못한다. 왜냐하면 이 사물들은 오직 이런 관련일 따름이기 때문이다. 이 사물들은 이빨이나 발톱처럼 대자적으로 유지되거나 그런 식으로 제시될 수는 없다. 직접적으로 (상호 반응의 과정 속에서) 중성의 산물로 이행하는 것이 바로 이 사물들의 본질이라는 점은 이 사물들의 **존재**를 즉자적으로(그 자체에서) 지양된 것 또는 보편적인 것으로 만들며, 산과 염기는 오직 **보편자**로서만 진리성을 지닌다. 그러므로 유리와 수지가 모두 양전기가 될 수도 있고 음전기가 될 수도 있듯이, 산과 염기는 이러저러한 **현실태**(현실 속의 특정한 물체)에 특성으로서 부착되어 있는 것이 아니라 각각의 사물이 단지 **상대적으로**만 산성이나 염기성을 띠는 것이다. 확고하게 산이나 염기처럼 보이는 것은 이른바 합성 물체(Synsomatie) 속에서 다른 것에 대립하는 의미를 획득하게 된다.[173) — 이런 방식으로 실험 결과는 특정한 사물이 지닌 특성으로서의 계기와 정신화(Begeistung)를 지양하고, (예를 들어 양전기라는) 술어를 (특정한 물체인 유리라는) 그

---

172) B. Franklin, *Briefe von der Elektricität*, übers. von J. C. Wilcke, Leipzig, 1758, Vorrede, An. § 41 참조.
173) 산과 염기의 이런 보편적 성격에 관해서는 J. J. Winterl, *Darstellung der vier Bestandteile der anorganischen Natur*, übers. von J. Schuster, Jena, 1804, pp. 22 ff. 참조. 'Synsomatie'라는 개념은 같은 책, p. 34에 등장한다.

것의 주어(주체)로부터 해방시킨다. 이 술어들은 그것이 참으로 존재하는 바 대로 오직 보편적인 것으로서만 발견된다. 그렇기 때문에 이와 같은 (특정한 사물로부터의) 자립성으로 말미암아 이 술어들은 물체도 아니고 특성도 아닌 '**질료**'라는 명칭을 얻게 되며, 사람들은 산소 등등이라든가 양전기와 음전기라든가 열(熱) 따위를 '물체'라고 부르는 것을 삼가게 된다.[174]

이에 반해 **질료**는 **존재하는 사물**이 아니라 **보편적인 것**으로서의 존재 또는 개념이라는 양식 속의 존재이다. 아직 본능에 머무는 이성은 이런 구별을 올바로 하기는 하지만, 자신이 온갖 감각적 존재로 법칙을 실험하면서 법칙의 단지 감각적일 뿐인 존재를 지양한다는 의식을 가지지는 못한다. 또한 자신이 법칙의 계기들을 **질료**라고 파악함으로써 이 계기들의 본질성이 (이성의) 본능에[175] 보편자가 되어서 이와 같은 (보편적인 것으로서의 '질료'라는) 표현 속에서 비감각적인 감각적인 것으로, 즉 물체가 없으면서도 대상적인 존재로 언표되고 있다는 의식도 이 이성은 가지지 못한다.

이제 이성의 본능에 대해 그것의 결과가 어떤 전환을 맞이하고 이와 더불어 그의 관찰 행위가 어떤 새로운 형태로 등장하는지를 살펴보자. 우리는 감각적 존재로부터 해방된 순수한 법칙을 이런 실험하는 의식의 진리로 보았다. 우리는 이런 순수한 법칙을 **개념**으로 보았는데, 이때 개념은 감각적 존재 속에 현존하지만 그 속에서 자립적이면서 얽매이지 않은 채로

---

174) 당시에 화학과 물리학에서 빈번히 사용되던 '질료' 개념에 관해서는 특히 F. A. C. Gren, *Grundriß der Naturlehre*, Halle, 1801 참조.
175) 여기서 인칭대명사 'ihm'이 같은 문장의 앞에서 등장하는 'sein'과는 달리 '본능'을 지시하는 것으로 독해하는 것이 문맥상 올바르다고 보이나, 'sein'과 마찬가지로 '법칙'을 지시하는 것으로 독해할 수도 있다. 이 경우 이 문구는 "(이성의) 본능에" 대신에 "법칙에"로 번역된다.

운동하고 또 감각적 존재 속으로 침잠하면서도 그로부터 자유로우며 **단순한** 개념이다. 실로 **결과**이자 **본질**인 바로 이것이 이제 의식에 대해 스스로 등장하지만, 그러나 **대상**으로 등장한다. 더욱이 의식에 대해 바로 이 대상은 **결과**가 아니고 또 선행하는 운동과의 관련도 결여하고 있으므로 **특수한 종류**의 대상으로 등장하며, 이런 대상과 의식이 맺는 관계는 또 다른 관찰로 등장한다.

**유기체의 관찰**

개념의 **단순성** 속에서 과정을 그 자체에 지니는 그런 대상이 곧 **유기체**(das Organische)이다. 유기체는 자신을 단지 **대타적으로** 존재할 뿐이도록 만들 규정성이 해체되어 있는 절대적 유동성이다. 비유기적 사물(무기물)은 규정성을 자신의 본질로 삼으며, 그런 까닭에 오직 다른 사물과 함께이어야만 개념의 계기들을 완전하게 이루고, 그렇기 때문에 운동 속에 들어서면 소멸하고 만다. 이에 반해 유기적 본체(유기체)에서는 그것을 타자에 대해 열려 있도록 만드는 모든 규정성들이 유기적인 단순한 통일 아래에 묶여 있다. 자신을 타자와 자유롭게 관련시키는 그 어떤 규정성도 본질적인 것으로 나타나지 않는다. 그렇기 때문에 유기체는 (타자와) 자신의 관련 자체 속에서조차 자신을 보존한다.

α) 비유기체에 대한 유기체의 관련

여기서 이성 본능이 관찰하려는 **법칙**의 **측면들**은, 그 규정에서 도출되듯이, 처음에는 서로 간의 관련 속에 있는 **유기적** 자연과 **비유기적** 자연이다. 유기적 자연에 대해 비유기적 자연은 바로 유기적 자연의 **단순한 개념**에 대립하는 **풀려난** 규정태들의 자유인데, 이런 풀려난 규정태들에서는 개체적 자연이 **동시에 해체되기도** 하고 또 그것들의 연속성으로부터 개체적 자연이 **동시에** 자신을 분리하여 **대자적으로** 존재하기도 한다. 공기와 물, 토지, 지역, 기후 등이 그와 같은 보편적 요소들인데, 이런 보편적 요소들이 개체들의 규정되지 않은 단순한 본질을 형성하고 또 그러한 요소들 속에서 개체들이 동시에 자신 안으로 반사되어 있다. 개체도 또 요소적인 것도 전적으로 즉자 대자적으로 존재하지는 않는다. 오히려 양자가 관찰될 때 서로에 대해서 자립적인 자유 속에서 등장하지만 이런 자립적 자유 속에서 동시에 서로 **본질적인 관련**으로서 태도를 취하며 관계하고, 그렇기에 양자 서로에 대한 자립성과 아무런들 상관없음이 지배적인 것이어서 단지 부분적으로만 (보편적 법칙이라는) 추상으로 이행한다. 그러므로 여기서 법칙은 (자연의 일반적인) 요소가 유기체의 형성과 맺고 있는 관련으로서 현존하는데, 이때 유기체는 요소적 존재를 한편으로는 자신에 맞서 마주하여 지니고 있는가 하면 다른 한편으로는 요소적 존재를 자신의 유기적 반영에서(자신 안에서 유기적으로 반영하여) 나타낸다. 하지만 공기에 속하는 동물은 조류의 성질을 지니고 있고 물에 속하는 동물은 어류의 성질을 지니고 있으며 북극권의 동물은 두꺼운 털가죽을 가지고 있다는 등등의 **법칙**은 곧바로 유기체의 다양성에 부합하지 못한다는 빈약함을 드러낸다.[176] 유기체가 지닌 자유는 이런 규정들로부터 자신의 형식들을 다시 탈거할 수 있고 또 도처에서, 이를 무엇이라고 부르건 간에, 그러한 법칙이나 규칙의 예외를 필연적으로 보여준다. 그 밖에도 그런 법칙이나 규칙에 해당하는 것들에서조차 이것이 피상적인 규정에 머무르며, 그런 법칙이나 규칙의 필연성이라는 표현마저도 이와 다를 수 없어서 **큰 영향**(이라는 뜻)을 넘어서지 못한다.

---

176) 자연적 요소와 동물종의 관련에 관해서는 G. R. Treviranus, *Biologie, oder Philosophie der lebenden Natur für Naturforscher und Aerzte*, Bd. 2, Göttingen, 1803, p. 168 참조.

이때에도 우리는 과연 무엇이 그러한 영향에 귀속되고 무엇이 그렇지 않은지를 알 도리가 없다. 그런 까닭에 이와 같은 요소적인 것과 유기체의 관련을 실제로는 **법칙**이라고 부를 수도 없다. 왜냐하면 부분적으로는, 이미 환기한 바와 같이, 그러한 관련이 그 내용상 결코 유기체의 범위를 망라하지 못하기 때문이고, 부분적으로는 관련의 여러 계기들 자체도 서로에 대해서 아무런들 상관없는 상태로 머물 뿐이어서 그 어떤 필연성도 표현하지 못하기 때문이다. 산(酸)이라는 개념 속에 염기라는 **개념**이 들어 있고, 이와 마찬가지로 양전기라는 개념 속에 음전기라는 개념이 들어 있다. 그렇지만 아무리 두꺼운 털가죽이 북극권과 함께, 또는 어류의 골격이 물과 함께, 그리고 조류의 골격이 공기와 함께 **마주치게** 된다 할지라도, 북극권이라는 개념 속에 두터운 발모라는 개념이 들어 있지 않고, 바다라는 개념 속에 어류의 골격이라는 개념이 들어 있지 않으며, 공기라는 개념 속에 조류의 골격이라는 개념이 들어 있는 것은 아니다. 이런 양 측면 서로 간의 자유 때문에 조류나 어류 등등의 본질적인 특성을 지닌 육지 동물도 **있기** 마련이다. 이때 (법칙의) 필연성은 본질의 내적 필연성이라고 개념적으로 파악될 수는 없는 것인 까닭에 또한 감각적 현존재를 지니기를 멈추어 더 이상 현실에서 발견되지도 못하며, 오히려 현실로부터 **벗어나와** 있다. 필연성이 이렇게 실재하는 본질 자체에서 발견되지 않게 됨으로써 그것은 곧 목적론적 관련이라고 불리는 것, 즉 관련된 것에 **외면적**이고 그런 까닭에 오히려 법칙의 반대인 그런 관련이 된다.[177] 목적론적 관련은 필연적인 자연(본성)으

---

177) 헤겔에 앞서 칸트가 외적(상대적) 합목적성과 내적 합목적성을 구분하고서 내적 합목적성을 유기체론에 적용했다. I. Kant, *Kritik der Urteilskraft*, B 279 이하: "그런데 원인과 결과의 법칙적 관계는 두 가지 방식으로 일어날 수 있다. 즉, 우리가 결과를 직접 기술적 산물로 간주하거나 또는 결과를 단지 다른 가능한 자연 존재자의 기술을 위한 재료로 간주

로부터 완전히 해방된 사고여서, 이러한 사고는 필연적인 자연을 떠나 그 위에서 홀로 운동한다.

β) 목적론

방금 전에 언급한 요소적 자연에 대한 유기체의 관련이 유기체의 본질을 표현하지 못한다면, 이에 반해 **목적 개념** 속에는 유기체의 본질이 포함되어 있다. 물론 이 관찰하는 의식에게는 목적 개념이 유기체의 고유한 **본질**이 아니라 오히려 유기체 외부에 귀속되며, 그래서 단지 그런 외면적인 **목적론적** 관련에 지나지 않는다. 하지만 앞에서 유기체를 규정한 바와 같이 사실 유기체는 실재하는 목적 자체이다. 왜냐하면 유기체는 타자와의 관련 속에서 **자기 자신을 보존**하므로, 유기체는 바로 그 안에서 자연이 스스로를 개념 속으로 반사하고 또 필연성에서는 (일방적인 인과법칙처럼 외적 필연성의 개념에서는) 서로 떼어 놓인 원인과 결과 내지 능동적인 것과 수동적인 것이라는 계기들이 하나로 합쳐지는 그런 자연적 본질이기 때문이다. 그래서 여기서는 어떤 것이 단지 필연성의 **결과**로만 등장하는 것이 아니라, 그것이 자신 안으로 되돌아갔기 때문에 최종의 것이나 결과가 또한 그에 못지않게 운동을 개시하는 **최초의 것**이고 또 스스로에게 그 자신에 의해 실현되는 **목적**이다. 유기체는 단지 무엇인가를 산출해내기만 하는 것이 아니라 오히려 **오직 자신을 보존할 따름이다**. 또는 (유기체의 운동을 통해 결과로서) 산출되는 것은 그것이 산출되는 것 못지않게 또한 이미 (운동을 추동하는 목적으로서 처음부터) 현존한다.

---

하거나 두 가지 중의 하나이며, 따라서 결과를 목적으로 간주하거나 또는 다른 원인의 합목적적 사용을 위한 수단으로 간주하거나 두 가지 중의 하나이다. 후자의 합목적성은 (인간에 대해서는) 유용성 또는 (다른 모든 피조물에 대해서는) 유익성이라고 일컬어지고 또 단지 상대적일 뿐이지만, 전자의 합목적성은 자연 존재자의 내적 합목적성이다."

이러한 규정이 즉자적으로는 어떠하고 또 이성 본능에 대해서는 어떠한지를 좀 더 상세하게 논구할 필요가 있는데, 이는 이성 본능이 어떻게 그런 규정 속에서 자신을 발견하면서도 또한 이런 자신의 발견물 속에서 자신을 인식하지는 못하는지를 보기 위함이다. 요컨대 관찰하는 이성이 자신을 거기로 고양시킨 목적 개념은 그것이 관찰하는 이성의 **의식화된 개념**인 것 못지않게 또한 **현실적인 것**으로서도 현존하며, 단지 그런 현실적인 것이 지닌 **외적 관련**에 불과한 것이 아니라 오히려 현실적인 것의 **본질**이다. 그 자체가 목적인 이런 현실적인 것은 자신을 합목적적으로 타자와 관련시킨다. 이것이 뜻하는 바는 (타자와 맺는) 현실적인 것의 관련은 **그 양자가 직접적으로 존재하는 바에 따른다면** 우연한 관련이라는 것이다. 직접적으로는 양자가 모두 자립적이고 서로에 대해서 아무런들 상관없다. 그러나 양자가 서로 맺고 있는 관련의 본질은 그것들이 그렇게 (직접적으로) 존재하는 것처럼 보이는 바와는 다른 것이고, 그것들이 하는 행동은 그 행동이 **직접적으로** 감각적 지각에 대해 존재하는 바와는 다른 의미를 지니고 있다. 필연성이 지금 벌어지고 있는 것에서는 숨겨져 있고 **종착점에서야** 비로소 드러나는데, 바로 이 종착점은 필연성이 또한 최초의 것이었음을 보여준다. 그런데 종착점이 자기 자신의 이런 선재성을 보여주는 것은 이미 존재했던 것 이외에는 그 무엇도 (현실적인 것과 그 타자가 하는) 행동이 일으킨 변화에 의해서 배출되지 않는다는 사실을 통해서이다. 또는 우리가 최초의 것에서 시작한다면, 이 최초의 것은 그 종착점에서 또는 자신의 행위가 낳은 결과에서 오직 자기 자신으로 되돌아갈 따름이다. 그리고 바로 이를 통해 최초의 것은 자기가 **자기 자신을** 자신의 종착점으로 지니는 것임을, 따라서 최초의 것으로서 이미 자신에게로 되돌아와 있는 것임을 또는 **그 자체 즉자 대자적으로** 존재하는 것임을 입증한다. 따라서 최초의 것이 자신의 행동에 의한 운동을 통해서 도달하는 것은 곧 **자기 자신**이다. 그리고 그것이 오직 자기 자신에 도달할 뿐이라는 것이 바로 그것의 **자기 감정**이다. 비록 그렇게 함으로써 **최초의 것이 그것인 바**(운동의 단초로서의 시작)와 **최초의 것이 구하려는 것**(목적으로서의 끝) 사이의 구별이 현존하지만, 이는 단지 **구별의 가상**에 불과하며, 이를 통해 그것은 그 자체에서의 개념이다.

그런데 **자기의식**도 마찬가지로 그러한 방식으로 자신을 자신으로부터 구별하되 그렇게 하는 가운데 동시에 그 어떤 구별도 생겨나지 않는 그런 성질을 가지고 있다. 그렇기에 자기의식은 유기적 자연의 관찰에서도 바로 이런 본질을 발견한다. 자기의식은 자신을 하나의 사물, 즉 **생명으로서** 발견하면서도, 여전히 그 자신이 그것인 바와 자신이 발견한 것을 구별하되 이 구별은 아무 구별도 아니다. 동물의 본능이 먹이를 구하여 먹어 치우지만 그렇게 함으로써 자신 이외에 그 어떤 것도 산출하지 않듯이, 이성의 본능도 역시 자신이 추구하는 것 속에서 오직 이성 자신만을 발견한다. 동물은 자기 감정으로 끝난다. 이에 반해 이성 본능은 동시에 자기의식이기도 하다. 그러나 이성 본능은 단지 본능일 뿐이기 때문에 의식에 맞서 한쪽에 세워지고 의식에서 자신의 대립항을 지니게 된다. 그렇기 때문에 이성 본능을 만족시키는 일은 이런 대립에 의해 양분되어 있다. 이성 본능은 분명 자기 자신을, 즉 **목적**을 발견하고 또한 이 목적을 **사물**로서 발견한다. 그러나 첫째로 이성 본능에는 목적이 (애초에) 스스로를 목적으로 나타내는 **사물 그 외부에** 귀속된다. 둘째로 이 목적으로서의 목적은 동시에 **대상적**이다. 따라서 이성 본능에 목적은 의식으로서의 자기 자신에게 귀속하지 않고 또 다른 (타자의) 오성에 귀속한다.

좀 더 면밀하게 고찰해보면, 이러한 규정은 또한 사물(유기체)이 **자기 자체에서 목적**이라는 사물의 개념 속에도 놓여 있다. 다시 말해 사물은 **자신**

을 보존한다. 이는 동시에 사물이 필연성을 은폐하면서 이를 **우연한** 관련이라는 형식으로 전시한다는 점이 바로 사물의 본성이라는 것을 뜻한다. 왜냐하면 사물의 자유나 **대자 존재**는 바로 자신에게 필연적인 것에 대해서 아무런들 상관없는 것으로서 태도를 취하며 관계한다는 것이기 때문이다. 따라서 사물은 그것의 개념이 자신의 존재 외부에 귀속하는 그런 것이라고 자신을 서술한다. 이와 마찬가지로 이성 역시 자신의 고유한 개념을 자신 외부에 귀속하는 것으로서, 따라서 **사물**로서 직관한다는 필연성을, 즉 그것에 대해서 이성이 아무런들 상관없고 또 이와 더불어 그것이 쌍방적으로 이성에 대해서 그리고 자신의 개념에 대해서 **아무런들 상관없는** 그런 것으로서 직관한다는 필연성을 지니고 있다. 본능으로서의 이성 역시 이런 **존재**나 **아무런들 상관없음** 내에 머물며, (이성의) 본능에는 개념을 표현하는 사물이 이 개념과는 다른 것이고 또 개념은 사물과는 다른 것이다. 그렇게 유기적 사물이 이성에 대해 단지 그 자체에서의 **목적**일 뿐이어서, 필연성은 유기체 자체의 외부에 귀속하는데, 행위자(유기체)가 그의 행동에서 아무런 상관없는 대자적 존재자로서 태도를 취하면서 관계하므로 이런 필연성이 그의 행동 속에서는 은폐되어 서술된다. ─ 그러나 유기체가 그 자체에서의 목적으로서 그렇게밖에는 달리 태도를 취하면서 관계할 수 없기 때문에, 유기체가 그 자체에서의 목적이라는 점 역시 현상하여 감각적으로 현전하며, 유기체는 그와 같이 관찰된다. 유기체는 자기 자신을 **보존하는 것**이고 자신 안으로 **귀환하는 것**이자 **귀환한 것**으로서 자신을 드러낸다. 그러나 이 관찰하는 의식은 이런 존재 속에서 목적 개념을 인식하지 못한다. 또는 관찰하는 의식은 목적 개념이 그 밖의 어딘가에 있는 오성 속에서가 아니라 바로 여기에 실존하며 사물로서 존재한다는 점을 인식하지 못한다. 관찰하는 의식은 (한편으로는) 목적 개념과 (다른 한편으로는) 대자 존재 및 자기 보존을 서로 구별하지만, 이런 구별은 아무 구별도 아니다. 이런 구별이 아무 구별도 아니라는 점이 관찰하는 의식에 대해서는 존재하지 않으며(관찰하는 의식이 그런 구별은 실은 아무 구별도 아니라는 점을 자각하고 있지는 못하며), 바로 그 행동을 통해 이루어지는 것(목적)에 대해서 우연하고 아무런들 상관없는 듯이 보이는 그런 행동만이 관찰하는 의식에 대해 존재한다.[178] 그리하여 관찰하는 의식에게는 그 두 가지를 결합하는 통일이, 즉 그런 행동과 이런 (그 행동을 통해 이루어지는) 목적이 서로 갈라져 와해된다.

이런 관점에서 유기체 자체에 귀속하는 것은 자신의 최초의 것과 최종의 것 사이 그 가운데에 놓여 있는 행동, 그것이 개별성이라는 특성을 자체에 지니고 있는 한에서의 행동이다. 그러나 보편성이라는 특성을 지니고 있으면서 행위자가 행동에 의해 산출되는 것과 동일하게 정립되는 한에서의 행동, 즉 합목적적 행동 자체는 유기체에 귀속하지 않을 것이다. 앞의 단지 수단에 불과한 개별적 행동은 자신의 개별성으로 말미암아 전적으로 개별적이거나 우연한 필연성이라는 규정 아래에 놓인다. 그러므로 유기체가 개체로서의 자기 자신을 보존하기 위해 또는 유(類)로서의 자신을 보존하기 위해 행하는 것은 이런 직접적인 내용에 따른다면 전적으로 무법칙적이다. 왜냐하면 (이 경우에는) 보편자와 개념이 유기체 외부에 귀속되기 때문이다. 따라서 유기체의 행동은 그 자체에 아무 내용도 지니고 있지 않은 공허한 작용일 것이다. 그러한 작용은 심지어 기계의 작용에도 미치지 못할 터인데, 왜냐하면 기계는 하나의 목적을 가지고 있고 따라서 기계의 작

---

178) 이 문장은 다음과 같이 번역할 수도 있다. "이런 구별이 아무 구별도 아니라는 점이 관찰하는 의식을 위해서는 존재하지 않으며, 그것은 바로 그 행동을 통해 이루어지는 것에 대해서 우연하고 아무런들 상관없는 듯이 보이는 그런 행동에 불과하다."

용은 특정한 내용을 지니고 있기 때문이다. 그렇게 보편자에서 이탈한 채로는 유기체의 작용이 단지 **존재하는 것**으로서의 존재자의 활동에 불과할 것이다. 즉, 그 작용은 산이나 염기의 활동처럼 동시에 자신 안으로 반사되지 않은 활동에 불과할 것이다. 그것은 자신의 직접적 현존재로부터 자신을 분리하지도 못하고 또한 대립자와의 관련 속에서 소멸해버리는 이런 자신의 직접적 현존재를 포기하지도 못하면서 자신을 보존할 터일 그런 작용이 될 것이다. 그런데 지금 고찰한 바와 같은 작용을 가진 존재는 자신의 대립자와의 관련 속에서 **자신을 보존하는** 사물로서 정립되어 있다. **활동** 자체는 다름 아니라 그것의 대자 존재가 지닌 순수하면서 본질 없는 형식이며, 한낱 특정한 존재가 아니라 보편자인 활동의 실체가, 즉 활동의 **목적**이 그 활동 외부에 귀속되지는 않는다. 그 활동은 그 자체에서 자신 안으로 되돌아가는 활동이지 어떤 낯선 것에 의해 자신 안으로 되돌려지는 활동은 아니다.

그러나 **관찰하는** 의식에 대해서는 이런 보편성과 활동의 통일이 존재하지 않는데, 그 까닭은 그러한 통일이 본질적으로 유기체의 내적 운동이고 또 오직 개념으로서만 파악될 수 있기 때문이다. 그런데 관찰은 그 계기들을 **존재**와 **지속**이라는 형식 속에서 구한다. 그리고 유기적 전체가 본질적으로 계기들을 그 자체에 지니고 있지 않고 자신에게서 발견되도록 하지 않는 것이기 때문에, 의식은 자신의 관점에서 그 대립을 자신의 관점에 부합되게끔 변환한다.

γ) 내면과 외면

이런 방식으로 의식에게는 유기적 본체가 두 가지 **존재하는 고정된** 계기들 사이의 관련으로서, 즉 그러니까 의식에게는 그 두 측면이 한편으로는 관찰 속에 주어져 있는 것처럼 보이면서도 다른 한편으로는 그 내용상 유기적 **목적 개념**과 **현실** 사이의 대립을 표현하는 그런 대립의 관련으로서 발생한다. 그렇지만 여기에서는 개념 자체가 제거되었기 때문에 사고가 표상 속으로 함몰된 불분명하고 피상적인 방식으로 그렇게 된다. 이리하여 우리는 대략 '**내면**'이라는 용어로는 유기적 목적 개념을 그리고 '**외면**'이라는 용어로는 현실을 사념하는 것을 보게 되며, 그 둘 사이의 관련은 '**외면은 내면의 표현이다.**'라는 법칙을 만들어낸다.

이런 내면을 그 대립자(외면)와 함께 그리고 그 둘 서로 간의 관련을 좀 더 상세하게 고찰해보면 다음과 같은 점이 밝혀진다. 첫째로, 법칙의 두 측면은 더 이상 앞서 다룬 법칙들에서 그랬던 것처럼 자립적인 **사물**로서 그 각각이 하나의 특수한 물체로 나타나지는 않는다. 또한 둘째로, 보편자는 **존재자 외부** 어딘가에서 그 실존을 갖지 않는다. 오히려 유기적 본체는 무릇 분리되지 않은 채로 내면과 외면의 내용으로서 그리고 그 둘에 대해 한 가지 동일한 것으로서 근저에 놓인다. 이를 통해 대립은 단지 순수하게 형식적인 대립에 머물러서, 그 대립의 실재하는 측면들은 하나의 동일한 **즉자**를 자신들의 본질로 삼고 있다. 그러나 또한 동시에 내면과 외면이 서로 대립하는 실재이고 또 관찰에 대해서는 상이한 **존재**이므로, 그 양자가 관찰에는(관찰하는 의식에게는) 저마다 고유한 내용을 가지고 있는 듯이 나타난다. 그러나 이 고유한 내용은 하나의 동일한 실체나 유기적 통일이므로 실제로는 단지 하나의 동일한 실체나 유기적 통일이 지닌 상이한 형식일 수 있을 따름이다. 이는 관찰하는 의식에 의해 외면은 다만 내면의 **표현**일 뿐이라고 한 점에서 암시되어 있다. ― 우리는 목적 개념에서 이와 똑같은 관계의 규정들을, 즉 상이한 것들의 아무런들 상관없는 자립성과 그런 자립성 속에서도 상이한 것들이 사라지게 되는 그것들의 통일이라는 규정들을 보았다.

이제 내면과 외면이 그 존재에서 어떤 **형태**를 띠는지 살펴보자. 내면 자체는 외면 자체 못지않게 외적 존재와 형태를 지닐 수밖에 없다. 왜냐하면 내면은 대상이기 때문이다. 또는 내면은 그 자체가 존재하는 것으로서 그리고 관찰을 위해 현존하는 것으로서 정립되어 있기 때문이다.

αα) 내면

**내적인 것**으로서의 유기적 실체는 **단순한** 영혼이나 순수한 **목적 개념** 또는 [자신의 분할 속에서도 이에 못지않게 보편적 유동성으로 유지되고, 따라서 자신의 **존재** 속에서도 **행동**으로 나타나거나 **소멸하는** 현실의 **운동**으로 나타나는] 그런 **보편자**이다. 이에 반해 **외면**은 그렇게 (행동과 운동으로서) 존재하는 내면과 대립하여 유기체의 **정적인 존재**에 존립한다. 이에 따라 이런 외면에 대한 내면의 관련으로서의 법칙은 그 내용을 때로는 보편적 **계기들** 또는 **단순한 본질태들**을 서술하여 표현하고, 또 때로는 실현된 본질태 또는 **형태**를 서술하여 표현한다. 전자로 언급한 단순한 유기적 **특성들**은, 이를 명명하자면, **감수성**(Sensibilität)과 **자극 반응성**(Irritabilität)과 **재생산**(Reproduktion)이다.[179] 이러한 특성들, 그중에서도 적어도 처음 두 가지는 유기체 전반이 아니라 오직 동물에만 해당하는 듯이 보인다. 실제로도 식물은 자신의 계기들을 **발전시키지 못한** 유기체의 단순한 개념만을 표현할 뿐이다. 그렇기 때문에 그런 유기적 특성들에 관해서 그것들이 관찰을 위해 존재해야 하는 한에서는 이 유기적 특성들이 발달되어 있는 현존재를 보여주는 유기체(동물)에 우리는 주목해야만 한다.

---

179) 유기체의 본질적 특성으로서의 감수성과 자극 반응성과 재생산에 관해서는 F. W. J. Schelling, *Von der Weltseele. Eine Hypothese der höhern Physik zur Erklärung des allgemeinen Organismus*, Hamburg, 1798, pp. 225 ff. 참조.

이런 유기적 특성들 자체에 관해 살펴보면, 이것들은 (유기체의) 자기 목적이라는 개념에서 직접 도출된다. 왜냐하면 **감수성**은 무릇 유기적인 자기 내 반사의 단순한 개념을(유기체가 외부의 자극을 자신 안에서 반영한다는 단순한 개념을) 또는 그런 개념의 보편적 유동성을 표현하기 때문이다. 반면에 **자극 반응성**은 그런 반사 속에서 동시에 **반작용하는**(reagierend) 태도를 취하며 관계하는 유기체의 탄성(彈性)이거나 첫 번째 (감수성)의 정적인 **자기 내 존재**에 대립해 있는 실현인데, 여기에서는 앞의 추상적인 대자 존재가 **대타** 존재로 된다. 또 **재생산**은 이렇게 자기 안으로 반사시키는 유기체 **전체**의 활동 작용(Aktion)이자 목적 자체로서의 또는 **유**로서의 유기체의 활동인데, 여기에서는 그러니까 개체가 자신을 자기 자신으로부터 밀쳐내고 자신의 유기적 일부분이나 아니면 개체 전체를 산출하면서 자신을 복제한다(반복한다). **자기 보존 일반**이라는 의미로 받아들인다면 재생산은 유기체의 형식적 개념 또는 감수성을 표현한다. 그러나 재생산은 본래 실제적인 유기적 개념(유기체의 실제적 개념)이다. 또는 재생산은 개체로서는 자기 자신의 개별적인 부분들을 생성해냄으로써 자신 안으로 귀환하거나 아니면 유로서는 개체들을 생성해냄으로써 자신 안으로 귀환하는 **전체**이다.

이런 유기적(유기체의) 요소들이 지닌 **또 다른 의미**, 즉 **외면**으로서의 의미는 유기적 요소들이 **현실적**이지만 또한 동시에 **보편적인** 부분들로서 또는 유기적 **체계**로서 현존하게끔 만드는 그것들의 **형태화된** 양식이다. 이에 따르면 이를테면 감수성은 신경계로서, 자극 반응성은 근육계로서, 재생산은 개체와 유를 보존하는 장기(臟器)로서 현존한다.

그러므로 유기체의 고유한 법칙은 그 이중적인 의미에서의 유기적(유기체의) 계기들이 서로 맺고 있는 관계에 관한 것이 된다. 즉, 유기적 계기들이 한편으로는 유기적 **형태화**의 한 **부분**이라는 의미를 가지고 있고, 다른 한편으로는 그런 체계들 일체를 가로지르는 **보편적인 유동적** 규정성이라는 의미를 가지고 있다. 그래서 그와 같은 법칙을 표현할 경우, 예를 들면 유기체 **전체**의 계기로서 특정한 **감수성**은 일정하게 형성된 신경계에서 표현될 것이다. 또는 그러한 감수성은 또한 개체가 지닌 유기적 부분들의 일정한 **재생산**이나 전체의 번식과도 결부될 것이다. 기타 등등.— 그런 법칙의 두 측면은 **관찰될** 수 있다. 외면은 그 개념상 **대타 존재**이다. 예를 들어 감수성은 감각 **체계**에서 그것이 직접 실현된 양식을 가진다. 그리고 **보편적 특성**으로서의 감수성은 그것의 **표출들**에서 이에 못지않게 대상적인 것이다. **내면**이라고 불리는 측면은 전체에서 **외적인 것**이라고 불리는 것과는 구별되는 자신의 **고유한 외적** 측면을 지닌다.

따라서 유기적 법칙의 두 측면은 분명 관찰할 수 있겠지만, 양자 사이의 관련에 관한 법칙은 그렇지 않다. 그리고 그 관찰이 불충분한 까닭은 그것이 **관찰로서** 너무 근시안적이기 때문도 아니고, 경험적으로 진행되기는커녕 오히려 이념으로부터 출발해야 하기 때문도 아니다. 왜냐하면 그러한 법칙이 어떤 실제적인 것이라면 실제로도 현실적으로 현존해야만 하고, 따라서 관찰될 수 있어야만 하기 때문이다. 오히려 그 관찰이 불충분한 까닭은 이런 종류의 법칙에 관한 사고가 아무런 진리성도 지니지 않는다는 점이 입증되기 때문이다.

(이상과 같은 논의를 통해) 다음과 같은 관계가 법칙을 위해 결과로 나왔다. 즉, 보편적인 유기적 **특성**은(유기체의 보편적 특성은) 유기적 **체계**에서 자신을 사물로 만들면서 자신의 형태화된 압형(押型)을 지니며, 그래서 그 두 가지(보편적인 유기적 특성과 유기적 체계)는 한편으로는 보편적 계기로서 현존하고 다른 한편으로는 사물로서 현존하는 하나의 똑같은 본질이라는 것이다. 그렇지만 이 밖에도 내적인 것이라는 측면 역시 대자적으로 여러 측면들의

관계이며, 그렇기 때문에 우선 보편적인 유기적 활동들이나 특성들 서로 간의 관련으로서의 법칙이라는 사고가 떠오른다. 과연 그와 같은 법칙이 가능한지 여부는 그런 (보편적인 유기적) 특성의 본성에 의해 결정되어야 한다. 그런데 그런 특성은 보편적 유동성으로서 한편으로는 사물의 방식에 따라 제약된 채로 자신의 형태를 이룰 하나의 현존재가 지닌 구별 속에서 자신을 유지하는 그런 어떤 것이 아니며, (그래서 이를테면) 감수성은 신경계를 넘어서서 유기체의 다른 모든 체계를 관통한다. 다른 한편으로 감수성은[180] 본질적으로 반작용 내지 자극 반응성 그리고 재생산과 분리되지 않고 떼어낼 수 없는 보편적인 **계기**이다. 왜냐하면 자기 내 반사(자신 안으로 반성하는 행위, Reflexion in sich)로서의 감수성은[181] 전적으로 그 자체에서 반작용이기 때문이다. 단지 자기 내에서 반사된 존재(자기 안에서 반성되어 있음, In sich Reflektiertsein)는 수동성이나 죽은 존재이지 감수성은 아니며, 이는 반작용과 똑같은 한가지인 활동 작용 역시 자기 내에서 반사된 존재 없이는 자극 반응성이 아닌 것과 마찬가지이다. 활동 작용이나 반작용 속에서의 반사 그리고 반사 속에서의 활동 작용이나 반작용은 바로 그것의 통일이 유기체를 이루는 것인데, 이런 통일은 유기적 재생산과 같은 의미를 지닌다. 이로부터 다음과 같은 결론이 나온다. 즉, (우리가 우선 감수성과 자극 반응성 서로 간의 관계를 고찰하려면) 각각의 현실태의 양식 속에는 자극 반응성과 같은 **크기**의 감수성이 현존해야만 하며, 유기적 현상은 그 하나에 따라서 만큼이나 또한 다른 하나에 따라서도 파악되고 규정되고 또는, 그렇게 하고자 한다면, 설명될 수 있다는 것이다. 이를테면 어떤 사람이 고

---

180) 인칭대명사가 '감수성' 대신에 '그런 특성'을 지시하는 것으로 독해할 수도 있다.
181) 각주 180) 참조.

도의 감수성이라고 여기는 것을 다른 사람은 그에 못지않게 충분히 고도의 자극 반응성으로, 그것도 **같은 수준**의 자극 반응성으로 간주할 수 있다.[182] 그것들(그런 특성들)을 **요인들**(Faktoren)이라고 부른다면, 그리고 이것이 무의미한 용어가 아니라면, 바로 이를 통해 다음과 같은 점이 언표되어 있다. 즉, 그것들이 개념의 **계기들**이라는 점, 따라서 그 본질이 이러한 개념을 이루는 실제적 대상이 이것들을 동일한 방식으로 자체에 지니고 있으며, 그래서 그 실제적 대상이 한 가지 방식으로 감수성이 매우 높은 것이라고 규정된다면 마찬가지로 이에 못지않게 다른 방식으로도 자극 반응성이 매우 높은 것이라고 언표되어야 한다는 점 말이다.

내면의 순수한 계기들의 법칙, 감수성의 법칙 등[183]

이 유기적 특성들이 필연적으로 서로 구별된다면, 이는 개념에 따라 그렇게 되는 것이고, 그것들의 대립은 **질적**인 것이다. 그러나 이런 참된 구별 이외에도 또한 여전히 그것들을 존재하는 것으로서 정립할 경우에 그리고 그것들이 어떻게 법칙의 측면들이 될 수 있는지에 관한 표상을 위해 상이한 것들로서 정립할 경우에, 이 유기적 특성들은 **양적**인 상이성을 띠고 나타난다. 그럼으로써 그것들의 본래적인 질적 대립은 **크기**로 전환되며, 예를 들어 감수성과 자극 반응성은 그 크기에서 반비례 관계에 있으므로 그 중 하나가 증대하면 다른 하나는 감소한다거나 또는, 차라리 곧바로 크기 자체를 내용으로 삼아서, 어떤 것의 적음(陰의 量)이 감소하면 그것의 크

---

182) 감수성과 자극 반응성의 종합적 성격에 관해서는 F. W. J. Schelling, *Erster Entwurf eines Systems der Naturphilosophie*, Jena-Leipzig, 1799, pp. 250, 265 참조.
183) 이곳과 이하에서 원문의 차례에 제시된 소제목의 위치와 본문의 내용 사이에 약간의 어긋남이 있는 듯이 보이는데, 이는 복잡하고 혼란스러운 출판과 편집 과정에서 발생한 원문 자체가 안고 있는 편집상의 문제이다. 여기서는 원문의 차례에서 지시한 위치에 따른다.

기(陽의 量)가 증가한다는 식의 법칙이 생겨나게 된다.[184] — 그런데 이를테면 구멍을 채우고 있는 것이 **감소**할수록 그 구멍의 크기는 **증가**한다는 투로 그 법칙에 어떤 특정한 내용이 주어지면, 이런 반비례 관계는 그에 못지않게 정비례 관계로 치환되어서 구멍의 크기는 비워지는 것의 양과 정비례 관계 속에서 **증가**한다고 표현될 수도 있다. 그것이 정비례 관계로 표현되건 반비례 관계로 표현되건 간에, 이는 그 본래의 표현에서 하나의 크기는 그것이 증가하는 만큼 증가한다는 것만을 말할 뿐인 **동어반복적인** 명제이다. 구멍과 그것을 채우거나 비우는 것이 질적으로는 대립해 있지만, 그 두 가지의 실재(das Reale)와 그 둘 속에서 실재가 지닌 특정한 크기는 똑같은 하나이며, 또한 마찬가지로 크기의 증가와 적음의 감소도 똑같은 한 가지이고, 그것들을 아무 의미 없이 대립시키는 일은 결국 동어반복으로 귀결된다. 이와 똑같이 유기적 계기들도 그 실재에서 그리고 그 (하나의 동일한) 실재의 크기인 그것들의 크기에서 서로 분리될 수 없다. 그 하나는 오직 다른 것과 함께 감소하고 함께 증가한다. 왜냐하면 그 하나는 전적으로 오직 다른 것이 현존하는 한에서만 의미를 지니기 때문이다. 또는 오히려 일반적으로도 물론 그렇고 또한 그 크기에 관해 말할 때에도 그렇지만, 하나의 유기적 현상을 자극 반응성으로 간주하느냐 아니면 감수성으로 간주하느냐는 아무런들 상관없다. 이는 구멍의 증대를 비어 있는 것으로서의 구멍이 확대되었다고 말하든 아니면 덜어낸 속의 내용물이 확대되었다고 말

---

184) 여기서 헤겔의 비판은 킬마이어의 이론을 표적으로 삼고 있다. C. F. Kielmeyer, *Ueber die Verhältniße der organischen Kräfte unter einander in der Reihe der verschiedenen Organisationen, die Gesetze und Folgen dieser Verhältniße*. Eine Rede den 11ten Februar 1793 am Geburtstage des regierenden Herzogs Carl von Wirtemberg, im großen akademischen Hörsale gehalten 참조. 이미 쉘링이 킬마이어의 법칙에 관해 여러 차례 비판적으로 언급했다.

하든 아무런들 상관없는 것과 마찬가지이다. 또는 예를 들면 3이라는 수는 내가 그것을 양수로 받건 음수로 받건 간에 (절댓값으로서는) 동일한 크기로 유지된다. 그리고 설사 내가 3을 4로 증가시키더라도 양수건 음수건 모두 4가 된다. 이와 마찬가지로 어느 한 자석의 남극은 바로 그것의 북극과 똑같은 정도로 강하며, 양전기는 그것의 음전기만큼, 그리고 산은 그것이 영향을 미치는 염기만큼 강하다. ─ 앞서의 3이라는 크기라든가 자석이라든가 등등은 유기적 **현존재**이다. 바로 이 유기적 현존재가 커지거나 줄어드는 것이고, 그것이 커질 경우에는 그것의 **두 가지** 요소 모두가 커진다. 이는 마치 자석이나 전기를 강화하면 자석의 **두** 극 또는 두 가지 전기 **모두** 상승하는 것과 같다. ─ 그 두 가지가 **내포**에 따르건 **외연**에 따르건 간에 서로 다르지 않다는 점, 즉 그 하나가 외연상으로는 감소하면서 내포상으로는 증가하는 반면에 다른 하나는 역으로 내포상으로는 감소하면서 외연상으로는 증가하는 일은 없다는 점은 공허한 대립이라는 앞서와 똑같은 개념 아래에 놓인다. 실제적인 내포는 전적으로 외면과 똑같은 정도로 크며, 그 역도 성립한다.

이상의 논의에서 밝혀지듯이 이런 법칙 제정(Gesetzgeben)에서는 그것이 실로 다음과 같이 진행된다. 처음에는 자극 반응성과 감수성이 일정한 유기적 대립을 이룬다. 그러나 이런 내용은 소실되어버리고 그 대립은 크기의 증감이나 상이한 내포와 외연의 증감이라는 형식적인 것으로 흘러간다. 그런데 이러한 대립은 더 이상 감수성 및 자극 반응성의 본성과는 아무 상관이 없고 또 더 이상 그것들의 본성을 표현하지 않는다. 그렇기 때문에 그와 같은 법칙 제정의 공허한 유희는 유기적 계기들과 유리된 채로 어디에서건 아무것으로나 할 수 있으며, 무릇 이런 대립의 논리적 본성에 대한 무지에서 기인한다.

마지막으로 감수성과 자극 반응성 대신에 재생산이 그중 하나와 관련되게끔 놓이게 되면 이런 법칙 제정의 동기마저도 떨어져 나간다. 왜냐하면 이 계기들(감수성과 자극 반응성)이 서로 대립해 있는 것처럼 재생산이 이 계기들과 대립해 있는 것은 아니기 때문이다. 그런데 이런 법칙 제정은 대립에 근거를 두고 있는 것이므로, 여기서는 법칙 제정이 이루어지고 있다는 가상조차도 떨어져 나간다.

방금 고찰한 법칙 제정은 유기체의 **개념**이 지닌 계기들이라는 의미에서 유기체의 구별자들을 포함하고 있으며, 본래는 아프리오리한(경험에 앞서 그와 독립적인, apriorisch) 법칙 제정이 되어야 할 것이다. 그렇지만 유기체의 구별자들이 **현존하는 것**이라는 의미를 가지고 있고 또 단지 관찰하는 의식은 이 구별자들의 현존재에 의존할 수밖에 없다는 사고가 그런 법칙 제정 자체 안에 본질적으로 담겨 있다. 유기적 현실태는 필연적으로, 그 개념이 표현하듯이, 이와 같은 대립을 자체에 지니고 있는데, 이 대립은 자극 반응성과 감수성으로 규정될 수 있고 또 이 두 가지는 다시 재생산과 상이하게 나타난다. — 여기서는 유기적 개념의 계기들이 **외면성** 속에서 고찰되는데, 이 외면성은 내면의 **고유한 직접적** 외면성이지, 전체에서의 외면이자 **형태**인 그런 **외면**은 아니다. 추후에 이런 외면과의 관련 속에서 내면이 고찰될 것이다.

내면과 그것의 외면

그런데 이 계기들 사이의 대립을 그 현존재에서 존재하는 바대로 파악하게 되면 감수성과 자극 반응성과 재생산이 비중(比重)이나 색깔이나 경도(硬度) 등등과 마찬가지로 서로에 대해서 아무런들 상관없는 보편성들인 평범한 **특성들**로 전락하고 만다. 이런 의미에서는 물론 어느 한 유기체가 다른 유기체보다 더 감수성이 강하다거나 자극 반응성이 더 높다거나 더 큰 재생력을 가지고 있다는 점을 관찰할 수 있다. 또한 어느 한 유기체의 감수성 등등이 그 **종**(種)에 따라서 다른 유기체의 감수성 등등과 다르다는 점, 그리고 [이를테면 말은 귀리를 대할 때 건초를 대하는 것과는 달리 행동하고 또 개는 그 두 가지에 대해서 또 달리 행동하고 등등처럼] 어느 한 유기체가 특정한 자극에 대해서 다른 유기체와는 다르게 행동한다는 점도 관찰할 수 있으며, 이에 못지않게 또한 어느 한 육체는 다른 육체보다 더 단단하다는 점 등등도 관찰할 수 있다. ─ 하지만 이런 감각적 특성들, 경도(硬度), 색깔 등등이라든가 귀리에 대한 자극 감수성, 하중에 대한 자극 반응성, 새끼를 낳는 수와 유형 등등의 현상들을 서로 관련짓고 비교하는 일은 본질적으로 합법칙성과 상충한다. 왜냐하면 그런 것들의 **감각적 존재**가 지닌 규정성은 바로 그것들이 서로에 대해서 전혀 아무런들 상관없이 실존한다는 데에 존립하며, 또한 그것이 관련의 통일을 서술하기보다는 오히려 개념에서 이탈한 자연의 자유를 서술하고 또 개념의 계기들 자체를 전시하기보다는 오히려 이 계기들 사이에 나타나는 우연한 크기의 계량에서 자연의[185] 비이성적인 우왕좌왕의 놀이를 전시한다는 데에 존립하기 때문이다.

ββ) 내면과 형태로서의 외면

유기적(유기체의) 개념이 지닌 단순한 계기들을 **형태화**의 계기들과 비교할 수 있도록 해주는 **또 다른** 측면이야말로 비로소 참된 외면을 **내면**의 압형으로 표현하는 진정한 법칙을 제공할 것이다. ─ 그런데 이런 단순한 계기들은 (전체를) 삼투하는 유동적인 특성들이기 때문에 유기적 사물에서 형태의 개별 체계라고 불리는 것과 같은 유의 그런 유리된 실제적 표현을 지니

---

185) 인칭대명사가 '자연' 대신에 '그 계기들'을 지시하는 것으로 독해할 수도 있다.

지는 않는다. 또는 그 세 가지 계기들은 정지해 있는 것이 아니라 오직 개념과 운동의 계기들일 따름이라는 바로 그 이유에서 유기체의 추상적 이념이 이 계기들 속에서 (참되게) 표현되는 데에 반해서, 형태화로서의 유기체는 해부학이 이를 분해하여 놓는 것처럼 그런 세 가지 특정한 체계 속에서 포괄적으로 다루어지지는 못한다. 그런 체계들이 그 현실 속에서 발견되고 이러한 발견을 통해 정당화되어야 하는 한에서는, 해부학이 단지 그와 같은 세 가지 체계만이 아니라 훨씬 더 많은 체계들을 지시한다는 사실 또한 환기되어야만 한다. ─ 또한 이 점을 도외시하더라도 무릇 감수성의 **체계**가 **신경계**라고 불리는 것과는 전혀 다른 어떤 것을 뜻할 수밖에 없고, 마찬가지로 자극 반응성의 **체계**도 **근육계**와는 전혀 다른 어떤 것을, 그리고 재생산의 **체계**는 재생산의 **장기**와는 전혀 다른 어떤 것을 뜻할 수밖에 없다. **형태** 자체의 체계들 속에서는 유기체가 죽은 실존이라는 추상적인 면에 따라서 파악된다. 그렇게 받아들인 유기체의 계기들은 해부학과 시체에 속할지언정 인식과 생동하는 유기체에 속하지는 않는다. 그와 같은 (해부학적) 부분들로서는 유기체의 계기들이 과정이기를 멈추기 때문에 오히려 **존재하기**를 멈추게 된다.[186] 유기체의 **존재**는 본질적으로 보편성 또는 자기 자체 내 반사이므로 유기체 전체의 **존재** 및 그 계기들은 해부학적 체계에 존립하지 않으며, 오히려 그 현실적인 표현과 계기들의 외면성은 오직 형태화의 다양한 부분들을 관통하면서 진행되는 운동으로서만 현존한다. 그리고 이러한 운동 속에서는 개별 체계로서 유리되고 고착된 것이 스스로를 본질적으로 유동적인 계기라고 전시하며, 그리하여 해부학이 발견하는 바

---

186) 당시의 유기체에 관한 해부학적 이해와 설명으로는 특히 C. I. Kilian, *Entwurf eines Systems der Gesammten Medizin*, Jena, 1802, pp. 54 ff. 참조.

와 같은 현실이 그것(유기체의 계기들)의 실재로 간주될 수는 없고 오히려 오직 과정으로서의 그것들만이 실재로서 유효하다. 그리고 오직 이런 과정 속에서만 해부학적 부분들 역시 의미를 지닌다.

따라서 다음과 같은 결론이 나온다. 홀로 취한 유기적 **내면**의 계기들은 존재의 법칙이 지닌 여러 측면들을 제공해주지 못한다. 이는 이 계기들이 그와 같은 법칙에서는 하나의 현존재에 관해 언표되고 서로 구별되어서, 각각 그 하나가 다른 것 대신에 동일한 방식으로 호명될 수는 없는 까닭이다. 또한 그 계기들이 한쪽 면에 세워진 채로는 하나의 고정된 체계에서의 다른 쪽 면에서 자신을 실현하지도 못한다. 왜냐하면 이런 고정된 체계는 그런 내면의 계기들의 표현이 되지 못하는 만큼이나 또한 무릇 유기적(유기체의) 진리를 지니는 것이 아니기 때문이다. 유기체는 즉자적으로 보편자이기 때문에 유기체의 본질적인 점은 오히려 무릇 자신의 계기들을 그 현실태에서 이에 못지않게 보편적으로, 다시 말해 (전체를) 관통하는 과정으로서 지니고 있는 것이지 어떤 고립된 사물에서 보편자의 모습을 제공하는 것은 아니라는 것이다.

이런 방식으로 무릇 유기체에서 **법칙**이라는 **표상**이 사라지고 만다. 법칙은 대립을 정적인 측면들이라고 파악하여 표현하고자 하며, 이런 정적인 측면들에서 그것들 서로 간의 관련인 규정성을 파악하여 표현하고자 한다. 현상하는 보편성이 속하는 **내면**과 정적인 형태의 부분들이 속하는 **외면**은 서로 대응하는 법칙의 측면들을 이루어야 하지만, 이렇게 서로 떼어 놓아서는 그것들이 지닌 유기적인 의미가 상실되고 만다. 그런데 법칙이라는 표상의 근저에는 바로 그 두 측면이 홀로 존재하면서 아무런들 상관없는 존속을 지니고 있고 또 서로 대응하는 이중적인 규정성으로서의 관련이 이 두 측면에 배분되어 있다는 것이 놓여 있다. 그렇지만 유기체의 각 측면은 오히려 그 자체에서 모든 규정들이 해체되어 있는 단순한 보편성이자 이런 해체의 운동이라는 것이다.

이런 (관찰하는 이성의) 법칙 제정과 앞에서 다룬 (오성의 단계에서 법칙이 지녔던) 형식들의 차이점을 통찰해보는 것이 이런 법칙 제정의 본성을 완벽하게 해명해줄 것이다. — 다시 말해 우리가 지각과 그 속에서 자신을 자기 안으로 반성하고 이를 통해 자신의 대상을 규정하는 오성의 운동을 되돌아보면, 그때의 오성은 자신의 대상에서 보편자와 개별자라든가 본질적인 것과 외면적인 것 따위의 추상적인 규정들 사이의 **관련**을 염두에 두지는 않으며, 오성 자체는 그 이행이 대상화되지 않는 그런 이행이다. 이에 반해 여기서는 (관찰하는 이성의 법칙 제정에서는) 유기적 통일이, 즉 바로 그런 대립자들의 관련이 [그리고 이 관련은 순수한 이행인데] 그 자체로 **대상**이다.[187] 이런 자신의 단순성 속에서의 이행은 직접적으로 **보편성**이며, 이 보편성이 구별로 들어서고 또 법칙이 그러한 구별의 관련을 표현함으로써 법칙의 계기들은 이런 의식의 **보편적** 대상**으로서** 존재한다. 그리고 이때 법칙은 '**외면**은 **내면**의 표현이다.'라는 것이다. 여기서 오성은 법칙의 **사고** 자체를 포착했다. 이와 달리 앞에서는 오성이 단지 무릇 법칙들만을 찾으려 했고 또 법칙의 계기들은 오성에게 어떤 특정한 내용으로서 떠오를 뿐이었지 법칙의 사고로서 떠오르지는 않았다. — 이에 따라 여기서 내용에 관해서는 단지 순수하게 **존재하는** 구별자들을 보편성의 형식 안으로 정적으로 수용하는 그런 법칙이 아니라 이런 구별자들에서 또한 직접적으로 개념의 불안정도 그리고 이와 더불어 동시에 측면들 사이의 관련의 필연성도 지니고 있는 그런

---

187) 이 문장은 다음과 같이 번역할 수도 있다. "이에 반해 여기서는 유기적 통일이, 즉 그런 대립자들의 관련이 존재하며, 이 관련은 순수한 이행이자 그 자체가 **대상**이다."

법칙이 획득되어야만 한다. 하지만 바로 그 대상인 유기적 통일이 존재의 무한한 지양이나 절대적 부정을 정적인 존재와 직접 통일하고 또 그 계기들은 본질적으로 **순수한 이행**이기 때문에, 법칙을 위해 요구되는 것과 같은 그런 **존재하는** 측면들은 생겨나지 않는다.

그와 같은 법칙들을[188] 획득하려면 오성은 유기적 관계의 또 다른 계기인 유기적 현존재의 자기 자신 안으로 **반사된 존재**(Reflektiertsein)에 주안점을 두어야만 한다. 그러나 이러한 존재는 자신 안으로 완전히 반사되어 있어서 그 존재에는 다른 것과 맞선 그 어떤 (변별적) 규정성도 남아 있지 않다. **직접적인** 감각적 존재는 직접적으로 규정성 자체와 하나이며, 그렇기 때문에 예를 들어 빨강에 맞선 파랑이라든가 염기에 맞선 산 등과 같이 그 자체에서 질적 차이를 표현한다. 그러나 자신 안으로 되돌아온 유기적 존재는 타자에 대해서 전혀 아무런들 상관없다. 그리고 그것의 현존재는 단순한 보편성이며, 지속되는 감각적 구별자들을 관찰에(관찰하는 의식에게) 허락하지 않는다. 또는, 같은 말이지만, 그러한 현존재는 자신의 본질적 규정성을 단지 **존재하는** 규정태들의 **교체**로서 보여줄 뿐이다. 그렇기 때문에 존재하는 것으로서의 구별이 스스로를 표현하는 방식은 바로 그 구별이 **아무런들 상관없는** 구별이라는 것, 즉 **크기**로서 존재한다는 것이다. 하지만 그렇게 하는 가운데 개념은 소멸하고 필연성도 사라지고 만다.—그러나 이런 아무런들 상관없는 존재의 내용과 이를 채우는 일은, 즉 감각적 규정들의 교체는 유기적 규정의 단순성 안으로 환수되고 나면 동시에 바로 그 내용이 그러한 (직접적인 특성이라는) 규정성을 지니지 않는다는 점을 표현하며, 우리가 앞에서 보았듯이 질적인 것은 그냥 크기로 전락하고 만다.

---

188) 지시대명사가 '법칙들' 대신에 '존재하는 측면들'을 지시하는 것으로 독해할 수도 있다.

유기적 규정성이라고 파악된 대상적인 것은 그 자체에 개념을 지니고 있으며, 이를 통해 그것은 [자신의 법칙이 지닌 내용을 파악할 때 순수하게 지각하는 태도를 취하는] 오성에 대해 존재하는 것과 구분된다. 비록 그렇기는 하지만 그러한 파악은 전적으로 한낱 지각하는 오성의 원리와 수법으로 퇴락하고 마는데, 그 까닭은 그렇게 (유기적 규정성이라고) 파악된 것이 **법칙**의 계기로 이용되기 때문이다. 왜냐하면 그럼으로써 이렇게 파악된 것이 고정된 규정성이라는 양식을, 즉 직접적인 특성이나 정적인 현상이라는 형식을 얻게 되고, 더 나아가 크기의 규정 속으로 수용되면서 개념의 본성이 억압되기 때문이다. ─ 따라서 한낱 지각된 것을 내적으로 반사된 것으로 치환하고 또 한낱 감각적인 규정성을 유기적 규정성으로 치환하는 일은 다시 그 가치를 잃게 되는데, 이는 오성이 아직 법칙 제정을 지양하지 않았기 때문이다.

이러한 치환에 관해서 몇 가지 사례를 들어 비교해보자면, 지각에 대해 강한 근육을 가진 동물로 나타나는 것은 높은 자극 반응성을 지닌 동물 유기체라고 규정되고, 지각에 대해 더 약한 상태에 있는 것은 더 높은 감수성의 상태라고 또는, (감각적인 것을 개념으로 옮겨 놓는 대신에 라틴어로, 게다가 열악한 라틴어로 번역한 표현이지만) 이렇게 표현하길 원한다면, 비정상적 흥분 상태(innormale Affektion)라고, 그것도 그런 상태의 강화(Potenzierung)라고 규정된다.[189] 동물이 강한 근육을 가지고 있다는 것을 오성은 또한 동물이 큰 **근력**을 가지고 있다는 식으로 표현할 수도 있

---

189) 'Affektion'은 '작용 받는 상태', '기분', 특히 격정적인 '성향' 등을 뜻하는 라틴어 'affectio'에서 유래하고, 'Potenzierung'은 '잠재적인 힘이나 능력', '영향력' 등을 뜻하는 라틴어 'potentia'에 어원을 두고 있다. 이 용어들은 C. I. Kilian, *Entwurf eines Systems der Gesammten Medizin*, pp. 155, 257에서 의학적 의미로 사용되었다.

고, 마찬가지로 높은 약함을 적은 **힘**이라고 표현할 수도 있다. 근육의 **특유한** 힘이 바로 자극 반응성이기 때문에, 자극 반응성을 통한 규정은 규정된(특정한) 자기 내 반사를 표현하는 데에 반해 **힘**이라는 규정은 규정되지 않은(불특정한) 자기 내 반사를 표현한다는 점에서 전자가 후자보다 뛰어나다. 그리고 자극 반응성을 통한 규정은 이미 힘에서도 그러하듯이 그 안에 동시에 자기 내 반사가 포함되어 있다는 점에서 **강한 근육**이라는 규정보다 뛰어나다. 약함이나 적은 힘 같은 **유기적 수동성**도 이와 마찬가지로 **감수성**을 통해 규정적으로 표현된다. 그렇지만 이런 감수성이 홀로 취해져서 고정되고, 게다가 **크기**의 규정과 결부되어서 더 크거나 더 적은 감수성으로서 더 크거나 더 적은 자극 반응성과 대립하게 되면, 그 각각은 모두 전적으로 감각적인 요소로 그리고 특성이라는 평범한 형식으로 격하되고, 그것들 사이의 관련은 개념이 아니라 그 반대로 크기가 되는데, 대립이 이런 크기 속으로 빠져들면서 사고를 결여한 차이가 된다. 이 경우에 비록 '**힘**'이라든가 '**강함**'이라든가 '**약함**' 같은 표현들이[190] 지닌 불특정한 점이 제거되기는 하지만, 이제는 그에 못지않게 서로에게서 그리고 서로에 맞서 상승하고 하락하는 더 높거나 낮은 감수성과 자극 반응성의 대립 속에서 공허하고 불특정한 헤매임이 발생한다. 강함과 약함이 전적으로 감각적인 무사유의 규정들인 것 못지않게 더 크거나 적은 감수성과 자극 반응성은 사고를 결여한 채로 파악되고 또 그렇게 언표된 감각적 현상이다. 앞서의 몰개념적인 표현들의 자리에 개념이 대신 들어서는 것이 아니라, 오히려 그 자체로만 홀로 취해질 경우 비록 개념에 기반을 두고 있고 개념을 그

---

190) '힘', '강함', '약함' 등은 브라운의 의학 이론에서 기본 개념으로 등장한다. J. Brown, *Grundsätze der Arzeneylehre*, übers. von M. A. Weikard, Frankfurt/M., 1795 참조.

내용으로 삼고 있지만 이런 기원과 특징을 완전히 잃어버린 (양적인 감수성과 자극 반응성이라는) 규정을 가지고서 강함과 약함(이라는 사고를 결여한 감각적 규정들)이 채워지고 있는 것이다. — 본질은 근원적으로 개념으로서 존재하고 정립된 것이지만, 이러한 내용을 법칙의 측면으로 만드는 단순성과 직접성이라는 형식을 통해서 그리고 그와 같은 규정들을 서로 구별하는 변별적 요소를 이루는 크기를 통해서 그 본질이 감각적 지각의 양식을 얻게 되고 또 힘의 강함과 약함을 통한 규정 속에서 또는 직접적인 감각적 특성을 통해서 인식과는 거리가 멀리 떨어진 채로 남게 된다.

먼저 전체의 **내면**이 그것의 **고유한** 외면과의 관련 속에서 고찰되었듯이, 이제는 또한 유기체의 **외면**은 무엇인지를 그리고 유기체의 외면에서 **유기체의** 내면과 외면 사이의 대립이 어떻게 규정되는지를 **그 자체로만 홀로**(대자적으로 홀로) 고찰하는 일이 아직 남아 있다.

**외면**을 홀로 고찰하면 그것은 **형태화** 일반, 자신을 **존재**라는 **요소** 속에서 분지화(分枝化)하는 생명의 체계, 그리고 동시에 본질적으로 **대타적인** 유기적 본체의 존재, 즉 자신의 **대자 존재** 속에서의 대상적 본체이다. — 이런 **타자**가 처음에는 유기적 본체의 외적인 비유기적 자연으로 나타난다. 이 두 가지를 법칙과의 관련 속에서 고찰하면, 우리가 앞에서 보았듯이 비유기적 자연은 유기적 본체에 맞서는 법칙의 한 측면을 이루지 못한다. 왜냐하면 유기적 본체는 동시에 전적으로 대자적으로 존재하면서 비유기적 자연과 보편적이고 자유로운 관련을 맺고 있기 때문이다.

그런데 유기적 형태 자체에서 이 두 측면의 관계를 좀 더 상세하게 규정하면, 그러니까 유기적 형태는 한편으로는 비유기적 자연에 대항하지만 다른 한편으로는 **대자적으로** 존재하면서 자신 안으로 반사되어 있다. **현실적인** 유기적 본체는 생명의 **대자 존재**를 **외면** 일반이나 **즉자 존재**와 결합시키는(추론 속에서 함께 묶는) 매개 중심이다. — 그런데 대자 존재라는 극단은 형태의 여러 계기들 자체를 그것들의 존립으로부터 그리고 외면과의 관련으로부터 자신 안으로 환수하는 그런 무한한 단일자로서의 내면이자 또한 형태에서 스스로에게 자신의 내용을 부여하면서 형태의 과정으로 나타나는 그런 (그 자체로는) 내용 없는 것이다. 이런 단순한 부정성 또는 **순수한 개별성**이라는 극단에서 유기체는 자신의 절대적 자유를 지니는데, 이런 자유를 통해 유기체는 대타 존재에 대해서 그리고 형태의 계기들이 지닌 규정성에 대해서 아무런들 상관없고 또 이에 맞서 보호되어 있다. 이러한 자유는 동시에 (형태의) 계기들 자체의 자유이며, 계기들이 **현존하는 것**으로 나타나고 파악될 수 있는 가능성이다. 그리고 이런 자유 속에서 그 계기들은 외적인 것에 대해서와 마찬가지로 서로에 대해서도 해방되어서 아무런들 상관없다. 왜냐하면 이런 자유의 **단순성**은 **존재**이거나 그 계기들의 단순한 실체이기 때문이다. 형태나 대타 존재가 아무리 다양한 유동(遊動) 속에서 떠돌아다니고 있을지라도 이런 개념이나 순수한 자유는 하나의 동일한 생명이다. 생명의 흐름에는 그것으로 돌아가는 물레방아가 어떤 종류인지는 아무런들 상관없다. — 이제 무엇보다도 다음과 같은 점에 주의해야겠다. 즉, 이러한 개념은 앞서 본래의 내면을 고찰했을 때와는 달리 그것의 **과정**이라는 형식 또는 그것의 계기들의 전개라는 형식 속에서 파악되어서는 안 되고 오히려 **현실적인** 생동하는 본질에 맞서 순수하게 보편적인 측면을 이루는 **단순한 내면**으로서의 그 형식 속에서 또는 형태가 지닌 존재하는 지체들의 **존립**이라는 **요소**로서의 그 형식 속에서 파악되어야 한다. 왜냐하면 우리가 여기서 고찰하는 것은 바로 그와 같은 형식이고, 이러한 형식에서는 생명의 본질이 존립의 단순성으로서 존재하기 때문이다. 그다음으로 **대타 존재**는 또는 그 본질인 이런 단순한 보편성 속으로 수용된 현실적인 형태화라는 규정성은 이에 못지않게 단순하고 보편적인 비감각적 규정성이며, 그것은 오직 **수**(數)로서 표현되는 규정성일 수 있을 뿐이다.— 바로 이 규정성이 규정되지 않은 생명을 현실적인 생명과 결합시키는 형태의 매개 중심인데, 그것은 규정되지 않은 생명처럼 단순하면서도 현실적인 생명처럼 규정되어 있다. 규정되지 않은 생명에서 **내면**에 수로서 존재하는 것을 외면은 그것의 양식에 따라 다양한 현실, 삶의 방식, 색깔 등등으로서, 즉 무릇 현상 속에서 스스로를 전개하는 온갖 구별자들 전체로서 표현해야만 할 것이다.[191]

유기적 전체를 이루는 두 측면 중 하나는 **내면**이고 다른 하나는 **외면**인데, 그 각각은 다시 그 자체에서 내면과 외면을 지니고 있다. 이런 유기적 전체의 두 측면을 그 양측의 내면에 따라서 비교해보면, 첫 번째 측면(내면)의 내면은 **추상**의 불안정으로서의 개념인 반면에 두 번째 측면(외면)은 자신의 내면으로 정적인 보편성을 그리고 그 안에서 또한 수라는 정적인 규정성을 가지고 있다. 그러므로 전자(내면의 내면)에서는 개념이 자신의 계기들을 전개하기 때문에 전자가 관련의 필연성이라는 가상을 통해 (관찰하는 이성을) 현혹하면서 법칙을 기약해주는 반면에, 후자(외면의 내면)에서는 수가 그 법칙의 한 측면이 지닌 규정으로 나타나므로 후자는 그런 기약을 곧바로 포기해버린다. 왜냐하면 수는 바로 완전히 정적이고 죽어 있으며 아무런들 상관없는 규정성이어서, 거기서는 모든 운동과 관련이 소실되어 있고 충동과 삶의 양식과 그 밖의 감각적 현존재라는 생동하는 것으로 향하는 가교(架橋)가 끊겨 있기 때문이다.

---

191) 다수의 번역서들과 마찬가지로 여기서는 이 원문의 주어와 목적어가 도치되어 있다고 독해했다. 원문의 순서 그대로 번역한다면 다음과 같다. "규정되지 않은 생명에서 **내면**에 수로서 존재하는 것은 외면을 그것의 양식에 따라 다양한 현실, 삶의 방식, 색깔 등등으로서, 즉 무릇 현상 속에서 스스로를 전개하는 온갖 구별자들 전체로서 표현해야만 할 것이다."

그러나 유기체의 **형태**를 그 자체로 그리고 내면을 한낱 형태의 내면으로서 이처럼 고찰하는 일은 실제로는 더 이상 유기체의 고찰이 아니다. 왜냐하면 서로 관련되어야 할 두 측면이 단지 서로 아무런들 상관없이 정립되어 있을 뿐이고, 이를 통해 유기체의 본질을 이루는 자기 내 반사가 지양되어 있기 때문이다. 여기서는 오히려 내면과 외면을 비교하려는 시도가 비유기적 자연으로 전이된다. 여기서 무한한 개념은 단지 내향적으로 은폐되어 있거나 외부의 자기의식에게 귀속되는 **본질**일 뿐이며, 더 이상 유기체에서처럼 자신의 대상적 현전을 지니고 있지 않다. 그러므로 내면과 외면의 이런 관련은 아직 그 본래의 영역에서 고찰되어야만 한다.

γγ) 내면이자 외면으로서의 외면 자체 또는 비유기체로 전이된 유기적 관념

우선 비유기적 사물(무기물)의 단순한 개별성으로서의 형태가 지닌 내면이 바로 **비중**(spezifische Schwere)이다. 단순한 존재로서의 비중은 그것이 유일하게 될 수 있는 수라는 규정성과 마찬가지로 관찰되거나 실은 여러 관찰들을 비교함으로써 발견될 수 있으며, 이런 식으로 법칙의 한 측면(내면)을 제공해주는 듯이 보인다. 형태, 색깔, 경도, 점성(粘性) 그리고 그 밖의 무수히 많은 특성들이 다 함께 **외적인** 측면을 이루면서 내면의 규정성인 수를 표현해야만 할 것이다. 그리하여 그 하나는 다른 하나에서 자신의 대립상을 지닐 것이다.

이제 여기서는 부정성이 과정의 운동이라고 파악되지 않고 오히려 **정적인 통일**이나 **단순한 대자 존재**라고 파악되기 때문에, 그것은 오히려 사물로 하여금 과정에 거스르도록 만들고 또 과정에 대해서는 아무런들 상관없이 자기 안에서 자신을 보존하도록 만드는 것으로 나타난다. 그러나 이런 단순한 대자 존재가 타자에 대해서 평온하게 아무런들 상관없다는 점을 통해 비중은 다른 특성들 **곁에 병존하는** 하나의 **특성**으로 등장하며, 그

럼으로써 이런 다수성과의 모든 필연적 관련이 또는 모든 합법칙성이 중지된다.―이런 단순한 내면으로서의 비중은 **그 자체에** 아무런 구별도 지니지 않는다. 또는 그런 비중은 단지 비본질적인 구별만을 지닐 뿐인데, 왜냐하면 바로 그것의 **순수한 단순성**이 일체의 본질적인 구별을 지양하기 때문이다. 그러므로 **크기**라는 이런 비본질적인 구별은 특성들의 다수성이라는 다른 측면에서 자신의 대립상이나 **타자**를 지닐 수밖에 없을 것이다. 이는 비본질적인 구별이 무릇 이를 통해서만 비로소 구별이 되기 때문이다. 이런 다수성 그 자체가 대립의 단순성 안으로 집약되어서 이를테면 **응집**(Kohäsion)이라고 규정되면, 그리하여 비중이 **순수한 대자 존재**이듯이 응집은 **타자 존재 속에서의 대자 존재**라면,[192] 이런 응집은 첫째로 그와 같은 (비중이라는) 규정성에 맞서 이렇게 개념 속에 정립된 순수한 규정성이고, 그 법칙 제정의 수법은 앞서 감수성이 자극 반응성에 대해서 지니는 관련에서 고찰했던 바로 그것일 터이다.―둘째로, 더 나아가 응집은 타자 존재 속에서의 대자 존재라는 **개념**으로서 단지 비중의 맞은편에 서 있는 측면의 **추상**에 불과하며, 그러한 것으로서 아무런 실존도 지니지 않는다. 왜냐하면 타자 존재 속에서의 대자 존재는 비유기체가 자신의 대자 존재를 **자기 보존**이라고 표현하게 될 그런 과정인데, 이러한 자기 보존은 비유기체를 산물이라는 계기가 되어서 과정으로부터 이탈하지 않도록 보호할 것이기 때문이다. 물론 이는 바로 목적이나 보편성을 그 자체에 지니고 있지 않다고 하는 비유기체의 본성에 위배된다. 비유기체의 과정은 오히려 그 대자 존재인 자신의 비중이 어떻게 스스로를 **지양하는가** 하는 특정한 반

---

192) 응집과 비중의 반비례 관계에 관해서는 H. Steffens, *Beyträge zur innern Naturgeschichte der Erde*, p. 129 참조.

응(Verhalten)이다. 그러나 비유기체의 응집이 그 참된 개념 속에서 존립하게 될 터일 이런 특정한 반응 자체와 비유기체의 비중이 지니는 특정한 크기는 서로 전혀 아무런들 상관없는 개념들이다. 반응 유형을 전적으로 도외시하고서 크기라는 표상으로 국한한다면, 이를테면 더 큰 비중(을 가진 것)은 더 고도의 자기 내 존재(Insichsein)로서 더 작은 비중(을 가진 것)보다 과정 속으로 진입하는 데에 더 많이 저항한다는 식으로 이런 규정을 사유할 수도 있을 것이다. 하지만 역으로 대자 존재의 자유는 오직 모든 일에 관여하면서 이런 잡다성 속에서도 자신을 보존하는 경쾌함 속에서만 입증된다. 외연은 내포의 **현존재**를 이루는 것이기 때문에 그와 같이 관련의 외연이 없는 내포는 내실 없는 추상이다. 그런데 이미 환기한 바와 같이 비유기체가 자신의 관련 속에서 자기를 보존한다는 것은 비유기체의 본성과 동떨어진 것이다. 왜냐하면 비유기체는 운동의 원리를 그 자체에 지니고 있지 않기 때문이다. 또는 비유기체의 존재는 절대적 부정성과 개념이 아니기 때문이다.

이에 반해 비유기체가 지닌 (응집이라는) 이런 다른 측면을 과정이 아니라 정적인 존재로서 고찰한다면, 그것은 곧 통상적인 응집이 된다. 즉, 그것(통상적인 의미의 응집)은 **타자 존재**라는 자유롭게 방임된 계기에 맞서 그 맞은편에 등장하는 **단순한** 감각적 특성인데, 이때 타자 존재는 다수의 서로 아무런들 상관없는 특성들로 갈라지면서 비중과 마찬가지로 그런 아무런들 상관없는 특성들[193] 아래에 놓인다. 그다음에는 일단의 그런 특성들이 모여서 그것(비중)에[194] 대한 다른 측면을 이룬다. 그러나 그 맞은편과 마찬가

---

193) 다수의 번역서들은 이 지시대명사가 '아무런들 상관없는 특성들' 대신에 '응집'을 지시하는 것으로 독해한다. 그러나 현재 논의되고 있는 문제는 외면(형태)의 내면인 비중과 이에 대립하는 계기로서 외면의 외면인 다수의 감각적 특성들 및 이 특성들이 단순성 안으로 집약된 응집의 관계이다. 따라서 그와 같은 해석은 문맥상 개연성이 적어 보인다.

지로 이쪽 편에서도 **수**가 그 유일한 규정성인데, 이 규정성은 이런 특성들 서로 간의 관련과 이행을 표현하지 못할 뿐만 아니라 본질적으로 아무런 필연적 관련도 지니고 있지 않고 오히려 모든 합법칙성의 폐기를 서술하는 바로 그런 것이다. 왜냐하면 (수라는) 그 규정성은 **비본질적인** 것으로서의 규정성을 표현하는 것이기 때문이다. 그래서 구별을 그것들이 지닌 비중의 수적 차이(Zahlenunterschied)로 표현하는 물체들의 계열은 결코 다른 특성들의 구별의 계열과 평행하지 않는다.[195] 이는 사태를 좀 더 수월하게 만들기 위해서 그 특성들 가운데 단지 하나의 개별적인 특성이나 몇 가지 특성만을 취하더라도 마찬가지이다. 왜냐하면 실제로 이런 (물체들의 비중 계열과 그 밖의 여러 감각적 특성들의 계열 사이의) 평행에서 오직 그런 특성들의 묶음 전체만이 (비중 계열에 맞서 있는) 그 다른 측면을 이루는 것일 수 있을 터이기 때문이다. 이런 특성들의 묶음을 내적으로 질서 있게 정돈하여 하나의 전체로 결합하는 일에는 한편으로는 관찰을 위해서 이런 여러 가지 특성들의 크기 규정이 현존하지만, 그러나 다른 한편으로 그것들의 구별이 질적인 것으로 등장한다. 이런 (특성들의) 무더기 중에서 이제 양이나 음으로 표시될 수밖에 없으면서 서로를 지양할 터인 것,[196] 즉 잘 짜인 공식의 내부 수식(數式)과 해설은 무릇 개념에 귀속하는데, 바로 이 개념이 특성을 **존재하는** 것으로 놓고서 수용하는 그런 방식에서는 배제되어 있는 것이다. 이런 존재 속에서는 그 어떤 특성도 다른 특성에 대항하는 음(부정적인 것)의 성격

---

194) 지시대명사가 '비중' 대신에 단순한 감각적 특성으로서의 '응집'을 지시하는 것으로 독해할 수도 있다. 이에 대해서도 각주 193) 참조.
195) 슈테펜스가 이런 평행론을 주장했다. H. Steffens, *Beyträge zur innern Naturgeschichte der Erde*, p. 161 참조.
196) H. Steffens, *Beyträge zur innern Naturgeschichte der Erde*, p. 176 참조.

을 지니지 않은 채로 그 하나가 다른 하나만큼이나 **존재하며**, 그 어떤 특성도 전체의 배열에서 자신이 차지하는 위치를 암시하지 않는다. — 서로 평행하는 구별자들 속에서 (진행되는)[197] 하나의 계열에서 (그 관계를 양쪽에서 동시에 상승한다고 여기건 아니면 오직 한쪽에서만 상승하고 다른 쪽은 하락한다고 여기건 간에) 비중에 맞서는 법칙의 한 측면이 되어야 할 이런 집약된 전체의 **최종적인** 단순한 표현만이 관건이 된다. 그러나 **존재하는 결과**로서의 이 한 측면은 다름 아니라 바로 이미 언급했던 것, 즉 이를테면 통상적인 응집 같은 개별적인 특성인데, 이런 개별적인 특성 곁에는 다른 특성들이 그리고 그중에는 비중 역시 아무런들 상관없이 병존하며, 그중에서 어느 것이라도 동등한 권리를 가지고서(똑같이 정당하게), 다시 말해 동등한 권리 없음으로(똑같이 부당하게) 이 다른 측면 전체의 대표자로 선택될 수 있다. 그중 하나는 다른 하나와 마찬가지로 본질을 단지 대표할(repräsentieren) 뿐이지, 즉 독일어로 표현하면 **표상할**(vorstellen) 뿐이지,[198] 사태 자체일 수는 없다. 그래서 두 측면들의 단순한 평행으로 진행되면서 이런 두 측면들의 법칙에 따라 물체의 본질적 본성을 표현해 줄 물체 계열을 발견하려는 시도는 자신의 과제와 이를 수행할 수단을 깨닫지 못하는 그런 사고로 간주될 수밖에 없다.

이런 측면에서의 유기체, 그것의 유와 종과 개체

앞에서는 관찰에 제시되어야 할 형태에서 나타나는 외면과 내면의 관련이 곧바로 비유기체의 영역으로 전이되어 취해졌다. 그런 관련을 이쪽으로

---

197) 원문 편집자가 추가함.
198) '앞에 내세우다', '보여주다', '연기하다', '표상하다' 등의 의미를 지닌 'vorstellen'은 그 밖에도 '대표하다', '대리하다', '재현하다' 등의 의미도 지닌 라틴어 'repraesento'의 독일어식 번역어이며, 이 단어는 현대 영어에서 일반적으로 'represent'로 옮긴다.

이끌어오는 규정을 이제 더 상세하게 진술할 수 있게 되었는데, 이로부터 그런 관계의 또 다른 형식과 관련이 아직 더 생겨난다. 즉, 비유기체에서 그와 같은 내면과 외면의 비교 가능성을 제공해주는 듯이 보이는 것이 무릇 유기체에서는 탈락한다. 비유기체의 내면은 **존재하는** 특성이라고 지각에 제공되는 단순한 내면이다. 그렇기 때문에 그것의 규정성은 본질적으로 크기이며, 외면이나 다른 여러 감각적 특성들에 대해서 아무런들 상관없는 존재하는 특성으로 나타난다. 이와 달리 유기적 생명체의 대자 존재는 자신의 외면에 맞선 측면으로 등장하는 것이 아니라 오히려 그 자체에 **타자 존재**의 원리를 지니고 있다. 우리가 대자 존재를 **자기 보존적인 단순한 자기 관련**(einfache sich erhaltende Beziehung auf sich selbst)이라고 규정한다면, 그것의 타자 존재는 단순한 **부정성**이며, 유기적(유기체의) 통일은 자기 동일적 자기 관련(das sichselbstgleiche sich auf sich Beziehen)과 순수한 부정성의 통일이다. 이런 통일이 바로 통일로서 유기체의 내면이다. 이를 통해 유기체의 내면은 즉자적으로 보편적이다. 또는 그것은 **유**(類)이다. 그런데 자신의 현실에 대한 유의 자유는 형태에 대한 특정한 **무게**(비중)의 자유와는 다른 것이다. 비중이 지닌 자유는 **존재하는** 자유 또는 특수한 특성으로서 한 측면에 등장하는 자유이다. 그러나 비중의 자유가 **존재하는** 자유인 까닭에 그것은 또한 단지 **하나의 규정성**에 불과한데, 이 규정성은 바로 그 형태에 **본질적으로** 귀속하는 것이고 또 그 규정성에 의해서 **본질로서의** 형태가 하나의 규정된 것이 된다. 그 반면에 유의 자유는 보편적 자유이며, 그 형태나 자신의 현실태에 대해서 아무런들 상관없다. 그렇기 때문에 비유기체의 **대자 존재 자체**에 부여되는 **규정성**이 비유기체에서는 단지 비유기체의 **존재** 아래로 들어가는 반면에 유기체에서는 **유기체의** 대자 존재 **아래로** 들어간다(유기체 자체의 대자 존재에 포섭된다). 그렇기 때문에 그 규정성이 비유기체에서 단지 **특성**으로서만 존재함에도 불구하고 동시에 대타 존재로서의 현존재에 단순한 부정적인 것으로서 대치해 있는 까닭에 **본질**이라는 존엄성이 그것에 부여된다. 그리고 이런 단순한 부정적인 것이 그 최종적인 개별적 규정성에서는 수이다. 이와 달리 유기체는 [그 자체가 순수한 부정성이고, 그래서 **아무런들 상관없는 존재**에 부여되는 고정된 규정성인 수를 자신 안에서 폐기한] 그런 개별성이다. 그러므로 유기체가 아무런들 상관없는 존재와 그런 존재 안에서의 수라는 계기를 자체에 지니는 한에서, 그런 수를 단지 유기체에서 벌어지는 유동이라고 받아들일 수는 있을지언정 유기체의 생동성의 본질이라고 받아들일 수는 없다.

그런데 이제 과정의 원리인 순수한 부정성이 유기체 외부에 귀속되지 않고, 그래서 유기체가 순수한 부정성을 자신의 **본질** 속에 하나의 규정성으로 지니는 것이 아니라 개별성 그 자체가 즉자적으로 보편적이라고 하더라도, 유기체에서 이런 순수한 개별성은 그 자체가 **추상적인** 또는 **보편적인** 계기들로서의 자신의 계기들 속에서 전개되어 현실적으로 존재하지는 않는다(유기체에서는 그 계기들 자체가 추상적인 보편적 계기들로 머물기 때문에 이런 순수한 개별성이 자신의 여러 계기들 속에서 전개되어 현실적으로 존재하지는 못한다). 오히려 이러한 (순수한 개별성의 현실적인) 표현은 **내면성** 안으로 퇴락하는 보편성의 외부에 귀속되며, (한편으로는) 현실태나 형태, 즉 스스로를 전개하는 개별성과 (다른 한편으로는) 유기적 보편자나 유(類) 사이에 등장하면서 **규정된** 보편자인 **종**(種)이 된다. 보편자나 유의 부정성이 도달하는 실존은 단지 **존재하는 형태의 부분들**에서 진행되는 과정의 전개된 운동일 뿐이다. 만약 유가 정적인 단순성으로서의 자신에서 구별된 부분들을 지닌다면, 그래서 유의 **단순한 부정성** 자체가 동시에 [이에 못지않게 단순하고 직접적으로 그 자체에서 보편적이어서 그와 같은 계기들로서 여기에 현실적으로 존재하는] 그런 부분들을 통해 진행되는 운동이라면, 유기적 유는 의식이 되었을 것이다. 그러나 종의 규정성으로서의 **단순한 규정성**이 종에서는[199] 정신을 결여한 방식으로 현존한다. 현실성은 종에서[200] 시작한다. 또는 현실태로 등장하는 것은 결코 유 자체, 즉 사고가 아니다. 현실적 유기체로서의 유는 오직 대표자를 통해서만 대리된다. 이런 대표자인 수는 유에서 개별적 형태화로의 이행을 가리키는 듯이 보이며, 필연성의 두 측면을, 즉 한편으로는 단순한 규정성이라는 측면과 다른 한편으로는 다양성을 향해 발양된 전개된 형태로서의 필연성이라는 측면을 관찰에 제공해주는 듯이 보인다. 그러나 수는 오히려 보편자와 개별자 서로 간의 아무런들 상관없음과 자유를 가리키며, 이때 개별자는 유에 의해서 크기의 본질 없는 구별에 내맡겨지지만 이에 못지않게 그 자체가 생동하는 것으로서 자신을 이런 구별로부터 자유로운 것이라고 입증한다. 이미 규정한 바와 같이 참다운 보편성이 여기서는 단지 **내적 본질**에 지나지 않는다. **종의 규정성**으로서의 보편성은 형식적 보편성이며, 이런 형식적 보편성에 맞서서 참다운 보편성이 개별성의 편에 등장하는데, 이에 의해 개별성은 생동하는 개별성이 되고 또 자신의 (보편성인) **내면**을 통해 **종으로서의 자신의 규정성 너머로** 뛰어넘는다. 그렇지만 이런 개별성이 동시에 [그것에서 보편성이 이에 못지않게 외적 현실성을 지니는] 그런 보편적 개체는 아니며, 그런 보편적 개체는 유기적 생명체 외부에 귀속된다. 그런데 이런 **보편적** 개체는 그것이 **직접적으로** 자연적 형태화의 개체인 바대로는 의식 그 자체가 아니다. 만약 보편적 개체

---

199) 인칭대명사가 '종' 대신에 '유기적 유'를 지시하는 것으로 독해할 수도 있다.
200) 각주 199) 참조.

가 의식 그 자체라면, **개별적인 생동하는 유기적 개체**로서의 그것의 현존재가 결코 그것 외부에 귀속될 리 없을 것이다.

그러므로 우리는 하나의 추론을 보게 되는데, 여기서 그 한 극단은 **보편적인 것으로서의** 또는 유로서의 **보편적 생명**이고, 반면에 다른 한 극단은 **개별자로서의** 또는 보편적 개체로서의 **보편적 생명**이다. 그런데 그 매개 중심은 이 양극단이 결합하여 구성하는데, 전자(보편적인 것 또는 유로서의 보편적 생명)가 자신을 **규정된** 보편성 또는 **종**으로서 매개 중심 속으로 내보내는 반면에 후자(개별자로서의 보편적 생명)는 자신을 **본래의** 또는 개별적인 **개별성**으로서 매개 중심 속으로 내보내는 것처럼 보인다.—그리고 이 추론이 무릇 **형태화**라는 측면에 속하므로, 비유기적 자연으로서 (유기체와) 구별되었던 것 역시 이런 추론에 포함되어 있다.

이제 **유의 단순한 본질**로서의 보편적 생명이 나름대로 개념의 구별들을 전개하면서 이를 단순한 규정성들의 계열이라고 서술할 수밖에 없으므로, 이런 계열은 곧 아무런들 상관없게끔 정립된 구별자들의 체계 또는 **수계열**(Zahlreihe)이 된다. 앞에서는 개별성의 형식을 띤 유기체가 자신의 생동하는 본성을 표현하지도 못하고 또 포함하고 있지도 않은 이런 본질 없는 구별에 대립해 있었다면, 그리고 비유기체에 관해서도 그것이 지닌 일군의 특성들 속에서 전개된 그 현존재 전체라는 면에서 이와 똑같은 것을 말할 수밖에 없다면, 이제 유의 그 어떤 분지화(分枝化)로부터도 자유로울 뿐만 아니라 또한 그 위력으로 간주되어야 할 보편적 개체도 이와 마찬가지이다. 수라는 **보편적 규정성**에 따라서 자신을 종으로 쪼개거나 또는 예를 들어 모양이나 색깔 등과 같이 자신의 현존재가 지닌 개별적 규정성들을 자신의 분류 근거로 삼는다고 할지라도, 유는 이런 평온한 작업 중에도 보편적 개체인 **지구**(토지, Erde)의 편으로부터 폭력을 당한다. 이 보편적 개체는 보편적 부정성으로서 유의 체계화에 맞서 구별자들을 유효하게 만드는데, 이런 구별자들은 유가 그 자체에 지니고 있는 것이고 또 이 구별자들이 지닌 본성은 그것들이 속해 있는 실체 때문에 유의 본성과는 다른 것이다. 이런 유의 행동은 [오직 지구라는 강력한 요소 내에서만 영위할 수 있으며, 지구의 제어되지 않는 폭력에 의해 도처에서 중단되고 결함을 지니게 되고 위축되는] 극히 제한된 작업이 된다.

  이로부터 다음과 같은 결론이 도출된다. 즉, (유기체의) 형태화된 현존재에서 이루어지는 관찰에는 단지 **생명 일반으로서의** 이성만이 생성될 수 있는데, 이때 생명 일반은 자신을 구별하면서 그 어떤 이성적인 계열화와 분지화도 그 자체에서 현실적으로 지니지 못하며 또한 형태들의 내적으로 근거지어진 체계도 되지 못한다.— 만약 유기적 형태화의 추론에서 종과 개별적 개체로서의 그 현실이 귀속되는 매개 중심이 그 자체에 내적 보편성과 보편적 개체성이라는 극단들을 지녔더라면, 이런 매개 중심은 그 현실태의 **운동**에서 보편성의 표현과 본성을 지녔을 것이고 또 자기 자신을 체계화하는 전개가 되었을 것이다. 그처럼 **의식**은 보편적 정신과 자신의 개별성이나 감각적 의식 사이에 그 매개 중심으로 곧 전체를 향해 자신을 질서 있게 배열하는 정신의 삶으로서 의식의 형태화의 체계를, 즉 바로 여기서 (『정신현상학』에서) 고찰되고 있는 것이고 또 세계사를 자신의 대상적 현존재로 가지는 그런 의식의 형태화의 체계를 지니고 있다. 그러나 유기적 자연은 역사를 지니지 않는다. 유기적 자연은 자신의 보편자인 생명으로부터 직접적으로 현존재의 개별성으로 전락하며, 이런 현실태 속에서 통합되어 있는 단순한 규정성과 개별적 생동성이라는 계기들은 생성을 단지 우연한 운동으로서 산출해낼 뿐이다. 이런 우연한 운동 속에서는 그 각각의 계기가 자신이 차지하는 부분에서 활동하면서(자신의 영역에서 자기 몫을 수행하면서) 전체를 보존할 터이지만, 이와 같은 활발함은 그 자체 **대자적으로는** 단지 자신이 서 있는 지점에 국한되어 있을 뿐이다. 왜냐하면 전체는 각각의 계기[201] 속에 현존하지 않으며, 이처럼 전체가 각각의 계기[202] 속에 현존하지 않는 까닭은 전체가 여기서는 **대자적으로** 전체로서 존재하지 않기 때문이다.

그러므로 관찰하는 이성이 유기적 자연 속에서는 단지 보편적 생명 일반으로서의 자기 자신에 대한 직관에 도달할 뿐이며, 그 외에도 관찰하는 이성에게는 보편적 생명의 전개와 실현에 대한 직관이 단지 극히 일반적으로 구별된 체계들에 따라서 생성될 뿐이다. 이렇게 극히 일반적으로 구별된 체계들이 지닌 규정에는 그 본질이 유기체 자체 속에 놓여 있지 않고 보편적 개체(지구) 속에 놓여 있다.[203] 그리고 관찰하는 이성에게는 자신의 전개와 실현에 대한 직관이 이런 지구의 구별들 **아래에서** 유가 시도하는 계열화에 따라 생성된다.

그러므로 **유기적 생명의 보편성**이 그것의 현실성에서 대자적으로 존재하는 참다운 매개 없이 자신을 직접적으로 **개별성**이라는 극단으로 전락시키므로, 관찰하는 의식은 단지 사물로서의 **사념**만을 눈앞에 둔다. 그리고 이성이 이런 사념을 관찰하려는 한가로운 관심을 가질 수 있다면, 그런 이성은 자연에 관한 사념들과 착상들을 기술하고 나열하는 데에 국한된다. 이렇게 정신을 결여한 사념의 자유는 도처에서 법칙의 단초들, 필연성의 흔적들, 질서와 계열의 암시들, 기발하고 그럴듯한 관련들을 제공해줄 것

---

201) 인칭대명사가 '각각의 계기' 대신에 '생성'을 지시하는 것으로 독해할 수도 있다.
202) 각주 201) 참조.
203) (Werke) 이렇게 극히 일반적으로 구별된 체계들이 지닌 규정성, 즉 그것들의 본질은 유기체 자체 속에 놓여 있지 않고 보편적 개체 속에 놓여 있다.
이 문장의 원문은 문법적으로 부정확해서 판본마다 편집자가 다양하게 변형하고 있다.

이다. 그러나 유기체가 요소들이라든가 지역과 기후 같은 비유기체의 존재하는 여러 구별자들과 가지는 관련 속에서 관찰은 법칙과 필연성에 관하여 **커다란 영향**(이라는 개연적인 관계)을 넘어서지 못한다.[204] 다른 한편으로 개체성은 지구라는 의미를 지니는 것이 아니라 유기적 생명에 **내재하는 단일자**라는 의미를 지니는데, 바로 이 단일자가 보편자와의 직접적인 통일 속에서 유를 형성하지만, 이런 유의 단순한 통일은 바로 그렇기 때문에 자신을 단지 수로서 규정할 뿐이며, 그래서 질적 현상을 자유롭게 방면한다. 그러나 이는 관찰을 **점잖은 논평**이나 **흥미로운 관련**이나 **개념과의 친절한 호응** 너머로 이끌지는 못한다. 그런데 점잖은 **논평**이 **필연성에 관한 앎**은 아니며, **흥미로운** 관련은 그저 흥미(관심)에 머무는데, 흥미는 여전히 고작 이성의 사념에 지나지 않는다. 그리고 개인이 그런 태도로 개념을 암시하는 **친절함**은 천진난만한 친절함인데, 이것이 즉자 대자적으로 무언가를 유효하게 만들려고 하거나 또는 만들어야 한다면, 그런 친절함은 유치한 것이다.

### b. 그 순수성에서 그리고 또한 외적 현실과의 관련 속에서 자기의식의 관찰; 논리적 법칙과 심리학적 법칙

(이성의) 자연 관찰은 비유기적 자연 속에서 개념이 실현되어 있음을 발견한다. 그 개념은 곧 법칙인데, 이때 법칙의 계기들은 사물들이고 이 사물들은 동시에 추상물들로서 태도를 취하며 관계한다. 그러나 이런 개념은 (아직) 자신 안으로 반사된 단순성이 아니다. 이에 반해 유기적 자연의 생명

---

204) G. R. Treviranus, *Biologie, oder Philosophie der lebenden Natur für Naturforscher und Aerzte*, Bd. 2, pp. 47, 81, 138 참조.

은 오직 이런 자신 안으로 반사된 단순성일 따름이며, 보편자와 개별자라는 자기 자신과의 반대가 생명 자체의 본질 속에서 갈라져 등장하지 않는다. 이 본질은 자신의 구별 없는 요소 속에서 분리되어 움직이면서도 동시에 자신의 대립 속에서 그 자체 대자적으로 구별되어 있지 않은 그런 유가 (아직) 아니다. 자유로운 개념은 그것의 보편성이 그에 못지않게 전개된 개별성을 절대적으로 그 자체 안에 지니고 있는 것이다. 관찰은 이런 자유로운 개념을 오직 개념으로서 실존하는 개념 자체나 자기의식에서만 발견한다.

**논리적 법칙**

이제 관찰이 자기 자신 안으로 선회하여 자유로운 개념으로서 현실적인 개념을 지향할 때 먼저 **사유의 법칙들**을 발견하게 된다. 자기 자신에 관한 사유인 이런 개별성은[205] 전적으로 단순성 안으로 환수된 부정적인 것의 추상적인 운동이며, 그 법칙들은 실재성 외부에 있다. ─ 사유의 법칙들이 **실재성**을 지니지 않는다는 것은 무릇 그것들이 진리를 결여하고 있다고 하는 것과 다름없다. 사유의 법칙들이 설사 **전체적인** 진리는 아닐지라도 **형식적인** 진리이기는 하다고들 말한다. 하지만 실재성을 결여한 순수하게 형식적인 것은 사유물(思惟物)이거나 바로 그 내용이 될 분열을 자체에 지니고 있지 않는 공허한 추상이다. ─ 그러나 다른 한편으로 사유의 법칙들은 순수한 사유의 법칙들이며, 순수한 사유는 즉자적 보편자이고, 따라서 직접적으로 존재를 그리고 존재 속에서 일체의 실재성을 자체에 지니고 있는 지이다. 그래서 이 법칙들은 절대적 개념이고 또한 불가분하게 형식의 본질태들이자 사물의 본질태들이다. 자신 안에서 운동하는 보편성은 **분열된**

---

205) 이 구절은 다음과 같이 번역할 수도 있다. "사유가 그 자체에서 바로 그것인 이런 개별성은"

단순한 개념이므로, 이 개념은 이런 방식으로 그 자체에 **내용**을 지니는데, 그 내용은 그 어떤 내용이라도 되지만 감각적 존재만은 될 수 없다. 그것은 형식과 모순 속에 있지도 않고 형식과 분리되지도 않으며, 오히려 본질적으로 형식 그 자체인 그런 내용이다. 왜냐하면 형식은 다름 아니라 자신의 순수한 계기들 속으로 스스로를 분리하는 보편자이기 때문이다.

그런데 이런 형식이나 내용이 관찰로서의 **관찰에 대해** 존재하는 바대로는 **발견되어서** 주어진 내용, 즉 **단지 존재하는** 내용이라는 규정을 얻게 된다. 그 내용은 관련들의 **정적인 존재**가 된다. 즉, 그것은 **확고한** 내용으로서 즉자 대자적으로 **그 규정성 속에서** 진리성을 지녀야 하고, 그래서 실은 형식을 벗어나 있는 그런 유리된 필연성들의 집합이 된다. — 그러나 이런 고정된 규정태들이나 다수의 상이한 법칙들이 절대적 진리라는 것은 무릇 자기의식의 통일 또는 사유와 형식의 통일에 모순된다. 즉자적으로 유지되는 확고한 법칙이라고 언표되는 것은 단지 자신을 자신 안으로 반사하는 통일의 한 계기일 수 있을 따름이며, 오직 사라지는 크기로 등장할 수 있을 뿐이다. 그렇지만 관찰에 의해 이런 운동의 연관으로부터 도려내져서 개별적으로 내세워지게 되면, 그것들은(고정된 규정태들 또는 다수의 상이한 사유 법칙들은) 하나의 규정된 내용을 지니게 되기 때문에, 그것들에 결여된 것은 내용이 아니라 오히려 그것들의 본질인 형식이다. 이런 법칙들이 사유의 진리가 아닌 까닭은 실은 그것들이 단지 형식적일 뿐이고 아무 내용도 없기 때문이 아니라 오히려 그와 정반대의 이유, 즉 그것들이 그 규정성 속에서 또는 바로 형식이 박탈된 **하나의 내용으로서** 어떤 절대적인 것이라고 간주되어야 하기(어떤 절대적인 것으로서 유효성을 지녀야 하기) 때문이다. 이런 법칙들을 그 진리 속에서는, 즉 사유의 통일 속에서 사라지는 계기들로서는 지나 사유하는 운동으로 받아들여야 하며 지의 **법칙들**이라고 받아들여서는 안 된다. 그런데 관찰은 지 자체도 아니고 지를[206] 알지도 못하며, 오히려 지의 본성을 **존재**의 형태로 전도시킨다. 즉, 관찰은 지의 부정성을 단지 지의 **법칙들**로서 포착할 뿐이다. ─ 여기서는 이른바 사유 법칙들이 타당하지 못하다는 점을 사태의 보편적 본성에 의거하여 제시하는 것으로 충분하다. 더 상세한 전개는 사변 철학(『논리학』)에 속하는데, 사변 철학에서는 사유 법칙들이 자신을 참으로 존재하는 바대로, 다시 말해 그것들의 진리가 오직 사유하는 운동 전체, 즉 지 자체인 그런 사라지는 개별적 계기들로서 보여준다.

이러한 사유의 부정적 통일은 그 자체 대자적이다. 또는 그것은 오히려 **그 자체 대자 존재**(자기 자신을 위한 존재, Fürsichselbstsein), 즉 개체성의 원리이며, 그 실재에서는 **행동하는 의식**이다. 따라서 관찰하는 의식은 사태의 본성에 의해 앞서의 법칙들(사유 법칙들)의 실재로서 이런 행동하는 의식을 향해 나아가도록 이끌리게 된다. 이와 같은 연관이 관찰하는 의식에 대해 존재하는 것은 아니므로 관찰하는 의식은 다음과 같이 사념한다. 즉, 관찰하는 의식에게는 그 법칙들 속에서의 사유가 한쪽 편에 머물러 서있고, 다른 쪽 편에서는 관찰하는 의식이[207] 이제 자신에게 대상이 되는 것에서 또 다른 존재를, 즉 행동하는 의식을 획득하게 된다고 사념한다. 이때 (관찰하는 의식의 대상인) 행동하는 의식은 대자적으로 존재해서 타자 존재를 지양하고 또 이처럼 자기 자신을 부정적인 것으로서 직관하는 가운데 자신의 현실성을 지니는 것이다.

---

206) 인칭대명사가 '지' 대신에 앞 구절 전체인 '관찰이 지 자체가 아니라는 점'을 지시하는 것으로 독해할 수도 있다.
207) 인칭대명사가 '관찰하는 의식' 대신에 '사유'를 지시하는 것으로 독해할 수도 있다.

**심리학적 법칙**

그러므로 **의식이 행위하는 현실**에서 관찰을 위한 **새로운 장**이 열린다. 심리학은[208] 정신이 **소여된 타자 존재**로서의 자신의 현실이 지닌 다양한 양식에 대해서 다양하게 태도를 취하며 관계하는 일단의 법칙들을 포함하고 있다. 즉, 정신은 부분적으로는 소여된 타자 존재로서의 현실을 자신 안으로 받아들이고서 정신이 그 안에서 스스로에게 현실로서 대상이 되는 소여된 습관이나 풍습(인륜, Sitten)이나 사고방식에 **적합하게 되도록**(적응하게끔) 행동하고, 또 부분적으로는 그런 소여된 현실에 맞서 자신을 자기 활동적인 존재로 인지하고 성향과 격정을 가지고서 그런 소여된 현실로부터 자신을 위해 단지 특수한 것만을 추출하여 붙잡으면서 대상적인 것을 **자신에게 적합하도록 만드는** 방식으로 행동한다. 앞의 경우에는 정신이 개별성으로서의 자기 자신에 대하여 부정적으로 행동하는 반면에, 뒤의 경우에는 정신이 보편적 존재로서의 자신에 대하여 부정적으로 행동한다.— 첫 번째 측면에 따르면 (정신의) 자립성은 소여된 것에 단지 의식화된 개체성이라는 **형식** 일반을 부여할 뿐이고, 내용에 관해서는 소여된 보편적 현실 내에 머무른다. 그러나 다른 측면에 따르면 그런 자립성은 소여된 보편적 현실에 최소한 그 자신의 특유한 변형을 부여하는데, 이런 특유의 변형은 소여된 보편적 현실의 본질적인 내용에 모순되지 않는 것이거나 아니면 이런 변형을 통해 개인이 특수한 현실이자 고유한 내용으로서 자신을 소여된 보편

---

208) '심리학'으로 번역되는 'Psychologie'는 본래 정신(영혼, psyché)에 관한 학문(lógoi)을 뜻한다. 헤겔의 용법에서 이 용어는 일반적으로 경험 과학의 한 분야로서의 심리학보다 더 광범위하면서 자연학(physika)과 대비되는 정신학 일반의 의미를 지니고 있다. 다만 현재의 논의 맥락에서는 이 용어가 관찰의 방법에 따른 정신학을 지칭하므로 현대적 의미에서의 심리학에 부합한다.

적 현실과 대립시키는 그런 것이다. 그리고 개인이 소여된 보편적 현실을 단지 개별적인 방식으로만 지양하거나 아니면 이를 보편적인 방식으로 그리고 이와 더불어 만인을 위해 행하면서 소여된 것 대신에 다른 세계, 다른 법(권리)과 법률과 풍습을 가져옴으로써 그런 특유의 변형은 범죄가 된다.

우선 활동하는 의식에서 나타나는 **보편적인 양식들**에 관해 자신이 지각한 것들을 언표하는 관찰심리학은 갖가지 능력과 성향과 격정을 발견한다. 그런데 이런 수집품들을 나열하면서 자기의식의 통일성에 관한 기억을 억누를 수는 없다. 그리하여 관찰심리학은 최소한 마치 자루 속처럼 정신 속에 그토록 많고 그처럼 서로 이질적인 우연한 것들이 함께 모여 있을 수 있다는 점에 대해 놀라는 상태로까지 나아갈 수밖에 없다. 이는 특히 그런 우연한 것들이 자신을 죽은 정적인 사물이 아니라 불안정한 운동으로 보여주기 때문에도 더욱 그러하다.

이런 여러 가지 능력들을 나열할 때 관찰은 보편적인(보편성의) 측면에 서 있다. 이런 다양한 능력들의 통일은 그와 같은 보편성에 대립하는 측면인 **현실적** 개체이다.— 그런데 그렇게 구별된 현실적 개체들을 다시 어떤 사람은 이런 것에 더 많이 애착하고 다른 사람은 저런 것에 더 많이 애착하며 어떤 사람은 다른 사람보다 더 큰 이해력(오성)이 있다는 식으로 파악하고 이야기하는 것은 곤충이나 이끼 따위의 종류를 열거하는 일보다도 훨씬 덜 흥미로운 일이다. 왜냐하면 곤충이나 이끼 같은 것들은 본질적으로 우연한 개별화의 요소에 속하므로 관찰은 이것들을 그처럼 개별적이고 무개념적으로 취급할 권리를 지니고 있기 때문이다. 이에 반해 의식적 개체를 존재하는 **개별적** 현상으로 정신없이 취급하는 것은 그런 의식적 개체의 본질이 정신의 보편자라는 점과 모순된다. 하지만 파악 행위는 의식적 개체를 동시에 보편성의 형식을 띠게 만듦으로써 **의식적 개체의 법칙**을 발견하며, 이제 어떤 합리적인 목적을 가지고서 필수적인 업무를 수행하는 듯이 나타난다.

이 법칙의 내용을 이루는 계기들은 한편으로는 개체(개인) 그 자체이고, 다른 한편으로는 개체가 지닌 보편적인 비유기적 자연(본성), 즉 소여된 상황, 여건, 습관, 풍습, 종교 등등이다. 이러한 것들에 의거하여 특정한 개체를 개념적으로 파악해야 한다. 그것들은 특정한 것(규정된 것) 못지않게 보편적인 것도 포함하고 있으며, 동시에 관찰에 제공되면서 다른 측면에서는 개체성이라는 형식 속에서 표현되는 그런 **현존하는 것**이다.

이런 두 측면 사이의 관계의 법칙은 그와 같은 특정한 상황이 개체에 어떤 작용과 영향을 미치는지를 포함하고 있어야만 할 것이다. 그런데 이 개체는 바로 **보편자**이며, 따라서 풍습이나 습관 등과 같은 정적인 직접적 방식으로 **현존하는** 보편자에 융화되어 이에 적합하게 된다는 것이다. **그러면서도 또한 이에 못지않게** 개체는 자신을 이런 것들과 대립시키는 태도를 취하면서 그것들을 오히려 전복시키거나 또는 자신의 개별성 안에서 그것들에 대해서 전적으로 아무런들 상관없는 태도를 취하면서 그것들이 자신에게 영향을 미치지 않도록 하고 또 그것들에 맞서는 활동을 하지 않는 것이기도 하다. 그렇기 때문에 **무엇이** 개체에 영향을 미치고 또 **어떤** 영향을 미칠지는 (이 두 가지는 실은 똑같은 의미인데) 오직 개체 자체에 달려 있을 따름이다. **그것에 의해서** 이 개체가 **바로 이런 특정한 개체가 되었다**고 말하는 것은 다름 아니라 **개체가 이미 그렇게 되어 있었다**는 것을 의미한다. 상황, 여건, 풍습 등등은 한편으로는 **현존하는 것**으로 나타나고 다른 한편으로는 **바로 이 특정한 개체 안에서** 나타나는데, 그와 같은 것들은 단지 개체의 규정되지 않은(불특정한) 본질을 표현할 뿐이며, 그와 같은 본질은 중요한 사안이 아니다. 만약 이런 상황, 사고방식, 풍습, 세태가 무릇 존재하지 않았더라면, 물론 개인은 그 자신인 바가 되지 못했을 것이다. 왜냐하면 이런 세태 속에 처해 있는 모든 사람이 바로 이 보편적 실체이기 때문이다.―그렇지만 이런 세태는 자신을 **바로 이** 개인 속에서 (그리고 바로 이 개인이 개념적으로 파악되어야 하는데) 개별화하는 바대로 자신을 그 자체 즉자 대자적으로 개별화해야만 하고 또 스스로에게 부여한 이런 규정성 속에서 개인에게 영향을 미칠 수밖에 없을 것이다. 오직 그렇게 해서만 세태는 개인을 바로 그 개인인 바대로의 특정한 개인으로 만들었을 것이다. 만일 외면(일반적 세태)이 개체에서 현상하는 바대로의 성질을 즉자 대자적으로 가지고 있다면, 개체는 그런 외면에 의거하여 개념적으로 파악될 것이다. 우리는 그 하나가 다른 하나의 반사물인 이중의 화랑을 가지게 될 터인데, 그 하나는 외적 상황의 완전한 규정성과 한정이라는 화랑이고, 다른 하나는 똑같은 그것이 (개인이라는) 의식적 본체 속에서 존재하는 바대로 변환되어 있는 화랑일 것이다. 전자가 구면(球面)이라면, 후자는 이런 구면을 자신 안에서 표상하는 중심점이다.

그러나 개인의 세계인 구면은 직접적으로 다음과 같은 양의적인 의미를 지니고 있다. 즉, 그것은 (한편으로는) **즉자 대자적으로 존재하는 세계**이자 **여건**이라는 의미를 **그리고** (다른 한편으로는) **개인의 세계**라는 의미를 지니고 있는데, 이때 후자는 개인이 그 세계와 단지 융화되어 있을 뿐이어서 세계를 있는 그대로 자신 안으로 삼투하도록 하고 세계에 대해서 단지 형식적 의식으로서만 태도를 취하면서 관계하는 한에서의 개인의 세계이거나 **아니면** 개인이 현존하는 것을 **전복시킨** 한에서의 개인의 세계이다.―이러한 자유 덕분에 현실이 이와 같은 이중적인 의미를 가질 수 있는 것이므로, 개인의 세계는 오직 개인 그 자신으로부터 출발하여 개념적으로 파악되어야 한다. 그리고 즉자 대자적으로 **존재하는** 것이라고 표상되는 현실이 개인에게 미치는 **영향**은 개인에 의해 절대적으로 상반되는 의미를 얻게 되는데, 즉 영향을 주는 현실의 흐름을 개인이 자신에게서 그렇게 되도록 **놓아두거나** 아니면 이를 중단하고서 전도하거나 하는 것이다. 그런데 이를 통해 **심리학적 필연성**이라는 용어는 공허한 말이 되어서 그러한 영향력을 가졌어야 하는 것이 그러한 영향력을 가지지 않을 수도 있을 절대적 가능성이 현존하게 된다.

이와 더불어 **즉자 대자적으로** 존재하면서 법칙의 한 측면, 그것도 보편적인 측면을 이루어야 할 **존재**가 떨어져 나간다. 개체는 **자신의** 세계로서의 **그의** 세계인 바로 그것이다. 개체 그 자체가 곧 자신을 현실로서 전시하는 자신의 행동 범위이며, 전적으로 오직 **현존하는 존재**와 **만들어진 존재**의 통일일 따름이다. 그러한 통일의 측면들은 심리학적 법칙이 표상하는 것처럼 **즉자적으로** 현존하는 세계와 **대자적으로** 존재하는 개체로 갈라지지 않는다. 또는 그것들이 각각 홀로 고찰된다면, 그것들 서로 간의 관련의 필연성과 법칙은 현존하지 않는다.

### c. 자신의 직접적 현실태와의 관계 속에서 자기의식의 관찰; 관상학과 골상학

심리학적 관찰은 자기의식이 현실과 또는 자신에 대립해 있는 세계와 맺는 관계의 법칙을 발견하지 못하며, 그 두 가지(자기의식 그리고 현실이나 세계)의 서로에 대한 아무런들 상관없음에 의해서 실제적 개체가 지닌 **고유한 규정성**으로 되몰리게 된다. 이때 실제적 개체는 그 자체 **즉자 대자적으로** 존재하는 것, 또는 **대자** 존재와 **즉자** 존재의 대립을 그것들의 절대적 매개 속에서 폐기하여 내포하고 있는 것이다. 이러한 실제적 개체가 이제 관찰에(관찰하는 이성에 대해) 생성된 대상, 또는 관찰이 거기로 이행하는 대상이다.

**관상학**

개인은 그 자체 즉자 대자적이다. 개인은 (우선) **대자적**이다. 또는 개인은 자유로운 행동이다. 그렇지만 개인은 또한 **즉자적**이다. 또는 개인 그 자체가 **근원적인** 특정한 **존재**를 지니고 있다. 이러한 규정성은 개념상으로는 심리학이 개인 외부에서 발견하려고 한 것과 똑같은 규정성이다. 그러므로 **개인 그 자체에서** 대립이 등장한다. 즉, 개인은 의식의 운동이자 현상하는 현실의 고정된 존재라고 하는 그런 이중적인 것이며, 이때 현상하는 현실은 개인에게서 직접적으로 **그 자신의** 현실이다. 이러한 **존재**, 즉 특정한 개체의 **신체**는 그 개체의 **근원성**이지, 개체에게 행한 것(작위의 산물)이 아니다(ihr nicht getan haben).[209] 그렇지만 개인은 동시에 오직 그가 행한 바로 그것일 따름이므로 그의 신체는 또한 그 자신에 의해 **산출된** 자기 자신의 표현이다. 개인의 신체는 동시에 **기호**(記號)인데, 이는 직접적인 사물에 머물지 않고 개인이 자신의 근원적 본성을 실행한다는 의미에서 그가 누구**인지**를 오직 그것으로 인식하게끔 만들어주는 것이다.

지금 여기에서(관상학에서) 현존하는 계기들을 선행하는 (심리학적) 관점과의 관련 속에서 고찰해보면, 앞에서도 마찬가지로 보편적인 풍습과 교양이 존재했듯이, 이제는 보편적인 인간의 형태나 또는 적어도 기후, 권역, 민족 같은 보편적인 형태가 존재한다. 여기에다 보편적 현실 내의 특수한 상황과 여건이 덧붙여지는데, 이제는 이런 특수한 현실이 개인이 지닌 형태의

---

209) (Werke) 이러한 **존재**, 즉 특정한 개체의 **신체**는 그 개체의 **근원성**, 즉 그 개체의 행하지 않았음(ihr Nichtgetanhaben)이다.

특수한 조형(체형과 용모)으로서 존재한다. — 다른 한편으로, 앞에서는 개인의 자유로운 행동이 그리고 현존하는 현실에 맞선 **개인 자신의** 현실로서의 현실이 정립되어 있던 것처럼, 이제는 개인 자신이 정립한 **자신의** 실현의 표현으로서의 형태, 개인의 자기 활동적 본질의 생김새와 형식(형상)이 놓여 있다. 그러나 앞에서는 관찰이 개인 외부에서 소여된 것으로 발견했던 보편적 현실 및 특수한 현실이 여기서는 개인 자신의 현실, 즉 그의 타고난 신체이며, 그의 행동으로 나타나는 표현도 바로 이에 귀속된다. 심리학적 관찰에서는 즉자 대자적으로 존재하는 현실과 특정한 개체를 서로 관련지어야만 했다. 그러나 여기서는 특정한 **개체 전체**가 관찰의 대상이며, 그것의 (내적) 대립을 이루는 각 측면은 그 자체가 이런 전체이다. 그러므로 외적 전체에는 **근원적인 존재**, 즉 타고난 신체만이 아니라 또한 내면의 활동에 귀속되는 신체의 조형도 속한다. 신체는 형성되지 않은(선천적인) 존재와 형성된(후천적인) 존재의 통일이고 개인의 대자 존재에 의해 삼투된 현실태이다. 근원적이고 고정적인 특정 부분들과 오직 행동을 통해서만 발생하는 생김새를 내포하고 있는 이러한 전체가 **존재하며**, 이 **존재**는 내면의 **표현**, 즉 의식과 운동으로서 정립된 개인의 표현이다. — 이런 **내면**은 이에 못지 않게 더 이상 앞에서처럼 그 내용과 규정성이 외적인 상황에 놓여 있는 형식적이고 내용이 없는 또는 규정되지 않은 자기 활동성이 아니라 그 형식이 오로지 활동성일 따름인 즉자적으로 규정된 근원적인 성격이다. 따라서 여기서는 이 두 가지 측면들 사이에서 그 관계를 어떻게 규정해야 하고 또 이런 외면 속에서의 내면의 **표현**이라는 말을 무엇이라고 이해해야 하는지를 고찰할 것이다.

이런 외면은 우선은 오직 **기관**(器官)으로서만 내면을 가시화하거나 아니면 무릇 이를 대타 존재로 만든다. 왜냐하면 내면이 기관 속에 있는 한, 그것은 **활동성** 그 자체이기 때문이다. 말하는 입이라든가 일하는 손이라든가, 더 덧붙이길 원한다면, 발 등은 실현하고 수행하는 기관들인데, 그것들은 **행동으로서의** 행동을 또는 내면 자체를 자신에 지니고 있다. 반면에 내면이 이런 기관들을 통해 획득하는 외면성은 개인으로부터 분리된 현실로서의 행동이다. 언어와 노동은 개인이 더 이상 자기 자신에게서 스스로를 간직하고 점유하는 그런 표출이 아니라, 오히려 내면을 전적으로 자신 밖으로 나가도록 만들고서(탈자화하여) 타자에게 내맡기는 그런 표출이다. 그렇기 때문에 사람들은 이러한 표출이 내면을 지나치게 많이 표현한다고 말할 수도 있고 또 이에 못지않게 너무 모자라게 표현한다고 말할 수도 있다. **지나치게 많이** 표현하는 까닭은 이런 표출 속에서 내면 자체가 분출되어 그런 표출과 내면 사이의 대립이 남지 않게 되기 때문이다. 이런 표출은 단지 내면의 **표현**에 불과한 것이 아니라 직접적으로 내면 그 자체이다. 또 **너무 모자라게** 표현하는 까닭은 내면이 언어와 행위 속에서 자신을 타자로 만듦으로써 전환의 요소에 내맡기기 때문이다. 이런 전환의 요소는 말한 단어나 수행한 행동을 전도해서 그것들이 즉자 대자적으로 바로 이 특정한 개인의 행위로서 존재하는 바와는 다른 어떤 것으로 만들어버린다.[210] 이와 같은 외면성을 통해 행위의 성과는 다른 개체들에 맞서 지속되는 어떤 것이라는 성격을 타자의 작용으로 말미암아 잃어버리게 된다.[211] 그뿐만 아니라 행위의 성과는 그것이 내포하는 내면에 대해서 유리되고 아

---

210) J. Ch. F. von Schiller, *Gedichte*, Stuttgart, 1879, 「말(Sprache)」: "왜 살아 있는 정신은 정신에게 나타날 수 없는가! / '영혼이여, **말하라**' 하니 말한다. 아! 그런데 **영혼**은 이미 더 이상 거기 없다."
211) 이 문장은 다음과 같이 번역할 수도 있다. "이와 같은 타자의 작용에 의한 외면성을 통해 행위의 성과는 다른 개체들에 맞서 지속되는 어떤 것이라는 성격을 잃어버리게 된다."

무련들 상관없는 외면으로서 태도를 취하며 관계하므로, 내면으로서의 그것은 당사자인 **개인에 의해서** 그것이 현상하는 바와는 다른 것이 될 수 있다. 즉, 개인이 행위의 성과를 현상을 위해서 의도적으로 그것이 참으로 그러한 바와는 다른 어떤 것으로 만들거나(행위 주체인 개인이 고의로 자신의 행위 산물을 그 참모습과는 다르게 나타나도록 꾸미거나), 아니면 개인이 본래 원하던 외적인 면을 스스로에게 부여하고 이를 확고하게 만들어서 타자에 의해 자신의 작업 성과가 자신에게 전도될 수 없도록 하기에는 너무 서툴거나 한 것이다. 그러므로 완수된 성과로서의 행동은 상반되는 이중적 의미를 지닌다. 즉, 그것은 **내적** 개체성이지 개체성의 **표현**이 **아니거나**, 아니면 그것은 외적인 것으로서 내면으로부터 **자유로운** 현실, 그래서 내면과는 전혀 다른 어떤 것인 현실이라는 의미를 지닌다. ─ 이러한 양의성 때문에 우리는 내면이 (행위의 성과로 표현된 것 이외에도) 어떻게 **여전히 개인 그 자신에게서** 가시적으로 또는 외면적으로 **존재하는지**를 두루 살펴보아야만 한다. 그러나 기관 속에서는 내면이 오직 직접적인 **행동** 그 자체로서만 존재한다. 그리고 이런 직접적인 행동은 행실(완수된 행동의 결과)에서 내면의[212] 외면성을 획득하는데, 그러한 행실은 내면을 재현하는(표상하는) 것일 수도 있고 그렇지 않은 것일 수도 있다. 그러므로 이러한 대립에 따라서 고찰하면, 기관은 우리가 찾는 (내면의) 표현을 제공하지 않는다.

이제 만약 외적 형태가 기관이나 **행동**이 아니고, 그래서 **정적인** 전체로서 존재하는 한에서만 내적 개체성을 표현할 수 있다면, 그것은 [자신의 수동적인 현존재 안으로 내면을 낯선 것으로서 고이 받아들이고, 이를 통해 그 내면의 **기호**가 될] 그런 존속하는 사물로서 태도를 취하며 관계할

---

212) 인칭대명사가 '내면' 대신에 '직접적인 행동'을 지시하는 것으로 독해할 수도 있다.

것이다. 즉, 그것은 그의 **현실적인** 측면이 홀로는 아무 의미가 없는 그런 외적이고 우연한 표현이며, 그 음색과 성조가 사태 자체가 아니라 자유로운 자의(恣意)로 사태와 결부되고 사태 자체에 대해서는 우연한 그런 언어이다.

그와 같이 서로에 대해 외적인 것들을 자의적으로 결합하는 일은 아무런 법칙도 제공해주지 않는다. 그렇지만 관상학은 여타의 조악한 기예나 구제 불능의 연구들과는 다음과 같은 점에서 구분되어야 한다. 즉, 관상학은 특정한 개체를 내면과 외면 사이의, 다시 말해 의식적 본질로서의 성격과 존재하는 형태로서의 바로 그 성격 사이의 **필연적인** 대립 속에서 고찰하며, 이러한 계기들을 그 개념에 의해 서로 관련되어 있는 바대로, 따라서 법칙의 내용을 이룰 수밖에 없는 바대로 관련시킨다.[213] 이에 반해 점성학(점성술)이나 수상학(手相學) 따위의 학문에서는 단지 외적인 것이 외적인 것에, 그 무엇인가가 그와 낯선 것에 관련될 뿐인 듯이 보인다. 출생 당시의 **바로 이** 별자리가, 그리고 이런 외적인 것을 신체 자체로 좀 더 밀접하게 끌어당긴다면, 손의 **바로 이** 선(손금)이 길거나 짧은 수명의 **외적** 계기이고 또 개별 인간의 운명 일반이라는 것이다. 외면성으로서의 그런 외적 계기들은 서로에 대해서 아무런들 상관없는 태도를 취하며 관계하고, **외면**과 **내면**의 관련 속에 응당 놓여 있어야 할 필연성을 서로에 대해 지니고 있지 않다.

물론 손은 운명에 대해 어떤 외적인 것이라기보다는 오히려 내적인 것으로서 운명과 관계하는 듯이 보인다. 왜냐하면 운명도 다시금 단지 특정한 개체가 내적인 근원적 규정성으로서 **즉자적으로** 무엇인지를 보여주는

---

[213] 관상술을 학문으로 격상하려는 시도로는 J. C. Lavater, *Von der Physiognomik*, Leipzig, 1772 참조.

현상일 따름이기 때문이다. — 이제 수상가(手相家)는 관상가와 마찬가지로 예를 들면 솔론보다 훨씬 더 간단한 방식으로 특정한 개체가 즉자적으로 무엇인지를 알아내는 데에 도달한다.[214] 솔론은 생애 전체로부터 그리고 생애 전체가 경과한 연후에야 비로소 이를 알 수 있다고 여겼던 것이다. 솔론이 현상을 고찰한 데에 반해, 수상가는 **즉자**를 고찰한다. 그런데 개인의 운명과 관련하여 손이야말로 필히 개체의 **즉자**를 전시한다는 점은 바로 언어 기관(입) 다음으로 손이 가장 잘 인간이 자신을 현상하고 현실화하는 기관이라는 사실로부터 쉽게 간파할 수 있다. 손은 인간의 운을 빚어내는 혼이 담긴 장인(匠人)이다. 우리는 손에 관해서 '손은 사람이 **행하는** 바로 그**것이다**.'라고 말할 수 있다. 왜냐하면 자기완성의 활동 기관으로서의 손에서 인간은 혼을 불어넣는 자로서 현전하며, 그러므로 인간이 근원적으로 자기 자신의 고유한 운명이기에 손은 이런 즉자를 표현하기 때문이다.

활동 **기관**은 **존재**이기도 하면서 **또한** 자신 안에서 **행동**이기도 하다는 규정으로부터, 또는 내적인 **즉자** 존재 그 자체가 기관에서 **현전하며** 대타 **존재**를 지니고 있다는 규정으로부터 기관에 관해 앞서의 관점과는 또 다른 관점이 생겨난다. 즉, 기관 속에는 **행동으로서의** 행동이 현전하는 데에 반해서 **행실로서의** 행동은 오직 외적인 것일 뿐이며, 이런 식으로 내면과 외면이 서로 갈라져 나가서 서로에 대해서 낯선 것이거나 낯선 것이 될 수도 있다. 그런 이유에서 무릇 기관이 내면의 **표현**으로 간주될 수 없는 것으로 나타날 법도 하다. 그러나 이 경우에도 방금 고찰한 규정에 따

---

214) 솔론(기원전 약 630~560)은 고대 그리스 아테네의 정치가, 법률가, 사회개혁가이자 시인이다. 탈레스 등과 더불어 7현인의 한 사람으로 추앙받았다. 그는 어느 한 사람이 과연 행복한 사람인지는 그가 죽은 후에나 판단할 수 있다고 말한 것으로 알려져 있다.

르면 기관을 다시금 그 양자(내면 또는 행동으로서의 행동과 외면 또는 행실로서의 행동)의 **매개 중심**이라고 받아들여야 한다. 그 까닭은 행동이 기관에서 **현전한다**는 바로 그 점이 동시에 기관의 **외면성**을, 그것도 행실과는 다른 외면성, 즉 개인에게 존속하고 개인에게서 지속되는 그런 외면성을 이루기 때문이다. — 이제 이런 내면과 외면의 매개 중심이자 통일은 첫째로 그 자체가 또한 외면적이다. 그러나 둘째로 이 외면성은 동시에 내면 안으로 수용되어 있다. **단순한** 외면성으로서의 이 외면성은 분산되어 있는 외면성에 대립해 있는데, 이때 분산되어 있는 외면성은 개체 전체에 대해 단지 우연한 **개별적인** 작업 성과나 상태에 불과하거나 아니면 외면성 **전체**로서 작업 성과와 상태의 다수성 속으로 흩어져 있는 운명이다. 그러므로 **단순한 손금**, 또한 **말**(언어)의 개인적 규정태로서 **목소리**의 **음색**과 **성량**, 그리고 다시 목소리보다 손을 통해서 더 확고한 실존을 얻게 되는 개인적 규정태인 **글**(문자, 문체), 특히 그 특수성을 띠고 있는 **필체**로서의 글, 이런 모든 것이 내면의 **표현**이다. 그리하여 이런 내면의 표현은 **단순한 외면성**으로서 다시금 행위와 운명의 **다양한 외면성**에 대치하여 이에 대해서 **내면**으로서 태도를 취하며 관계한다. — 그러므로 처음에 도야를 통해 형성된 것과 더불어 개인의 특정한 본성과 타고난 고유성이 **내면**으로, 즉 행위와 운명의 본질로 간주될 경우, 그것은 자신의 **현상**과 외면성을 **우선은** 입과 손, 목소리, 필체 그리고 그 밖의 기관들과 그것들의 지속적인 규정태에서 지닌다. **그 다음에야** 비로소 개인의 내면은 세계 속에서의 자신의 현실에서 **더 넓게** 밖을 향하여 자신을 표현하게 된다.

이제 이러한 매개 중심이 동시에 내면으로 환수된 표출(외화)이라고 규정되기 때문에, 그것의 현존재는 직접적인 행동 기관에 국한되지 않으며, 그러한 매개 중심은 오히려 얼굴과 형태화(체형) 일반의 아무것도 완수하지 않는 운동과 형식이다. 바로 이런 생김새와 그것의 운동은 그러한 개념에 따른다면 개인에게 머물러 있는 억제된 행동이고, 개인이 현실적인 행동과 맺는 관련에 따른다면 바로 그 현실적인 행동에 대한 감독과 관찰, 즉 현실적인 **표출에 대한 반성**으로서의 **표출**이다.— 개인은 자신의 외적 행동에 대해서 그리고 외적 행동을 할 때 동시에 자신 안으로 반성되어 있으므로 (얼굴과 체형의 생김새 속에서도) 침묵하지 않으며, 이러한 자기 내 반성된 존재를 표출한다. 이러한 이론적 행동 또는 그에 관해서 개인이 자기 자신과 나누는 말은 다른 사람들에게도 분명히 들리는데, 왜냐하면 그러한 말 자체가 하나의 표출이기 때문이다.

따라서 자신의 현실로부터 (자신 안으로) 되돌아온 개인의 반성된 **존재**가 그것이 표출될 때조차 내면으로 머무는 이러한 내면에서 관찰되는데, 이제 이렇게 통일 속에 정립된 필연성이 어떠한지를 보자.— 우선 이런 반성된 존재는 행실 그 자체와는 상이하며, 따라서 행실 자체와는 **다른** 어떤 것일 수 있고 또 그런 다른 어떤 것으로 간주될 수 있다. 사람들은 어떤 사람이 **진심**으로 말하거나 행하는 것인지를 그의 얼굴에서 살펴본다.— 그러나 역으로 내면의 표현이어야 할 이것(반성된 존재, 즉 얼굴)이 동시에 **존재하는** 표현이고, 따라서 그것 자체가 자기의식적 본체에 대해 절대적으로 우연한 존재라는 규정 속으로 전락한다. 그렇기 때문에 그것이 분명 표현이기는 하지만 또한 동시에 단지 **기호**와도 같아서, 표현되는 내용(기의)에는 내면을 표현하는 것(기표)의 성질이 전적으로 아무런들 상관없다. 이러한 현상 속에서 내면은 분명 **가시적인** 비가시적인 것이지만, 그렇다고 이 현상에 얽매여 있는 것은 아니다. 그 내면은 다른 현상 속에 있을 수도 있고 또한 이에 못지않게 똑같은 현상 속에 다른 내면이 있을 수도 있다.— 그렇기 때문에 리히텐베르크는 다음과 같이 올바르게 말한다. "**관상학자가 일단 인간을**

단번에 붙잡았다손 치더라도, 그 사람이 자신을 다시 수천 년이 지나도 불가해하게끔 만드는 것은 단지 굳건한 결심에 달려 있을 뿐일 터이다."[215] (관상가가 사람의 관상을 보고 그를 단박에 꿰뚫어 보았다 할지라도, 그 사람이 굳게 마음만 먹는다면 얼마든지 자신을 영원한 수수께끼로 만들 수 있을 것이다.) — 앞서의 (심리학적 법칙에서 개인과 외적 현실이 서로 맺는) 관계에서는 소여된 상황이 하나의 존재하는 것이었고, 그것으로부터 개체는 이에 순응하거나 아니면 이를 전도시키면서 **그가** 할 수 있고 또 하고자 하는 바를 취했으며, 이런 이유에서 그것은 개체의 필연성과 본질을 포함하고 있지 않았다. 이와 마찬가지로 또한 여기서도 개체의 현상하는 직접적 존재는 현실로부터 (자신 안으로) 되돌아온 반성된 존재를 그리고 개체의 자기 내 존재를 표현하는 그런 존재이거나, 아니면 개체에 대해 단지 기호에 불과해서 기표되는 것(기의)에 대해서 아무런들 상관없고 그래서 실은 아무것도 기표하지 않는 그런 존재이다. 그것은 개체에게 그의 얼굴인 것 못지않게 또한 그가 벗어버릴 수 있는 가면이기도 하다. — 개체는 자신의 형태를 관통하면서 자신의 형태 안에서 움직이고 말한다. 그러나 이런 현존재 전체는 이에 못지않게 의지와 행위에 대해서 아무런들 상관없는 존재로 등장한다. 개체는 이런 현존재에서 그것이 앞서 지녔던 의미, 즉 개체의 자기 내 반성된 존재 또는 개체의 참다운 본질을 그런 현존재에서 지닌다는 의미를 폐기하고서 역으로 개체의 자기 내 반성된 존재 또는 개체의 참다운 본질을 오히려 의지와 행실 속에 놓는다.

개체는 **용모**에서 표현되는 **그런 자기 내 반성된 존재를 포기하고서 자신의 본질을 작업에다 놓는다**. 그렇게 함으로써 개체는 무엇이 자신의 **내면**

---

215) G. Ch. Lichtenberg, *Ueber Physiognomik; wider die Physiognomen*, Göttingen, 1778[(2)].

이고 무엇이 **외면**인지에 관하여 자기의식적 개체를 관찰하는 데에 몰두했던 이성 본능이 확정했던 관계를 반박한다. 이런 관점은 우리를 (이를 학문이라고 표현하길 원한다면) **관상학**의 근저에 놓여 있는 독특한 사고로 이끈다. 이와 같은 관찰이 빠져든 대립은 형식상 그 두 가지 모두 실천적인 것 자체 안에 정립된 상태에서의 실천적인 것과 이론적인 것의 대립이다. 즉, 그것은 (한편으로는) 가장 보편적인 의미에서의 행위 속에서 스스로를 실현하는 개체성과 (다른 한편으로는) 이런 행위 속에서도 동시에 이로부터 벗어나와 자신 안으로 반성되고 행위가 자신의 대상이 되는 그런 개체성 사이의 대립이다. 관찰은 이런 대립을 그것이 현상 속에서 규정되는 바와 같이 바로 그렇게 전도된 관계에 따라서 받아들인다. 관찰은 **행실** 자체와 [그것이 언어가 되었건 또는 그보다 더 확고해진 현실이 되었건] 작업을 **비본질적인 외면**으로 간주하고, 반면에 개체의 **자기 내 존재**를 본질적인 **내면**으로 간주한다. 실천적 의식이 자신에 지니고 있는 두 측면, 즉 **의도함**과[216] 행실, 다시 말해 자신의 행위에 관한 **사념**과 **행위** 자체 중에서 관찰은 전자를 참된 내면으로 선택한다. 이런 참된 내면이 그 행실에서는 자신을 어느 정도 **비본질적으로** 표출하는 반면에 그 형태에서는 자신을 참되게 표출한다는 것이다. 이런 후자의 표출이 개인 정신의 직접적인 감각적 현전이다. 참된 것이어야 할 내면성은 의도의 고유성과 대자 존재의 개별성이며, 그 두 가지는 **사념된** 정신이다. 그러므로 관찰이 자신의 대상으로 삼는 것은 **사념된** 현존재이고, 그런 사념된 현존재 사이에서 관찰은 법칙을 구한다.

정신의 사념된 현전에 대한 직접적인 사념이 바로 자연적 관상학, 즉 첫인상에서 얻은 내적 본성과 그 형태의 특징에 대한 성급한 판단이다. 이런

---

216) '의도함'으로 옮긴 본문의 'Beabsichten'은 'Beabsichtigen'의 오자로 보인다.

사념의 대상은 그것의 본질 속에 실은 한낱 감각적인 직접적 존재와는 다른 어떤 것이 놓여 있는 그런 종류이다. 물론 여기서도 현전하는 것이 바로 이런 감각적인 것 속에서도 그로부터 벗어나와 자신 안으로 반성된 존재이고, 관찰의 대상이 되는 것은 비가시적인 것의 가시성으로서의 가시성이기는 하다. 그러나 바로 이런 감각적인 직접적 현전은 단지 사념에 대해 존재하는 바대로의 정신의 **현실태**에 불과하다. 그리고 관찰은 이런 면에서 자신의 사념된 현존재, 즉 관상이라든가 필체라든가 목소리의 음색이라든가 등등을 가지고서 떠돌아다닌다. ─ 관찰은 이런 현존재를 바로 그렇게 **사념된 내면**과 관련시킨다. 인식해야 할 것은 살인자나 도둑이 아니라 **그렇게 될 수 있는 능력**이다.[217] 그럼으로써 고정된 추상적 규정성은 **개별적** 개인이 지닌 수많은 구체적 규정태 속으로 소실되는데, 이런 수많은 구체적 규정태들은 이제 그러한 (살인자나 도둑 같은 추상적 규정성을 통한) 특성 부여보다 더 기교에 넘치는 묘사를 요구한다. 물론 그런 기교에 넘치는 묘사는 살인자나 도둑이라든가 또는 선량하다거나 순박하다 등등을 통한 특성 부여보다 더 많은 것을 말해주기는 하지만, 사념된 존재나 개별적 개체성을 언표하려는 그 목적에는 턱없이 불충분하다. 이는 평평한 이마라든가 긴 코라든가 등등으로 치닫는 형태의 묘사가 불충분한 것과도 같다. 왜냐하면 개별적 자기의식과 마찬가지로 개별적 형태도 사념된 존재로서는 언표가 불가능하기 때문이다. 그러므로 잘못 추정된 인간을 다루는 인간 지식의 학문과 마찬가지로 잘못 추정된 인간의 현실을 다루면서 자연적 관상학의 아무 의식 없는 판단들을 지로 격상하려고 하는 관상학은 끝도 없

---

217) J. C. Lavater, *Physiognomische Fragmente. 4. Versuch*, Leipzig-Winterthur, 1778, p. 110 참조.

고 기반도 없는 것이다. 그것은 단지 사념하는 데에 그치고 또 그 내용도 단지 사념된 것에 불과하기 때문에 자신이 사념하는 바를 말하는 데에 결코 도달하지 못한다.[218]

이 학문이 발견하고자 나서는 **법칙**은 이런 두 가지 사념된 측면들 사이의 관련이며, 그렇기 때문에 그 자체가 공허한 사념밖에는 될 수가 없다. 또한 정신의 현실을 다루겠다고 하는 이 오인된 지가 그 대상으로 삼는 것은 바로 정신이 그의 감각적 현존재에서 벗어나 자신 안에서 자신을 반성한다는 점 그리고 정신에 대해 특정한 현존재는 아무런들 상관없는 우연성이라는 점이다. 그렇기 때문에 이 오인된 지는 자신이 발견한 법칙에서 곧바로 이 법칙으로는 아무것도 말하는 바가 없고 실은 순전히 수다를 늘어놓은 것에 불과하거나 단지 **자신에게서 비롯된 한 가지 사념**(주관적인 의견)을 제시한 것에 그칠 뿐이라는 점을 알 수밖에 없다. '자신에게서 비롯된 사념'이라는 표현은 다음 두 가지, 즉 자신의 **사념**을 말한다는 것과 그럼으로써 사태가 아니라 단지 **자신에게서 비롯된** 사념을 내세운다는 것이 실은 똑같은 한가지라고 언표한다는 점에서 진리성을 지니고 있다. 그렇지만 그 **내용**상 이러한 관찰은 다음처럼 말하는 것에서 벗어나지 못한다. "'명절 대목장이 설 때마다 꼭 비가 온다.'고 소매상인이 말하자, '내가 빨래를 널 때에도 꼭 비가 온다.'고 주부가 말한다."[219]

---

218) 라바터는 단지 첫 인상으로 어떤 사람의 특성을 추정해내는 것을 '자연적 관상학', 손금과 용모 등에서 그 사람의 특성을 일목요연하게 정리하여 추론해내는 것을 '학문적 관상학', 여기서 더 나아가 손금과 외관의 내적 원인을 규정하는 것을 '철학적 관상학'이라고 부르면서 구분한다. J. C. Lavater, *Physiognomische Fragmente. 1. Versuch*, Leipzig-Winterthur, 1775, p. 14 참조.

219) G. Ch. Lichtenberg, *Ueber Physiognomik; wider die Physiognomen*, p. 72.

이상과 같이 관상학적 관찰을 특징지은 리히텐베르크는 또한 이렇게도 말한다. "'당신은 성실한 사람처럼 행위하지만 억지로 그럴 뿐이지 그 심성에서는 악당이라는 사실을 나는 당신의 외모에서 본다.'고 누군가 말한다면 그 어떤 점잖은 사람이라도 정말 세상이 종말을 맞을 때까지 따귀 갈기기로 응수할 것이다."[220] ─ 이런 응수는 그와 같은 사념의 학문이 지닌 첫 번째 전제, 즉 인간의 **현실성**은 그의 얼굴 등등이라는 전제에 대한 반박이기 때문에 **맞다**. ─ 인간의 **참된 존재**는 오히려 **그의 행실**이다. 개체는 행실 속에서 **현실적**이며, **사념된 것**을 그 두 가지 측면에서 지양하는 것도 바로 행실이다. 즉, 우선 행실은 정적인 신체적 존재라고 사념된 것을 지양한다. 개체는 오히려 행위 속에서 오직 존재를 지양하는 한에서만 **존재하는 부정적** 본질이라고 자신을 서술한다. 다음으로 사념 속에서는 무한하게 규정되어 있고 또 규정될 수 있는 자기의식적 개체에 관해서도 행실은 사념의 비언표성을 지양한다. 완수된 행실에서는 그런 악무한(惡無限)이 파괴된다. 행실은 단순하게 규정된 것, 보편적인 것, 추상 속에서 포착되어야 하는 것이다. 행실은 살인이나 절도나 또는 선행이나 용감한 행동 등등이며, 행실에 대해서는 **그것이 무엇인지**를 **말할** 수 있다. 행실은 이러이러한 것**이며**, 행실의 존재는 단지 기호가 아니라 사태 자체이다. 행실은 이러이러한 것**이며**, 개별 인간은 그 행실이 무엇**인 바** 바로 그것**이다**. **이러한 존재**의 단순성 속에서 개별 인간은 대타적으로 존재하는 보편적 본질이고, 단지 사념된 것이기를 멈춘다. 물론 이렇게 하는 가운데 개별 인간이 정신으로서 정립되는 것은 아니다. 그러나 인간의 존재로서의 **존재**가 화두가 되면서 **한편으로는 형태**와 **행실**이라는 이중적인 존재가 서로 맞세워지고

---

220) G. Ch. Lichtenberg, Ibid., p. 6.

형태와 행실 모두 인간의 현실성이 됨으로써 오히려 오직 행실만이 인간의 **진짜 존재**라고 주장된다. 인간이 자신의 행실로써 사념하는 바가 무엇인지를 표현한다거나 또는 그가 그저 할 수도 있을 것이라고 사람들이 사념했던 바가 무엇인지를 표현한다고 하는 그의 외관이 진짜 존재라고 주장되지는 않는다. 마찬가지로 **다른 한편으로는** 그의 **작업 성과**와 그의 내적 **가능성**이나 능력이나 의도가 서로 대립하게 됨으로써 오직 전자만이 그의 참된 현실태로 간주된다. 설사 그 자신은 이를 착각하여 자신의 행위로부터 자신 안으로 돌아와서 이런 내면 속에는 **행실**에서와는 다른 것으로서 존재한다고 사념할지라도 말이다. 작업 성과가 됨으로써 자신을 대상적 요소에 의탁하는 개체는 분명 자신을 변화와 전도에 내맡긴다. 그러나 행실이 지속되는 현실적 존재이건 아니면 단지 자신 안에서 헛되이 소멸하는 사념된 작업에 불과한 것이건 간에 바로 이런 점이 행실의 특징을 이루는 것이다. 대상태는 행실 자체를 변화시키는 것이 아니라 단지 행실이 **무엇인지**를, 다시 말해 행실이 **존재하는지** 아니면 **아무것도 아닌지**를 보여줄 따름이다. ─ 이러한 존재를 의도라든가 그런 따위의 세밀한 사항들로 쪼개어 놓는 일은 사념의 한가한 소일에 내맡긴 채로 놓아두어야 한다.[221] 이를 통해 **현실적인** 인간, 즉 그의 행실이 다시 사념된 존재로 되돌려져 설명될 터이고 또한 그 자신도 충분히 스스로 자신의 현실에 관해 특수한 의도를 가지고 있는 듯이 조작해낼 수도 있겠지만 말이다. 사념의 한가한 소일이 자신의 게으른(행동하지 않는) 지혜를 발휘하여 행위자에게서 이성이라는 특징을 부인하고 이런 식으로 그를 부당하게 대우하면서 행실이 아니라

---

221) 이 문장은 그 주어가 단수인 'Zergliederung'인 반면에 동사는 복수형인 'müssen'으로 수가 일치하지 않는 문법적 오류를 내포하고 있다.

오히려 외관과 용모가 그의 존재라고 선언할 경우, 그것은 위와 같은 (따귀 갈기기의) 응수를 두려워할 수밖에 없을 터인데, 이런 응수는 외관은 **즉자가** 아니라 오히려 처치의 대상이 될 수 있다는 점을 그에게 입증한다.

**골상학**

이제 자기의식적 개체가 자신의 외면과 맺고 있다고 관찰할 수 있는 관계의 범위 전반을 조망해보면, 관찰이 아직 자신의 대상으로 삼아야만 할 한 가지가 여전히 남아 있다. 자신의 자각적인 **대립상**을 정신에게서 지니고 있고 또 정신을 포착할 수 있도록 만드는 것이 심리학에서는 **사물의 외적 현실**이었다. 이에 반해서 관상학에서는 정신을 (정신의 본질의 가시적인 비가시성인) **말**이라고 하는 하나의 존재로서의 그의 **고유한** 외면 속에서 인식해야 한다. 하지만 개체가 자신의 직접적이고 고정적이면서 순수하게 현존재하는 현실태 속에서 자신의 본질을 언표하는 그런 현실태의 측면을 규정하는 일이 아직 남아 있다. ─ 이 후자의 관련은 다음과 같은 점에서 관상학적 관련과 구별된다. 관상학적 관련은 개인의 **누설하는** 현전 (sprechende Gegenwart des Individuums, 개인이 표정이나 안색 등을 통해 자신의 내면을 알려주며 나타남)인데, 여기서 개인은 자신의 **행위하는** 표출(행위를 통한 표출) 속에서도 동시에 자신을 자신 안에서 **반성하고 고찰하는** 그런 표출을, 즉 그 자체가 운동인 표출을 그리고 그 자체가 본질적으로 매개된 존재인 정적인 생김새를 전시한다. 반면에 아직 고찰되어야 할 규정 속에서는 외면이 마침내 전적으로 **정적인** 현실태인데, 이런 현실태는 그 자체에서 말하는 기호가 아니라 자기의식적 운동으로부터 분리되어서 자신을 대자적으로 전시하고 한낱 사물로서 존재하는 그런 것이다.

우선은 이런 자신의 외면에 대해서 내면이 갖는 관련에 관하여 다음과 같은 점이 명확해진다. 즉, 이 관계는 하나의 즉자적으로 존재하는 것이 다른 하나의 즉자적으로 존재하는 것과 맺는 관련, 게다가 **필연적인** 관련이므로, 이러한 관련은 **인과 연관**의 관계라고 파악해야 할 것처럼 보인다는 점이다.

 이제 정신적 개체가 신체에 작용을 가한다고 한다면, 정신적 개체 자체가 원인으로서 신체적이어야만 한다. 그런데 그 안에서 정신적 개체가 원인으로서 존재하는 신체적인 것이 바로 기관이다. 그러나 이때의 기관은 외적 현실에 대하여 행동하는 기관이 아니라 자기의식적 본체가 자기 자신 안에서 행동하는 기관이며, 외향적으로는 오직 자신의 육체에 대하여 행동하는 기관이다. 이런 기관이 과연 무엇일 수 있는지가 즉각적으로 간파되지는 않는다. 만약 단지 기관 일반만을 생각한다면, 노동 기관은 무릇 쉽사리 수중에 있을 것이고(노동을 위한 기관이 무엇인지는 쉽게 파악할 수 있을 것이고), 성욕 기관 등등도 마찬가지일 것이다. 하지만 그와 같은 기관은 **하나의** 극단으로서의 정신이 다른 극단인 외적 **대상**에 맞서서 매개 중심으로 삼는 도구나 부분으로 간주되어야 한다. 반면에 여기서는 극단으로서의 자기의식적 개인이 그와 대립해 있는 자신의 고유한 현실에 맞서서 자신을 **대자적으로** 보존하는 그런 기관, 동시에 외부를 향해 돌아서지 않고 자신의 행위 속에서 반성되어 있는 기관, 그것에서는 **존재**라는 측면이 **대타 존재**가 아닌 그런 기관을 염두에 두어야 한다. 물론 관상학적 관련에서도 기관이 내적으로 반성되어 있고 행동을 논하는 현존재로 간주된다. 그러나 이러한 존재는 대상적 존재이며, 관상학적 관찰의 결과는 자기의식이 바로 이런 자신의 현실태에 대해서 아무런들 상관없는 어떤 것으로서 마주 서서 등장한다는 것이다. 이런 자기 내 반성된 존재가 그 자체로 **작용하면서** 이를 통해 그와 같은 현존재가 자기 내 반성된 존재와 필연적인 관련을 획득하는 가운데 그와 같은 아무런들 상관없음은 사라진다. 그런데 자기 내 반성된 존재가 현존재에 작용한다고 하면, 자기 내 반성된 존재 자체가 본래 대상적이지 않은 존재를 가지고 있어야만 하며, 바로 이러한 기관으로서 제시되어야만 한다.

그런데 예를 들어 일상생활에서는 그와 같은 내적 행동으로서의 분노가 간(肝)과 연결된다. 플라톤은 간에다가 심지어 더 고귀한 것을, 몇몇 사람들에 따르면 심지어 가장 고귀한 것을, 즉 예언하기 또는 신성하고 영원한 것을 비이성적인 방식으로 언표하는 재능을 할당한다.[222] 하지만 사람의 간이나 심장 등이 하는 운동은 그 개인의 전적으로 자기 내에서 반성된 운동으로 간주될 수는 없으며, 그런 운동은 그와 같은 장기 속에서 오히려 개인에게는 이미 그 신체에 뿌리를 내려서 외면성을 벗어나 이에 대항하는 동물적 현존재를 지니고 있는 그런 것이다.

이에 반해 **신경계**는 유기체가 그 운동 속에서도 직접적으로 정지해 있는 것이다. 비록 **신경** 자체도 또다시 이미 외부를 향하는 방향 속으로 함몰된 의식의 기관이기는 하다. 그렇지만 뇌와 척수는 자기의식의 자신 안에 머무르는 (대상적이지도 않고 또한 밖을 향해 나아가지도 않는) 직접적 현전으로 간주될 수 있을 것이다. 이 기관이 지니고 있는 존재의 계기가 **대타 존재**, 즉 현존재인 한에서, 그것은 죽은 존재이고 더 이상 자기의식의 현전이 아니다. 그러나 이런 **자기 내 존재**는 그 개념상 유동성이며, 이 유동성 안에서는 그 속으로 던져진 원(圓)들이 직접적으로 해체되어서 **존재하는 것**으로서의 어떤 구별도 표현되지 않는다. 정신은 그 자체가 추상적으

---

222) Platon, *Timaios*, 71 c-e. 헤겔과 동시대인들 중에서는 특히 에쉔마이어와 괴레스가 플라톤을 끌어들이면서 열광적인 종교적 예언 방식의 철학을 내세웠다. C. A. Eschenmeyer, *Die Philosophie in ihrem Uebergang zur Nichtphilosophie*, Erlangen, 1803 및 J. Görres, *Glauben und Wissen*, München, 1805 참조.

로 단순한 것이 아니라 운동들의 체계이며, 이 체계 안에서 정신은 자신을 여러 계기로 구별하지만 이러한 구별 속에서도 자유롭게 유지된다. 또한 정신은 자신의 육체를 무릇 여러 상이한 기능들로 분지화하고서 육체의 한 개별적인 부분을 오직 **하나의** 기능으로 규정한다. 이와 마찬가지로 또한 정신의 **자기 내** 존재가 지닌 유동적 **존재**는 분지화된 존재라는 점도 표상될 수 있다. 그리고 또 그렇게 표상되어야만 할 것처럼 보이는데, 그 까닭은 뇌 속에 있는 정신의 자기 내 반성된 **존재** 자체가 다시금 단지 정신의 순수한 본질과 정신의 육체적 분지화의 매개 중심일 따름인데, 그럼으로써 이 매개 중심은 그 두 가지의 본성에서 비롯되는, 따라서 후자의 측면에서 비롯되는 **존재하는** 분지화도 다시금 자체에 지니고 있어야만 하기 때문이다.

정신적·유기적 존재는 동시에 **지속적인 정적** 현존재라는 필연적인 측면을 지니고 있다. 대자 존재라는 극단으로서의 정신적·유기적 존재는 물러서고 이와 분리된 다른 극단으로서의 지속적인 정적 현존재라는 측면을 마주하여 지닐 수밖에 없는데, 이 다른 극단은 그리하여 정신적·유기적 존재가 원인으로서 작용을 가하는 대상이 된다. 이제 뇌와 척수가 그와 같은 정신의 육체적 **대자 존재**라면, 두개(頭蓋)와 척추는 별도의 분리된 다른 극단인 고정된 정적 사물이다.—그런데 정신의 현존재가 자리하고 있는 본래의 위치를 생각하는 사람이라면 누구나 등이 아니라 오직 머리를 떠올릴 것이므로,[223] 우리는 지금 다루고 있는 (정신의 현존재를 정적인 신체 조직으로서 관찰하려는) 지의 탐구에서 이러한 현존재를 두개에 한정짓는 데에 그와

---

223) K. A. Blöde, *D. F. J. Galls Lehre über die Verrichtungen des Gehirns*, Dresden, 1805, 4쪽 및 C. H. E. Bischoff, *Darstellung der Gallschen Gehirn- und Schädel-Lehre*, Berlin, 1805, pp. 6 ff. 참조.

같은 (이런 지를 위해서는 그리 나쁘지 않은) 근거로도 만족할 수 있을 것이다. 종종 등을 통해서 앎과 행동이 때로는 몰려 **들어오고** 또 때로는 몰려 **나가기도** 하는 한에서, 어떤 이가 (정신의 현존재가 자리하는 위치로) 등을 떠올린다면, 이는 척수도 함께 정신이 내재하는 장소로 간주되어야 하고 또 척추가 그 대립상을 이루는 현존재로 간주되어야 한다는 주장에 대해서 너무 많은 것을 증명하기에 실은 아무것도 증명하지 못한다. 왜냐하면 정신의 활동을 일깨우거나 저지하기 위해서는 정신의 활동에 도달하는 (척추 이외의) 다른 외적인 경로들도 선호된다는 점을 사람들이 이에 못지않게 상기할 수 있기 때문이다. — 따라서 척추는, 그렇게 말하고자 한다면, **정당하게** 탈락한다. 두개 혼자만이 정신의 **기관**을 포함하고 있는 것은 아니라는 점은 다른 여러 자연철학적 학설들만큼이나 충분히 **이론적으로 구성되어** 있다. 왜냐하면 이는 앞에서 이미 이런 관계의 개념으로부터 배제되었으며, 바로 그런 까닭에 두개를 현존재의 측면에서 취했던 것이기 때문이다. 또는 굳이 사태의 **개념**을 상기하지 않더라도 눈을 기관으로 삼아서 보는 것처럼 두개로 살해하거나 절도를 하거나 시를 쓰는 것 등등은 **아니라는** 점을 경험이 분명히 가르쳐준다. — 또한 아직 언급되어야 할 그런 **의미**에서 두개를 **기관**이라고 표현하는 것을 자제하는 것도 바로 이 때문이다. 왜냐하면 사람들이 비록 이성적인 인간에게는 용어가 아니라 **사태**가 중요한 문제라고 곧잘 말하곤 하지만, 그렇다고 해서 이로부터 하나의 사태를 그에 걸맞지 않은 용어로 표기하는 일을 허락받는 것은 아니기 때문이다. 이는 미숙함이자 동시에 기만이기 때문이다. 그것은 마치 단지 올바른 **용어**를 가지고 있지 못할 뿐이라고 사념하고 또 그렇게 내세우면서 실은 자신에게 결여되어 있는 것은 사태, 즉 개념이라는 점을 은폐하는 기만이다. 만약 개념이 현존한다면, 그는 또한 자신의 올바른 용어도 가지고 있을 것이다. ― 여기서는 우선 뇌가 생동하는 머리이듯이 두개는 죽은 머리(무가치한 찌꺼기, caput mortuum)라는 점만이 규정되어 있을 따름이다.

그러므로 이런 죽은 존재(두개) 속에서 뇌의 정신적 운동과 특정한 양식들이 스스로에게 자신의 외적인 현실, 그러나 여전히 개인 자신에게서 존재하는 현실의 서술을 제공해야만 할 것이다. 죽은 존재로서 그 자체 안에 정신을 내재적으로 지니지 못하는 두개에 대해서 이런 외적 현실이 지니는 관계로는 우선 위에서 확립한 외적인 기계적 관계가 제시되는데, 그리하여 본래의 기관이 (이 기관이 여기서는 뇌에 있는데) 두개를 여기는 둥글게 표현하고 저기는 넓게 펴거나 납작하게 만들며 또는 그 밖에 이를 어떤 식으로 서술하건 간에 그와 같은 영향을 미친다는 것이다. 그 자체가 유기체의 한 부분으로서 두개 속에서도 분명 모든 뼈에서와 마찬가지로 생동하는 자기 형성을 생각할 수밖에 없는데,[224] 그래서 이에 따라 고찰한다면 두개는 오히려 그 나름대로 뇌를 누르면서 뇌에 외적 한계를 설정한다. 두개는 (뇌보다) 더 단단한 것으로서 이런 일에 훨씬 능하다. 그러나 그러면서도 그 두 가지(뇌와 두개)의 서로에 대한 활동을 규정하는 데에는 여전히 한가지 동일한 관계가 유지될 것이다. 왜냐하면 두개가 규정하는 것이건 또는 규정되는 것이건 간에 이는 인과 연관에서 전혀 아무것도 변화시키지 않기 때문이다. 다만 그렇게 되면(두개가 규정자가 되면) **원인**으로서의 두개 속에서 **대자 존재**라는 측면이 발견될 것이기 때문에 두개가 자기의식의 직접적인 기관이 될 것이다. 하지만 **유기적 생동성**으로서의 **대자 존재가 그 두 가지에** 똑같은 방식으로 귀속하므로 그것들 사이의 인과 연관이 사실은 없어

---

224) 이 문장의 원문에서 주어부가 문법적으로 부정확하다.

져버린다. 그런데 이와 같은 그 두 가지의 계속적인 형성은 내면 속에서 서로 연계되어 있으며, 그것은 하나의 유기적 예정 조화가 될 것이다. 그런데 이런 예정 조화는 서로 관련된 두 측면을 서로에 대해서 자유롭게 놓아두고 또 각각의 측면에다 [그 하나의 형태에 다른 하나의 형태가 상응할 필요도 없이] 그 자신의 고유한 **형태**를 허용할 것이며, (마치 포도송이의 모양과 포도주의 맛이 서로에 대해서 자유롭듯이) 형태와 성질도 더더욱 서로에 대해서 자유로울 것이다. — 그렇지만 뇌의 측면에 **대자 존재**라는 규정이 귀속되는 반면에 두개의 측면에는 **현존재**라는 규정이 귀속되므로, 유기적 통일 내에서 **또한** 그것들 사이의 인과 연관도 설정되어야만 한다. 즉, 서로에 대해 외적인 관련으로서, 다시 말해 그 자체가 외적이어서 그것을 통해 그것들 각각의 **형태**가 서로에 의해 규정되게 될 관련으로서 그것들 사이의 필연적 관련이 정립되어야만 한다.

그러나 자기의식의 기관이 그것과 마주 서 있는 측면에 대해서 활동적 원인이 된다는 규정에 관해서 이러저러하게 여러 방식으로 이야기할 수 있다. 왜냐하면 이때에는 그것의 **아무런들 상관없는** 현존재에 따라, 즉 그것의 형태와 크기에 따라 고찰되는 그런 원인이 지닌 특성에 관해서, 다시 말해 그것의 내면과 대자 존재가 곧 직접적 현존재와는 아무 상관도 없는 그런 것이어야 할 원인이 지닌 특성에 관해서 말하는 것이기 때문이다. 두 개의 유기적 자기 형성은 우선 기계적 영향에 대해서 아무런들 상관없으며, 전자의 관계가 자기 관련이므로 이 두 가지 관계들 사이의 관계는 바로 이런 무규정성이자 한계 없음 자체이다. 다음으로 뇌가 정신의 여러 구별들을 존재하는 구별자들로서 그 자체 안으로 받아들이고서 각기 상이한 공간을 차지하는 내부 기관들의 다수성이 된다고 상정해보자.[225] (이는 자연에 위배된다. 자연은 개념의 여러 계기들에 하나의 고유한 현존재를 부여하며, 그렇기에 유기적 생명의 **유동적 단순성을 순수하게 한쪽에** 세우고 또 이와 마찬가지로 유기적 생명의 **분절화**와 **분화**를 유기적 생명의 구별자들 속에서 **다른** 한쪽에 세운다. 그리하여 자연은 개념의 계기들로 하여금, 여기서는 그렇게 파악될 수밖에 없듯이, 특수한 해부학적 사물로 나타나도록 만드는 것이다.) 설사 그렇게 상정하더라도 하나의 정신적 계기가 근원적으로 더 강한지 아니면 더 약한지에 따라서 전자라면 **더 팽창된** 뇌기관을 가지고 후자라면 **더 수축된** 뇌기관을 가질 수밖에 없는지 아니면 오히려 그 역인지는 규정되지 못할 것이다.— 이와 마찬가지로 정신적 계기의 **발달**이 기관을 더 확대하는지 아니면 더 축소하는지, 그것이 기관을 더 투박하고 굵게 만드는지 아니면 더 섬세하게 만드는지도 규정되지 못할 것이다. 원인이 어떤 성질을 가지고 있는지가 규정되지 않은 채로 남아 있는 까닭에 그것이 두개에 어떤 영향을 미치는지도, 그 영향이 확대하는 것인지 아니면 협소화하고 오그라들도록 만드는 것인지도 규정되지 않은 채로 남게 된다. 이러한 영향을 **더 고상하게** 이를테면 **자극**이라고 규정한다면, 그것이 발포고(發疱膏)처럼 부풀리는 방식으로 일어나는지 아니면 초산(醋酸)처럼 쪼그라드는 방식으로 일어나는지가 규정되어 있지 않다.— 이런 따위의 모든 견해들은 그럴듯한 근거들을 내세울 수 있다. 왜냐하면 그에 못지않게 (이런 정신적 계기와 기관 사이의 작용 관계에) 개입하는 유기적 관련은 한 가지 근거를 다른 근거만큼이나 잘 들어맞도록 만들고 또 이 모든 오성에 대해서 아무런들 상관없기 때문이다.

---

225) F. J. Gall, "Schreiben über seinen bereits geendigten Prodromus über die Verrrichtungen des Gehirns der Menschen und der Thiere", in: *Der Neue Teutsche Merkur von Jahre 1798*, Hg. von C. M. Wieland, Bd. 3, Weimar, 1798, Stücke 12, pp. 318 ff. 참조.

그렇지만 바로 그런 이유에서 관찰하는 의식에게는 이런 관련을 규정하려고 하는 것이 중요한 문제가 되지 않는다. 왜냐하면 **동물적** 부분으로서 한쪽에 서 있는 것은 애초에 (단지 인과적으로 작용하는 생체 기관으로서의) 뇌가 아니라 **자기의식적** 개체의 **존재**로서의 뇌이기 때문이다. — 지속적인 성격이자 스스로를 움직이는 의식적 행동으로서의 자기의식적 개체는 **자신을 위해** 그리고 **자신 안에** 존재한다(대자적이고 자기 내적이다). 이런 대자 존재이자 자기 내 존재에 자신의 현실이자 대타적 현존재가 대립해 있다. 대자 존재이자 자기 내 존재가 곧 본질이고 주체인데, 이 주체가 **자신 아래에 포섭되어**(종속되어) 있으면서 그 가치를 오직 내재하는 의미를 통해서만 얻는 존재를 뇌에서 지니는 것이다. 반면에 자기의식적 개체의 또 다른 측면, 즉 그의 현존재라는 측면은 자립적이면서 주체로서의 **존재** 또는 **사물**로서의 존재, 즉 뼈이다. **인간의 현실이자 현존재는 그의 두개골이다.** — 바로 이것이 그것을 관찰하는 의식 속에서 이러한 관련의 두 측면이 지니는 관계이자 오성(이해)이다.

이제 이런 관찰하는 의식에게는 더 명확하고 상세하게 규정된 이 두 측면의 관련이 중요한 사안이 된다. 두개골은 일반적으로 분명 정신의 직접적 현실이라는 의미를 지니고 있다. 그러나 정신의 다면성은 자신의 현존재에도 그와 마찬가지의 다의성을 부여한다. 이제 얻어내야 할 것은 이런 현존재가 분할되는 개별적인 부위들이 지니는 의미의 규정성이며, 이런 개별적인 부위들이 자체에서 이를(정신적 의미를) 어떻게 시사하는지 살펴보아야 한다.

두개골은 활동 기관이 아니고 또한 누설하는 운동도 아니다. 두개골로 절도나 살인 등등을 하는 것은 아니며, 그런 범행을 저지르려고 할 때 두개골이 표정을 찌푸려서 누설하는 몸짓이 되는 것도 결코 아니다. — 또한 이 **존재자**가 **기호**의 가치를 지니는 것도 아니다. 표정과 몸짓, 음색, 심지어 기둥이나 황량한 섬에 세워져 있는 말뚝조차도 그것들이 직접적으로 **단지 존재하는** 바의 그것과는 다른 어떤 것이 여전히 그것들로써 사념되고 있다는 점을 곧바로 알려준다. 그것들은 본래 자신에 속하지 않기에 다른 무엇인가를 지시하는 규정성을 자체에 지님으로써 스스로가 곧바로 기호임을 드러낸다. 햄릿이 요릭의 해골을 보았을 때처럼[226] 사람들은 두개를 보면서도 분명 여러 가지 생각을 할 수 있다. 그러나 두개골 그 자체는 아무런들 상관없고 아무것에도 얽매어있지 않은 사물이어서 두개골에서는 오직 두개골 자체 이외에 그 무엇도 볼 수 없고 생각할 수도 없다. 물론 두개골이 뇌와 그 규정성을 상기시키고 또한 다른 구조를 지닌 두개를 상기시키기도 하지만, 그렇다고 의식적 운동을 상기시키지는 않는다. 그 까닭은 두개골이 표정이나 몸짓도 아니고 또 의식적 행동에서 유래하는 것이라고 알려주는 그 무엇인가를 자체에 각인해 놓지도 않았기 때문이다. 왜냐하면 두개골은 개체에서 더 이상 자신을 자신 안으로 반성하는 존재가 아니라 순전히 **직접적 존재**가 될 그런 다른 측면을 전시해야 하는 현실태이기 때문이다.

더 나아가 또한 두개골이 스스로 느끼는 것도 아니기 때문에, 이를테면 특정한 지각이 (두개골의 특정 부위와의) 근친성에 의해 두개골로써 무엇이 사념되는지를 인식하도록 해준다는 식으로 두개골에 관해 보다 더 확정된 의미가 도출될 수 있는 듯이 보인다. 그리고 정신의 어느 한 의식 양태가 그

---

[226] 셰익스피어의 비극 『햄릿』 5막 1장에서 햄릿은 공동묘지에서 그가 알던 광대였던 요릭의 해골을 발견하고는 죽음에 관하여 논한다. W. 셰익스피어, 『햄릿』, 최종철 역, 민음사, 1998, 183쪽 참조.

감정을 두개골의 특정 부위에 지님으로써, 이를테면 두개골의 형태 중에서 바로 이곳이 그런 정신의 의식 양태 및 그 특수성을 암시하게 될 것이다. 예를 들면 몇몇 사람들이 집중해서 사유할 때나 또는 일반적으로 **사유**할 때면 벌써 머리 어딘가에서 고통스러운 긴장을 느낀다고 호소하듯이, **절도**나 **살인**이나 **시작**(詩作) 등등 역시 저마다 하나의 고유한 지각을 수반할 수 있을 터이고, 더 나아가 이 각각의 지각이 또한 (두개골에서) 각각의 특정한 부위를 가지고 있어야만 할 것이다. 이런 방식으로 좀 더 많이 움직여지고 활성화된 뇌의 부위는 아마도 또한 인접한 뼈의 부위를 더 많이 발달시킬 것이다. 또는 그런 인접 부위는 공감이나 교감(Konsensus) 덕분에 둔해지지 않고 확대되거나 축소되거나 또는 그 어떤 방식으로건 자신을 조형할 것이다. ― 그러나 다음과 같은 사실이 이러한 가설을 그럴듯하지 않게 만든다. 즉, 감정은 무릇 불특정한 어떤 것이고 중심부로서의 머릿속에 있는 감정은 모든 감수(感受. Leiden)를 보편적으로 함께 느끼는 감정일 터여서, 도둑·살인자·시인의 머릿속 간지러움이나 고통스러움에 다른 것들이 뒤섞이고, 이런 감정들은 서로로부터도 그리고 한낱 육체적인 것이라고 부를 수 있는 것으로부터도 구별하기 어렵다. 이는 우리가 그 의미를 단지 육체적인 것에 한정할 경우, 두통 증상으로부터 (특정한) 질병을 규정해내기가 어려운 것과 마찬가지이다.[227]

이 사태를 어떤 측면에서 고찰하건 간에 실제로 모든 필연적 상호 관련 및 이에 관해 자기 스스로 누설하는 암시가 제거된다. 그래도 여전히 이런 관련이 있을 수밖에 없다면, 서로 상응하는 두 측면의 규정에서 성립하

---

227) C. H. E. Bischoff, *Darstellung der Gallschen Gehirn- und Schädel-Lehre*, p. 134 참조.

는 **무개념적인** 자유로운 예정 조화만이 필연적으로 남게 된다. 왜냐하면 그 한 측면은 **정신을 결여한 현실태**, 즉 **한낱 사물**일 **수밖에 없기** 때문이다.―요컨대 한편에는 정적인 두개 부위들의 집합이 서 있고, 다른 한편에는 정신 특성들의 집합이 서 있는데, 정신의 특성들이 지니는 다수성과 규정은 심리학의 상태에 의존하게 된다(정신의 특성들이 얼마나 많고 또 어떤 규정을 가지고 있는지는 심리학이 그때마다 이룬 발전 상태에 달려 있다). 정신에 관한 표상이 빈약하면 할수록 이 측면에서는 사태를 다루는 일이 더욱더 쉬워진다. 왜냐하면 그럴수록 (정신의) 특성들이 부분적으로는 더 적어지고, 또 부분적으로는 더 유리되고 고착되고 골화되며, 이를 통해 **뼈**의 규정들과 더욱 유사해지면서 이와 더 쉽게 비교할 수 있게 되기 때문이다. 하지만 비록 정신에 관한 표상이 빈약해짐으로써 많은 것을 더 쉽게 다룰 수 있게 되었다 하더라도, 양 측면에는 여전히 아주 많은 것들이 남아 있다. 즉, 관찰을 위해서는 양자 사이의 관련이 지닌 우연성 일체가 남아 있는 것이다. 이스라엘의 자손들이 그들에 상응하는 바닷가 모래밭에서 각자 자신의 기호가 되는 모래알을 집어 든다고 할 경우,[228] 각자에게 자신의 것을 지정하는 일은 실상 아무런들 상관없고 극히 자의적인 것이다. 이와 꼭 마찬가지로 각각의 영혼의 능력이나 격정이나 이에 못지않게 여기서 고찰해야 하는 것, 즉 좀 더 세련된 심리학과 인간 지식이 언급하곤 하는 성격의 음영들에다가 두개의 장소와 뼈의 형태를 할당하는 일도 그에 못지않게 지극히 아무런들 상관없고 자의적인 것이다.―살인자의 두개는 바로 이것을, 즉 기관도 아니고 기호도 아닌 바로 이런 융기 부위를 가지고 있다. 그러나 그 살인자는 이 밖에도 일단의 다른 특성들 및 (두개의) 다른 융기 부위들 그리고 그런 융

---

228) 『구약성경』, 창세기 32:12 및 이사야서 10:22 참조.

기 부위와 더불어 또한 함몰 부위도 가지고 있다. 그렇다면 사람들은 융기 부위와 함몰 부위 중에서 (무엇이 살인자의 특징인지를) 선택할 수 있다. 그러고는 다시 살인자의 살해 의사가 그 어떤 융기 부위나 함몰 부위와도 관련될 수 있고, 더 나아가 이런 부위들이 다시 그 어떤 특성과도 관련될 수 있다. 왜냐하면 살인자는 이런 살인자라는 추상물에 불과한 것도 아니고, 그가 단지 **하나의** 돌출과 **하나의** 함몰만을 가지고 있는 것도 아니기 때문이다. 그렇기 때문에 이에 관해서 이루어지는 관찰은 바로 명절 대목장 때의 소매상인과 빨래를 할 때의 주부가 비에 관해 말하는 것과 다를 바가 없다. 소매상인과 주부는 또한 저 이웃사람이 지나갈 때마다 또는 돼지고기 구이를 먹을 때마다 비가 온다는 관찰도 할 수 있었을 것이다. 비가 내리는 것이 이런 상황에 대해서 아무런들 상관없는 만큼이나 이와 마찬가지로 관찰을 위해서는 정신의 **바로 이런** 규정성이 두개의 **바로 이런** 규정된 존재에 대해서 아무런들 상관없다. 왜냐하면 이런 관찰의 두 대상들 가운데 그 하나는 메마른 **대자 존재**, 즉 정신의 골화된 특성이고, 다른 하나는 메마른 **즉자 존재**이기 때문이다. 그 두 대상처럼 골화된 사물은 다른 모든 것에 대해서 전적으로 아무런들 상관없다. 살인자가 이웃에 살고 있는지가 (두개에) 높은 융기 부위가 있는지와 아무런들 상관없는 것과 마찬가지로 평평한 두개를 가진 사람이 자기 옆에 있는지가 살인자에게는 아무런들 상관없다.

물론 어느 한 곳의 융기 부위가 어느 한 (정신적) 특성이나 격정 등과 결부되어 있을 **가능성**이 꿋꿋하게 남아 있다. 사람들은 살인자를 두개의 바로 이곳에 있는 높게 융기된 부위와 함께, 또 도둑은 저곳의 부위와 함께 **표상할 수** 있다. 이런 면에서는 골상학이 더 확장될 여지가 충분히 있다. 왜냐하면 처음에는 골상학이 그 두 가지를 모두 가지고 있는 **한 개인에게**

서 융기 부위와 (정신적) 특성을 연결하는 데에 국한되어 있는 듯이 보이기 때문이다. 그러나 (자연적 심리학이 있듯이 자연적 골상학 같은 것도 충분히 있어야만 할 것이므로) 자연적 골상학은 이미 이런 한계를 넘어선다. 즉, 자연적 골상학은 교활한 인간은 귀 뒤에 자리 잡은 주먹만한 크기의 융기 부위를 가지고 있다고 판단할 뿐만 아니라 또한 부정한 아내 자신이 아니라 그녀의 배우자가 이마에 융기 부위를 가지고 있다고도 표상한다. ─ 이와 마찬가지로 사람들은 또한 살인자와 한집에 사는 사람이거나 또는 그 이웃이거나 더 나아가 그의 동료 시민이거나 등등의 사람은 두개의 어느 한 장소에 높은 융기 부위를 가지고 있다고 **표상할** 수 있다. 이는 마치 당나귀 등에 타고 있는 게로부터 애무를 받고 나서 그다음에는 … 등등을 한 날아다니는 암소를 표상할 수 있는 것과 마찬가지이다. ─ 그러나 '**가능성**'이 **표상의** 가능성이라는 의미에서가 아니라 **내적** 가능성이나 **개념**의 가능성이라는 의미에서 취해진다면, 그런 (골상학의) 대상은 이와 같은 의미를 지니고 있지 않고 또 지녀서도 안 되는, 따라서 이런 의미를[229] 오직 표상 속에서만 지닐 수 있는 순수한 사물인 그런 현실태이다.

하지만 그 두 측면이 서로 아무런들 상관없음에도 불구하고 관찰자가 때로는 **외면은 내면의 표현**이라는 보편적인 이성 근거에 의해 새삼 고무되어서, 또 때로는 동물의 두개와의 유비(類比)에 의해 격려를 받아서[230] 그 두 측면의 관련들을 규정하는 작업에 착수할 수도 있다. (동물이 인간보다 더

---

229) 인칭대명사가 '이런 의미' 대신에 '가능성'을 지시하는 것으로 독해할 수도 있다.
230) 인간의 두개골과 동물의 두개골 사이의 유사성에 관해서는 F. J. Gall, "Schreiben über seinen bereits geendigten Prodromus über die Verrrichtungen des Gehirns der Menschen und der Thiere", pp. 317 ff. 및 C. H. E. Bischoff, *Darstellung der Gallschen Gehirn- und Schädel-Lehre*, p. 64 참조.

단순한 성격일 수도 있지만, 또한 동시에 동물이 어떤 성격일지를 말하기란 그만큼 더 어렵다. 동물의 본성 속으로 자신을 올바로 투영하는 일이 모든 사람의 표상에 그리 쉽게 될 수가 없기 때문이다.) 그러면 관찰자는 그가 발견했다고 여기고 싶어 하는 법칙을 확신하고자 할 때, 우리도 여기서 필연적으로 떠올릴 수밖에 없는 한 가지 구별에서 **각별한 도움**을 얻는다.ㅡ즉, 정신의 **존재**는 최소한 그처럼 고정불변의 확고한 것으로 간주될 수는 없다는 것이다. 인간은 자유롭다. (자유로운 존재인 인간이 지닌) **근원적** 존재는 단지 **소질**에 불과하며, 인간은 이런 소질에 대해서 여러 가지를 할 수 있거나 또는 소질을 계발하려면 유리한 환경이 요구된다는 점을 누구나 수긍한다.[231] 다시 말해 정신의 **근원적** 존재는 이에 못지않게 존재로서 실존하지 않는 그런 것이라고 언표되어야 한다. 만일 어떤 이가 법칙이라고 확신하려는 생각이 든 것에 관찰 결과들이 배치될 경우, 예컨대 명절 대목장 때나 빨래를 널 때 날씨가 좋을 경우, **본래는** 비가 응당 왔**어야만** 하고 그럴 **소질**이 분명 **현존한다**고 소매상인과 주부는 말할 수 있을 것이다. 이와 마찬가지로 두개 관찰자는 이 개인이 **본래는** 법칙에 따라서 두개가 언표하는 바대로 마땅히 이러이러**했어야만 했**고 또 그런 **근원적 소질**을 가지고 있지만, **그러나** 이 소질이 발양되지 못한 것이라고 말할 수 있다. 이런 성질이 현존하지는 않지만 마땅히 **현존했어야만 한다**는 것이다.ㅡ **법칙**과 **당위**는 현실적인 비(정말로 비가 오는 것)의 관찰에 그리고 두개의 이런 규정성에 있는 현실적인 의미의 관찰에 근거를 두고 있다. 그런데 만약 그

---

231) '소질'과 관련된 이하의 논의에 관해서는 F. J. Gall, "Schreiben über seinen bereits geendigten Prodromus über die Verrrichtungen des Gehirns der Menschen und der Thiere", p. 315 및 이에 대한 리히텐베르크의 비판 G. Ch. Lichtenberg, *Ueber Physiognomik; wider die Physiognomen*, p. 72 참조.

런 **현실성**이 현존하지 않는다면, **공허한 가능성**이 그만큼의 유효성을 지닌다.—이런 가능성이, 즉 제시한 법칙의 비현실성이 그리고 이와 더불어 그 법칙을 반박하는 관찰 결과들이 등장하는 까닭은 다음과 같다. 그것은 개인의 자유와 발전하는 환경이 **존재** 일반에 대해서 아무런들 상관없다는 점, 즉 근원적인 내적인 것으로서의 존재에 대해서도 또 외적인 골화된 것으로서의 존재에 대해서도 아무런들 상관없다는 점, 그리고 개인은 또한 그가 내적으로 근원적으로 존재하는 바와는 다른 어떤 것이 될 수 있다는 점, 그리고 더더욱 뼈로서 존재하는 것과는 다른 어떤 것이 될 수 있다는 점 때문이다.

그러므로 우리는 두개의 이 융기 부위나 함몰 부위가 현실적인 어떤 것을 표시하기도 하고 또한 단지 하나의 **소질**만을, 더욱이 그 어떤 것에 관한 것인지가 규정되지 않은 소질을, 즉 비현실적인 어떤 것을 표시하기도 한다는 가능성을 얻게 된다. 우리는 조악한 핑계가 항상 자신을 곤경에서 구해준다고 하는 것에 오히려 대척하여 스스로가 역이용되도록 봉사한다는 점을 본다. 사태 자체의 본성에 의해 사념은 자신이 고수하는 것의 **반대를 아무 생각 없이** 그 스스로 말하는 데로 나아가게 되는 것을 우리는 본다. 즉, 사념은 이 융기 부위에 의해서 어떤 것이 암시되지만 그에 못지않게 **또한** 그렇지 **않다고** 말하는 데로 나아간다.

이처럼 핑계를 늘어놓을 때 사념 앞에 아른거리면서 떠다니는 것은 무릇 **존재**가 그 자체로서는 정신의 진리가 아니라는 참다운 사고, 사념을 오히려 절멸시키는 사고이다. 이미 소질이 정신의 활동에 아무런 지분도 없는 **근원적 존재**이듯이, 또한 **뼈**도 피차일반으로 그러한 것이다. 정신적 활동을 결여한 존재자는 의식에 대한 사물이지 결코 의식의 본질이 아니다. 그래서 의식은 오히려 이런 사물의 반대항이며, 의식은 오직 이와 같은 존재의 부정과 멸절을 통해서만 자신에게 **현실적**이다.— 이런 면에서 **뼈**를 의식의 **현실적 현존재**로 내세우는 것은 이성에 대한 전적인 부인으로 간주될 수밖에 없다. 뼈가 의식의 현실적 현존재로 내세워지는 까닭은 외면이란 바로 존재하는 현실이기에 뼈가 정신의 외면으로 간주되기 때문이다. 외면으로부터 **단지** 이와는 **다른 어떤 것**인 내면으로 **추론될** 따름이지 외면이 내면 자체는 아니고 단지 내면의 **표현**일 뿐이라고 말하는 것은 아무 도움도 되지 않는다. 왜냐하면 그 양자 서로의 관계에서 스스로를 **사유하고 사유된** 현실이라는 규정은 내면의 측면에 귀속되는 반면에 **존재하는 현실**이라는 규정은 외면의 측면에 귀속되기 때문이다.— 그러므로 어느 한 사람에게 "너는 (너의 내면은) 바로 이러이러하다. **왜냐하면** 너의 **뼈**가 그렇게 생겼기 때문이다."라고 말한다면, 이는 "나는 뼈 하나를 **너의 현실태**로 간주한다."고 말하는 것과 다르지 않다. 관상학을 다루면서 언급했듯이 그와 같은 판단에 따귀 갈기기로 응수하는 것은 우선 **연약한** 부분(얼굴)을 그것의 존중받는 외관과 위치에서 이탈시키는 것이고 또 단지 이 부분들이 참다운 **즉자**, 즉 정신의 현실은 아니라는 점을 입증하는 것일 따름이다. 지금은 (골상학을 다루고 있으므로) 그 응수가 본래 다음과 같이 더 나아가야만 할 것이다. 즉, 뼈는 인간에 대해 **즉자**가 아니고 **인간의** 참다운 현실태는 더더욱 아니라는 점을 그의 현명함만큼 꼭 그대로 이해하기 쉽게 입증하기 위해서는, 그렇게 판단하는 사람에게 머리뼈를 후려치는 응수를 해야만 할 것이다.

   자기의식적 이성이 지닌 본연의 본능은 이와 같은 골상학을 주저 없이 배척할 것이다. 이렇게 배척되는 골상학은 자기의식적 이성이 지닌 또 다른 관찰하는 본능인데, 그것은 **인식**을 예감하는 데에까지 성장했으면서도 외면이 내면의 표현이라는 점을 정신을 결여한 방식으로 파악했다.[232] 그런데 사고가 열악하면 할수록, 그런 사고의 열악함이 정확히 어디에 놓여 있는지가 더더욱 눈에 잘 띄지 않고 또 그것을 분석해내기가 더더욱 어려울 때가 있다. 왜냐하면 사고가 본질로 간주하는 추상이 더 순수하고 공허하면 할수록, 사고는 더욱더 열악하다고 일컬어지는 것이기 때문이다. 그런데 지금 문제가 되고 있는 대립은 (한편으로는) 자각적인 개체와 (다른 한편으로는) 전적으로 **사물**이 된 외면성의 추상을 자신의 두 항으로 가지고 있다. 이때 전자가 지닌 정신의 내적 존재는 정신을 결여한 고정된 존재라고 파악되고, 또한 바로 그와 같은 (후자의 사물로 된) 존재에 대립해 있는 것이다. — 그러나 이로써 또한 관찰하는 이성이 실제로 자신의 정점에 도달한 듯이 보이는데, 이 정점에서부터 관찰하는 이성은 자기 자신을 버리고서 스스로를 전복해야만 한다. 왜냐하면 전적으로 열악한 것만이 비로소 자신을 반전시킬 직접적인 필연성을 자체에 지니기 때문이다. — 마치 유대 민족은 구원의 문 바로 앞에 서 있기 때문에 가장 부정(不淨)한 자이고 또 그래 왔다고 이야기될 수 있듯이 말이다. 유대 민족은 스스로에게 자신이 즉자 대자적으로 그러해야 할 존재, 즉 이런 자기 본질성이 되지 못하고서 자기 본질성을 자신의 피안으로 옮겨 놓는다. 바로 이런 양도(포기, 외화, Entäußerung)를 통해 유대 민족은 스스로를 더 고귀한 현존재가 되는 것이 **가능하도록** 만든다. 그들이 존재의 직접성 내에 머물러 있기보다는 자신의 (포기하여 양도한) 대상을 다시 자신 안으로 환수할 수 있을 때라면, 그렇게 되는 것이 가능하다. 왜냐하면 정신은 더 큰 대립으로부터 자신 안으로 복귀

---

232) 이 구절은 인칭대명사의 지시 관계에 따라 "외면이 내면의 표현이라는 점을 정신을 결여한 방식으로 파악하는 것이다." 대신에 "이 인식을 외면은 내면의 표현이라고 하는 정신을 결여한 방식으로 파악하는 것이다."로 번역할 수도 있다.

하면 할수록 자신도 더 위대해지기 때문이다. 그런데 정신은 자신의 직접적 통일을 지양하면서 그리고 자신의 대자 존재를 양도하면서 그런 대립을 자신에게 마련한다. 하지만 그와 같은 의식이 자신을 반성하지 않는다면, 그런 의식이 서 있는 매개 중심은 축복받지 못한 공허에 불과한데, 이는 이 매개 중심을 채워주어야 할 것이 고정된 극단으로 되어버렸기 때문이다. 이처럼 관찰하는 이성의 이런 최종 단계는 그것의 가장 열악한 단계이지만, 또한 그렇기 때문에 그것의 전도(顚倒)가 필연적이다.

지금까지 고찰해온 일련의 관계들, 즉 (이성에 의한) 관찰의 내용과 대상을 이루던 일련의 관계들을 개관해보면, 그 **첫 번째 양식**인 비유기적 자연이 지닌 관계들을 관찰할 때 이미 **감각적 존재**가 관찰에서 **사라진다**는 사실이 드러난다. 비유기적 자연이 지닌 관계의 계기들은 자신을 순수한 추상과 단순한 개념이라고 서술하는데, 이것들이 사물의 현존재에 확고하게 결부되어 있어야만 하지만 이런 사물의 현존재는 소실되고 만다. 그리하여 그 계기는 순수한 운동이자 보편적인 것임이 입증된다. 이렇게 그 자체 안에서 완결되는 자유로운 과정이 대상적인 것이라는 의미를 띠게 되지만, 그렇게 되면서 그것은 이제 **단일자**로 등장한다. 비유기체의 과정 속에서 단일자는 실존하지 않는 내면이다. 하지만 그 과정이 단일자로서 실존하게 된다면 곧 유기체가 된다. — 단일자는 대자 존재로서 또는 부정적 본질로서 보편자에 맞서 있으며, 보편자로부터 벗어나서 대자적으로(홀로) 자유롭게 남는다. 그리하여 단지 절대적 개별화라는 요소 속에서 실현될 뿐인 개념이 유기적 실존 속에서는 **보편자로서** 현존재한다는 자신의 참다운 표현을 발견하지 못하고 오히려 하나의 외면적인 것으로 또는, 같은 말이지만, 유기적 자연의 **내면**으로 머문다. — 유기적 과정은 단지 **즉자적으로** 자유로울 뿐이지 **그 자체 대자적으로** 자유로운 것은 아니다. 유기적 과정이 지닌 자유의 대자 존재는 **목적**에서 등장하는데, 여기서 그런 (유기체의) 대자 존재는 자기 자신을 의식하는 지혜와는 다른 본체로서 **실존하며**, 자기 자신을 의식하는 지혜는 그런 대자 존재 외부에 존재한다.[233] 그러므로 관찰하는 이성은 이런 자기 자신을 의식하는 지혜를 향해, 즉 정신을 향해, 다시 말해 보편성으로서 실존하는 개념 또는 목적으로서 실존하는 목적을 향해 눈을 돌리고, 이제는 관찰하는 이성에게 그 자신의 고유한 본질이 대상이 된다.

관찰하는 이성은 우선 (이제 자신의 새로운 대상이 된) 정신의 순수성에 눈을 돌린다. 그러나 관찰하는 이성이 자신의 구별들 속에서 운동하는 대상 (정신)을 존재하는 대상이라고 파악함으로써 그에게 **사유의 법칙**은 존속하는 것이 존속하는 것과 맺는 관련이 된다. 하지만 이 법칙의 내용이 단지 계기들에 불과하기 때문에 사유의 법칙들은 자기의식의 단일자로 귀결된다.—이 새로운 대상이 그와 마찬가지로 **존재하는 것**으로 취해질 경우, 그것은 **개별적인 우연한** 자기의식이다. 따라서 관찰은 사념된 정신 내에 그리고 의식적 현실이 무의식적 현실과 맺는 우연한 관계 내에 머문다. 단지 그 자체 즉자적일 뿐인 정신은 이런 관련의 필연성이다. 그렇기 때문에 관찰은 정신에 더 가까이 접근하여 정신의 의지하고 행동하는 현실태를 그 자체가 대상적인 정신의 자신 안에서 반성되고 고찰하는 현실태와 비교한다. 이 외면은 비록 개인이 자기 자신에 지니고 있는 그의 언어이긴 하지만 동시에 기호로서 그것이 기표해야 할 내용에 대해서 아무런들 상관없

---

233) 이 문장은 다음과 같이 번역할 수도 있다. "여기서 그런 대자 존재는 또 다른 본체로서, 즉 자기 자신을 의식하는 지혜로서 **실존하며**, 자기 자신을 의식하는 지혜는 유기적 과정 외부에(또는 목적 외부에) 존재한다."

으며 또 자신에게 기호를 설정하는 것(기의 내용)도 기호에 대해서 아무런들 상관없다.

그렇기 때문에 관찰은 결국 이런 가변적인 언어에서 벗어나와 **고정된 존재**로 되돌아가서 관찰이라는 자신의 개념에 따라 기관으로서의 외면성도 아니고 또한 언어와 기호로서의 외면성도 아닌 **죽은 사물**로서의 외면성이 정신의 외적이고 직접적인 현실태라고 언표한다. 맨 처음 비유기적 자연에 관한 관찰이 지양했던 것을, 즉 개념이 사물로서 현존한다고 하는 것을 이 마지막 (골상학적 관찰) 방식은 관찰이 정신의 현실 자체를 하나의 사물로 만들거나 또는, 역으로 표현하면, 죽은 존재에다 정신의 의미를 부여하는 식으로 (다시) 구축한다. ― 그럼으로써 관찰은 관찰에 관한 우리의 개념이었던 것을(우리가 처음부터 관찰이라는 개념을 그렇게 파악했던 것을), 즉 이성의 확신은 자기 자신을 대상적 현실로서 구한다는 점을 언표하는 데에 도달한다. ― 이때 물론 두개골로써 표상되는 정신이 사물이라고 언표된다고 사람들이 사념하는 것은 분명 아니다. 사람들이 말하는 유물론이 이런 사고 속에 놓여 있지는 않으며, 오히려 정신은 이런 **뼈**들과는 여전히 다른 어떤 것이어야 한다.[234)] 그러나 "정신이 **존재한다**."고 말하는 것은 그 자체가 "정신은 하나의 **사물**이다."라고 말하는 것과 다르지 않다. 따라서 그 자체로서의 또는 사물 존재로서의 **존재**가 정신에 술어로 부여될 경우, 그 참된 표현은 "정신은 **뼈**와도 같은 것**이다**."라는 것이다. 그러므로 정신에 관해 순수하게 언급되는 참된 표현인 "**정신이 존재한다**."라는 표현이 (골상학적 관찰을 통해) 발견되었다

---

234) F. J. Gall, "Verteidigungsschrift des Dr. Med. Gall", in: *Neue Darstellungen aus der Gallschen Gehirn- und Schedellehre*, München, 1804에서 갈은 자신의 골상학이 유물론을 함축하고 있다는 비판에 대해 반박한다.

는 점은 극히 중요하게 간주해야만 한다. 그 밖에도 정신에 관하여 "**정신이 존재한다.**"거나 "정신은 **존재**를 가지고 있다."거나 "정신은 **사물**이다.", "정신은 개별적인 **현실**이다."라고 말할 경우, 그런 말로 사람들이 보거나 손에 쥐거나 밀쳐버리거나 등등을 할 수 있는 그 무엇을 **사념**하고 있는 것은 아니다. 그러나 **말해지는 것**(관찰이 실제로 언표하는 것)은 바로 그런 것(개별적 감각 사물)이며, 진정으로 말해지는 것은 "**정신의 존재는 뼈이다.**"라고 표현된다.

이러한 결과는 이제 이중적인 의미를 지니고 있다. 첫째로 그 결과가 선행하는 자기의식의 운동의 결과를 보완하는 것인 한에서 그것은 참된 의미를 지닌다. 불행한 자기의식은 자신의 자립성을 포기하고서(외화하고서) 자신의 **대자 존재**를 애써 끄집어내어 **사물**로 만들었다. 이를 통해 불행한 자기의식은 자기의식에서 의식으로, 즉 그에 대해 대상이 **존재** 내지 **사물**인 그런 의식으로 회귀했다. 그러나 (의식에게 대상이 되는) 사물인 바로 그것은 자기의식이다. 그러므로 그것은 곧 자아와 존재의 통일, 즉 **범주**이다. 의식에 대해 대상이 그와 같이 규정됨으로써 **의식은 이성을 가진다**. 의식은 자기의식과 마찬가지로 **즉자적으로는** 본래 이성**이다**. 그러나 그에게는 대상이 범주라고 규정되는 의식에 관해서는 단지 의식이 이성을 **가지고** 있다고 말할 수 있을 뿐이다. 그런데 무엇이 이성인지에 관한 지는 아직 이로부터 구분되어 있다. — **존재**(Sein)와 **자기 것**(das Seine)의 **직접적** 통일인 범주는 그 두 가지 형식을 모두 거쳐 가야 하며, 관찰하는 의식이란 바로 그에게 범주가 자신을 **존재**라는 형식으로 서술하는 그런 것이다. (지금까지 관찰하는 이성이 존재의 형식 속에서 거쳐 온) 그 결과에서 의식은 자신이 무의식적으로 확신하던 바로 그것을 명제로, 즉 이성의 개념 속에 놓여 있는 명제로 언표한다. 그 명제는 자기(自己)가 곧 사물이라는 **무한 판단**인데, 이 판단은 그 자신을 지양하는 것이다. — 그러므로 이런 결과에 의해서 범주가 이처럼 자신을 지양하는 대립이라는 점이 확실하게 범주에 덧붙여진다. 의식에 대해 **존재**나 **직접성**의 형식 속에 있는 **순수한** 범주는 아직 **매개되지 않고** 단지 **현존하는** 대상이며, 의식 역시 이와 마찬가지로 매개되지 않은 태도 (Verhalten)이다. 그와 같은 무한 판단이라는 계기는 **직접성**으로부터 매개나 **부정성**으로의 이행이다. 그러므로 현존하는 대상은 부정적 대상이라고 규정되며, 이에 반해 의식은 대상에 맞선 **자기**의식이라고 규정된다. 또는 관찰하는 가운데 **존재**의 형식을 두루 거쳐 간 범주는 이제 대자 존재의 형식 속에 정립된다. 의식은 더 이상 (대상을) **직접적으로 발견**하려고 하는 것이 아니라 오히려 자신의 활동을 통해 자기 자신을 산출해내려고 한다. 관찰 속에서는 의식에게 단지 사물만이 문제가 되었듯이, (이제는) **의식 그 자체**가 의식에게 자신의 행동의 목적이 된다.

그 결과가 지닌 또 다른 의미는 이미 고찰한 무개념적 관찰이라는 의미이다. 무개념적 관찰은 의식에 대한 자신의 대상성을 동시에 상실하지 않는 감각적 사물로 나타나는 바대로의 뼈를 자기의식의 **현실태**라고 거리낌 없이 언표하는 것 이외에는 달리 자신을 파악하지도 못하고 언표하지도 못한다. 그러나 또한 무개념적 관찰은 자신이 이렇게 말하고 있다는 사실에 관해서 아무런 의식의 명료성도 지니고 있지 못하며, 자신의 명제를 그 주어와 술어의 규정성 그리고 양자의 관련 속에서 포착하지도 못하고 또 그 자신을 해체하는 무한 판단과 개념이라는 의미로는 더더욱 포착하지 못한다. ─ 여기서는 자연스러운 정직함으로 나타나는 정신의 더 심오한 자기의식에 이끌려서 무개념적 관찰은 뼈를 자기의식의 현실태로 삼는 벌거벗은 무개념적 사고의 치욕스러움을 오히려 스스로에게 은폐한다. 그러고는 여기서 아무 의미도 없는 원인과 결과, 기호, 기관 등등의 갖가지 관계들을 섞어 넣고서 이로부터 추출해낸 구별들을 통해 명제의 번지르르함을 숨겨 놓는 그런 무사유성 자체를 통해 벌거숭이의 무개념적 사고를 호도한다.

뇌섬유라든가 그런 따위의 것들을 정신의 존재로 간주하는 것은[235] 이미 하나의 단지 가설적인 사유된 현실이지, **현존재하는** 현실, 즉 느껴지고 보이는 현실이 아니며, 그것은 참된 현실이 아니다. 만일 그런 것들이 **현존재**한다면, 즉 보이는 것들이라면, 그것들은 죽은 대상이고, 그렇다면 더 이상 정신의 존재로는 타당하지 않다. 하지만 본래의 대상태는 **직접적이고 감각적인** 대상태이어야만 하며, 그래서 (골상학에서는) 정신이 (죽은 것이 생명체 자체에 존재하는 한에서의 죽은 것은 바로 뼈이기 때문에) 죽은 것으로서의 이런 대상태 속에서 현실적인 것으로서 정립된다.— 이러한 표상이 지닌 개념은 이성이 스스로에게 **일체의 물성**이고 또한 **순수한 대상적 물성 그 자체**이기도 하다는 것이다. 그러나 이성은 **개념 속에서** 이러한 것이다. 또는 오직 개념만이 이성의 진리이다. 만약 개념의 내용이 개념으로서가 아니라 표상으로서 존재한다면, 만약 그 자신을 지양하는 판단(무한 판단)이 이런 자신의 무한성에 대한 의식과 함께 취해지는 것이 아니라 하나의 멈춰 서 있는 문장으로 간주되면서 그 주어와 술어가 각각 홀로(대자적으로) 타당성을 지니게 된다면, 즉 자기(自己)는 자기로서 고착되고 사물은 사물로서 고착되면서도 그 하나가 다른 하나이어야 한다면, 그러면 개념 자체가 순수하면 할수록, 그 개념은 더욱더 어리석은 표상으로 침몰해 버린다.— 본질적으로 개념인 이성은 직접적으로 자기 자신과 자신의 반대로 분열되어 있는데, 바로 그렇기 때문에 이 대립은 그에 못지않게 직접적

---

235) Ch. Bonnet, *Analytischer Versuch über die Seelenkräfte*, übers. von M. Ch. G. Schütz, Bd. 1, Bremen-Leipzig, 1770 참조.

으로 지양되어 있다. 그러나 스스로를 이렇게 자기 자신으로서 그리고 자신의 반대로서 (양분된 상태로) 제시하면서 이런 분리의 전적으로 개별적인 계기 안에 사로잡혀 있는 상태에서는 이성이 비이성적으로 파악된다. 그리고 그것의 계기들이 순수하면 할수록, 오직 의식에 대해서만 존재하거나 또는 오직 의식에 의해서만 거리낌 없이 언표되는 그 내용의 현상은 더욱더 번지르르해진다. ― 정신이 그 내부로부터 끌고 나오지만 단지 자신의 **표상하는 의식**으로까지만 끌어내고서는 여기에 머물러 있도록 만드는 **심오함**과 자신이 말하는 것이 과연 무엇인지에 대한 의식의 **무지함**은 고귀한 것과 저급한 것의 결합인데, 이와 똑같은 결합을 자연은 생명체에서 그 최고도로 완성된 기관인 생식 기관을 배뇨 기관과 결합하면서 천진난만하게 표현한다. ― 무한한 것으로서의 무한 판단은 자기 자신을 파악하는 생명의 완성일 것이다. 하지만 표상 속에 머무르는 무한 판단의 의식은[236] 배설로서의 태도를 취한다.

## B. 자기 자신에 의한 이성적 자기의식의 실현

자기의식은 사물을 자신으로서 발견했고 또 자신을 사물로서 발견했다. 즉, 자기의식이 **즉자적으로** 대상적 현실이라는 점이 **자기의식에 대해 존재한다**.(즉, 자기의식 자신이 즉자적으로 대상적 현실이라는 점을 이제 자기의식은 대자적으로 자각하고 있다.) 자기의식은 더 이상 자신이 곧 일체의 실재라는 점에 관한 **직접적** 확신이 아니다. 오히려 자기의식은 이제 [그에 대해 직접적인 것이 무

---

236) 지시대명사가 '무한 판단의 의식' 대신에 '생명의 의식'을 지시하는 것으로 독해할 수도 있다.

릇 지양된 것이라는 형식을 지니고 있고, 그래서 자기의식의 **대상성**이 단지 그저 표면적인 것으로서만 유효하며, 그 표면적인 것의 내면과 본질이 **자기의식 자신**인] 그런 확신이다. — 그렇기 때문에 자기의식이 자신을 긍정적으로 관련시키는 대상은 곧 자기의식이다. 그런 대상은 물성의 형식을 띠고 있다. 즉, 그런 대상은 **자립적**이다. 그러나 자기의식은 이 자립적인 대상이 자신에 대해 낯선 것이 아니라는 확신을 가지고 있다. 그럼으로써 자기의식은 자신이 **즉자적으로** 이 자립적인 대상(타자의 자기의식)으로부터 승인받았다는 사실을 안다. 그런 자기의식이 곧 **정신**인데, 정신은 자신의 자기의식의 이중화와 그 두 자기의식의 자립성 속에서 자신이 자기 자신과 통일을 이루고 있다는 확신을 가지고 있다. 이러한 확신이 이제 자기의식에게 진리로 고양되어야 한다. 자기의식에게 타당한 것, 즉 자기의식이 **즉자적으로** 그리고 자신의 **내적** 확신 속에서 존재한다는 점이 이제 자기의식의 의식 속에 들어서서 **자기의식에 대하게끔**(대자적으로) 되어야 한다.

이러한 실현이 거쳐 갈 보편적인 정류장들이 무엇이 될지는 일반적으로 지금까지의 도정과 비교함으로써 이미 드러난다. 즉, 관찰하는 이성이 범주라는 요소 속에서 **의식**의 운동을, 즉 감각적 확신과 지각과 오성을 반복했듯이, 이러한 (이성적 자기의식의) 실현도 또한 **자기의식**의 이중적 운동을 다시금 두루 거쳐 가면서 자립성으로부터 자신의 자유로 이행할 것이다. 처음에는 이런 활동적 이성이 자기 자신을 단지 한 개인으로서 의식할 뿐이며, 그러한 개인으로서 자신의 현실성을 타자 속에서 요구하고 또 산출해내야만 한다. 그러나 그다음에는 스스로 자신의 의식을 보편성으로 고양함으로써 개인은 **보편적** 이성이 되고, 자신을 이성으로서, 즉 자신의 순수한 의식 속에서 모든 자기의식을 통합한 그런 즉자 대자적으로 이미 승인받은 자로서 의식한다. 동시에 그는 이렇게 의식에 도달함으로써 **실재하는 실체**가 된 그런 단순한 정신적 본질이다. (자기의식이 거쳐 온) 이전의 형식들은 그것들의 근거로서 이런 실재하는 실체 안으로 되돌아가며, 그래서 이전의 형식들은 이 근거에 대해서 단지 그 생성의 개별적 계기들에 불과하다. 이런 개별적 계기들이 비록 (자신의 근거인 실재하는 실체로부터) 자신을 떼어내어 고유한 형태들로 나타나지만, 사실은 오직 이 근거에 얹혀서만 **현존재**와 **현실성**을 지니며, 오직 이 근거 자체 속에 존재하고 머무는 한에서만 자신의 **진리성**을 지닌다.

여기서 목표는 **우리에게** 이미 발생한 **개념**, 즉 다른 자유로운 자기의식 속에서 자기 자신에 대한 확신을 가지고 있고 또 바로 그런 가운데 자신의 진리를 지니는 승인받은 자기의식이다. 이러한 목표를 그 실재성에서 받아들인다면, 또는 이런 아직 내면적인 정신을 이미 자신의 현존재로 성장한 실체로서 끌어올린다면, 바로 이 개념 속에서 **인륜성의 왕국**(Reich der Sittlichkeit)이 개시된다. 왜냐하면 인륜성이란 오직 개인들의 자립적 **현실성** 속에서 그들의 본질의 절대적인 정신적 **통일**일 따름이기 때문이다. 즉, 인륜성은 즉자적으로 보편적인 자기의식이다. 이때 즉자적으로 보편적인 자기의식은 다른 (타자의) 의식 속에서 스스로에게 현실적이어서, 타자의 의식이 완전한 자립성을 지니고 있으면서도, 또는 타자의 의식이 이 자기의식에 대해 하나의 사물이면서도, 바로 그런 가운데 자기의식이 타자의 의식과의 **통일**을 의식하고 있고 또한 이러한 대상적 본체와의 통일 속에서 비로소 자기의식이 된다. 이러한 인륜적 **실체**가 **보편성**의 **추상** 속에서는 단지 **사유된** 법칙(법률)일 뿐이다. 하지만 인륜적 실체는 이에 못지않게 직접적으로 현실적인 **자기의식**이거나 또는 그것은 관습(Sitte)이다. 역으로 **개별적** 의식은 오직 그 개별성 속에서의 보편적 의식을 자신의 존재로서 의식하고 또 자신의 행동과 현존재가 보편적 관습이 됨으로써만 이런 존재하는 단일자가 된다.

자기의식적 이성의 실현이라는 개념은 **타자**의 자립성 속에서 그와의 완전한 **통일**을 직관한다는 것 또는 나에 의해 미리 발견되고 나 자신의 부정적인 것인 이런 타자의 자유로운 **물성**을 **나의 나**를 위해 있음으로서 대상으로 삼는다는 것이다(또는 나에게 소여된 타자의 자유로운 물성이 나 자신을 부정하는 것이지만 동시에 이러한 물성을 나 자신의 대자 존재로서 직관하면서 대상으로 삼는다는 것이다). 이런 자기의식적 이성의 실현이라는 개념은 실제로 한 민족의 삶 속에서 자신의 완전한 실재성을 지닌다. 이성은 유동적인 보편적 **실체**로서 존재한다. 즉, 이성은 불변의 단순한 **물성**이지만, 이에 못지않게 마치 빛이 스스로(대자적으로) 반짝이는 헤아릴 수 없이 많은 점(點)인 별들로 파열되듯이, 완전히 자립적인 수많은 본체들로 쪼개지는 그런 물성으로서 존재한다. 이 자립적인 수많은 본체들은 자신의 절대적 대자 존재 속에서도 단순한 자립적 실체 안에서 단지 **즉자적으로**만 해체되어 있는 것이 아니라 또한 **그 자체 대자적으로**도 해체되어 있다. 그들은 자신의 개별성을 희생하고서 이 보편적 실체가 자신의 영혼과 본질이 됨으로써 그런 자립적인 개별적 본체가 된다는 점을 의식하고 있다. 이와 마찬가지로 이 보편자는 다시금 개별자로서의 그들 자신의 **행동**이거나 그들이 산출한 작업 성과이다.

개인의 **순수하게 개별적인** 행동과 거동은 개인이 자연 존재로서, 다시 말해 **존재하는 개별성**으로서 지니고 있는 욕구와 관련된다. 그런데 개인의 이런 극히 통상적인 기능들조차 무위로 돌아가지 않고 현실성을 지닐 수 있게 되는 것은 보편적인 보존적 매체인 민족 전체의 **위력**을 통해서이다.—하지만 개인은 이런 자신의 행동의 **존속**이라는 **형식** 일반만이 아니라 또한 그에 못지않게 **자신의 내용**도 보편적 실체 속에서 지닌다. 개인이 행하는 것은 만인의 보편적 숙련과 관습**이다**. 그것이 완전히 개별화된 한에서 이런 (개인의 행동이 지닌) 내용은 그 현실성에서 만인의 행동과 맞물려 있다. 자신의 욕구를 위한 개인의 **노동**은 자기 자신의 욕구를 만족시키는 일인 것 못지않게 또한 타자의 욕구를 만족시키는 일이기도 하며, 개인은 오직 타자의 노동을 통해서만 자신의 욕구를 만족시키는 데에 도달한다. ― 개별자가 자신의 **개별적** 노동 속에서 이미 **보편적** 노동을 **무의식적으로** 수행하듯이, 또한 개별자는 다시금 보편적 노동을 자신의 **의식적** 대상으로서 수행하기도 한다. 전체는 **전체로서** 개별자의 작업 성과가 되고, 이런 작업 성과를 위해 개별자가 자신을 희생하지만, 바로 이를 통해 전체로부터 자기 자신을 되돌려 받는다. ― 여기서는 상호적이지 않은 것이 없으며, 거기에서 개인의 자립성이 자신의 대자 존재를 해체하는 가운데, 즉 자기 자신을 **부정**하는 가운데 대자적으로 존재한다는 **긍정적인** 의미를 스스로에게 부여하지 않는 것이란 없다. 이런 대타 존재 또는 자신을 사물로 만들기와 대자 존재의 통일, 즉 바로 이런 보편적 실체는 그 민족의[237] 풍습과 법률 속에서 자신의 **보편적 언어**를 말한다. 그렇지만 이런 존재하는 불변적 본체는 그와 대립하는 것처럼 나타나는 개별적 개체 자신의 표현 이외의 그 무엇도 아니다. 법률은 각 개별자가 **존재하는** 바와 **행하는** 바를 언표한다. 개인은 법률을 자신의 **보편적인** 대상적 물성이라고 인식할 뿐만 아니라 그 속에서 자신을 인식한다. 또는 개인은 자기 자신의 개체성 속에서 그리고 자신의 동료 시민들 각자 모두 속에서 (자신을) **개별화된 존재**라고 인식한다.[238] 그렇기 때문에 보편적 정신 안에서 각자는 존재하는 현

---

237) (Werke) 한 민족의

실 속에서 오직 다름 아닌 자기 자신을 발견한다는 자기 확신을 지닐 따름이다. 각자는 자기 자신에 대해서 만큼이나 또한 타자에 대해서도 확신한다.―나는 내가 그 자체 대자적으로 자립적인 본체인 만큼이나 또한 만인이 그 자체 대자적으로 이런 자립적인 본체라는 점을 만인 속에서 직관한다. 나는 만인 속에서 타자와의 자유로운 통일을 그것이 나에 의해 존재하듯이 또한 타자들 자신에 의해 존재하는 것으로서 직관한다. **타자들을 나**로서 그리고 **나를 타자들**로서 직관한다.

그렇기 때문에 이성은 실로 자유로운 민족 속에서 실현되어 있다. 이성은 현전하는 생동하는 정신이며, 이러한 정신 속에서 개인은 자신의 **규정**(사명)이, 즉 자신의 보편적이면서 개별적인 본질이 언표되어 있고 또 물성으로서 현존한다는 점을 발견할 뿐만 아니라 또한 이러한 정신 속에서는 개인 스스로가 곧 이런 본질이고 또 자신의 규정을 이미 달성했다. 그렇기 때문에 고대의 가장 뛰어난 현자들이 다음과 같은 명언을 남겼다. "**현명함과 덕은 자신의 민족의 풍습에 따라 사는 데에 있다.**"[239]

그러나 처음에는 단지 **직접적으로** 그리고 **개념상으로**만 정신인 자기의식은 이렇게 자신의 규정을 달성하여 그런 규정 속에서 살고 있다는 행복으로부터 벗어났다. 또는 이를 다음처럼 표현할 수도 있다. 즉, 자기의식

---

238) (Werke) 또는 개인은 법률을 자기 자신의 개체성 속에서 그리고 자신의 동료 시민들 각자 모두 속에서 **개별화된 것**으로서 인식한다.
239) 이 문장의 정확한 출처는 확인되지 않는다. 다만 헤겔이 여기서 가장 훌륭한 교육은 아이를 "모범적으로 운영하는 공동체의 일원"으로 키우는 것이라고 말한 피타고라스학파의 크세노필로스의 발언을 염두에 두고 있는 것으로 추정된다(Diogenes Laertius, *Leben und Meinungen berühmter Philosophen*, Hamburg, 1990, p. 118). 헤겔은 「자연법」 논문에서도 유사한 맥락에서 이 일화를 인용한다. G. W. F. Hegel, *Über die wissenschaftlichen Behandlungsarten des Naturrechts*, p. 469(헤겔, 「자연법」, 152쪽) 참조.

은 그런 행복에 아직 도달하지 못했다. 왜냐하면 이 두 가지는 매한가지로 말할 수 있기 때문이다.

이성은 **이런 행복으로부터 벗어나야만 한다**. 왜냐하면 단지 **즉자적으로는** 또는 **직접적으로는** 자유로운 민족의 삶이 **실제적 인륜성**이기 때문이다.[240) 또는 실제적 인륜성은 **존재하는** 인륜성이며, 이와 더불어 이 보편적 정신도 또한 그 자체가 하나의 개별적 정신이고, 관습과 법률의 전체는 **특정한** 인륜적 실체이기 때문이다. 이런 특정한 인륜적 실체는 더 고차원의 계기 속에서, 즉 **자신의 본질에 관한 의식** 속에서 비로소 그 (실제적 인륜성이 아직 지니고 있는) 제약을 벗어던지게 되며, 오직 이러한 인식 속에서만 자신의 절대적 진리를 지니는 것이지 결코 직접적으로 자신의 **존재** 속에서 진리를 지니는 것은 아니다. 자신의 존재 속에서는 인륜적 실체가 부분적으로는 하나의 제약되어 있는 인륜적 실체이고, 부분적으로는 바로 정신이 **존재**라는 형식을 띠고 있다는 것이야말로 절대적 제약이다.

더 나아가 바로 그런 까닭에 **개별적** 의식이 직접적으로 자신의 실존을 실제적 인륜성 속에서 또는 민족 속에서 지니고 있으니 만큼, 그런 개별적 의식은 견고한 신뢰이다(개인의 의식은 인륜적 실체를 견고하게 신뢰한다). 이런 신뢰에 대해서는 정신이 자신을 자신의 **추상적** 계기들로 해체하지도 않았고, 따라서 또한 그런 신뢰는 자신을 **대자적으로 존재한다고 하는** 순수한 **개별성**이라고 인지하지도 않는다. 그러나 개별적 의식이 이러한 사고에 도달한

---

240) 대부분의 번역서들은 이 문장을 "왜냐하면 자유로운 민족의 삶은 단지 **즉자적으로만** 또는 **직접적으로만 실제적 인륜성**이기 때문이다."로 옮기고 있다. 그러나 이는 우선 원문의 구문에 비추어볼 때 개연성이 떨어질 뿐만 아니라 '실제적'을 주로 '관념적(이념적)'이나 '절대적'과 대비하여 사용하는 예나 시기 헤겔의 용법에도 부합하지 않고 또한 바로 이어지는 문장과의 문맥에도 어긋난다.

다면, 그리고 또 그렇게 될 수밖에 없는데, 그러면 (개별적 의식이 지금까지 지니고 있던) 이런 정신과의 **직접적** 통일은, 또는 정신 속에서의 자신의 **존재**는, 즉 자신의 신뢰는 상실되고 만다. 개별적 의식은 대자적으로(홀로) **유리되고**, 더 이상 보편적 정신이 아니라 그 자신이 스스로에게 본질이 된다.[241] **이런 자기의식의 개별성이라는 계기**는 비록 보편적 정신 자체 속에 존재하기는 하지만 단지 소멸하는 크기로서만 존재하며, 그러한 크기는 대자적으로 등장하는 만큼이나 이에 못지않게 보편적 정신 속에서 직접적으로 해체되어서 오직 신뢰로서만 의식화된다. 그런데 자기의식의 개별성이라는 계기가 그렇게 자신을 고착시키고 나면 (그리고 각각의 모든 계기는 그것이 본질의 계기이기 때문에 그 자체가 자신을 본질로서 서술하는 데에 이르러야만 하는데), 그러면 개인은 법률과 관습에 대항하여 등장하게 된다. 법률과 관습은 (그렇게 대자적으로 개별화된 개인에게는) 단지 절대적 본질성을 결여한 사고, 현실성을 결여한 추상적 이론에 불과하다. 이에 반해 개인은 바로 이 자아로서 스스로에게 생동하는 진리이다.

또는 자기의식은 (자신이 곧) 인륜적 실체라는, 즉 한 민족의 정신이라는 **그러한 행복에 아직 도달하지 못했다**. 왜냐하면 관찰로부터 되돌아온 상태에서는 정신이 처음에는 아직 자기 자신에 의해 정신으로서 실현되어 있지 않기 때문이다. 정신은 단지 **내적** 본질로서 또는 추상으로서 정립되어 있을 뿐이다. ─ 또는 정신은 이제 겨우 **직접적으로 존재한다**. 그런데 직접적으로 존재하는 상태로는 정신이 **개별적**이다. 정신은 이런 개별자라는 규정성 속에서 자신을 이중화하여 **바로 이** (특정한 개별적) 정신으로서 스스로를

---

241) 이 구절은 다음과 같이 번역할 수도 있다. "그 자신이 스스로에게 본질이 되고 더 이상 보편적 정신이 아니게 된다."

자신의 존재하는 대립상으로서 산출하고서는 이런 대상적 본체와 자신의 현실성의 통일을 의식하게 되리라는 목적을 가지고서 자신의 소여된 세계 속으로 진입하는 그런 실천적 의식이다. 이 실천적 의식은 그러한 통일에 관한 **확신**이다. 이런 통일이 **즉자적으로** 현존하지만, 또는 이런 자신과 물성의 일치가 이미 현존하지만, 다만 아직 이런 통일이 **스스로에게** 실천적 의식 자신에 의해 생성되어야 한다는 점, 또는 자신이 그러한 통일을 만들어내는 일이 그에 못지않게 그런 통일의 **발견**이라는 점이 실천적 의식에게 중요한 과제로 요구된다. 이런 통일을 **행복**이라고 부른다면, 여기서 이 개인은 정신에 의해 자신의 **행복을 구하러** 세계 속으로 내보내진다.

그러므로 이런 이성적 자기의식의 진리가 우리에 대해 인륜적 실체라면, 이성적 자기의식에 대해서는 바로 여기가 그의 인륜적 세계 경험의 시초이다. 이성적 자기의식이 아직 인륜적 실체가 되지 못했다는 측면에서 보면, 이 (이성적 자기의식이 인륜적 세계를 경험하는) 운동은 인륜적 실체를 향해 밀고 나아가며, 이러한 운동 속에서 지양되는 것은 이성적 자기의식에게 유리된 채로 유효성을 지니던 개별적 계기들이다. 그런 개별적 계기들은 직접적 의욕이나 **자연 충동**이라는 형식을 지니는데, 자연 충동은 일단 만족에 도달하면 그것 자체가 새로운 충동의 내용이 된다. — 이에 반해 자기의식이 실체 속에서 존재한다는 행복을 상실했다는 측면에서 보면, 이런 자연 충동은 자신의 참된 규정이자 본질성으로서의 목적에 관한 의식과 결부되어 있다. 인륜적 실체는 자기(自己)를 결여한 술어로 전락하고, 그것의 생동하는 주어(주체)는 자신의 보편성을 자기 자신을 통해 충족하면서 자신의 규정(사명)을 스스로 돌봐야만 하는 그런 개인들이다. — 따라서 전자의 의미에서는 개별적 계기들이라는(자연 충동이라는) 형태들이 인륜적 실체의 생성이며, 그것들이 인륜적 실체에 선행한다. 후자의 의미에서는 개별적 계기들이라는 형태들이 인륜적 실체에 뒤따르면서 자기의식을 위해 무엇이 과연 자기의식의 규정인지에 관한 답을 준다. 전자의 측면에 따르면 충동들의 진리가 무엇인지를 경험하는 운동 속에서 충동들의 직접성이나 조야함이 소멸되면서 그 내용이 더 고차원의 것으로 이행한다. 반면에 후자의 측면에 따르면 (개별적 계기들인) 충동들 속에 자신의 규정을 설정하는 그런 의식의 잘못된 표상이 소멸된다. 전자의 측면에 따른다면 충동들이 도달하게 되는 **목표**는 직접적인 인륜적 실체이다. 이에 반해 후자의 측면에 따른다면 그 목표는 직접적인 인륜적 실체에 관한 의식, 더욱이 직접적인 인륜적 실체를 자기 자신의 본질이라고 인지하는 그런 의식이다. 그런 한에서 이 운동은 직접적인 인륜적 실체보다[242] 더 고차원의 형태인 도덕성(Moralität)의 생성일 것이다. 하지만 이러한 형태들은 동시에 단지 도덕성의 생성이 지닌 **한쪽** 측면, 즉 **대자 존재**에 귀속되는 측면 또는 그 안에서 의식이 **자신의 목적을 지양**하는 측면을 이룰 뿐이지, 도덕성이 실체 자체로부터 발양하는 측면을 이루는 것은 아니다. 이런 (개별적) 계기들은 아직 상실된 인륜성과 대립하면서 (그 자체가) 목적이 된다는 의미를 갖지 못하기 때문에, 여기서는 그것들이 그 얽매이지 않은 내용에 따라서 유효성을 지니며, 그것들이 향해 나아가는 목표는 인륜적 실체이다. 그러나 의식이 자신의 인륜적 삶을 상실한 후에 이를 찾으면서 그 형식들을 반복하는 식으로 이 계기들이 나타나는 그런 형식들이 우리 시대에는 더 친숙하므로, 이 계기들은 이런 (후자의 측면에 따른 운동, 즉 개별적 계기 속에 자신의 목적을 설정하는 의식의 잘못된

---

242) 지시대명사가 '직접적인 인륜적 실체' 대신에 '충동들' 또는 '전자의 운동'을 지시하는 것으로 독해할 수도 있다.

표상을 지양하는 운동을 통한 도덕성의 생성이라는) 방식으로 표현할 때에 더 잘 표상될 수 있을 터이다.

이제 비로소 정신의 개념에 불과한 자기의식은 스스로에게 개별적 정신으로서 본질이 된다는 규정성 속에서 이러한 도정에 들어서며, 따라서 그의 목적은 개별자로서 자신을 실현하고 또 그렇게 실현하는 가운데 개별자로서 자신을 향유하는 것이다.

**대자적으로 존재하는 것**으로서 스스로에게 본질이 된다는 규정 속에서는 자기의식이 타자의 **부정성**(타자에 대한 부정)이다. 그렇기 때문에 비록 **존재하기는** 하지만 자기의식에 대해 즉자적으로 존재하지 않는 것이라는 의미를 지니는 것(부정적인 것이라고 규정된 타자)에 맞서 자기의식은 자신의 의식 속에서 그 자신이 긍정적인 것으로 등장한다. 의식은 (한편으로는) 이런 소여된 현실과 (다른 한편으로는) 그가 이 소여된 현실의 지양을 통해 달성하고 또 오히려 소여된 현실 대신에 (자신의 참다운) 현실로 만드는 **목적**으로 양분되어서 나타난다. 그러나 의식이 추구하는 최초의 목적은 자신의 **직접적인** 추상적 **대자 존재**이다. 또는 의식의 최초 목적은 **바로 이 개별자**로서 스스로를 타자 속에서 직관하는 것 내지 다른 자기의식을 자신으로서 직관하는 것이다. 이런 목적의 진리가 무엇인지에 관한 경험은 자기의식을 더 고차원으로 올려놓으며, 이제 자신이 동시에 **보편적인 것**이고 또 **법칙**을 **직접적으로** 자신에 지니고 있는 한에서 자기의식은 스스로에게 목적이 된다. 그러나 이러한 자신의 **마음의 법칙**을 완수하면서 자기의식은 여기서 **개별적** 본질은 보존되지 못하고 선(善)은 오직 개별적 본질의 희생을 통해서만 완수될 수 있다는 경험을 하며, 그리하여 자기의식은 **덕**(德. Tugend)이 된다. 덕(덕으로서의 자기의식)이 겪는 경험은 다름 아니라 자신의 목적이 즉자적으로 이미 달성되어 있으며, 행복은 직접적으로 행동 자체 속에서 발견되고 행동 자체가 곧 선이라는 것이다. 물성이 곧 정신 자체의 **대자 존재**라는 이 영역 전체의 개념은 이 영역의 운동 속에서 자기의식에 대해 있게 된다.(자기의식은 이 영역의 운동 속에서 물성이 곧 정신 자체의 대자 존재라는 이 영역 전체의 개념을 대자적으로 깨닫게 된다.) 자기의식은 이런 개념을 발견함으로써 그렇게 직접적으로 자신을 언표하는 개체로서 스스로에게 실재가 되는데, 이런 개체는 더 이상 자신과 대립하는 현실에서 어떤 저항도 발견하지 않게 되며, 그에게는 오직 이런 언표 자체가 대상이자 목적이 된다.

## a. 쾌락과 필연성

무릇 스스로에게 **실재**인 자기의식은 그 대상을 자기 자신에서 지니는데, 그러나 이 대상은 자기의식이 이를 이제 비로소 **대자적으로** 지니는 것일 뿐이지 아직 존재하는 것은 아니다. 자기의식에게 **존재**는 그 자신의 현실과는 다른 현실로서 마주 서 있으며, 자기의식은 그의 대자 존재를 성취함으로써 자신을 다른 자립적 본체(타자)로서 직관하는 데로 나아간다. 이런 **최초의 목적**은 개별적 본질로서의 자신을 다른 자기의식 속에서 의식하게 되는 것 또는 이 타자를 자기 자신으로 만드는 것에 있다. 자기의식은 이 타자가 **즉자적으로는** 이미 그 자신이라는 확신을 가지고 있다. — 자기의식이 인륜적 실체와 사유의 정적 존재에서 벗어나 자신의 **대자 존재**로 고양된 한에서, 그는 관습과 현존재의 법칙이라든가 관찰 지식이라든가 이론을 방금 사라진 희미한 그림자로 뒤에 남겨두었다. 왜냐하면 이는 오히려 그것의 대자 존재와 현실태가 자기의식의 현실태와는 다른 그런 것에 관한 지이기 때문이다. 자기의식 속에 들어선 것은 개별성의 감정과 향유가 침묵하게 되는 지와 행동의 보편성을 지닌 빛나는 천상의 정령(정신)

대신에 오직 개별적 의식의 현실성인 존재만을 참된 현실성으로 간주하는 땅의 정령이다.

> 인간에게 주어진 가장 고귀한 재능인
> 오성과 학문을 멸시하고서 —
> 악마에게 자신을 내맡겼으니
> 파멸할 수밖에 없지.[243]

따라서 자기의식은 삶 속에 뛰어들어 자신이 그렇게 등장하는 순수한 개체성을 수행한다. 이렇게 하는 것은 자기의식이 행복을 직접 손에 넣고 향유하는 것만큼 그에게 행복을 가져다주지는 않는다. 단지 자기의식과 그 자신의 현실 사이에 서 있을 뿐인 학문과 법칙과 원칙들의 그림자는 자기의식이 자신의 실재라는 확신을 가지고서는 수용할 수 없는 생기 없는 안개로서 사라져버린다. 그것을 취하는 만큼이나 이에 못지않게 그 자체가 손에 뚝 떨어지는 잘 익은 과일을 따듯이 자기의식은 스스로 삶을 취한다.

자기의식의 행동은 단 하나의 계기에 따라서 볼 때에는 **욕망**의 행동이다. 그가 지향하는 것은 대상적 본체 전체의 절멸이 아니라 단지 대상적 본체의 타자 존재나 자립성이라는 형식(의 절멸)일 뿐이다. 그런데 이 형식은 본질 없는 가상이다. 왜냐하면 **즉자적으로는** 그것이 (자기의식 자신과) 똑같은

---

243) J. W. 괴테, 『파우스트 1』, 정서웅 역, 제1부, 서재 장면, 민음사, 103쪽: "**(메피스토펠레스)** 이성이네 학문이네 하는 / 인간 최고의 힘을 경멸해 주자 / … 그쯤 되면 악마에게 자신을 내맡기지 않는다 해도 / 결국은 제풀에 파멸하고야 말걸!"

한가지 본질로 또는 자기의식의 자기성(Selbstheit)으로 간주되기 때문이다. 그 안에서 욕망과 그 대상이 서로에 대해서 아무런들 상관없이 자립적으로 존립하게 되는 요소는 **생동하는 현존재**이다. 그런데 생동하는 현존재가 욕망의 대상에 귀속되는 한, 욕망의 향유는 이 생동하는 현존재를 지양한다. 그러나 여기서 그 양자에 별개의 현실성을 부여하는 이런 요소는 오히려 범주, 즉 본질적으로 하나의 **표상된 것**인 존재이다. 그렇기 때문에 개인들을 각자 대자적으로 보존하는 것은 (그것이 자연적 의식이건 아니면 법칙의 체계로 양성된 의식이건 간에) 자립성이라는 **의식**이다. 타자를 **자기 자신의** 자기성이라고 인지하는 자기의식에 대해 이런 분리가 즉자적으로는 존재하지 않는다. 따라서 자기의식은 **쾌락**의 향유에, 즉 자립적이게 나타나는 의식(타자의 의식) 속에서 자신의 실현이라는 의식에 또는 두 자립적 자기의식의 통일에 관한 직관에 도달한다. 자기의식은 그의 목적을 달성하지만, 바로 그렇게 하는 가운데 그것의 진리가 무엇인지를 경험하게 된다. 자기의식은 자신을 **바로 이 대자적으로 존재하는 개별적인** 본질이라고 파악하지만, 이러한 목적의 실현은 그 자체가 이 목적의 지양이다. 왜냐하면 자기의식은 스스로에게 **바로 이 개별자**로서 대상이 되는 것이 아니라 오히려 자기 자신과 타자의 자기의식의 **통일**로서, 이와 더불어 지양된 개별자로서 또는 **보편자**로서 대상이 되기 때문이다.

 향유된 쾌락은 분명 대상적 자기의식으로서 **자기 자신**이 되었다는 긍정적인 의미를 지니고 있지만, 또한 이에 못지않게 **자기 자신**을 지양했다는 부정적인 의미도 지니고 있다. 자기의식은 자신의 실현을 오직 전자의 긍정적인 의미로만 파악하는 까닭에 그의 경험은 자신의 의식 안에 모순으로서 들어선다. 즉, 여기서는 자기의식의 개별성이 도달한 현실이 부정적 **본질**에 의해 파괴되는 것을 스스로 보게 되는데, 이 부정적 본질은 자기의식의 개별성이 도달한 현실에 현실성을 결여한 채로 공허하게 마주 서 있음에도 불구하고 자기의식을 집어삼키는 위력이다. 이러한 본질은 다름 아니라 이 개체성이 즉자적으로 무엇인지에 관한 **개념**이다. 그런데 개체성은 스스로를 실현하는 정신의 아직 가장 빈약한 형태이다. 왜냐하면 개체성은 스스로에게 이제 겨우 이성의 **추상**이거나 **대자와**[244] 즉자 존재의 **통일**의 **직접성**이기 때문이다. 그러므로 개체성의 본질은 단지 **추상적인** 범주에 불과하다. 하지만 범주가[245] 추상적 **존재**이거나 또는 낯선 것으로서 정립되어 있는 것, 즉 **물성** 일반이 되는 관찰하는 정신에서와는 달리 이제는 범주가 더 이상 **직접적이면서 단순한** 존재라는 형식을 지니지 않는다. 이제 여기서는 이러한 물성 안으로 대자 존재와 매개가 들어선다. 그렇기 때문에 범주는 단순한 본질태들이 전개되면서 서로 맺는 순수한 관련을 그 내용으로 갖는 **원환**으로 등장한다. 그렇기 때문에 이런 개체성이 성취한 실현은 다름 아니라 개체성이 이런 추상들의 원환을 단순한 자기의식의 폐쇄성에서 끌어내어 **자기의식에 대한 존재**(Für es sein)라는 요소 또는 대상적 확산이라는 요소 속으로 내던졌다는 데에 존립한다. 따라서 향유하는 쾌락 속에서 자기의식에게 자신의 본질로서 **대상**이 되는 것은 순수한 통일과 순수한 구별과 그 둘의 관련이라는 공허한 본질태들의 확산이다. 개체성이 자신의 **본질**이라고 경험하는 대상은 그 이상의 내용을 지니고 있지 않

---

244) (Werke) 대자 존재와
245) 이 문장과 이하의 문장에서 인칭대명사가 '범주' 대신에 '개체성'을 지시하는 것으로 독해할 수도 있다. 이 경우에는 다음과 같이 번역한다. "하지만 개체성이 추상적 **존재**이거나 또는 낯선 것으로서 정립되어 있는 것, 즉 **물성** 일반이 되는 관찰하는 정신에서와는 달리 이제는 개체성이 더 이상 **직접적이면서 단순한** 존재라는 형식을 지니지 않는다. 이제 여기서는 이러한 물성 안으로 대자 존재와 매개가 들어선다. 그렇기 때문에 개체성은 단순한 본질태들이 전개되면서 서로 맺는 순수한 관련을 그 내용으로 갖는 **원환**으로 등장한다."

다. 그런 대상이 곧 **필연성**이라고 일컬어지는 것이다. 왜냐하면 필연성이라든가 **운명**이라든가 하는 따위의 것은 바로 그것이 **무엇**을 행하고 그것의 특정한 법칙과 긍정적인 내용이 무엇인지를 사람들이 말할 수 없는 그런 것이기 때문이다. 왜냐하면 그것은 **존재**로서 직관된 절대적인 순수한 개념 자체, 단순하고 공허하지만 멈추지 않고 방해받지 않는 **관련**이며, 이 관련의 작업 성과는 오직 개별성의 무(無)일 따름이기 때문이다. 이 관련이 그렇게 **확고한 연관**인 까닭은 여기서 서로 연관된 것이 순수한 본질태들이나 공허한 추상들이기 때문이다. 통일과 구별과 관련은 그 각각으로는 결코 즉자 대자적이지 못하고 오직 자신의 반대와의 관련 속에서만 존재하며, 그렇기 때문에 서로 갈라질 수 없는 그런 범주들이다. 그것들은 자신의 **개념**에 의해서 서로 관련되어 있다. 왜냐하면 그것들은 순수한 개념들 자체이기 때문이다. 그리고 이런 **절대적 관련**과 추상적 운동이 곧 필연성을 이루는 것이다. 그러므로 단지 이제 비로소 이성의 순수한 개념을 자신의 내용으로 갖게 된 단지 개별적인 개체성은 죽은 이론에서 벗어나서 삶 속으로 뛰어들었다기보다는 오히려 단지 자기 자신의 비생동성에 관한 의식 속으로 추락했을 뿐이며, 그것은 단지 공허하고 낯선 필연성으로서, 즉 **죽은** 현실성으로서 자신에게 부여된다.

    이러한 이행은 **단일자**라는 형식에서 **보편성**이라는 형식으로, 하나의 절대적 추상에서 다른 하나의 절대적 추상으로, **타자**와의 공동성을 내던져버린 순수한 **대자 존재**의 목적에서 결국은 이에 못지않게 추상적인 **즉자 존재**라는 **순수한** 반대로 이루어진다. 그리하여 이는 개인이 단지 몰락했을(근거로 돌아갔음, zu Grunde gehen) 뿐이고 개별성의 절대적 완강함(딱딱하여 부서지기 쉬움, Sprödigkeit)은 그에 못지않게 견고하지만 연속성을 지닌 현실에 접하면서 부서져 흩뿌려지는 것으로 나타난다. ― 의식으로서의 개인은 자기 자신과 자신의 반대의 통일이기에, 이러한 이행은 여전히 개인에 대해 존재한다. 즉, 개인은 자신의 목적과 자신의 실현(의 모순)을 그리고 또한 **그에게 본질인 것**과 **즉자적으로** 본질인 것 사이의 모순을 여전히 대자적으로 자각하고 있다. 개인은 그가 행하는 것, 다시 말해 자신의 **삶**을 스스로 **취했다**는 것에 놓여 있는 이중적인 의미를 경험한다. 즉, 개인은 삶을 취했지만, 그럼으로써 그는 오히려 죽음을 붙잡은 것이다.

그렇기 때문에 자신의 생동하는 존재에서 생기 없는 필연성으로의 이러한 **이행**이 개인에게는 그 무엇에 의해서도 매개되지 않은 전도(顚倒)로 나타난다. (이런 이행의) 매개항은 그 안에서 양 측면이 하나가 될 그런 것일 터이다. 즉, 그런 매개항 안에서는 의식이 그 한 계기를 다른 계기 속에서 인식하고, 자신의 목적과 행동을 운명 속에서 그리고 자신의 운명을 자신의 목적과 행동 속에서 인식하며, 이러한 **필연성** 속에서 **자기 자신의 본질**을 인식하게 될 것이다. 그러나 이러한 통일이 이 의식에 대해서는 바로 쾌락 자체나 **단순한 개별적** 감정이며, 자신의 목적이라는 계기에서 자신의 참된 본질이라는 계기로의 이런 이행이 의식에 대해서는 대립자로의 순수한 비약이다. 왜냐하면 이 계기들은 감정 속이 아니라 오직 보편자나 사유인 순수한 자기(自己) 속에만 내포되어서 서로 결합되어 있기 때문이다. 그렇기 때문에 의식은 스스로에게 자신의 진리가 생성되어야 할 그 자신의 경험을 통해 오히려 스스로에게 수수께끼가 되었고, 그의 행실이 초래한 결과는 스스로에게 그의 행실 자체가 아니며, 그에게 일어난 일은 **의식에 대해** 그가 **즉자적으로** 그것인 바에 관한 경험이 아니게 된다. 또한 이 이행은 한 가지 똑같은 내용과 본질의 한낱 형식 변화, 즉 한 번은 의식의 내용과 본질이라고 표상된 것이고 다른 한 번은 대상 또는 자기 자신의 **직관된** 본질이라고 표상된 것인 그런 형식의 변화에 불과한 것이 아니다. 그러므로 **추**

상적 필연성은 단지 부정적이면서 파악되지 않는 **보편성의 위력**으로 간주되는데, 이러한 위력에 접하면서 개체성은 분쇄되어 버린다.

이런 자기의식의 형태가 보여주는 현상은 여기까지 진행되었다. 그것의 실존이 도달한 최종적인 계기는 필연성 속에서 자신의 상실이라는 사고 또는 자기 자신이 스스로에게 절대적으로 **낯선** 본질이라는 사고이다. 그러나 자기의식 **자체**는(즉자로서의 자기의식은) 이런 상실을 견디고서 살아남았다. 왜냐하면 이런 필연성이나 순수한 보편성은 바로 **자기 자신의** 본질이기 때문이다. 필연성을 **자신**이라고 인지하는 이런 의식의 자기 내 반성이 이제 의식의 새로운 형태이다.

## b. 마음의 법칙과 자만의 광기

자기의식에게서 필연성이 참으로 그것인 바, 바로 이것이 자기의식의 새로운 형태를 위한 필연성인데, 이 새로운 형태 속에서는 자기의식이 자기 자신에게 필연적인 것으로서 존재한다. 자기의식은 **보편자**나 **법칙**을 **직접적으로** 자신 안에 지니고 있음을 안다. 이 법칙은 **직접적으로** 의식의 대자 존재 속에 존재한다는 그런 규정 때문에 **마음의 법칙**이라고 불린다. 이 (자기의식의 새로운) 형태는 앞선 형태와 마찬가지로 **대자적으로 개별자**로서 본질이지만, 이 형태에는 이런 **대자 존재**가 필연적인 것 또는 보편적인 것으로서 유효하다는 규정만큼 이 형태가 더 풍부해진 것이다.

그러므로 직접적으로 자기의식의 고유한 법칙인 그런 법칙이 또는 법칙을 자신에 지니고 있는 마음이 바로 자기의식이 실현하려고 하는 **목적**이다. 이 목적의[246] 실현이 그와 같은 개념에 부합하는지 그리고 자기의식이 그런 실현 속에서 자신의 이런 법칙을 본질로서 경험하게 되는지를 살펴보자.

이러한 마음에는 현실이 맞서 있다. 왜냐하면 마음속에서는 법칙이 이제 비로소 단지 **대자적으로** 존재할 뿐이지 아직 실현되어 있지는 않으며, 따라서 그것은 동시에 개념과는 **다른 것**(타자)이기 때문이다. 이를 통해 이 타자는 실현되어야 할 것에 대립하는 것인 현실, 그리하여 **법칙과 개별성의 모순인** 그런 현실이라고 규정된다. 그러므로 이런 현실은 한편으로는 개별적 개체성을 억압하는 법칙, 다시 말해 마음의 법칙에 모순되는 폭력적인 세계 질서이다. 다른 한편으로 이 현실은 그런 현실(폭력적인 세계 질서) 아래에서 고통받는 인류인데, 이들은 마음의 법칙을 따르는 것이 아니라 낯선 필연성에 예속되어 있다. — 지금의 의식 형태에 **대치하여** 나타나는 이 현실은 이미 밝혀졌듯이 다름 아니라 앞에서 다른 개인과 그의 진리 사이의 양분된 관계, 개인을 압살하는 잔혹한 필연성의 관계이다. 선행하는 운동이 새로운 (의식의) 형태에 맞서서 등장하는 까닭은 **우리에 대해서는** 이 새로운 형태가 즉자적으로는 선행하는 운동으로부터 발생하고,[247] 따라서 이 새로운 형태의 유래가 되는 계기가 필연적으로 이 새로운 형태에 대해 존재하기 때문이다. 그러나 이 새로운 형태는 자신의 **근원에** 관해서 아무런 의식을 가지고 있지 않으므로, 그러한 (새로운 의식 형태의 발생 근원이 되는) 계기가 이 새로운 형태에는(이 새로운 형태의 의식에 대해서는) **소여된 것**으로 나타나며, 오히려 자신이 그 자체 **대자적으로** 존재한다는 점 또는 이런 긍정적인 즉자에 대립하는 부정적인 것이라는 점이 그에게는 본질이 된다.

---

246) 인칭대명사가 '목적' 대신에 '자기의식'을 지시하는 것으로 독해할 수도 있다.
247) 이 구절은 "이 새로운 형태가 즉자적으로는 선행하는 운동으로부터 발생하고," 대신에 "이 새로운 형태 자체가 선행하는 운동으로부터 발생하고,"로 번역할 수도 있다.

그러므로 개인은 마음의 법칙에 모순되는 필연성과 이 필연성에 의해 현존하게 되는 고통을 지양하는 데로 나아간다. 그럼으로써 개인은 더 이상 단지 개별적인 쾌락만을 의욕했던 앞선 (의식의) 형태가 지녔던 경박함이 아니라 자기 자신의 **탁월한** 본질을 드러내면서 **인류의 복지**를 산출하는 데에서 자신의 쾌락을 찾는 고귀한 목적이 지닌 진지함이다. 개인이 실현하는 것은 그 자체가 법칙이며, 따라서 그의 쾌락은 동시에 만인의 마음의 보편적 쾌락이다. 개인에게 이 두 가지는 **분리되어 있지 않다**. 즉, 그의 쾌락은 합법칙적인 것이고, 보편적 인류의 법칙의 실현은 그의 개별적 쾌락을 마련하는 것이다. 왜냐하면 개체성 자체 안에서 개체성과 필연적인 것이 **직접적으로** 하나이기 때문이다. 즉, (보편적) 법칙이 곧 마음의 법칙이기 때문이다. 개체성은 아직 자신의 위치에서 이탈하지 않았고, 양자의 통일은 그것들의[248] 매개 운동을 거치지 않았으며, 아직 훈육을 통해 이루어진 것이 아니다. **양육되지 않은** 직접적인 본질의 실현이 (자기 자신의 고유한) 탁월성을 드러내는 것이자 인류의 복지를 산출하는 것으로 간주된다.

  이에 반해 마음의 법칙과 마주 서 있는 (보편적) 법칙은 마음으로부터 분리되어 대자적으로 자유롭다. 이 법칙에 속한 인류는 법칙과 마음 사이의 행복을 주는 통일 속에서 사는 것이 아니라 오히려 잔인한 분리와 고통 속에서 살거나 아니면 적어도 법칙을 **준수**할 때 **자기 자신**을 향유하지 못하고 또 법칙을 **위반**할 때 자기 자신의 탁월함에 대한 의식을 지니지도 못한 채로 살아간다. 그와 같이 권력을 지닌 신적 질서와 인간적 질서가 마음으로부터 분리되어 있기 때문에 마음에는 그러한 질서가 **가상**인데, 이 가상은 그것에 여전히 할당되어 있는 것, 즉 권력과 현실성을 마땅히 상실해야

---

248) 지시대명사가 '그것들' 대신에 '개체성'을 지시하는 것으로 독해할 수도 있다.

만 하는 것이다. 물론 그러한 질서가 그 **내용**에서 우연히도 마음의 법칙과 일치할 수도 있는데, 그 경우라면 마음이 이 질서를 용인할 수 있다.[249] 그러나 (이 경우에도) 마음에는 순수하게 합법칙적인 것 그 자체가 본질이 아니라 마음이 합법칙적인 것 속에서 **자기 자신**의 의식을 지닌다는 점, 그 속에서 **자신**을 만족시켰다는 점이 본질이다. 반면에 보편적 필연성의 내용이 마음과 일치하지 않는다면, 보편적 필연성은 내용상으로도 그 자체 아무 것도 아니어서 마음의 법칙에 길을 비켜주어야만 한다.

그러므로 개인은 자신의 마음의 법칙을 **완수한다**. 마음의 법칙은 **보편적 질서**가 되며, 쾌락은 즉자 대자적으로 합법칙적인 현실이 된다. 그러나 실은 이러한 실현 속에서 마음의 법칙이 개인으로부터 도망가버린다. 마음의 법칙은 직접적으로 단지 지양되어야 할 관계가 될 뿐이다. 마음의 법칙은 바로 자신의 실현을 통해 더 이상 **마음**의 법칙이 아니게 된다. 왜냐하면 그렇게 실현되는 가운데 마음의 법칙은 **존재**라는 형식을 획득하여 이제 **바로 이** (개별자의) 마음은 그에 대해서 아무런들 상관없는 그런 **보편적 위력**이 되며, 그리하여 개인은 자신이 그런 질서를 **수립**함으로써 **자기 자신의** 질서를 더 이상 자신의 것으로 발견하지 못하게 되기 때문이다. 그런 까닭에 개인은[250] 자신의 법칙을 실현함으로써 **자신의** 법칙을 산출해내는 것이 아니라, 그런 실현이[251] 즉자적으로는 자신의 것이지만 그 개인에 대해서는 낯선 것이므로 단지 현실적 질서 속으로 얽혀 들어가는 것만을, 게다가

---

249) 이 문구와 다음 문장에서 지시대명사와 인칭대명사가 '마음' 대신에 '마음의 법칙'을 지시하는 것으로 독해할 수도 있다.
250) 이 문장과 이어지는 다음 문장에서 인칭대명사가 '개인' 대신에 '마음'을 지시하는 것으로 독해할 수도 있다.
251) 인칭대명사가 '실현' 대신에 '질서'를 지시하는 것으로 독해할 수도 있다.

개인에게 단지 낯설 뿐만 아니라 적대적인 우월한 위력으로서의 현실적 질서 속으로 얽혀 들어가는 것만을 산출할 뿐이다.—자신의 행실을 통해 개인은 존재하는 현실의 보편적 요소 **속으로** 또는 오히려 존재하는 현실의 보편적 요소**로서** 자신을 정립하며, 그의 행실은 그 자체가 그 의미상 마땅히 보편적 질서의 가치를 지녀야만 한다. 그러나 그렇게 함으로써 개인은 자신을 자기 자신으로부터 **자유롭게** 방면하며, 대자적으로 보편성으로서 성장하면서 자신을 개별성으로부터 정화한다. 그러므로 보편성을 단지 자신의 직접적 대자 존재라는 형식 속에서만 인식하려고 하는 개인은 이런 자유로운 보편성 속에서 자신을 인식하지 못한다. 그러면서도 개인은 동시에 이런 자유로운 보편성에 속해 있는데, 왜냐하면 이 보편성은 그의 행동(의 산물)이기 때문이다. 그렇기 때문에 이 행동은 보편적 질서에 **모순된다**는 전도된 의미를 지니고 있다. 왜냐하면 개인의 행실은 **그의** 개별적인 마음의 행실이어야 하지 자유로운 보편적 현실이어서는 안 되기 때문이다. 그런데 동시에 개인은 실제로는 보편적 질서를 **승인했다**. 왜냐하면 그 행동은 자신의 본질을 **자유로운 현실**로서 정립한다는 의미를, 다시 말해 현실을 자신의 본질로서 승인한다는 의미를 지니고 있기 때문이다.

개인은 자신도 그에 속하게끔 만들어낸 현실적 보편성이 개인 자신에게 등을 돌리게 되는 더 자세한 방식을 자신의 행동 개념을 통해 규정했다. 개인의 행실은 **현실**로서 보편자에 속한다. 그러나 그 행실의 내용은 이런 보편자에 대립한 **개별적** 개체성으로서 자신을 보존하려고 하는 그 자신의 고유한 개체성이다. 지금 논하고 있는 것은 어떤 하나의 특수한 법칙의 수립에 관한 것이 아니다. 오히려 보편성과 개별적 마음의 직접적 통일은 곧 법칙인 바의 것 속에서 **각자의 모든 마음이 자기** 자신을 인식해야만 한다는 그런 법칙으로 고양되어 유효성을 지녀야 하는 사고이다. 그러나 개인에게 **자신의 대자 존재**나 **자신의 쾌락**을 표현해주는 그의 행실 속에서는 단지 바로 이 개인의 마음만이 자신의 현실성을 정립했을 따름이다. 그의 행실은 직접적으로 보편적인 것으로서 유효성을 지녀야만 한다. 다시 말해 그의 행실은 실로 어떤 특수한 것이고 단지 보편성의 형식을 지닐 뿐인데, 바로 그것의 **특수한** 내용이 **그 자체로** 보편적인 것으로서 유효해야 한다. 그렇기 때문에 타인들은 이 내용 속에서 그들의 마음의 법칙이 아니라 오히려 **어느 한 타자의** 법칙이 완수되어 있다는 점을 발견하게 되며, 법칙인 바의 것 속에서 각자가 모두 자신의 마음을 발견해야 한다는 바로 그 보편적 법칙에 의거하여 바로 이 개인이 타인들의 현실(타인들이 그들의 행위를 통해 그들 자신의 마음의 법칙으로 수립한 현실)에 등을 돌렸듯이 타인들도 마찬가지로 **바로 이 개인**이 수립한 현실에 등을 돌린다. 따라서 개인은 처음에는 경직된 법칙이 자신의 탁월한 의도에 대립해 있다고 여겼듯이, 이제는 인간의 마음 자체가 자신의 탁월한 의도에 대립해 있으며 혐오스러운 것이라고 여긴다.

이런 의식은 보편성을 이제 겨우 단지 **직접적** 보편성이라고만 인지하고 또 필연성을 마음의 필연성이라고만 인지하기 때문에 그 실현과 작용성의 본성을 인지하지는 못한다. 즉, **존재하는 것**으로서의 보편성이[252] 실은 오히려 **즉자적으로 보편적인 것**이고, 이런 즉자적으로 보편적인 것 속에서는 **바로 이** 직접적 **개별성**으로서 **존재하기** 위해서 보편성에[253] 자신을 의탁하는 의식의 개별성이 오히려 몰락하게 된다는 점을 이 의식은 알지 못한다. 따라서 의식은 존재 속에서 바로 이 **자신의 존재** 대신에 **자기 자신의** 소외에 도달하게 된다. 그렇지만 의식이 그 속에서 자신을 인식하지 못하게 되

---

252) 인칭대명사가 '보편성' 대신에 '실현'을 지시하는 것으로 독해할 수도 있다.
253) 각주 252) 참조.

는 것은 더 이상 죽은 필연성이 아니라 보편적 개체성에 의해 생기를 띤 것으로서의 필연성이다. 의식은 유효한 것으로서 미리 발견한 이런 신적 질서와 인간적 질서를 죽은 현실로 받아들였다. 자신을 바로 이 대자적으로 존재하면서 보편적인 것에 대립해 있는 마음으로 고착시키는 의식 자신이 그러하듯이, 그런 질서에 속한 자들도 마찬가지로 이런 죽은 현실 속에서는 그들 자신의 의식을 지니지 못할 것이다. 그러나 의식은 이 질서를 오히려 만인의 의식에 의해 생기를 띤 만인의 마음의 법칙으로서 발견한다. 의식은 현실이 생기를 띤 질서라는 점을 경험하며, 실은 바로 이를 통해 동시에 의식이 자신의 마음의 법칙을 실현한다는 점을 경험한다.[254] 왜냐하면 이는 다름 아니라 개체가 스스로에게 보편적인 것으로서 대상이 되지만, 이런 대상 속에서 의식이 자신을 인식하지 못한다는 것을 뜻하기 때문이다.

그러므로 이런 형태의 자기의식에게 그 자신의 경험에서 진리로 출현하는 것은 이 형태의 자기의식이 **대자적으로** 그것인 바와 **모순된다**. 그런데 이런 형태의 자기의식이 대자적으로 그것인 바는 그 자체가 이 형태의 자기의식에 대해 절대적 보편성이라는 형식을 띠고 있으며, 그것은 곧 **자기의식**과 직접적으로 하나인 마음의 법칙이다. 이와 동시에 현행의 생동하는 질서도 마찬가지로 자기의식 자신의 **고유한 본질**이자 작업 성과이다. 자기의식이 산출해내는 것은 다름 아니라 바로 이 현행의 생동하는 질서이다. 이 질서는 (마음의 법칙과) 똑같이 자기의식과 직접적 통일 속에 있다. 이런 식으로 자기의식은 대립하는 이중적 본질태에 속해 있는 상태로 자기 자신에

---

254) 이 문장은 다음과 같이 번역할 수도 있다. "의식은 현실이 생기를 띤 질서라는 점을 경험하는데, 이런 경험은 동시에 실은 바로 의식이 자신의 마음의 법칙을 실현하는 것을 통해 이루어진다."

서(그 자체 즉자적으로) 모순적이며 그 가장 깊은 내면에서 혼란에 빠져 있다. **바로 이** (개별자의) 마음의 법칙은 오직 자기의식이 자기 자신을 인식하는 그런 법칙일 따름이다. 그렇지만 유효한 보편적 질서도 이에 못지않게 바로 그 법칙의 실현을 통해 자기의식에게 자기 자신의 **본질**이자 자기 자신의 **현실**이 되었다. 그러므로 자기의식의 의식 속에서는 그 두 가지(대자적 자기의식과 이 자기의식의 진리 또는 개별자의 마음의 법칙과 현행의 보편적 질서)가 자기의식에 대해 본질이자 그 자신의 고유한 현실이라는 형식을 띤 채로 서로 모순된다.

자기의식은 그 스스로 자각한 이런 몰락이라는 계기와 그러는 가운데 그가 겪은 경험의 결과를 언표함으로써 자신이 이러한 내적 자기 전도임을, 즉 자신의 본질이 직접적으로 비본질이 되고 자신의 현실이 직접적으로 비현실이 되는 의식의 착란임을 보여준다. — 이런 착란은 무릇 어떤 비본질적인 것이 본질적인 것으로 간주되고 어떤 비현실적인 것이 현실적인 것으로 간주되어서 어느 한 사람에 대해서는 본질적이면서 현실적인 것이 다른 사람에 대해서는 그렇지 않으며 현실성과 비현실성의 의식 또는 본질성과 비본질성의 의식이 서로 떨어져 나가는 그런 것(일반적인 의미에서의 광기)으로 간주될 수는 없다. — 어떤 것이 실제로 의식 일반에 대해서는 현실적이면서 본질적이지만 나에 대해서는 그렇지 않을 경우라면, 나는 그것의 헛됨에 관한 의식 속에서 [동시에 나는 의식 일반이기도 하므로] 그것의 현실성에 관한 의식을 가지고 있다. 그리고 그 두 가지가 고정됨으로써 이는 하나의 통일이 되는데, 이러한 통일이 바로 일반적인 광기이다. 그러나 이런 일반적인 광기에서는 의식에 대해 오직 **대상**만이 착란되어 있지 의식 자체가 자기 자신 안에서 그리고 자기 자신에 대해 착란되어 있는 것은 아니다. 이에 반해 여기서 나타난 경험의 결과에서는 의식이 자신의 법칙 속에서 **자기 자신**을 이런 현실적인 것이라고 의식하고 있으면서 또한 동시에 바로 이 본질태 내지 바로 이 현실이 그에게 **소외되어** 있는 까닭에 의식은 자기의식으로서, 즉 절대적 현실성으로서 자신의 비현실성을 자각하고 있다. 또는 그 두 가지 측면이 모순된 상태에서 의식에게 직접적으로 **자신의 본질**로 간주되며, 따라서 이런 의식의 본질은 그 가장 깊은 내면에서 착란되어 있다.

그렇기 때문에 인류의 복지를 위한 심장(마음)의 고동은 착란된 자만(自慢)의 광란으로 이행한다. 즉, 의식 자신이 바로 그런 상태에 있는 전도되어 있음을 밖으로 투사하여 이를 타자로 간주하고 또 그렇게 언표하려고 애를 씀으로써 자신의 파멸에 맞서 스스로를 보존하려고 하는 의식의 광분으로 이행한다. 그러므로 의식은 보편적 질서를 마음의 법칙과 그 행복의 전도(顚倒)라고 언표하는데, 그러한 전도가 광신적인 사제들과 탐욕스러운 폭군들 그리고 자신들의 굴욕을 더 아래에 있는 사람들에게 가하는 비하와 억압을 통해 보상받으려는 그 시종들이 고안해내어 기만당한 인류를 이름도 없는 비참함으로 내몰기 위해 집행된다는 것이다. — 이렇게 착란된 상태에서 의식은 **개체성**을 착란시키는 것이자 전도된 것이라고 언표하지만, 이 개체성은 (의식에게는) **낯선 것**이고 **우연한 것**이다. 그러나 마음이야말로 또는 **직접적으로 보편적이고자 하는 의식의 개별성**이야말로 바로 이 착란시키는 것이자 전도된 것 자체이며, 그의 행동은 단지 이런 모순을 **자신의** 의식에게 생성되게끔 하는(그 자신의 의식이 이런 모순을 자각하도록 만드는) 산출일 따름이다. 왜냐하면 마음에[255] 참된 것은 마음의 법칙일 따름이기 때문

---

255) 이하의 문장에서 인칭대명사를 계속 '마음'을 지시하는 것으로 옮겼으나 그 대신 '의식'을 지시하는 것으로 독해할 수도 있다.

이다. 즉, 그것은 한낱 **사념된 것**에 불과하며, 현존 질서와는 달리 환한 대낮(밝은 빛 아래에서 사건과 행위가 벌어지고 완수되는 객관적 세계의 진행)을 견뎌내지 못하고 오히려, 마음에 그렇게 드러나듯이, 몰락하고 만다. 이런 마음의 법칙이 **현실성**을 지녀야만 한다. 여기서는 **현실**로서의, 즉 **유효한 질서**(보편적으로 통용되는 현존 질서)로서의 법칙이 마음에 목적이자 본질이다. 그러나 이에 못지않게 **현실**은, 즉 바로 그 **유효한 질서**로서의 법칙은 오히려 마음에 직접적으로 헛된 것이다. ─ 이와 마찬가지로 마음의 **고유한** 현실성이, 즉 의식의 개별성으로서의 **마음 그 자체**가 스스로에게 본질이다. 그러나 마음에는 자신의 고유한 현실성을[256] **존재하는 것**으로서 정립하는 것이 목적이다. 그러므로 마음에는 오히려 직접적으로 비개별자로서의 자신의 자기(自己)가 곧 본질이다. 또는 마음에는 법칙으로서의 목적이, 그리고 그런 가운데 자신의 의식 자체에 대해 법칙이 바로 그러한 것인 보편성으로서의 목적이 곧 본질이다.[257] ─ 이런 자신의 개념은 마음의 행동을 통해 그의 대상이 된다. 그러므로 마음은 자신의 자기(自己)를 비현실적인 것이라고 경험하고[258] 비현실성을 자신의 현실성이라고 경험한다. 그러므로 우연하고 낯선 개체성이 아니라 바로 이 마음이야말로 모든 면에서 내적으로 착란시키는 것이자 전도된 것이다.

그런데 직접적으로 보편적인 개체성이 전도된 것이자 전도시키는 것인

---

256) 인칭대명사가 '자신의 고유한 현실성' 대신에 '의식의 개별성'을 지시하는 것으로 독해할 수도 있다.
257) 이 문구는 다음과 같이 번역할 수도 있다. "그리고 그런 가운데 자신의 의식 자체에 대해 바로 그 마음인 그러한 보편성으로서의 목적이 곧 본질이다." 또는 "그리고 그런 가운데 자신의 의식 자체에 대해 마음이 바로 그러한 것인 보편성으로서의 목적이 곧 본질이다."
258) 이 문구는 인칭대명사의 지시 관계에 따라 다음과 같이 번역할 수도 있다. "그러므로 자신의 자기는 법칙을 비현실적인 것이라고 경험하고"

만큼이나 이런 보편적 질서 또한 그에 못지않게, 광란하는 착란이 이를 언표하듯이, 그 자체가 즉자적으로(자신에게서) 전도된 것이다. 왜냐하면 보편적 질서는 만인의 **마음**의 법칙, 다시 말해 전도된 것의 법칙이기 때문이다. 우선 보편적 질서는 어느 한 사람의 마음의 법칙이 다른 개별자들에게서 부딪히는 저항에서 그것이 만인의 마음의 **법칙**임을 입증한다. 현행의 법칙은 한 개인의 법칙에 맞서 옹호된다. 왜냐하면 현행의 법칙은 무의식적이고 공허하고 죽은 필연성이 아니라 오히려 정신적 보편성이자 실체이며, 이런 정신적 보편성이자 실체로 하여금 현실성을 지니게끔 만드는 것은 곧 개인들로서 살아 있고 또 그렇게 자기 자신을 의식하기 때문이다. 그래서 설사 개인들이 그러한 질서에 관해서 마치 그것이 내적 법칙과 배치되는 양 불평하면서 그것에 맞서 마음의 사념들을 대치한다고 할지라도, 사실 그들은 그들의 마음에서는 자신들의 본질로서의 이 질서에 의존해 있다. 그리고 만일 그들이 이 질서를 박탈당하거나 또는 그들 스스로가 자신을 이 질서 밖에 내세울 경우, 그들은 모든 것을 잃고 만다. 바로 여기에 공적 질서의 현실성과 위력이 존립하므로, 따라서 이런 공적 질서는 보편적으로 생기를 띤 자기 동일적 본질로 나타나고 또 개체성은 그런 질서의 형식으로 나타난다. ─ 그러나 이 질서는 그에 못지않게 전도된 것이다.

왜냐하면 이 질서가 만인의 마음의 법칙이라는 점에서, 즉 모든 개인이 직접적으로 이런 보편자라는 점에서 이 질서는 오직 **대자적으로 존재하는** 개인의 현실 또는 마음의 현실일 따름인 그런 현실이기 때문이다. 그러므로 자신의 마음의 법칙을 수립하는 의식은 타인들로부터의 저항을 경험하게 되는데, 왜냐하면 그 법칙은[259] 타인들 마음의 **똑같이 개별적인** 법칙들

---

259) 인칭대명사가 '법칙' 대신에 '의식'을 지시하는 것으로 독해할 수도 있다.

과 모순되며, 타인들은 그들이 저항하는 가운데 다름 아니라 그들의 법칙을 수립하고서 유효하게 만들려고 하기 때문이다. 그런 까닭에 현존하는 **보편자**는 단지 서로에 대한 만인의 보편적 저항과 투쟁일 뿐이며, 그 속에서는 각자가 자신의 고유한 개별성을 유효하게 만들고자 하지만 동시에 이런 개별성이 똑같은 저항에 부딪히면서 다른 개별성에 의해 쌍방적으로 해체되기 때문에 결코 유효성에 도달하지 못하게 된다. 따라서 공적 **질서**가 보여주는 것은 보편적 반목인데, 여기서는 각자가 할 수 있는 만큼 탈취하고, 타자의 개별성에는 정의를 행사하면서(정의의 심판을 내리면서) 자신의 개별성은 확고하게 만들지만, 이런 자신의 개별성 역시 마찬가지로 타자의 개별성에 의해 소멸되어 버린다. 이런 공적 질서가[260] 곧 **세계 운행**(세상이 돌아가는 흐름, Weltlauf), 즉 지속적인 진행의 가상인데, 이런 세계 운행은 단지 **사념된 보편성**일 뿐이고 그 내용은 오히려 개별성들의 확립과 해체의 본질 없는 유희이다.

우리가 보편적 질서의 두 측면을 서로 견주어 고찰해보면, 후자의 보편성은 동요하는 개체성을 그 내용으로 가지고 있는데, 이런 동요하는 개체성에 대해서는 사념이나 개별성이 법칙이고 또 현실적인 것은 비현실적이며 비현실적인 것이 현실적인 것이다. 그러나 이러한 보편성은 동시에 질서의 **현실성이라는 측면**인데, 왜냐하면 개체성의 **대자 존재**가 바로 여기에 속하기 때문이다. ― 그 다른 측면은 **정적인** 본질로서의 **보편자**이다. 그런데 이 정적인 본질로서의 보편자는 바로 그런 까닭에 [전혀 현실성이 아닌 것은 아니지만 그래도 현실성은 아니며, 오직 현실성을 참칭했던 개체성의 지양을 통해서만 그 스스로가 현실적이게 될 수 있는] **내적인 것**에 불과

---

260) 인칭대명사가 '공적 질서' 대신에 '보편적 반목'을 지시하는 것으로 독해할 수도 있다.

하다. 이런 의식은 법칙 속에서, 즉 **즉자적으로** 참되고 선한 것 속에서 개별성으로서가 아니라 오직 (보편적인) **본질**로서만 자신이 될 수 있고, 반면에 개체성은 전도된 것이자 전도시키는 것이라고 인지하며, 따라서 의식의 개별성을 희생시킬 수밖에 없다. 바로 이런 의식의 형태가 곧 **덕**(德)이다.

### c. 덕과 세계 운행

활동적 이성의 첫 번째 형태(쾌락)에서는 자기의식이 스스로에게 순수한 개체성이었고, 이에 공허한 보편성(필연성)이 대치해 있었다. 활동적 이성의 두 번째 형태에서는 대립의 두 부분(마음과 보편적 질서)이 각각 법칙과 개체성이라는 **두 가지** 계기를 모두 자체에 지니고 있었다. 그런데 그 한 부분인 마음은 그 두 가지 계기의 직접적 통일이었고, 다른 부분은 그것들의 대립이었다. 여기 덕과 세계 운행의 관계에서는 그 두 가지 항 각각이 모두 이 두 가지 계기(법칙과 개체성)의 통일과 대립이거나 법칙과[261] 개체성의 서로에 대한, 그러나 상반된 운동이다. 덕의 의식에게는 **법칙이 본질적인 것**이고, 개체성은 그러니까 덕의 의식 자체에서도 또 세계 운행에서도 지양되어야 하는 것이다. 덕의 의식에서는 자신의 고유한 개체성이 보편자 아래에서, 즉 즉자적으로 참되고 선한 것 아래에서 훈육을 받아야만 한다. 그런데 여기에는 여전히 인격적(개인적, persönlich) 의식이 잔존한다. 진정한 훈육은 오직 자신이 실제로 여전히 개별성에 고정된 채로 남아 있지 않다는 점에 대한 입증으로서 인격성(Persönlichkeit) 전체를 희생하는 데에 있다. 이런 개별적 희생 속에서 동시에 개체성이 **세계 운행**에서 절멸된다. 왜냐하면 개체

---

261) 원문의 'des Gesezes'는 'des Gesetzes'의 오기로 보인다.

성 또한 그 두 가지(덕의 의식과 세계 운행)에 공통적인 단순한 계기이기 때문이다. — 세계 운행에서는 개체성이 덕스러운 의식에서 정립되었던 것과는 전도된 방식의 태도를 취한다. 즉, 여기서는 개체성이 자신을 본질로 만드는 반면에 **즉자적으로** 선하고 참된 것은 자신 아래에 종속시킨다. — 더 나아가 세계 운행도 덕에 대해 그에 못지않게 단지 이런 **개체성**에 의해 **전도된** 보편자인 것만이 아니라 오히려 절대적 **질서**도 (개체성과) 마찬가지로 (덕의 의식과 세계 운행에) 공통된 계기인데, 다만 그것이 세계 운행에서는 의식에 대해 **존재하는 현실**로서 현존하는 것이 아니라 세계 운행의[262] **내적 본질**일 따름이다. 그렇기 때문에 절대적 질서가 덕에 의해 실로 이제 비로소 산출되어야 하는 것은 아니다. 왜냐하면 산출은 **행동**으로서 개체성의 의식이고, 이 개체성은 오히려 지양되어야 하기 때문이다. 그런데 이런 지양을 통해서 말하자면 세계 운행의 **즉자**에 그것이 그 자체 즉자 대자적으로 실존에 들어설 공간이 만들어진다.

현실적인 세계 운행의 보편적인 **내용**은 이미 밝혀졌다. 그 내용을 좀 더 자세히 살펴보면, 그것은 다시금 다름 아니라 자기의식의 앞선 두 가지 운동이다. 그 두 가지 운동으로부터 덕의 형태가 발현한다. 그 두 가지 운동이 덕의 형태의[263] 근원이므로 덕의 형태는 그 두 가지 운동을 자신 앞에 가지고 있다. 그러나 덕의 형태는 자신의 근원을 지양하고서 자신을 실현하는 데로 또는 **대자적이게** 되는 데로 나아간다. 따라서 세계 운행은 한편으로는 개별적 개체성인데, 이 개별적 개체성은 자신의 쾌락과 향유를 추

---

262) 지시대명사가 '세계 운행' 대신에 '의식'을 지시하는 것으로 독해할 수도 있다.
263) 이 문장과 다음 문장에서 인칭대명사가 '덕의 형태' 대신에 '덕'을 지시하는 것으로 독해할 수도 있다.

구하고, 그렇게 하는 가운데 자신의 몰락을 발견하면서 이를 통해 보편자를 만족시킨다. 그렇지만 이런 만족 자체는 이 관계의 여타 계기들과 마찬가지로 보편자의 전도된 형태와 운동이다. 현실이 단지 쾌락과 향유의 개별성에 불과한 반면에, 보편자는 그것에 대립해 있다. 즉, 여기서 보편자는[264) [단지 보편자의 공허한 형태에 지나지 않고 또 단지 부정적인 반작용이자 내용 없는 행동에 불과한] 그런 필연성이다.— 세계 운행의 또 다른 계기는 즉자 대자적으로 법칙이 되고자 하고 그런 상상 속에서 현존 질서를 교란하는 개체성이다. 물론 보편적 법칙은 이런 자만에 맞서 자신을 보존하며, 더 이상 의식에 대립하는 공허한 것으로, 즉 죽은 필연성으로 등장하는 것이 아니라 **의식 자체 속에서의 필연성**으로 등장한다. 그러나 보편적 법칙이 절대적으로 모순되는 현실의 **의식적** 관련으로서 실존하느니만큼, 보편적 법칙은 착란이다. 그렇지만 보편적 법칙이 **대상적** 현실로서 존재하느니만큼, 보편적 법칙은 전도(顚倒) 일반이다. 그러므로 보편자는 이 두 측면에서 자신을 그것들의 운동의 위력이라고 전시하지만, 이 위력의 **실존**은 단지 보편적 전도일 따름이다.

이제 보편자는 전도(顚倒)의 원리인 개체성을 지양함으로써 자신의 참다운 현실을 덕으로부터 획득해야 한다. 덕의 목적은 전도된 세계 운행을 이를 통해 다시 전도시켜서 세계 운행의 참된 본질을 산출해내는 데에 있다. 세계 운행에서는 이 참된 본질이 이제 겨우 세계 운행의 **즉자**에 불과해서 아직 현실적이지 못하다. 그렇기 때문에 덕은 이 참된 본질을 단지 **믿을** 뿐이다. 덕은 이 믿음(신앙)을 보고 확인할 수 있게끔(zum Schauen) 고양하려

---

264) 원문에는 이 문장에 주어와 동사가 생략되어 있다. 이 문장의 주어를 '보편자' 대신에 '현실'로 독해할 수도 있으나 문맥상 개연성이 떨어진다.

고 하지만, 자신의 노동과 희생의 결실을 향유하지는 못한다. 왜냐하면 덕은 **개체성**인 한에서 세계 운행과 벌이는 투쟁의 **행동**이기 때문이다. 그런데 덕의 목적이자 참된 본질은 세계 운행이라는 현실에 대해 승리를 거두는 데에 있다. 이를 통해 야기된 선의 실존은 이와 더불어 덕의 **행동**의 중지 또는 개체성의 **의식**의 중지이다. ─ 이런 투쟁 자체가 어떻게 귀결될지, 이 투쟁 속에서 덕이 무엇을 경험하게 될지, 덕이 스스로 무릅쓰는 희생을 통해서 세계 운행은 패배하고 덕이 승리를 거둘지, 이는 투쟁 당사자들이 들고 오는 생동하는 **무기**의 본성에 의해 결정될 수밖에 없다. 왜냐하면 여기서 무기는 다름 아니라 투쟁 당사자들 자신의 **본질**이고, 이 본질이 오직 투쟁 당사자들 각자를 위해 서로에 맞서 등장하기 때문이다. 그럼으로써 그들의 무기는 이 투쟁 속에 즉자적으로 현존하는 것으로부터 이미 산출되어 있다.

　**보편자**는 덕스러운 의식에 대해 **믿음 속에서** 또는 **즉자적으로** 참되다.[265] 보편자는 아직 현실적 보편성이 아니라 **추상적** 보편성이다. 이런 덕스러운 의식 자체에서는 보편자가 **목적으로서** 존재하며, 세계 운행에서는 **내적인 것**으로서 존재한다. 바로 이와 같은 규정 속에서 보편자는 또한 자신을 세계 운행과 대치하고 있는 덕에서 전시한다. 왜냐하면 덕은 선을 이제 비로소 수행하려고 **의욕할** 뿐이지 아직 스스로 선을 현실이라고 내세우지는 않기 때문이다. 이러한 규정성은 또한 다음과 같이 고찰될 수도 있다. 즉, 선은 세계 운행과의 투쟁에 들어서면서, 그럼으로써 자신을 **대타적으로** 존재하는 것이라고, 즉 **즉자 대자적**이지 못한 어떤 것이라고 서술한다. 왜냐하

---

265) 이 문장은 다음과 같이 번역할 수도 있다. "**보편자**는 덕스러운 의식에 대해 **믿음 속에서** 존재한다. 또는 보편자는 **즉자적으로** 참되다."

면 그렇지 않다면 선이 자신의 반대편(세계 운행)을 제압(Bezwingung)함으로써 비로소 스스로에게 자신의 진리성을 부여하려고 할 리가 없기 때문이다. 선이 단지 겨우 **대타적**일 뿐이라 함은 앞서 선에 관한 정반대의 고찰에서 드러난 것과 똑같다는 점을 의미한다. 즉, 선은 이제 겨우 관계 속에서만 실재성을 지닐 뿐이지 즉자 대자적으로 실재성을 지니지는 못하는 **추상**에 불과하다.

그러므로 여기서 등장하는 바대로의 선이나 보편자는 **재능, 능력, 힘**이라고 일컬어지는 것이다. 그것은 정신적인 것이 보편자라고 표상되어서 존재하는 한 가지 방식인데, 이 보편자가 활성화되고 운동하기 위해서는 개체성의 원리가 필요하고 또 개체성 속에서 자신의 **현실성**을 지닌다. 이 원리가 덕의 의식에 존재하는 한에서는 이런 보편자가 이 원리에 의해 **선하게 응용되는** 반면에, 이 원리가 세계 운행에 존재하는 한에서는 이런 보편자가 이 원리에 의해 **오용된다**. 즉, 여기서 보편자는 자유로운 개체가 이를 어떻게 사용하느냐는 것과는 아무런들 상관없이 자유로운 개체의 손에 의해 제어되는 수동적인 도구이며, 또한 자신을 파괴하는 현실을 산출하는 데로 오용될 수도 있는 것이다. 그것은 이렇게도 또 저렇게도 조형될 수 있고, 심지어 자신을 파멸시키는 데로 조형될 수도 있는 그런 생기 없고 고유한 자립성을 결여한 질료이다.

이 보편자가 덕의 의식에게도 또 세계 운행에도 마음대로 쓸 수 있도록 똑같은 방식으로 내맡겨져 있으므로, 과연 덕이 악덕에 승리를 거둘 수 있을 만큼 무장이 되어 있는지는 가늠되지 않는다. 무기는 (양쪽에) 똑같은 것이다. 능력과 힘이 바로 그 무기이다. 물론 덕은 자신의 목적과 세계 운행의 본질 사이의 근원적 통일에 대한 자신의 믿음을 매복해 놓았고, 이런 근원적 통일이 투쟁의 와중에 적의 배후를 엄습하여 **즉자적으로** 덕의 믿음을[266] 완수할 것이다. 그리하여 이를 통해 덕의 기사(騎士)에게는 그 자신의 **행동**과 투쟁이 실제로는 본래 가짜 싸움(거울에 비친 자신의 허상과 벌이는 싸움, Spiegelfechterei)에 지나지 않게 된다. 덕의 기사는 선이 **그 자체 즉자 대자적으로 존재한다**는 데에, 즉 선이 스스로를 완수한다는 데에 자신의 진정한 강점을 두기 때문에, 이런 가짜 싸움을 진지하게 받아들**일 수 없다**. 그것은 또한 덕의 기사가 진지하게 되도록 놓아두어서도 안 **되는** 가짜 싸움이다. 왜냐하면 덕의 기사가 적을 향해 겨누고 있고 또한 (적이) 자신을 향해서도 겨누고 있음을 발견하는 것(무기)이 그리고 그가 투쟁에서 자기 자신에게서도 또 적에게서도 소모시키고 손상시키려고 과감하게 내거는 것이 선 그 자체여서는 안 되기 때문이다. 왜냐하면 덕의 기사는 바로 선을 보존하고 수행하기 위하여 투쟁하기 때문이다. 오히려 투쟁에서 내걸려 있는 것은 단지 아무런들 상관없는 재능과 능력뿐이다. 물론 이 재능과 능력이 실제로는 다름 아니라 투쟁을 통해서 보존하고 실현해야 할 바로 그런 개체성을 결여한 보편자 자체이다. ─ 그런데 동시에 선은 투쟁 자체의 개념에 의해서 직접적으로 **이미 실현되어** 있다. 선은 **즉자** 내지 **보편자**이다. 그리고 선의 실현이란 오직 (즉자인) 선이 **동시에 대타적으로** 존재한다는 것을 뜻할 따름이다. 선이 각자에게 추상물이 되었던 위에서 제시한 두 측면은 **더 이상 분리되어 있지 않으며**, 오히려 투쟁 속에서 그리고 투쟁을 통해 선이 (두 측면에 따른) 두 가지 방식으로 함께 정립되어 있다. ─ 하지만 덕스러운 의식은 선에 대립하는 것으로서의 세계 운행에 대항하여 투쟁에 들어선다. 이때에 세계 운행이 덕스러운 의식에게 제공하는 것은 보편자, 더욱이 단

---

266) 인칭대명사가 '덕의 믿음' 대신에 '덕의 목적' 또는 '투쟁'을 지시하는 것으로 독해할 수도 있다.

지 추상적으로 보편적인 것이 아니라 개체성에 의해 생기를 띠고 대타적으로 존재하는 것으로서의 보편자 또는 **현실적 선**이다. 따라서 덕이 세계 운행을 움켜잡는 곳에서 덕은 항상 선의 실존 자체인 지점과 부딪치는데, 이때 선은 세계 운행의 **즉자**로서 세계 운행의 현상 일체 속에 불가분하게 얽혀 들어가 있고 또 세계 운행의 현실 속에서 자신의 현존재를 지니는 것이다. 그러므로 세계 운행은 덕에 대해 불사신이다. 바로 그런 선의 실존들 및 이와 더불어 불가침의 관계들이 덕 자체에 의해 자신에게서 과감히 내걸고 희생해야 할 계기들 일체이다. 그렇기 때문에 투쟁은 단지 보존과 희생 사이의 흔들림일 수 있을 따름이다. 또는 오히려 자기 자신의 것을 희생하는 일도 또 낯선 자를 침해하는 일도 일어나지 못한다. 덕은 투쟁에서 오직 자신의 검을 반짝이는 상태로 깨끗하게 보존하는 것만을 중요하게 여기는 전사와도 같을 뿐만 아니라 또한 무기를 보존하기 위하여 싸움을 시작한 것이다. 그리고 덕은 단지 자신의 무기를 사용할 수 없을 뿐만 아니라 또한 적의 무기도 손상되지 않도록 보존하면서 자기 자신에 맞서 이를 보호해야만 한다. 왜냐하면 이 모든 것이 바로 선의 고귀한 일부분이고, 덕은 선을 위해 투쟁에 나섰기 때문이다.

이에 반해 그 적에게 본질이 되는 것은 **즉자**가 아니라 **개체성**이다. 그러므로 그의 힘은 그것에는 그 무엇도 존속하지 못하고 아무것도 절대적으로 성스럽지 않으며 또 모든 것 하나하나의 상실을 감행하고 감내할 수 있는 그런 부정적 원리이다. 이를 통해 그는 승리를 그 자신에게서 확신할 뿐만 아니라 또한 그의 상대가 얽혀 들어가 있는 모순을 통해서도 확신한다. 덕에는 **즉자적으로** 존재하는 것이 세계 운행에는 단지 **세계 운행**을 위해 존재할 뿐이다. 세계 운행은 덕에 대해 확고하면서 덕을 얽매고 있는 그 모든 계기들로부터 자유롭다. 세계 운행은 그 계기를 자신에 대해서 지양할 수도 있고 존속시킬 수도 있는 그런 것으로 간주함으로써 자신의 권력 안에 두며, 이를 통해 또한 이 계기에 붙들려 있는 덕스러운 기사마저 자신의 권력 안에 둔다. 덕스러운 기사는 곁에 두른 외투처럼 이 계기를 벗어 던지고 뒤에 팽개쳐둠으로써 자신을 자유롭게 만들 수는 없다. 왜냐하면 이 계기가 덕스러운 기사에게는 포기할 수 없는 본질이기 때문이다.

마지막으로 **선한 즉자**가 교활하게 세계 운행의 배후를 엄습하는 거점이 될 매복에 관해서 말하자면, 이런 희망은 그 자체로 헛된 것이다. 세계 운행은 (그 무엇도) 배후로부터 자신에게로 접근하지 못하게 하면서 어디로나 이마를 내미는(맞서 저항하는) 그런 자기 자신을 확신하면서 깨어 있는 의식이다. 왜냐하면 세계 운행은 바로 모든 것이 **그를 위해** 존재한다는 것, 모든 것이 **그의 앞에** 서 있다는 것이기 때문이다. 이에 반해 선한 **즉자**가 자신의 적에 **대해** 존재한다면, 그것은 우리가 본 바와 같은 투쟁 속에 있는 것이다. 이에 반해 선한 즉자가 **자신의 적에 대해** 존재하는 것이 아니라 **즉자적으로** 존재한다면, 그것은 재능과 능력의 수동적 도구, 현실성을 결여한 질료이다. 선한 즉자가 현존재라고 표상될 경우, 그것은 어디인지도 모를 저 뒤편에 머물면서 잠들어 있는 의식이다.

따라서 덕은 세계 운행에 패배한다. 왜냐하면 덕의 목적이 실은 추상적이면서 비현실적인 **본질**이고, 현실에 관해서 덕의 행동은 단지 **말**에 불과한 **구별**에 근거를 두고 있기 때문이다. 덕은 **개체성의 희생**을 통해서 선을 **현실**로 만들려고 하는 데에 존립하고자 하지만, **현실**이라는 측면은 그 자체가 다름 아니라 **개체성**이라는 측면이다. 선은 **즉자적으로** 존재하는 것이면서 **존재하는** 것에 대립하는 것이어야 하지만, **즉자를** 그 실재성과 진리라는 면에 따라서 취한다면 그것은 오히려 **존재 그 자체**이다. **즉자는** 애초에는 현실에 맞선 **본질이라는 추상**이다. 그렇지만 추상은 바로 참되지 못하고 단지 **의식에 대해** 존재할 뿐인 그런 것이다. 그런데 이는 즉자 그 자체가 **현실적**이라고 불리는 바로 그것임을 뜻한다. 왜냐하면 현실적인 것은 본질적으로 **대타적으로** 존재하는 것이기 때문이다. 또는 현실적인 것은 곧 **존재**이기 때문이다. 그런데 덕의 의식은 아무런 진리성도 지니지 못하는 이런 **즉자**와 **존재**의 구별에 근거를 두고 있다. ─ 세계 운행은 **개체성**을 자신의 원리로 삼고 있기 때문에 선의 전도이어야 한다. 그렇지만 개체성은 **현실성**의 원리이다. 왜냐하면 개체성은 바로 **즉자적으로 존재하는 것**을 그에 못지않게 **대타적으로** 존재하게끔 만드는 의식이기 때문이다. 세계 운행은 불변자를 전도시키지만, 실은 불변자를 **추상의 무로부터 실재의 존재**로 전도시키는 것이다.

그러므로 세계 운행은 그와 대립하여 덕을 이루는 것에 대해서 승리를 거둔다. 덕에는 바로 본질 없는 추상이 본질인데, 이런 덕에 대해서 세계 운행이 승리를 거둔다. 그렇지만 세계 운행이 거둔 승리는 어떤 실제적인 것에 대해서가 아니라 아무 구별도 아닌 구별의 날조에 대해서이다. 즉, 세계 운행은 인류를 위한 최선이니 인류에 대한 억압이니 선을 위한 희생이니 재능의 오용이니 등등의 미사여구에 대해서 승리를 거둔 것이다. 그와 같은 이상적인 본질과 목적은 가슴을 고양하기는 하지만 이성은 비워 두고 또 감화시키기는(erbauen) 하지만 아무것도 구축하지는(aufbauen) 못하는 공허한 말로 붕괴되고 만다. 그것은 단지 그와 같은 고귀한 목적을 위해 행위한다고 내세우면서 그처럼 탁월한 말솜씨를 부리는 개인이 바로 자신을 탁월한 본체로 간주하고 있다는 그런 내용만을 명확하게 언표하는 장광설이다. 또한 그것은 자신과 타인들에게 머리를 큼지막하게(돋보이게) 만들지만 실은 텅 빈 부풀림(교만함)으로 커졌을 뿐인 팽창이다. ─ 고대의 덕은 그것의 명확하고 확실한 의미를 가지고 있었다. 왜냐하면 고대의 덕은 민족이라는 **실체**에서 자신의 **내용 충만한 토대**를 가지고 있었고 또 **이미 실존하는 현실적** 선을 자신의 목적으로 삼고 있었기 때문이다. 그런 까닭에 또한 고대의 덕은 **보편적 전도**(顚倒)로서의 현실에 맞서도록 정향되지도 않았고 또 **세계 운행**에 맞서도록 정향되지도 않았다. 이에 반해 지금 고찰되고 있는 덕은 실체로부터 벗어나 있으며, 그것은 본질 없는 덕, 그와 같은 내용을 결여한 한낱 표상과 말의 덕에 불과하다. — 이처럼 세계 운행과 투쟁하는 언사의 공허함은 그런 미사여구가 과연 무엇을 의미하는지를 말해야 할 경우에 곧바로 폭로될 것이다. 그렇기 때문에 그런 미사여구(가 의미하는 것)는 **잘 알려져 있는 것으로 전제되어** 있다. 그렇게 잘 알려져 있는 것을 말해 보라는 요구는 새로운 미사여구의 범람으로 채워지거나 아니면 이런 요구에 대립하여 자신 **내에서** 그런 미사여구가 무엇을 의미하는지를 말한다고 하는 마음을 소환한다. 다시 말해 **이 잘 알려져 있는 것을 실제로** 말하는 것에 대한 무능력을 자백하고 만다. — 그런 언사의 헛됨은 또한 우리 시대의 교양에 대해서도 무의식적인 방식으로 확실성을 얻은 듯이 보이는데, 즉 그와 같은 미사여구 덩어리 일체로부터 그리고 그것을 가지고서 우쭐대는 방식으로부터 모든 관심이 사라져버린 것이다. 이는 그런 미사여구가 단지 지루함만을 줄뿐이라는 데에서 표현되는 소멸이다.

그러므로 이러한 대립으로부터 귀결되는 결과는 의식이 아직 현실성을 지니지 못하는 **즉자적** 선이라는 표상을 공허한 외투로 치부해버린다는 데에 있다. 의식은 자신의 투쟁 속에서 세계 운행이 겉으로 보이는 것만큼 그리 악하지는 않다는 점을 경험한다. 왜냐하면 세계 운행의 현실은 보편자의 현실이기 때문이다. 이러한 경험과 더불어 개체성의 **희생**을 통해서 선을 산출하겠다는 수단도 기각된다. 왜냐하면 개체성이 바로 즉자적으로 존재하는 것의 **실현**이기 때문이다. 그리고 전도는 더 이상 선의 전도로 간주되지 않는다. 왜냐하면 오히려 그 전도는 바로 한낱 목적으로서의 선이 현실로 전도되는 것이기 때문이다. 개체성의 운동이 곧 보편자의 실재이다.

그런데 이와 더불어 실은 즉자적으로 존재하는 것의 의식에 **세계 운행**으로서 마주 서 있는 것 역시 그에 못지않게 패배하고 소멸했다. 여기서 개체성의 **대자 존재**는 본질이나 보편자와 대립하면서 **즉자 존재**와 분리된 현실로 나타났다. 그러나 현실이 보편자와 분리되지 않는 통일 속에 있다는 점이 드러남으로써, 덕의 **즉자**(Ansich)가 하나의 **견해**(Ansicht)에 불과한 것과 마찬가지로 세계 운행의 **대자 존재**도 또한 더 이상 존재하지 않는다는 점이 밝혀졌다.[267] 물론 세계 운행의 개체성은 단지 **대자적으로**(자신을 위해) 또는 **자기 이익적으로** 행위할 뿐이라고 사념할 수도 있다. 세계 운행의 개체는 자신이 사념하는 것보다 더 낫다. 그의 행동은 동시에 **즉자적으로** 존재하는 **보편적** 행동이다. 만일 그가 자기 이익적으로 행위한다면, 그는 단지 자신이 무엇을 하는지를 알지 못하고 있을 뿐이며, 만일 그가 모든 인간은 자기 이익적으로 행위한다고 단언한다면, 그는 단지 행동이 무엇인지에 관해서 모든 인간이 아무런 의식도 가지고 있지 못하다고 주장하는 것에 불과하다.— 세계 운행의 개체가 **대자적으로** 행위할 경우, 이는 바로 단지 아직 **즉자적으로만** 존재하는 것을 현실로 산출해내는 것이다. 그러므로 즉자에 대립해 있다고 사념하는 **대자 존재**의 목적 그리고 그의 허황한 간교함과 어디에서건 자기 이익을 제시할 줄 안다고 하는 그의 섬세한 설명은 **즉자**의 목적과 그의 장광설 못지않게 또한 사라져버린다.

그러므로 개체의 행동과 거동이 곧 목적 그 자체이다. **힘의 사용과 그 표**

---

267) 이 구절은 다음과 같이 번역할 수도 있다. "덕의 **즉자**가 하나의 **견해**에 불과한 것과 마찬가지로 세계 운행의 **대자 존재**도 또한 그 이상이 아니라는 점이 밝혀졌다."

**출의 유동**은 그렇지 않았다면 죽은 즉자에 불과했을 그것들에다 생명을 부여하는 **바로 그것이며**, 즉자는 수행되지 않고 실존하지 않는 추상적 보편자가 아니라 그 자체가 직접적으로 이런 개체성의 과정의 현전이자 현실태이다.

## C. 스스로에게 그 자체 즉자 대자적으로 실재하는 개체성

이제 자기의식은 처음에는 단지 우리만 파악하고 있던 그 자신에 관한 개념을, 즉 자기 확신 속에서 자신이 곧 일체의 실재라는 자기의식의 개념을 파악했으며, 이제 그에게 목적이자 본질이 되는 것은 (재능과 능력이라는) 보편자와 개체성의 움직이는 삼투(상호 침투의 운동)이다. — 지금까지 고찰한 목적들은 서로 합쳐져서 **통일을 이루기 이전에** 이러한 충족과 삼투의 운동이 지녔던 개별적 계기들이다. 이런 목적들은 추상물이자 키메라로서 사라졌다.[268] 그것들은 정신적 자기의식이 지닌 저 최초의 진부한 형태에 속하는 것이었다. 그것들은 그 진리를 단지 마음과 상상과 언설의 사념된 존재 속에서 지닐 뿐이지 이성 속에 지닌 것은 아니다. 이성은 이제 즉자 대자적으로 자신의 실재성을 확신하면서, 더 이상 직접적으로 존재하는 현실과의 **대립** 속에서 자신을 비로소 **목적**으로서 산출해내려고 시도하는 것이 아니라 (자아와 존재의 통일인) 범주 자체를 자신의 의식의 대상으로 삼는다. — 즉, 이성이 그렇게 등장했던 **대자적으로 존재하는** 자기의식 또는

---

268) 키메라는 그리스 신화에 나오는 사자의 머리와 염소의 몸통과 뱀의 꼬리를 한 괴물이다. 여기서는 '이종 합성체의 환영과 같은 존재'라는 의미로 사용된다.

**부정적인** 자기의식이라는 규정이 지양되었다. **자기의식**은 [자신에 대해서 부정적인 것이 될 터이고 그것을 지양함으로써 자신의 **목적**을 스스로에게 실현하게 될 터일] 그런 **현실**을 미리 주어진 것으로 **발견한다**. 그런데 **목적** 및 **즉자 존재**가 **대타 존재** 및 **소여된 현실**과 한가지 똑같은 것으로 밝혀짐으로써 진리는 더 이상 (자기의식의 자기 자신에 대한) 확신과 분리되지 않는다. 이제 정립된 목적이 자기 확신으로 받아들여지고, 그 목적의 실현이 진리로 받아들여질 것이다. 아니면 목적이 진리로 받아들여지고, 현실이 확신으로 받아들여질 것이다. 오히려 그 자체 즉자 대자적인 본질과 목적은 곧 직접적인 실재 자체에 관한 확신, **즉자와**[269] **대자 존재**의 삼투, 보편자와 개체성의 삼투이다. 행동은 그 자체에서 자신의 진리이자 현실태이며, 그것에는 **개체성의 서술**(전시)이나 **언표**가 그 자체 즉자 대자적인 목적이다.

그러므로 이러한 개념과 더불어 자기의식은 범주가 자기의식에 대해 지녔고 또 자기의식이 관찰하는 태도로서 그리고 그다음에는 활동하는 태도로서 범주에 대해서 지녔던 대립하는 규정들로부터 자신 안으로 되돌아왔다. 자기의식은 순수한 범주 자체를 자신의 대상으로 삼는다. 또는 자기의식이 곧 자기 자신을 의식하게 된 범주이다. 이를 통해 자기의식이 지녔던 이전 형태들과의 결산은 마무리되었다. 이 이전 형태들은 자기의식 뒤에 망각된 채로 놓여 있으며, 자기의식의 소여된 세계로서 (자기의식에 대립하여) 마주 서 등장하는 것이 아니라 오직 자기의식 자신 내에서 투명한 계기들로서 자신을 전개한다. 그렇지만 이 형태들은 여전히 자기의식의 의식 속에서 아직 그것들의 실체적 통일 속으로 결집되지 않은 구별된 계기들의 **운동**으로서 흩어져 등장한다. 그렇지만 자기의식은 이 **모든** 계기들 속에서

---

269) (Werke) **즉자 존재와**

그것들의 유(類)인 존재와 자기(自己)의 단순한 통일을 고수한다.—

이로써 의식은 자신의 행동이 지녔던 일체의 대립과 모든 제약을 벗어 던졌다. 의식은 **자기 자신으로부터** 말끔하게 출발하여 **타자**가 아니라 **자기 자신을 향해** 나아간다. 개체성이 곧 그 자체에서 현실이므로, 작용의 **소재**와 행동의 **목적**이 행동 자체에 존재한다. 그렇기 때문에 행동은 [허공에서 자유롭게 자기 자신 안에서 운동하고, 아무런 방해 없이 때로는 자신을 확장시키기도 하고 때로는 자신을 축소시키기도 하면서 완전히 만족한 상태로 오로지 자기 자신 안에서 그리고 자기 자신과 유희하는] 그런 원운동을 바라보는 것이다. 개체가 자신의 형태를 서술하는 요소는 이 형태의 순수한 수용이라는 의미를 지닌다. 그것은 무릇 의식이 자기 자신을 보여주고자 하는 환한 대낮이다. 행동은 그 무엇도 변경하지 않고 그 무엇에도 맞서지 않는다. 그 행동은 **보이지 않음**으로부터 **보임**으로의 이행이라는 순수한 형식이며, 백일하에 드러내어 스스로를 전시하는 내용은 다름 아니라 이 행동이 이미 즉자적으로 그러한 바 바로 그것이다. 그 행동이 **즉자적**이라는 것, 바로 이것이 **사유된** 통일이라는 그 행동의 형식이다. 그 행동이 **현실적**이라는 것, 바로 이것이 **존재하는** 통일이라는 그 행동의 형식이다. 그 행동 자체는 오로지 이런 자신의 이행과 운동이라는 규정에 맞선 단순성이라는 규정 속에서의 **내용**이다.

### a. 정신적 동물의 왕국과 기만 또는 사태 자체

이런 즉자적으로 실재하는 개체는 처음에는 다시금 하나의 **개별적**이고 **규정된** 개체성이다. 그러므로 이런 개체가 자기 자신을 그렇게 인지하고 있는 절대적 실재성은, 그 자신도 이를 의식하게 되듯이, 채워지지도 않고 아무 내용도 없이 단지 이 범주에 관한 공허한 사고에 불과한 **추상적인 보편적** 실재성이다. — 이런 그 자체 즉자적으로 실재하는 개체성의 개념이 어떻게 그 계기들 속에서 스스로를 규정하고 또 이런 개체에게 어떻게 그 자신의 개념이 의식 속으로 들어서는지를 살펴보자.

개체 자체가 곧 그 자체 대자적으로 일체의 실재라고 하는 이런 개체성의 개념은 우선은 (앞으로 서술하게 될 운동의 선취된) **결과**이다. 개체는 아직 자신의 운동과 실재성을 전시하지 않았으며, 여기서는 **단순한 즉자 존재**로서 **직접적으로** 정립되어 있다. 그러나 운동으로 나타나게 되는 것과 똑같은 한가지인 부정성이 **단순한 즉자**에 **규정성**으로서 존재한다. 그리고 **존재**나 단순한 즉자는 특정한 범위가 된다. 따라서 개체성은 근원적인 규정된 본성(자연)으로 등장한다. **근원적** 본성인 까닭은 그것이 **즉자적으로 존재하기** 때문이다. 그리고 근원적으로 **규정된** 본성인 까닭은 부정적인 것이 **즉자**에 존재하고, 이를 통해 즉자가 하나의 질(質)이 되기 때문이다. 그렇지만 이런 존재의 제약이 의식의 **행동을 제약하지는 못한다**. 왜냐하면 여기서 의식의 행동은[270] 완전한 **자신을 자기 자신과** 관련지음(완전한 자기 관련)이기 때문이다. 의식의 행동을 제약했을 터일 타자와의 관련은 지양되어 있다. 그러므로 본성의 근원적 규정성은 단지 단순한 원리일 따름이다. 즉, 그것은 개체가 그 안에서 자유롭고 자기 자신과 동일하게 유지되면서도 그에 못지않게 아무런 방해 없이 자신의 구별자들을 펼치고 또 자신을 실현하는 가운데 자신과의 순수한 교호 작용인 그런 투명한 보편적 요소이다. 이는 마치 규정되지 않은 동물의 삶이 물이나 공기나 흙이라는 요소에다가 그리고

---

270) 지시대명사가 '의식의 행동' 대신에 '의식'을 지시하는 것으로 독해할 수도 있다.

다시 그 안에서 특정한 원리에다가 자신의 숨결을 불어넣고, 그 안에 자신의 모든 계기들을 담고, 그러면서도 그와 같은 요소의 제약에도 불구하고 그것들을 자신의 위력 안에서 그리고 자신을 자신의 일자 안에서 보존하며, 또 이런 특수한 조직체로서 똑같은 하나의 보편적인 동물의 삶으로 남아 있는 것과 마찬가지이다.

그런 본성 안에서 자유로우면서도 전체적으로 유지되는 의식의 규정된 근원적 **본성**은 개인에게 목적이 되는 것이 지닌 직접적이고 유일한 본래의 **내용**으로 나타난다. 비록 그것이 **규정된** 내용이기는 하지만, 그것이 무릇 **내용**이 되는 것은 오직 우리가 **즉자** 존재를 유리시켜 고찰하는 한에서만 그러하다. 하지만 그 내용은 실은 개체에 의해 삼투된 실재이다. 즉, 그것은 개별자로서의 의식이 그 자신에게서 지니고 있으면서 처음에는 아직 행동하는 것으로서가 아니라 **존재하는 것으로서** 정립되어 있는 바대로의 현실이다. 그러나 한편으로 그러한 규정성이 행동에 대해 넘어서고자 하는 제약이 되지는 않는데, 왜냐하면 그 규정성은 존재하는 질로 간주될 경우 행동이 그 안에서 움직이는 요소가 지닌 단순한 색채이기 때문이다. 그러나 다른 한편으로 부정성은 오직 존재에서만 **규정성**이다. 그런데 **행동**은 그 자체가 다름 아니라 부정성이다. 그러므로 행동하는 개체에게서는 규정성이 부정성 일반 속으로 또는 모든 규정성의 총괄 개념 속으로 해체되어 있다.

이제 단순한 근원적 본성이 **행동** 속에서 그리고 행동의 의식 속에서 이에 해당하는 구별로 들어선다. **먼저** 그것은 대상으로서, 더욱이 아직 **의식**에 속해 있는 바대로의 **대상**으로서, 즉 **목적**으로서 현존하며, 따라서 현존하는 현실에 대립해 있다. **또 다른** 계기는 정적인 것이라고 표상된 목적의 **운동**, 목적이 전적으로 형식적인 현실과 맺는 관련으로서의 실현, 이와 더불어 **이행** 자체의 표상 또는 **수단**(중간, Mittel)이다. 마지막으로 **세 번째**는 더 이상 행위자(행동하는 의식)가 직접적으로 **자기 것**이라고 의식하는 목적인 바 대로가 아니라 행위자로부터 벗어나 있고 **행위자에 대해 타자**로서 존재하는 바대로의 대상이다. — 그런데 이제 이런 다양한 측면들은 이 영역의 개념에 따라서 확실히 다음과 같이 포착되어야 한다. 즉, 이 다양한 측면들 속에서 그 내용은 똑같은 한가지의 내용으로 유지되면서 그 어떤 구별도, 즉 개체와 존재 일반의 구별도 또 **근원적 본성**으로서의 **개체성**에 맞선 **목적**이라는 구별도 또 현존하는 현실에 맞선 목적이라는 구별도, 또한 이에 못지않게 절대적 **목적**으로서의 현존하는 현실에 맞선 **수단**이라는 구별도 또 목적이나 근원적 본성이나 수단에 맞선 **이룩된 현실**이라는 구별도 들어서지 않는다는 것이다.

그러므로 처음에는 개체의 근원적으로 규정된 본성, 즉 개체의 직접적 본질이 아직 행동하는 것으로서 정립되어 있지 않으며, 그래서 그것은 **특수한** 능력, 재능, 개성 등등이라고 불린다. 정신이 지닌 이런 특유의 색조가 목적 자체의 유일한 내용으로 그리고 그것만이 유일하게 실재로 간주되어야 한다. 만약 우리가 의식은 이를 넘어서서 이와 다른 내용을 현실화하려고 하는 것이라고 표상한다면, 이는 곧 의식을 마치 **무**(無)를 **무**로 애써 만들어내는 것인 양 표상하는 것일 터이다. — 더 나아가 근원적 본질은 목적의 내용일 뿐만 아니라 또한 즉자적으로 **현실**이기도 한데, 이런 현실은 통상 행동의 **주어진** 소재로, 즉 **소여되어** 있으면서 행동하는 가운데 형성되어야 하는 현실로 나타난다. 다시 말해 행동은 단지 아직 전시되지 않은 존재라는 형식을 전시된 존재라는 형식으로 순수하게 변환하는 것일 따름이다. 그처럼 의식에 대립해 있는 현실의 즉자 존재는 한낱 공허한 가상으로 전락하고 만다. 그러므로 이렇게 자신을 행위하는 자로 규정함으로써 의식은 현존하는 현실이라는 가상에 자신이 현혹되지 않도록 만들며, 또한 이에 못지않게 공허한 사고와 목적들 속에서의 배회에서 벗어나 자신의 본질이 지닌 근원적인 내용에 자신을 결착해야만 한다.—물론 이런 근원적 내용은 **의식이 이를 실현하고 나서야** 비로소 의식에 **대해** 존재하게 된다. 그러나 의식에 **대해** 단지 **의식**[271] **내에만** 있는 것(아직 실현되지 않은 목적으로서의 근원적 본성)과 의식 외부에 즉자적으로 존재하는 현실의 구별은 사라졌다.—다만, 의식이 **즉자적으로** 그것인 바가 **의식에 대해** 존재하려면, 의식이 행위해야만 한다. 또는 행위는 바로 **의식으로서의** 정신의 생성이다. 그러므로 의식은 자신이 **즉자적으로** 무엇인지를 자신의 현실로부터 배워 알게 된다. 따라서 개인은 행동을 통해 자신을 현실화하기 전까지는 **자신이 무엇인지**를 알지 못한다.—이로써 개인은 행동하고 나기 전까지는 자신의 행동이 지닌 **목적**을 규정할 수 없는 듯이 보인다. 그러나 동시에 개인은 바로 의식이므로 행위를 (실제로 수행하기 전에) 미리 앞서 **전적으로 자신의** 행위로서, 다시 말해 **목적**으로서 앞에 놓고 있어야만 한다. 그러므로 행위에 착수하는 개인은 그 안에서 각각의 계기가 이미 다른 계기를 전제하고 있어서 시작점을 찾을 수 없는 그런 원환에 빠져 있는 듯이 보인다. 왜냐하면 개인은 자신의 목적이 되어야 할 자신의 근원적 본질을 **행실로부터 비로소** 배워 알게 되지만, 행동하기 위해서는 **미리 앞서 목적**을 가지고 있어야만 하기 때문이다. 그러나 바로 그런 까닭에 개인은 **직접적으로**(무매개적으로) 시작해야만 하며, 어떤 상황이 되었건 간에 **시작과 중간**(수단)과 **끝**(목적)에 관해서 더 이상 좌고우면하지 말고 활동에 나서야만 한다. 왜냐하면 개인의 본질과 **즉자적으로** 존재하는 본성은 모두 **하나**로 시작이자 중간이자 끝이기 때문이다. 개인의 즉자적으로 존재하는 본성은 행위

---

271) 인칭대명사가 '의식' 대신에 '근원적 내용'을 지시하는 것으로 독해할 수도 있다.

의 **상황** 속에 **시초**로서 현존하며, 개인이 무엇인가에 대해서 가지게 되는 **관심**은 '여기서 과연 행동해야 할까? 그리고 무엇을 행해야 할까?'라는 물음에 대해서 이미 주어져 있는 답변이다. 왜냐하면 소여된 현실인 듯이 보이는 것이 곧 즉자적으로는 개인의 근원적 본성인데, 다만 이 근원적 본성이 **존재**의 가상을 지니고 있는 것일 따름이기 때문이다. 이 가상은 스스로를 이분화하는 행동의 개념 안에 놓여 있지만, 소여된 현실에 대해서 개인이 가지게 되는 **관심** 속에서 자신을 **그 개인의** 근원적 본성이라고 언표한다. ─ 이에 못지않게 **어떻게** 또는 **수단**(중간)도 즉자 대자적으로 규정되어 있다. **재능**도 마찬가지로 다름 아니라 **내적 수단**으로 또는 목적이 현실로 **이행하는 것**으로 간주될 때의 규정된 근원적 개체성이다. 그렇지만 **현실적인** 수단과 실제적인 이행은 (한편으로) 재능과 (다른 한편으로) 관심 속에 현존하는 사태의 본성의 통일이다. 재능이 수단에서의 행동이라는 측면을 나타내고, 관심 속에 현존하는 사태의 본성이 내용이라는 측면을 나타내는데, 그 두 가지는 존재와 행동의 삼투인 개체 자체이다. 그러므로 현존하는 것은 (우선) **즉자적으로** 개인의 근원적 본성인 그런 소여된 **상황**, 그다음으로 개인의 근원적 본성을[272] 바로 **자기 것**으로서 또는 **목적**으로서 정립하는 관심, 마지막으로 **수단** 속에서 이러한 대립의 결합과 지양이다. 이 결합은 그 자체가 여전히 의식 내에 귀속하며, 이렇게 방금 고찰된 전체는 대립의 한쪽 측면이다. 아직도 남아 있는 이런 대립의 가상은 **이행** 자체나 **수단**을 통해 지양된다. 왜냐하면 수단은 외면과 내면의 **통일**이며, 그것이 (대립의 한쪽 항인) **내적** 수단으로 지니고 있는 규정성의 반대이기 때문이다. 수단은 이런 규정성을 지양하여 행동과 존재의 통일인 자신을 이에 못지않게 **외**

---

272) 인칭대명사가 '개인의 근원적 본성' 대신에 '상황'을 지시하는 것으로 독해할 수도 있다.

**적인 것**으로서, 즉 현실적으로 된 개체성 자체로서, 다시 말해 **자기 자신에 대해 존재하는 것**으로서 정립되어 있는 그런 개체성으로서 정립한다. 이런 방식으로 행위 전체는 **상황**으로서도, **목적**으로서도, **수단**으로서도, 또 **작업 성과**로서도 결코 자신 밖으로 벗어나지 않는다.

그런데 작업 성과(작품)와 더불어 근원적 본성들 사이의 구별이 들어서는 듯이 보인다. 작품은 그것이 표현하는 근원적 본성과 마찬가지로 **규정된 것**이다. 왜냐하면 행동으로부터 자유롭게 **존재하는 현실**로서 방면된 상태에서는 부정성이 작품에 (특정한) 질로서 존재하기 때문이다. 반면에 의식은 작품에 맞서 규정성을 부정성 **일반**으로서, 즉 행동으로서 그 자신에[273] 지니고 있다고 자신을 규정한다. 따라서 의식은 그런 작품의 규정성에 맞선 보편적인 것이며, 따라서 작품을 다른 것과 **비교하고** 이로부터 개체성들 자체를 **상이한 것**이라고 파악할 수 있다. 즉, 자신의 작품에서 더 포괄적인 개인은 의지의 더 강력한 에너지라고 파악하거나 아니면 더 풍부한 본성이라고, 즉 그 근원적 규정성이 덜 제약되어 있는 그런 본성이라고 파악하고, 이에 반해 다른 하나는 더 허약하고 빈약한 본성이라고 파악할 수 있다. 이런 비본질적인 **크기**의 구별에 반하여 '**좋은 것**'과 '**나쁜 것**'은 절대적 구별을 표현하는 것일 터이다. 그렇지만 여기서는 이런 구별이 생기지 않는다. 이런 식으로 취해지는 것이건 아니면 저런 식으로 취해지는 것이건 간에(좋은 것이라고 평가되건 아니면 나쁜 것이라고 평가되건 간에) 그것은 똑같이 행동과 거동, 즉 개체의 자기 전시와 언표이며, 그렇기 때문에 모든 것이 좋은 것이고, 나쁘다고 말할 수 있는 것은 아무것도 없을 것이다. 나쁜 작품이라고 일컬어지는 것도 (그것이 표현하는 것은) 그 속에서 실현되는 규정된 본

---

273) 인칭대명사가 '의식'을 뜻하는 '자신' 대신에 '작품'을 지시하는 것으로 독해할 수도 있다.

성의 개인적 삶이다. 그것은 오직 비교하는 사고를 통해서만 나쁜 작품으로 전락할 터인데, 그러나 이처럼 비교하는 사고는 개체의 자기 언표라고 하는 작품의 본질을 넘어서서 그 외에 무엇인지도 모를 것을 작품에서 찾고 요구하기 때문에 어떤 공허한 것이다.— 이 비교하는 사고는 단지 앞에서 언급한 (양적) 구별에만 적중할 것이다. 그러나 그런 구별은 크기의 구별로서 즉자적으로 비본질적인 구별이다. 그리고 여기서 특히 그러한 까닭은 서로 비교되는 것이 상이한 작품들이나 개체들일 터이기 때문이다. 그런데 이것들은 서로 아무 상관도 없다. 이것들은 저마다 오직 자기 자신과만 관련된다. 근원적 본성은 오로지 **즉자**일 따름이거나 또는 작품에 대한 평가의 척도로 그리고 그 역으로 근저에 놓일 수도 있는 것일 따름이다. 그런데 그 두 가지(근원적 본성과 작품)는 서로 상응한다. 즉, 개체에 **의해** 존재하는 것 이외에는 그 무엇도 개체에 **대해** 존재하지 않는다. 또는 개체의 본성과 그의 행동이 아닌 그 어떤 **현실**도 없으며, 또한 현실적이지 않은 그 어떤 개체의 행동도 또 즉자도 존재하지 않는다. 그런데 바로 이러한 (상응하기 때문에 실은 서로 비교할 수 없는) 계기들만이 (비교하는 사고에 의해) 서로 비교되어야 하는 것이다.

   그런 까닭에 무릇 **고무**(鼓舞)도 **한탄**도 또 후회도 생기지 않는다. 왜냐하면 그와 같은 것들은 모두 개인의 근원적 본성과 그 본성이 현실 속에서 수행되어 현존하는 것과는 다른 **내용**과 다른 **즉자**를 공상하는 그런 사고에서 비롯된 것이기 때문이다. 개인이 무엇을 행하고 그에게 벌어지는 일이 무엇이건 간에 그것은 바로 그가 행한 것이고 또 바로 그 자신이다. 개인은 오로지 가능성의 밤에서 현전의 대낮으로 **자기 자신을** 순수하게 변환시킨다는 의식을, 즉 **추상적 즉자를 현실적** 존재라는 의미로 순수하게 변환시킨다는 의식을 가질 수 있을 뿐이며, 또한 현전의 대낮에 자신에게 일어나는 일은 다름 아니라 가능성의 밤에 잠들어 있는 것일 따름이라는 확신을 가질 뿐이다. 물론 이런 통일에 대한 의식도 마찬가지로 하나의 비교이긴 하지만, 바로 이때에 비교되는 것은 단지 대립의 **가상**만을 가지고 있을 따름이다. 즉, 그것은 형식의 가상인데, 이 가상은 개체가 자기 자신에서 곧 현실이라고 하는 이성의 자기의식에 대해 가상 이상의 것이 아니다. 그러므로 개인은 자신의 현실 속에서 오직 자신과 현실의 통일 또는 현실의 진리 속에서 자기 확신 이외의 것은 발견할 수 없다는 점, 따라서 그가 항상 자신의 목적을 달성한다는 점을 알고 있기 때문에, **자신에게서 오직 기쁨만을 체험할** 수 있을 따름이다.[274]

이것이 바로 자기 자신을 개체성과 존재의 절대적 삼투라고 확신하는 의식이 자기 자신에 관해 만들어낸 개념이다. 이 개념이 과연 의식에게 경험을 통해 입증되는지 그리고 그것의 실재가 이 개념과 일치하는지를 살펴보자. 작품은 의식이 자신에게 부여하는 실재이다. 작품은 그 안에서 개인이 **즉자적으로** 그것인 바가 개인에[275] 대해 그것이 되는 바로 그런 것이고 (개인은 자신의 작품을 통해 자신의 즉자적 본성을 자각하게 되고), **그에 대해** 개인이 작품 속에서 생성되는 그런 의식은(의식은 작품 속에서 개인 자신을 자각하게 되는데, 그런 의식은) 특수한 의식이 아니라 **보편적** 의식이다. 의식은 자신을 작품 속에서 무릇 보편성의 요소 속으로, 즉 규정성이 없는 존재의 공간(존재의 무한정한 공간) 속으로 내놓아 세워두었다. 자신의 작품으로부터 물러서는 의식은 실은 (의식이 이런 대립 속에서 절대적 부정성이나 행동이 되기 때문에)

---

274) 마지막 문구는 다음과 같이 번역할 수도 있다. "**오직 기쁨 자체만을 체험할** 수 있을 따름이다."
275) 인칭대명사가 '개인' 대신에 '의식'을 지시하는 것으로 독해할 수도 있다.

**규정된 것**인 자신의 작품에 맞서 있는 보편적 의식이다. 따라서 의식은 작품으로서의 자신을 넘어서며, 그 자체가 자신의 작품으로는 자신이 채워지지 않는다는 점을 발견하는 무규정성의 공간이다. 앞에서는 개념 속에서 그것들의(의식과 작품의) 통일이 유지되기는 했지만, 이는 바로 **존재하는** 작품으로서의 작품이 지양됨으로써 그렇게 된 것이다. 그러나 작품은 **존재해야** 한다. 이제 개체가 어떻게 작품의 **존재** 속에서 작품의 보편성을 보존하면서 자신을 만족시킬 줄 알게 되는지를 살펴보자.— 우선은 생성된 작품을 그 자체로 고찰해야 한다. 생성된 작품은 개체의 본성 전체를 함께 받아들였다. 그렇기 때문에 작품의 **존재**는 그 자체가 그 안에서 모든 구별들이 삼투되고 해체되는 행동이다. 그래서 작품은 **존속** 속으로 내던져지는데, 이런 존속 속에서는 근원적 본성의 **규정성**이 실제로 여타의 규정된 본성들에 맞서 자신을 과시하면서 [여타의 규정된 본성들이 근원적 본성에 개입하듯이] 이 여타의 규정된 본성들에 개입하며, 이런 보편적 운동 속에서 자신을 소멸되는 계기로서 상실하고 만다. 그 자체 즉자 대자적으로 실재하는 개체성이라는 **개념 내에서는** 모든 계기들이, 즉 상황이나 목적이나 수단이나 실현이 서로 동일하며, 또 근원적인 규정된 본성이 오직 보편적 요소로서만 유효했다. 반면에 이 요소가 대상적 존재가 됨으로써 그것의 **규정성** 자체가 작품 속에서 백일하에 드러나고 자신의 해체 속에서 그 진리를 획득하게 된다. 더 상세하게는 이런 해체가 그러한 규정성 속에서 개인이 **바로 이** 개인으로서 스스로에게 현실적이게 되는 것이라고 서술된다. 그런데 이 규정성은 현실의 내용일 뿐만 아니라 또한 이에 못지않게 현실의 형식이기도 하다. 또는 현실 자체는 무릇 자기의식에 대립해 있다는 바로 그런 규정성이다. 이런 측면에서 현실은[276] 자신이 개념 밖으로 사라진 현실, 단지 **소여된 낯선** 현실임을 보여준다. 작품은 **존재한다**. 즉, 작품은 다른 개체들에 대해 존재하며, 이 다른 개체들에 대해서는 낯선 현실이다. **다른 개체들은** 이런 낯선 현실 대신에 **그들의** 행동을 통해서 현실과 **그들의** 통일이라는 의식을 자신에게 부여하기 위해 그들 자신의 현실을 정립해야만 한다. 또는 **그들이 그들의** 근원적 본성을 통해 그 작품에 설정한 관심은 그 작품 **본유의** 관심과는 다른 것이며, 그럼으로써 그 작품은 다른 어떤 것이 되었다. 그러므로 작품은 무릇 다른 힘들과 관심의 역작용(Widerspiel)에 의해 소실되면서 개체의 실재성을 완성된 것으로 서술하기보다는 오히려 사라져가는 것으로 서술하는 어떤 무상한 것이다.

그러므로 그의 작품 속에서 의식에게 행동과 존재의 대립이 발생하게 되는데, 이 대립이 의식의 이전 형태들에서는 동시에 행동의 **단초**이기도 했지만 여기서는 오직 **결과**일 따름이다. 그러나 이 대립은 실은 의식이 **즉자적으로** 실제적인 개체로서 행위에 착수할 때 근저에 놓여 있던 것이었다. 왜냐하면 행위에는 **규정된 근원적 본성**이 **즉자**로서 미리 정립되어(전제되어) 있었고, 완수를 위한 순수한 완수는 바로 그 규정된 근원적 본성을 **내용**으로 가지고 있었기 때문이다.[277] 그런데 순수한 행동은 자기 **자신과 동일한** 형식이며, 따라서 근원적 본성의 **규정성**은 이런 자기 동일적인 형식과 동일하지 않다. 다른 경우에서와 마찬가지로 여기서도 그 두 가지 중에서 무엇이 **개념**이라고 불리고 무엇이 **실재**라고 불리는지는 아무런들 상관없다. 근원적 본성은 행동에 맞서 있는 **사유된 것**이나 **즉자**인데, 이런 근원적 본성이 행동 속에서 비로소 자신의 실재성을 지니게 된다. 또는 근원

---

276) 인칭대명사가 '현실' 대신에 '규정성'을 지시하는 것으로 독해할 수도 있다.
277) 이 문장은 다음과 같이 번역할 수도 있다. "이 규정된 근원적 본성은 완수를 위한 순수한 완수를 **내용**으로 가지고 있었기 때문이다."

적 본성은 그 자체로서의 개체의 **존재**이자 또한 작품으로서의 개체의 **존재**인 반면에, 행동은 절대적 이행으로서의 또는 **생성**으로서의 근원적 **개념**이다. 의식은 자신의[278] 본질 속에 놓여 있는 이런 개념과 실재의 **부정합성**을 자신의 작품 속에서 경험한다. 따라서 자신의 작품 속에서 자신이 진실로 어떠한지가 의식 스스로에게 생성되고(의식은 자신의 작품 속에서 자신의 참된 모습을 자각하게 되고), 자기 자신에 관해 의식이 지니던 공허한 개념은 사라진다.

이렇게 스스로에게 즉자적으로 실재하는 개체성의 진리인 작품은 이런 근본 모순을 지니는데, 그럼으로써 이런 근본 모순 속에서 다시금 개체성의 모든 측면들이 모순되는 것으로 등장한다. 또는 작품은 부정적 통일이자 모든 계기를 사로잡고 있는 **행동**에서 나와 **존재** 속에 내놓아 세워진 개체성 전체의 내용인데, 그러한 것으로서 작품은 이제 이 계기들을 모두 자유롭게 방면한다. 그리고 존속이라는 요소 속에서 이 계기들은 서로에 대해서 아무런들 상관없다. 따라서 개념과 실재는 (각각) 목적으로 그리고 **근원적 본질성**이 되는 것으로 등장한다. 목적이 참된 본질을 가지고 있는지 또는 즉자를 목적으로 삼게 되는지의 여부는 우연하다. 이에 못지않게 개념과 실재는 다시 현실로의 **이행**으로서 그리고 **목적**으로서 갈라져 등장한다. 또는 목적을 표현하는 **수단**이 선택될 것인지의 여부는 우연하다. 그리고 마지막으로 이런 내적 계기들을 다 합쳐서 (이 계기들이 그 자체 안에 통일성을 지니고 있건 그렇지 않건 간에) 개인의 **행동**은 다시 **현실** 일반에 대해서 우연하다. 조악하게 규정된 목적과 조악하게 선택된 수단을 택하게 될지 아니면 그 반대가 될지는 **행운**이 결정한다.

---

278) 인칭대명사가 '의식'을 뜻하는 '자신' 대신에 '개념'을 지시하는 것으로 독해할 수도 있다.

이제 이로써 의식에게 그의 작품에서 의욕과 완수 행위, 목적과 수단 그리고 다시 이런 내적인 것 일체와 현실 자체 사이의 **대립**이 생성되는데, 이는 무릇 **의식의 행동의 내적 우연성**을 포괄하고 있다.[279] 그러나 이에 못지않게 또한 의식의 행동의 **통일성**과 **필연성**도 현존한다. 후자의 측면이 전자의 측면을 장악하며, **행동의 우연성**에 관한 **경험**은 그 자체가 단지 **우연한 경험**에 지나지 않는다. 행동의 **필연성**은 **목적**이 전적으로 **현실**과 관련되어 있고 또 이런 통일이 곧 행동의 개념이라는 데에 존립한다. 행동이 그 자체 즉자 대자적으로 현실의 본질이기 때문에 행위가 이루어지는 것이다. 비록 작품 속에서 **의욕과 완수 행위**(Vollbringen)에 맞서서 **완수되어 있음**(Vollbrachtsein)이 지니는 우연성이 결과로 등장하지만, 진리로 간주되어야 할 것처럼 보이는 이런 경험은 저 행위의 개념과 모순된다. 그런데 우리가 이 경험의 내용을 온전하게 고찰해보면, 그 내용은 바로 **사라지는 작품**이다. **사라짐**이 **보존**되는 것은 아니다. 오히려 사라짐은 그 자체가 현실적이고 또 작품과 결부되어 있으며, 그것은 작품과 더불어 그 자체도 사라진다. **긍정적인 것의 부정**인 **부정적인 것**은 **긍정적인 것**과 더불어 **그 자체도 몰락한다**.

이런 사라짐의 사라짐은 즉자적으로 실재하는 개체성이라는 개념 자체 안에 놓여 있다. 왜냐하면 그 안에서 작품이 사라지게 되는 것 또는 작품에서 사라지는 것은 바로 **대상적 현실**이고, 또 개체가 자기 자신에 관해 지니는 개념을 넘어서는 더 우월한 힘을 경험이라고 불리는 것에다 부여한다고 했던 것도 바로 대상적 현실이기 때문이다. 그러나 이 대상적 현실은 이

---

279) 이 문구는 다음과 같이 번역할 수도 있다. "이는 무릇 **의식의 행동의 우연성**을 **자신 안에** 포괄하고 있다."

러한 의식 자체 안에서도 더 이상 대자적으로 진리성을 지니지 못하는 하나의 계기이다. 진리는 오직 행동과 이 계기의 통일 속에서만 존립하며, **참된 작품**이란 오직 **행동과 존재**, **의욕과 완수** 행위의 그런 통일일 따름이다. 그러므로 의식에게는 그의 행위의 근저에 놓여 있는 확신 덕분에 이 확신에 **대립하는** 현실 자체가 단지 **의식에 대해** 존재하는 것에 불과하다. 이 의식은 자신 안으로 복귀한 **자기의식**이며, 이 자기의식에게는 모든 대립이 사라졌다. 바로 이런 의식에게는 대립이 더 이상 **현실**에 맞선 자신의 **대자존재**라는 형식을 띠고서 생성되지 않는다. 오히려 그럼으로써 작품에서 나타나는 대립과 부정성이 작품의 내용이나 또한 의식의 내용에만 해당하는 것이 아니라 현실 자체에도 해당하고, 이와 더불어 오직 현실을 통해서만 그리고 현실에서만 현존하는 대립에도 해당하며, 또 작품의 사라짐에도 해당한다. 따라서 의식은 이런 방식으로 자신의 무상한 작품에서 벗어나 스스로를 자신 안으로 반성하고, 행동의 **우연성**에 관한 경험에 맞서 자신의 개념과 확신을 **존재하는 것**이자 **지속하는 것**이라고 주장한다. 의식은 실제로 그 안에서는 현실이 즉자 대자가 아니라 단지 하나의 계기, 즉 **의식에 대한** 그 무엇에 불과한 그런 자신의 개념을 경험한다. 의식은 현실을 사라지는 계기라고 경험하며, 그렇기 때문에 의식에게 현실은 단지 그것의 보편성이 행동과 똑같은 한가지인 그런 **존재** 일반으로 간주될 뿐이다. 이러한 통일이 바로 참된 작품이다. 그것은 자신을 단적으로 주장하면서 자신을 지속하는 것이라고 경험하는 **사태 자체**(Sache selbst)이다. 이런 사태 자체는 개인적 행동 자체가 지닌 **우연성**, 즉 상황이라든가 수단이라든가 현실인 그런 사태와는 독립적이다.

**사태 자체**는 이런 계기들이 유리된 상태로 유효성을 지닌다고 하는 한에서는 이 계기들에 대립하지만, 본질적으로는 현실과 개체의 삼투로서 그것들의 통일이다. 사태 자체는 또한 행동이기도 한데, 행동으로서 **순수한 행동** 일반이고, **그럼으로써 이에 못지않게 바로 이 개인의 행동**이기도 하며, 현실과의 대립 속에서 여전히 바로 이 개인에게 귀속하는 것으로서의, 즉 **목적**으로서의 이런 행동이다. 또한 사태 자체는 이런 규정성으로부터 그것에 대립하는 규정성으로의 **이행**이기도 하다. 그리고 마지막으로 또한 사태 자체는 **의식에 대해** 현존하는 **현실**이기도 하다. 이로써 **사태 자체**는 **정신적** 본질태를 표현하는데, 이런 정신적 본질태 안에서는 이 모든 계기들이 대자적으로 유효한 것으로서는 지양되어 있고, 따라서 오직 보편적인 것으로서만 유효하며, 또 그 안에서는 의식에게 자신의 자기 확신이 대상적 본체, 즉 **하나의 사태**이다. 즉 사태 자체는 자기의식으로부터 **그 자신의 것**으로서 산출되어 나왔으면서도 자유로운 본래의 대상이기를 멈추지 않는 그런 대상이다. — 그런데 감각적 확신과 지각의 **사물**은 자기의식에 대해 오직 자기의식을 통해서만 그 의미를 지닌다. **사물**과 **사태**의 구별은 바로 여기에서 기인한다. — 사태 자체에서도 감각적 확신과 지각에 상응하는 운동을 거쳐 가게 될 것이다.

그러므로 개체성과 대상성의 대상화된 삼투 자체인 **사태 자체** 안에서 자기의식에게 자신에 관한 그 참된 개념이 생성되었다. 또는 자기의식은 자신의 실체에 관한 의식에 도달했다. 동시에 이 자기의식은, 지금 여기서 그러하듯이, 자신의 실체에 관해 그렇게 방금 생성되었고, 따라서 그것은 **직접적** 의식이며, 이것이 바로 정신적 본질이 아직 참다운 실제적 실체로 성장하지 못한 채 지금 여기에 현존하고 있는 특정한 방식이다. 자신의 실체에 관한 이런 직접적 의식 속에서 **사태 자체**는 **단순한 본질**이라는 형식을 띤다. 이 단순한 본질은 보편적인 것으로서 자신의 다양한 계기들 일체를 자신 안에 포함하고 있고 또 이 계기들 모두에 해당하지만, 또한 다시금 규정된 계기들인 이 계기들에 대해서 아무런들 상관없이 대자적으로 자유로우며, 이런 자유로운 **단순하고 추상적인** 사태 자체로서 **본질로 간주된다**(본질로서 유효하다). 근원적 규정성이 지닌 다양한 계기들은, 또는 바로 이 개인의 목적, 수단, 행동 자체, 현실이라는 **바로 이** 개인의 **사태**가 지닌 다양한 계기들은 이런 의식에 대해 한편으로는 **사태 자체**에 맞서 있어서 의식이 내버리고 포기할 수도 있는 개별적 계기들이다.[280] 그러나 다른 한편으로는 이 계기들이 모두 사태 자체를 단지 본질로 가지고 있을 뿐이어서, 이 계기들의 **추상적** 보편자인 사태 자체가 이 다양한 계기들 각각에서 자신을 발견하면서 이 계기들의 **술어**가 될 수 있다. 사태 자체는 아직 그 자체가 주어(주체)는 아니다. 오히려 이 다양한 계기들이 주어로 간주되는데, 왜냐하면 이 계기들은 **개별성** 일반의 측면에 귀속되는 반면에 사태 자체는 이제 겨우 단순하게 보편적인 것이기 때문이다. 사태 자체는 자신의 **종**(種)들인 이 모든 계기들 속에서 자신을 발견하면서 이에 못지않게 그것들로부터 자유로운 **유**(類)이다.

한편으로는 **사태 자체**가 표현하는 이런 관념론에 도달했고 다른 한편으로는 이런 형식적 보편성으로서의 사태 자체에서 참된 것을 지니는 그런 의식은 **정직하다**(솔직하다, ehrlich)고 일컬어진다. 이 의식에게는 항상 오직 사태 자체만이 문제가 되며, 그래서 이 의식은 사태 자체의 다양한 계기들이나 종들 속에서 떠돌아다닌다. 그리고 이 의식이 그런 계기들이나 종들 중 하나 속에서는 또는 그 한 가지 의미에서는 사태 자체에 이르지 못하지만, 바로 이를 통해 다른 하나 속에서는 사태 자체를 손에 넣게 되며,

---

280) 이 문구는 다음과 같이 번역할 수도 있다. "한편으로는 의식이 **사태 자체**에 맞서서 내버리고 포기할 수도 있는 개별적 계기들이다."

그럼으로써 이 의식에게 그 개념상 주어져야 할 만족을 실제로 항상 얻는다. 이 의식은 어떻게 하건 간에 **사태 자체**를 완수하고 달성했다. 왜냐하면 사태 자체가 그와 같은 계기들의 **보편적** 유로서 모든 것의 술어이기 때문이다.

이 (정직한) 의식이 **목적**을 **현실**로 이루지 못한 경우라 할지라도, 이 의식은 분명 그 목적을 **의욕했다**. 다시 말해 이 의식은 목적으로서의 **목적**, 즉 아무것도 행하지 않는 **순수한 행동**을 **사태 자체**로 만들었다. 그렇기 때문에 의식은 항상 무엇인가가 **행해지고 추진되었다**고 스스로 표현하면서 위안을 삼을 수 있다. 보편자 자체가 부정적인 것이나 사라짐을 자신 안에 포함하기 때문에, 작품이 파괴되는 일조차도 그 자체가 **의식 자신의** 행동이다. 의식이 타인들을 그렇게 하게끔 자극했으며, 자신의 현실이 **사라져 버리는** 속에서도 여전히 만족을 발견한다. 이는 마치 악동(惡童)이 따귀를 얻어맞으면서도 **자기 자신**이 곧 그 원인이라고 즐거워하는 것과도 같다. 또는 의식이 사태 자체를 수행하려고 **시도조차 하지 않았고 아무것도 행하지 않았다면**, 이는 바로 의식이 그렇게 **하고 싶지** 않았던 것이다. 의식에게 **사태 자체**는 바로 자신의 **결심**과 **실재**의 통일이다. 의식은 **현실**이 자신의 **하고 싶음**(Mögen) 이외의 것이 아니라고 주장한다. — 마지막으로 의식에게 무릇 자신의 기여 행위 없이도 어떤 관심거리가 생겼다면, 그에게는 이 **현실**이 설사 자신이 산출한 것이 아니라 할지라도 바로 자신이 거기에서 발견하는 관심 속에서 그 현실은 사태 자체가 된다. 그에게 개인적으로 일어난 일이 행운이라면, 의식은 이를 자신의 **행실과 공로**로 여기면서 고수한다. 자신과 그리 상관없는 세상사라 할지라도 의식은 이 또한 자신의 것으로 만들며, **행실을 결여한 관심**을 그가 찬성하거나 반대하면서 그리고 **맞서 싸우거나 지지하면서** 취한 **편들기**(당파, Partei)로 간주한다.

이미 밝혀졌듯이 이 의식이 지닌 **정직함**과 이 의식이 어디에서나 체험하는 만족은 실은 이 의식이 사태 자체에 관해 가지고 있는 **사고들을 한곳에 모으지 못한다**는 데에 존립한다. 그에게 **사태 자체**는 **자신의** 사태이지만 전혀 **작품**(작업 성과가)**이 아닌 것**이기도 하며, 또는 그것이 **순수한 행동**이자 **공허한 목적**이기도 하고 또한 **행실을 결여한 현실**이기도 하다. 이 의식은 그 한 가지 의미를 하나씩 차례차례 이런 술어의 주어로 만들면서 그 의미를 하나씩 차례로 망각한다. 이제 한낱 **의욕했다**는 것에서도 또 **하고 싶어 하지 않았다**는 것에서도 사태 자체는 **공허한 목적**이라는 의미를 지니고 또 의욕과 완수 행위의 **사유된** 통일이라는 의미를 지닌다. 목적이 파괴된 것에 대해서 그래도 이를 **의욕했다**거나 또는 그래도 **순수하게 행동했다**고 위안하고 또한 다른 사람들에게 무언가 할 일을 주었다고 만족하는 것은 **순수한 행동**이나 극히 조악한 작품을 본질로 만든다. 왜냐하면 아무 작품도 아닌 것이야말로 조악한 작품이라고 일컬어져야 하기 때문이다. 마지막으로 현실을 소여된 것으로서 **미리 발견하는** 행운의 경우에는, 이런 행실을 결여한 존재가 곧 사태 자체가 된다.[281]

그러나 이런 정직함이 겉으로 보이는 것만큼 그렇게 정직하지는 않다는 것이 바로 이 정직함의 진리이다. 왜냐하면 이 정직함은(이 정직한 의식은) 그런 다양한 계기들을 실제로 그렇게 분산된 채로 놓아둘 만큼 생각이 없을 수는 없으며, 이 계기들의[282] 대립에 관해 직접적인 의식을 가지고 있을 수밖에 없기 때문이다. 왜냐하면 이 계기들은 서로 전적으로 관련되어 있기

---

281) 이 문구는 다음과 같이 번역할 수도 있다. "이런 존재가 행실 없이도 곧 사태 자체가 된다."
282) 인칭대명사가 '이 계기들' 대신에 '정직함', 즉 '정직한 의식'을 뜻하는 '자신'을 지시하는 것으로 독해할 수도 있다.

때문이다. **순수한** 행동은 본질적으로 **바로 이** 개인의 행동이고, 이 행동은 그에 못지않게 본질적으로 하나의 **현실** 또는 사태이다. 역으로 **현실**은 본질적으로 오직 **바로 이 개인의** 행동으로서 존재하기도 하고 또한 **행동 일반**으로서 존재하기도 한다. 그리고 **그의** 행동은 행동 일반이기도 하고 동시에 또한 현실이기도 하다. 그러므로 바로 이 개인에게 오직 **추상적 현실**로서의 **사태 자체**만이 관건인 것처럼 보이는 가운데서도 또한 그에게는 **자신의** 행동으로서의 사태 자체가 관건이 된다는 사실도 현존한다. 그러나 그에게 단지 **행동**과 **거동**만이 문제라면, 그가 이를 진지하게 여길 리 없으며, 오히려 그에게 관건은 **하나의 사태**이고 **자신의** 사태로서의 사태이다. 마지막으로 그가 단지 **자신의** 사태와 **자신의** 행동만을 의욕하는 것처럼 보이는 가운데서도 다시금 **사태 일반** 또는 즉자 대자적으로 유지되는 현실이 문제가 된다.

여기서 사태 자체와 그 계기들이 **내용**으로 나타나듯이, 이에 못지않게 그것들은 또한 필연적으로 의식에서의 **형식들로서** 존재한다. 그것들이 내용으로 등장하는 것은 오직 사라지기 위해서이며, 그 각각은 다른 것에 자리를 내어준다. 그런 까닭에 그것들은 **지양된 것**이라는 규정성 속에서 현존할 수밖에 없다. 그런데 그렇게 되면 그것들은 의식 자체가 지닌 측면들이 된다. **사태 자체**는 **즉자**로서 또는 의식의[283] **자기 내 반성**으로서 현존하는 반면에, 계기들의 상호 **축출**은 그것들이 즉자적이지 않고 단지 대타적으로만 의식에 정립되어 있다고 의식에게서 표현된다. 의식은 내용을 이루는 계기들 중 하나를 백일하에 드러내 놓으면서 **타자들을 위해**(대타적으로) 내보인다. 그러나 의식은 동시에 그 계기로부터 벗어나 자신 안으로 반성

---

283) 인칭대명사가 '의식' 대신에 '즉자'를 지시하는 것으로 독해할 수도 있다.

되어 있으며, 그것과 대립하는 계기도 그에 못지않게 의식 속에 현존한다. 의식은 이 대립하는 계기를 자신을 위해(대자적으로) 자신의 것으로서 보존한다. 그렇지만 동시에 그 계기들 중 어느 하나만이 **오직** 밖에 내세워지고 다른 하나는 오직 내면에 보존되기만 하는 것이 아니라, 오히려 의식이 그 계기들과 더불어 교체된다. 왜냐하면 의식은 그 계기들 중 하나를 다른 하나 못지않게 자신을 위해(대자적으로) 그리고 타자들을 위해(대타적으로) 본질적인 것으로 만들어야만 하기 때문이다. **전체**는 개체와 보편자의 운동하는 삼투(상호 침투의 운동)이다. 그러나 이런 전체가 이 의식에 대해서는 오직 **단순한** 본질로서만, 그리고 그럼으로써 **사태 자체**의 추상으로서만 현존하기 때문에, 그 계기들은 분리된 것으로서 사태 자체 밖으로 떨어져 나가 서로 흩어진다. 그리고 전체는 **전체로서** 단지 밖에 내세워두기(Ausstellen)와 자신을 위해 보존하기(Fürsichbehalten) 사이의 분리적 교대만으로도 모두 소진되며 또 그렇게 서술된다. 이런 교체 속에서 의식은 **한 가지** 계기를 자신을 위해 그리고 자신의 반성 속에서 본질적인 것으로 지니는 반면에, 다른 한 계기는 단지 **자신**에게서 외적인 것으로만 또는 **타인들**을 위해서만 지닌다. 그렇게 됨으로써 개체들이 자기 자신에 대해서도 또 서로에 대해서도 기만하고 또 기만당하는 것으로서 발견하는 그런 개체들 서로 간의 유희가 등장한다.

    결국 한 개체가 무엇인가를 수행하기 시작한다. 그럼으로써 그는 그 무엇인가를 **사태로** 만든 것처럼 보인다. 그가 행위하고, 그렇게 하는 가운데 대타적이게 되며, 그에게는 **현실**이 관건인 듯이 보인다. 그러므로 타인들은 그 개체의 행동을 사태 그 자체(Sache als solche)에 대한 관심으로, 그리고 그것이 그 개체에 의해서건 아니면 자신들에 의해서건 상관없이 **사태 자체**(Sache an sich)**가 완수되었다고**[284] 하는 목적으로 받아들인다. 이에 따라 타인들이 이미 그들 자신에 의해 이 사태가 이루어졌다는 것을 보여주는 가운데, 또는 아직 이 사태가 이루어지지 않은 경우라면 자신들의 도움을 제안하고 제공하는 가운데, 오히려 이 의식은 이 (행위하는 개체의) 의식이 거기 있다고 그들이 여기는 곳으로부터 벗어나 있다. 이 의식이 사태에서 관심을 갖는 것은 **자신의** 행동과 거동이며, 이것이 바로 **사태 자체**(Sache selbst)였다는 점을 타인들이 깨닫게 되면서 그들은 그렇게 자신이 속았다는 것을 발견한다. ― 그러나 그렇게 서둘러 도와주려고 하는 타인들의 성급함은 실은 그 자체가 다름 아니라 그들이 **사태 자체**가 아닌 **자신들의** 행동을 보려고 하고 또 보여주려 했다는 것에 지나지 않는다. 다시 말해 그들은 자신들이 그렇게 기만당했다고 불평하는 바로 그 방식으로 타인들을 기만하려고 한 것이다. ― **자기 자신의 행동**과 **거동**, **자신의 힘**의 유희가 사태 자체로 간주된다는 사실이 폭로됨으로써, 의식은 이제 자신의 본질을 타인들을 위해서가 아니라 **자신을 위해서** 영위하고, 또 **타인의** 행동으로서의 행동이 아니라 오직 **자신의** 행동으로서의 행동만을 염려하며, 이로써 타인들에게 그들도 마찬가지로 **그들의** 사태 속에 있을 수 있도록 허용하는 듯이 보인다. 그러나 그들은 다시금 착각하고 있다. 의식이 거기에 있을 것이라고 그들이 여기는 곳에서부터 의식은 이미 벗어나 있다. 이 의식에게 관건이 되는 것은 **바로 이 자신의 개별적** 사태로서의 사태가 아니라 만인을 위해 존재하는 보편적인 것으로서의 **사태**이다. 따라서 이 의식은 타인들의 행동과 작품 속에 자신을 섞어 넣으며, 만약 그가 이들로부터 더 이상 그들의 행동과 작품을 빼내올 수 없다면, 그는 적어도 판단을 통해서라도 자신을 그들의 행동이나 작품과 상관이 있도록 만드는 데에 관

---

284) 이 구절은 다음과 같이 번역할 수도 있다. "**사태가 그 자체에서**(즉자적으로) **완수되었다고**"

심을 기울인다. 그가 타인들의 행동과 작품에 자신의 찬동과 찬양의 날인을 한다면, 이는 그가 작품에서 단지 작품 자체만을 찬양하는 것이 아니라 동시에 작품을 작품으로서도 훼손하지 않았고 또 자신의 혹평으로 망가뜨리지도 않았다는 **자기 자신의** 관대함과 절제력을 찬양하는 일을 염두에 둔 것이다. 의식은 **작품**에 관심을 보이는 가운데 **자기 자신을** 향유한다. 이에 못지않게 그는 그가 혹평하는 **작품**도 환영하는데, 그것은 이를 통해 그가 바로 **자기 자신의** 행동을 향유하는 기회를 마련하기 위해서이다. 그런데 이러한 개입이 자신을 기만했다고 여기고 또 그렇게 자처하는 이들도 오히려 그 스스로가 똑같은 방식으로 기만하려고 한다. 그들은 자신들의 행동과 거동을 오직 그들 자신만을 위해 존재하고 또 거기에서 오직 **자신과 자기 자신의** 본질만을 목적으로 삼았던 그런 것으로 내세운다. 그러나 그들이 무엇인가를 행하고, 그럼으로써 자신을 전시하면서 백일하에 드러내 보이는 가운데, 그들은 행실을 통해서 직접적으로 자신들이 사칭한 바를, 즉 자신들은 (모든 것을 환히 드러내는) 대낮 자체와 보편적 의식과 모든 이들의 참여를 배제하려고 한다는 것을 반박한다. 실현은 오히려 자기 것을 보편적 요소 속으로 내세워 놓는 것이고, 이를 통해 자신의 것은 만인의 **사태**가 되며 또 마땅히 그렇게 되어야 한다.

그러므로 단지 **순수한 사태**만이 관건이 된다고 할 때, 이는 자기 자신에 대한 기만이자 또한 타인에 대한 기만이다. 한 가지 사태를 열어 내어 놓는 의식은 오히려 [마치 새로 진열한 신선한 우유에 파리가 몰려들 듯이] 타인들이 (그 사태에) 서둘러 다가와서 거기에 볼일이 있는 양 아는 체한다는 경험을 하게 된다. 그리고 (역으로) 타인들도 마찬가지로 이 의식에게서 그에게 관건이 되는 것은 대상으로서의 사태가 아니라 **그 자신의** 사태라는 점을 경험한다. 이에 반해 오직 **행동 자체**나 힘과 능력의 사용이나 그런 개체성의 언표만이 본질적인 것이어야 한다면, 이 경우에도 마찬가지로 **모든 사람이** 감응을 받아서 초대받았다고 여기면서 **순수한** 행동이나 **개별적인** 특유의 행동 대신에 오히려 이에 못지않게 **타인들을 위해서도** 존재하는 어떤 것 또는 **하나의 사태 자체**가 열려 놓여 있다는 경험을 서로 간에 한다. 이 두 가지 경우에 실은 한가지 똑같은 것이 일어나며, 단지 각각의 경우에 수용되고 유효성을 지닌다고 여기는 것에 대해서 상이한 의미를 지닐 따름이다. 의식은 그 두 가지 측면을 동등하게 본질적인 계기들이라고 경험하고 또 여기서 무엇이 **사태 자체의 본성**인지를 경험한다. 즉, 여기서 의식이 경험하는 것은 행동 일반이나 개별적 행동에 대립하는 사태도 아니고, 또 존속에 대립하면서 자신의 **종**인 이런 계기들로부터 자유로운 **유**가 될 행동도 아니다. 오히려 그것의 **존재**가 **개별적** 개인의 **행동**이자 모든 개인의 행동이고 또한 그것의 행동이 직접적으로 **타인들을 위해서** 존재하는 또는 하나의 **사태**인, 더욱이 오직 **각자 모두의** 행동으로서의 사태인 그런 본질을, 다시 말해 모든 본질들의 본질, 즉 **정신적 본질**인 그런 본질을 의식은 경험한다. 의식은 그런 계기들 중에서 그 무엇도 **주어**(주체)가 아니며 그 각각의 계기들이 **보편적인 사태 자체** 속에서 해체된다는 것을 경험한다. 이 의식의 무사유성에는 (이런 사유하지 않는 의식에게는) 하나씩 차례차례 주어로 간주되었던 개체성의 계기들이 **바로 이** 개체성으로서 그에 못지않게 직접적으로 보편적인 그런 단순한 개체성 안으로 집약된다. 이를 통해 사태 자체는 (주어로 등장하는 계기들에 대한) 술어라는 관계와 생명 없는 추상적 보편성이라는 규정성을 잃게 된다. 오히려 사태 자체는 개체성에 의해 삼투되어 있는 실체이다. 즉, 그것은 주체인데, 이런 주체 안에서 개체성은 개체성 자체로서 또는 **바로 이** 개체성으로서 존재하는 것 못지않게 또한 **모든** 개인들로서 존재한다. 그것은 오직 이런 각자 모두의 행동으로서만 하나의 **존재**인 그런 보편적인 것이며, **바로 이** 의식이 그 현실을 자신의 개별적 현실이라고 인지하면서도 또한 모든 사람의 현실이라고 인지한다는 바로 그런 점에서의 현실이다. 순수한 **사태 자체**는 위에서 **범주**라고 규정했던 것, 즉 자아인 존재 또는 존재인 자아이긴 하지만, 아직 **현실적 자기의식**과는 구별되는 **사유**라고 규정했던 바로 그것이다. 그러나 여기에서는 [우리가 그것을 목적이라든가 행동이라든가 현실이라는 현실적 자기의식의 내용이라고 부르는 한에서이든, 또는 우리가 그것을 대자 존재와 대타 존재라는 현실적 자기의식의 형식이라고 부르는 한에서이든] 현실적 자기의식의 계기들이 단순한 범주 자체와 하나로서 정립되어 있으며, 이를 통해 이 범주가 동시에 내용 일체이다.

## b. 법칙 제정적 이성

정신적 본질은 자신의 단순한 존재 속에서 **순수한 의식**이자 **바로 이** (개별적) 자기의식이다. 개인의 근원적으로 **규정된** 본성은 **즉자적으로** 그의 활동의 요소이자 목적이라는 자신의 긍정적인 의미를 상실했다. 개인의 근원적으로 규정된 본성은 단지 지양된 계기에 불과하며, 개인은 보편적 자기(自己)로서의 **자기**이다. 역으로 **형식적인 사태 자체**는 자신 안에서 자신을 구별하면서 행동하는 개체성에서 충족된다. 왜냐하면 이런 개체성의 구별들이 바로 저 보편자의 **내용**을 이루기 때문이다. 범주는 **순수한 의식**의 보편자로서 **즉자적**이다. 범주는 이에 못지않게 또한 **대자적**인데, 왜냐하면 의식의 **자기**가 그에 못지않게 범주의 계기이기도 하기 때문이다. 범주는 절대적 **존재**인데, 왜냐하면 저 보편성은 **존재의** 단순한 **자기 동일성**이기 때문이다.

그러므로 의식에게 대상이 되는 것은 **참된 것**이라는 의미를 지니고 있다. **그것은 즉자 대자적으로 존재하며, 유효하다**는 의미에서 **존재하고 또 유효하다**. 그것은 더 이상 확신과 그 진리, 보편자와 개별자, 목적과 그 실재 사이의 대립으로 시달리지 않고 그 현존재가 곧 자기의식의 **현실**이자 **행동**인 그런 **절대적 사태**이다. 그렇기 때문에 이 사태는 곧 **인륜적 실체**이고, 그것의 의식은 **인륜적** 의식이다. 그에게는 자신의 대상도 마찬가지로 **참된 것**으로서 유효한데, 왜냐하면 그는 자기의식과 존재를 **하나의** 통일 속에 통합하기 때문이다. 그는 **절대자**로서 유효한데, 왜냐하면 자기의식이 이 대상 속에서 자기 자신에(bei sich selbst) 존재하므로 더 이상 이 대상을 넘어갈 수도 없고 또 넘어가려고 하지도 않기 때문이다. 자기의식이 그렇게 **할 수 없는** 까닭은 이 대상이 일체의 존재이자 위력이기 때문이며, 자기의식이 그렇게 **하려고 하지 않는** 까닭은 이 대상이 곧 **자기**(自己) 또는 이 자기의 의지이기 때문이다. 이 대상은 대상으로서의 그 자체에서 **실재하는** 대상인데, 왜냐하면 이 대상이 그 자체에[285] 의식의 구별을 지니고 있기 때문이다. 이 대상은 절대적 본질의 **규정된 법칙들**인 집단(Masse)들로[286] 스스로를 분할한다. 그렇지만 이 집단들이 개념을 혼탁하게 만들지는 않는데, 왜냐하면 존재와 순수한 의식과 자기(自己)라는 계기들이 이 대상[287] 안에 포

---

285) 인칭대명사가 '대상'을 뜻하는 '자체' 대신에 '의식'을 지시하는 것으로 독해할 수도 있다. 이 경우 이 구절은 다음과 같이 번역한다. "왜냐하면 이 대상이 그 자신에서 의식의 구별을 지니고 있기 때문이다."
286) 『정신현상학』 안에서도 'Masse'는 '집합', '일군(一群)', '군중', '집단' 등 다양한 의미로 사용된다. 그런데 이 구절에서처럼 인륜적 실체의 계기로서의 'Masse'는 국가라는 인륜 공동체 내에서 분화되어 생성되어 인륜 공동체를 구성하는 요소가 되는 사회 조직체 일반을 뜻한다. 이 경우 '집단'으로 옮기며, 공무원을 비롯한 여러 사회 계층과 직군들, 노동조합 같은 조합들, 각종 협회나 연합회 등이 그 구체적인 예이다.

함된 채로 남아 있기 때문이다. 이 대상은[288] 이런 집단들의 본질을 이루고 또 이런 구별 속에서 그 계기들이 더 이상 서로 흩어져 나아가지 않도록 만드는 그런 통일이다.

이 인륜적 실체의 법칙들 또는 집단들은 직접적으로 승인된 것이다. 이 법칙들 또는 집단들의 근원이나 자격을 의문시하면서 또 다른 것을 찾을 수는 없다. 왜냐하면 **즉자 대자적으로** 존재하는 본질과는 다른 것이란 오직 자기의식 자체일 터인데, 이 자기의식은 바로 이 본질 이외의 다른 것이 아니기 때문이다. 왜냐하면 자기의식은 그 자체가 이 본질의 대자 존재이고, 이 본질은[289] 의식의 **즉자**나 순수한 의식인 것 못지않게 또한 의식의 **자기**라는 바로 그런 이유에서 진리이기 때문이다.

자기의식이 자신을 이런 실체의 **대자 존재**라는 계기로 인지하고 있으므로, 따라서 자기의식은 자신 안에서 법칙의 현존재를 다음과 같이 표현한다. "**건전한 이성**은 무엇이 **옳고 선한 것**인지를 직접 안다." 건전한 이성이 이를 **직접적으로 알고** 있듯이, 그것은 또한 건전한 이성에게 직접적으로 **타당성을 지닌다**. 그리고 건전한 이성은 직접적으로 다음과 같이 말한다. "이것은 옳고 선한 것**이다**. 더욱이 **바로 이것이**." 이때 이것은 **규정된** 법칙들이고, 그것은 내용이 풍부한 충만한 사태 자체이다.

그렇게 자신을 직접적으로 공여하는 것은 이에 못지않게 직접적으로 수용되고 또 그렇게 고찰되어야 한다. 즉, 감각적 확신이 직접적으로 존재하는 것이라고 언표하는 것에 관해서 그렇게 했듯이, 이런 인륜적인 직접적

---

287) 인칭대명사가 '대상' 대신에 '개념'을 지시하는 것으로 독해할 수도 있다.
288) 각주 287) 참조.
289) 관계대명사가 '본질' 대신에 '본질의 대자 존재'를 지시하는 것으로 독해할 수도 있다.

확신이 언표하는 존재에 관해서나 또는 인륜적 본질의 직접적으로 존재하는 집단들에 관해서도 그것이 어떤 상태에 있는지를 살펴보아야 한다. 그런 법칙들의 몇 가지 예가 이를 보여줄 것이다. 그리고 우리는 (무엇이 옳고 선한지를) **알고 있는** 건전한 이성의 격언이라는 형식으로 이 법칙들을 취할 것이므로, **직접적인** 인륜적 법칙들로 간주된 이 법칙들에 타당성을 부여해 주어야 할 계기를 새삼 끌어 들여올 필요는 없다.

"**누구나 진실**(진리)**을 말해야 한다.**"[290] ─ 이렇게 무조건적인 것이라고 언표된 의무에서 곧바로 다음과 같은 조건이 부가된다. "**만약 그가 진실을 안다면.**" 그럼으로써 이 계율은 다음과 같이 된다. "**누구나 그때마다 그것에 관한 자신의 지식과 신념에 따라서 진실을 이야기해야 한다.**" 건전한 이성, 즉 무엇이 옳고 선한 것인지를 직접적으로 아는 바로 이런 인륜적 의식은 또한 이 조건이 자신의 보편적 격언과 이미 결합되어 있었으며 또 자신은 이 계율을 그렇게 **사념했다**고 설명할 것이다. 그러나 그렇게 함으로써 건전한 이성은 실은 자신이 이 계율을 언표하면서 오히려 직접적으로 이 계율을 훼손했다는 점을 시인하는 것이다. 건전한 이성은 이렇게 **말했다.** "누구나 진실을 말해야 한다." 하지만 건전한 이성은 이렇게 **사념했다.** "누구나 그것에 관한 자신의 지식과 신념에 따라서 진실을 말해야 한다." 다시 말해 건전한 이성은 **자신이 사념하는 것과는 다른 것을 말한다.** 그리고 자신이 사념하는 바와는 달리 말한다는 것은 곧 진실을 말하지 않는다는 것을 뜻한다. 이런 개선된 비진리나 서투름은(이런 비진리나 서투름을 개선

---

290) I. Kant, "Über ein vermeintes Recht aus Menschenliebe zu lügen", A 307: "'일체의 설명에서 **진실하라**(정직하라)!'는 것은 신성하고 무조건적으로 명령하며 그 어떤 관습에 의해서도 제한될 수 없는 이성의 계율이다."

하면) 다음과 같이 표현된다. "누구나 그것에 관한 자신의 그때마다의 지식과 신념에 따라서 진실을 말해야 한다."— 그러나 이로써 이 명제가 언표하려고 한 **보편적으로 필연적**이면서 **즉자적으로 유효한 것이**[291] 오히려 완전한 **우연성**으로 전도(顚倒)되었다. 왜냐하면 진실을 말하는 것이 내가 그 진실을 알고 있고 그것에 관한 신념을 가질 수 있는지의 우연에 내맡겨지기 때문이다. 그리고 이는 어느 한 사람이 그것을 어떻게 알고 있고 사념하고 파악하게 되는지에 따라서 참과 거짓을 뒤섞어서 말해야 한다고 말하는 것에 지나지 않는다. 이런 **내용의 우연성**은 오직 그것이 표현되는 **명제의 형식**에서만 **보편성**을 지닌다. 그러나 인륜적 명제로서의 이 명제는 보편적이고 필연적인 **내용**을 약속하는 것이며, 그래서 내용의 우연성을 통해 자기 자신과 모순되게 된다.— 마지막으로 이 명제는 다음과 같이 개선될 수 있다. "진실에 관한 지식과 신념의 우연성은 제거되고 진실을 또한 **알아야만 한다**." 그러나 이는 애초에 출발점이 되었던 계율과 곧바로 모순되는 계율이다. 처음에는 건전한 이성이 진실을 언표하는 능력을 **직접적으로** 가지고 있다고 했다. 그런데 이제는 건전한 이성이 진실을 **알아야 한다**고, 다시 말해 진실을 **직접적으로** 언표할 줄 모른다고 말하고 있다.— **내용**의 측면에서 고찰해보면, 사람들이 진실을 **알아야** 한다는 요구 속에서 그 내용이 떨어져 나간다. 왜냐하면 이 요구는 **지 일반**, 즉 사람들이 알아야 한다는 것과 관련되어 있기 때문이다. 그러므로 이때 요구되는 것은 규정된 내용 일체로부터 자유로운 것이다. 그러나 여기서 논하는 것은 하나의 **규정된** 내용, 인륜적 실체에서의 **한 가지 구별**에 관한 것이다. 그런데 인륜적 실체에 관한 이런 **직접적** 규정이 오히려 스스로가 완전한 우연성임이 밝혀

---

291) (Werke) **보편적으로 필연적인 것** 내지 **즉자적으로 유효한 것이**

진 그런 내용이 된다. 그리고 이것이 보편성과 필연성으로 고양되어서 **지가 법칙이라고 언표되면, 그 내용은 오히려 사라지고 만다.**

또 하나의 유명한 계율은 다음과 같다. "**너의 이웃을 너 자신과 같이 사랑하라.**" 이 계율은 개별자와의 관계 속에서 개별자에게 지시된 것이며, **개별자에 대한 개별자의 관계로서** 또는 감정의 관계로서 **이를 주장한다.** (비활동적인 사랑은 아무 존재도 지니지 못하고, 따라서 (이 계율을 주장하는 이가) 분명 그런 것을 사념하지는 않을 터이므로) 활동적인 사랑은 어느 한 사람으로부터 해악을 제거하고 그에게 선(善)을 더해주는 것을 지향한다. 이렇게 하기 위해서는 그에게서 무엇이 해악이고 무엇이 이런 해악에 대립한 합목적적 선이며 또 무엇이 무릇 그의 복지인지를 구분해야 한다. 다시 말해 나는 **오성**(분별력)을 가지고서 그를 사랑해야 한다. 오성이 없는(무분별한) 사랑은 그에게 아마 증오보다도 더 큰 해를 끼치게 될 것이다. 그런데 가장 풍부하면서도 가장 중요한 형태에서의 분별 있는 본질적 선행은 곧 국가의 분별 있는 보편적 행동이다. 이런 국가의 행동과 비교해 볼 때 개별자로서의 개별자의 행동은 그에 관해 언급하는 수고를 들일 가치조차 거의 없을 만큼 아주 보잘것없는 것이다. 이때 국가의 행동은 매우 큰 위력을 지니고 있어서, 만일 개별적인 행동이 국가의 행동에 자신을 대립시키고서 곧장 스스로(대자적으로) 범죄가 되고자 하거나 아니면 타인에 대한 사랑에서 보편자를 기만하여 개별적 행동이 보편자에게서 지니는 권리와 지분을 속이려고 할 경우에는,[292] 이것이 전혀 아무런 소용도 없

---

292) 이 문구는 인칭대명사의 지시 관계에 따라 다음과 같이 번역할 수도 있다. "아니면 타인에 대한 사랑에서 보편자를 기만하여 보편자가 자신에게서 지니는 권리와 지분을 탈취하려고 할 경우에는,"

을 것이고 저항할 수 없게끔 파괴되고 말 것이다. 감정에 머무는 선행에는 단지 전적으로 개별적인 행동, 즉 우연한 만큼이나 또한 일시적인 긴급 구제라는 의미만이 남게 된다. 우연이 이런 선행의 기회를 규정할 뿐만 아니라 또한 그 선행이 무릇 **성과**를 거둘 것인지 아니면 곧바로 다시 해체되어서 그 자체가 오히려 해악으로 전도될 것인지도 규정한다. 따라서 **필연적인 것**이라고 언표된 이런 타인의 복지를 위한 행위는 그것이 어쩌면 실존할 수도 있고 어쩌면 그렇지 않을 수도 있으며, 또 그렇게 할 경우가 우연히 제공될 때에도 어쩌면 성과를 거두고 선할 수도 있지만 어쩌면 그렇지 않을 수도 있는 그런 상태에 있다. 그러므로 이 법칙은 앞에서 고찰한 첫 번째 법칙 못지않게 보편적인 내용을 지니지 못하며, 절대적 인륜 법칙으로서 해야 할 바인 **즉자 대자적으로** 존재하는 그 무엇을 표현하지도 못한다. 또는 그러한 법칙들은 단지 **당위**에 머물 뿐이고 아무런 **현실성**도 지니지 못한다. 그것들은 **법칙**이 아니라 단지 **계율**에 불과하다.

그런데 사태 자체의 본성으로부터 실제로 보편적인 절대적 **내용**을 포기할 수밖에 없다는 점이 밝혀진다. 왜냐하면 단순한 실체에는 [그리고 단순한 실체의 본질은 바로 이런 단순한 것이라는 데에 있으므로] 그것에 정립되는 **그 어떤 규정성도 적합하지 않기** 때문이다. 그 단순한 절대성 속에서의 계율은 그 자체가 **직접적인 인륜적 존재**를 언표한다. 계율에서 나타나는 구별은 하나의 규정성이며, 따라서 이런 단순한 존재의 절대적 보편성 **아래에** 서 있는 내용이다. 그럼으로써 절대적 내용을 포기할 수밖에 없게 되면서 계율에는[293] 단지 **형식적 보편성**만이, 또는 그것이 스스로에게 모순되지 않는다는 점만이 배정될 수 있다. 왜냐하면 내용을 결여한 보편성은

---

293) 인칭대명사가 '계율' 대신에 '구별' 또는 '내용'을 지시하는 것으로 독해할 수도 있다.

곧 형식적 보편성이고, 절대적 내용이란 그 자체가 아무 구별이 아닌 구별 또는 무내용성을 뜻하는 데에 지나지 않기 때문이다.

그러므로 법칙 제정에 남아 있는 것은 **보편성의 순수한 형식** 또는 실제로는 의식의 **동어반복**인데, 이는 내용과 배치되는 것이고 또 **존재하는 것**이나 진정한 **내용**에 관한 **지**가 아니라 오히려 **본질**에 관한 지 또는 본질의 자기 동일성에 관한 지이다.[294]

이로써 인륜적 본질은 직접적으로 그 자체가 내용이 아니라 단지 어떤 내용이 자기 자신과 모순되지 않음으로써 법칙이 될 수 있는지 아니면 그렇지 않은지를 가르는 척도에 불과하다. 법칙 제정적 이성은 단지 **검증하는** 이성으로 격하된다.

## c. 법칙 검증적 이성

단순한 인륜적 실체에서의 구별이 이 실체에 대해서는 하나의 우연성인데, 우리는 이런 우연성이 특정한 계율에서 지와 현실과 행동의 우연성으로 등장한다는 점을 보았다. 그런 단순한 존재와 이에 상응하지 않는 규정성을 **비교하는 일**은 우리에게 귀속되었다. 그리고 이때 단순한 실체는 자

---

[294] I. Kant, *Kritik der praktischen Vernunft*, A 133: "오직 형식적인 법칙만이, 다시 말해 격률의 최고 조건으로 오로지 이성의 보편적 법칙 제정의 형식만을 이성에 지시하는 그런 것만이 아프리오리하게 실천이성의 규정 근거가 될 수 있다." I. Kant, *Grundlegung zur Metaphysik der Sitten*, B 51 이하: "그런데 내가 **정언** 명령에 관해 생각해보면, 나는 곧바로 정언 명령이 무엇을 포함하고 있는지를 알게 된다. 왜냐하면 이 명령은 법칙 이외에는 오직 이 법칙에 부합한다는 격률의 필연성만을 포함하고 있고 또 법칙은 이를 제한하는 그 어떤 조건도 포함하고 있지 않으므로, 다름 아닌 행위의 격률이 그것에 부합해야 한다는 법칙의 보편성 일반만이 남게 되는데, 오직 이러한 부합성만이 이 명령을 실로 필연적인 것으로서 내보여주기 때문이다."

신이 형식적 보편성이나 순수한 **의식**이라는 점을 보여주었는데, 이 순수한 의식은 내용으로부터 자유롭게 내용에 대치하여 등장하는 것이고 규정된 내용으로서의 내용에 관한 **지**이다. 이런 방식으로는 이 보편성이 (앞에서) **사태 자체**였던 것과 똑같은 것으로 남는다. 그러나 이 보편성이 의식 속에서는 이와 다른 것이다. 즉, 이 보편성은 더 이상 무사유의 비활성적인 유(類)가 아니라 오히려 특수자와 관련되어 있고 또 특수자에 대한 위력이자 진리로서 유효하다.— 이런 의식이 처음에는 우리가 앞에서 그랬던 것과 똑같은 검증 행위인 듯이 보이고, 그의 행동은 이미 우리가 했던 것과 다를 바 없는 보편적인 것과 규정된 것의 비교인 것처럼 보이는데, 앞에서는 이런 비교로부터 (그 둘 사이의) 부정합성이 그 결과로 나왔다. 그러나 여기서는 보편자가 다른 의미를 얻게 됨으로써 보편자에 대한 내용의 관계도 앞서와는 다른 것이 된다. 보편자는 **형식적** 보편성이고, 규정된 내용은 이런 형식적 보편성이 될 수 있다. 왜냐하면 형식적 보편성 속에서는 규정된 내용이 오직 자기 자신과의 관련 속에서만 고찰되기 때문이다. 우리가 검증할 때에는 견고한 보편적 실체가 규정성에 대치해 있었고, 이 규정성은 실체마저 그 안으로 빠져들게 되는 의식의 우연성으로 발전했다. (이에 반해) 여기서는 비교의 고리 중 하나가 사라졌다. 보편자는 더 이상 **존재하면서 유효한** 실체나 즉자 대자적으로 옳은 것이 아니라, 오히려 하나의 내용을 오직 그 자신과 비교하면서 그 내용이 동어반복인지를 고찰하는 그런 단순한 지 또는 형식이다. 법칙은 더 이상 제정되는 것이 아니라 **검증된다**. 그리고 법칙이 검증하는 의식에 대해 **미리** 주어져 있다. 검증하는 의식은 법칙의 **내용**을 단순한 그대로 받아들인다. 검증하는 의식은 우리가 앞에서 그랬던 것처럼 내용의 현실성에 결부되어 있는 개별성과 우연성을 고찰하는 데로 진입하지 않고, 오히려 계율로서의 계율에 멈추어 서서 그가 계율의 척도가 되는 것[295] 못지않게 또한 계율에 대해서 단순한 태도를 취하면서 관계한다.

그러나 그런 이유에서 이 검증이 더 멀리까지 이르지는 못한다. 그 척도가 바로 동어반복이고 또 내용에 대해서 아무런들 상관없으므로, 그 척도는 자신 안에 이런 내용을 받아들이는 만큼이나 또한 이에 대립하는 내용도 얼마든지 받아들인다. — '소유(사유재산)가 존재한다는 것이 즉자 대자적으로 법칙이 되어야 하는가?'라는 것이 문제라고 하자.[296] 그것도 다른 목적을 위한 유용성에서가 아니라 **즉자 대자적으로** 그러해야 하는가? 인륜적 본질성이란 바로 법칙이 오직 자기 자신과만 동일하고, 따라서 이런 자기 동일성을 통해 자기 자신의 본질에 근거를 두는 것이지 제약된 것이 아니라는 데에 존립한다. 소유는 즉자 대자적으로 자기 모순적이지 않다. 소유는 하나의 **유리된** 규정 또는 오직 자기 자신과 동일하게 정립된 규정성이다. 바로 이에 못지않게 비소유나 사물의 무주성(無主性)이나 재산공유제도 자기 모순적이지 않다. 어떤 것이 그 누구에게도 속하지 않는다거나 그것을 점유하려는 임의의 사람에게 속한다거나 모든 사람에게 공동으로 속하면서 각자에게 그의 필요(욕구, Bedürfnisse)에 따라서 또는 동일한 몫의 분배에 따라서 속한다고 하는 것은 그 정반대인 소유와 마찬가지로 하나의

---

295) 인칭대명사의 지시 관계에 따라 이 문구는 다음과 같이 번역할 수도 있다. "계율이 검증하는 의식의 척도가 되는 것"

296) 헤겔은 자신의 예나 초기 저작인 「자연법」 논문에서도 사유재산제의 정당성 문제를 예로 들면서 여기서와 유사한 논변으로 칸트의 실천철학이 지닌 형식주의를 비판한다. G. W. F. Hegel, *Über die wissenschaftlichen Behandlungsarten des Naturrechts, seine Stelle in der praktischen Philosophie, und sein Verhältnis zu den positiven Rechtswissenschaften*, in: Gesammelte Werke Bd. 4: *Jenaer Kritische Schriften*, Hrsg. von H. Buchner/O. Pöggeler, Hamburg, 1968, pp. 437 ff.(헤겔, 「자연법」, 김준수 역, 한길사, 2015, 96쪽 이하) 참조.

**단순한 규정성**, 하나의 **형식적 사고**이다.— 물론 무주물이 **욕구의 필수적인**(필연적인) **대상**이라고 고찰될 경우에는, 그 무주물이 어느 한 개별자의 점유물이 되는 것은 필연적이다. 그리고 오히려 사물의 자유(소유되지 않음)를 법칙으로 만드는 것이 모순적일 것이다. 그런데 사물의 무주성이 또한 절대적 무주성을 뜻하는 것은 아니며, 오히려 사물이 개별자의 **필요**에 따라서, 게다가 보관하기 위해서가 아니라 직접적으로 사용하기 위해서 **점유로 취해져야** 한다는 것이다. 그러나 그렇게 전적으로 우연성에 따라서 욕구를 돌보는 것은 지금 오직 그에 관해서 논하고 있는 의식적 본체의 본성과 모순된다. 왜냐하면 의식적 본체는 자신의 욕구를 **보편성**이라는 형식 속에서 표상해야만 하고 또 자신의 실존(생존) 전체를 보살피면서 영속적인 재산을 획득해야만 하기 때문이다. 따라서 하나의 사물이 가장 가까이에 있는 자기의식적 생명체에게 그의 필요에 따라서 우연한 방식으로 분배된다는 사고는 그 자신과 일치하지 않는다.— 이를 보편적이고 지속적인 방식으로 보살피는 재산공유제에서는 각자에게 **그가 필요한 만큼** 분배되는데, 그렇게 되면 이런 (재산의 실질적) 불평등과 개별자들의 **평등**을 원리로 삼는 의식의 본질이 서로 모순된다. 그게 아니라 후자의 원리에 따라서 **평등하게**(동일하게) 분배된다면, 그 몫은 분명 이 원리의 개념인 욕구와의 관련과 무관하게 된다.

하지만 이런 방식으로 비소유가 모순적으로 나타난다면, 이는 오직 비소유를 **단순한** 규정성으로 놓아두지 않았기 때문에 생기는 것이다. 소유를 그 여러 계기들로 풀어헤쳐 놓으면 똑같은 일이 벌어진다. 나의 소유인 개별적 사물은 그렇게 됨으로써 **보편적이고 확고하고 지속적인 것**으로 간주된다. 그러나 이는 사용되고 **소멸된다**는 데에 있는 개별적 사물의 본성과 모순된다. 그것은 동시에 모든 타인이 이를 승인하고 그것으로부터 자신을 배제하는 **나의 것**으로 간주된다. 그러나 내가 승인을 받았다는 것 속에는 오히려 배제의 정반대인 만인과 나의 동일성이 놓여 있다. — 내가 점유하는 것은 하나의 **사물**, 즉 전적으로 보편적인 것이고 또 결코 오직 나만을 위해 존재한다고 규정되어 있지 않은 대타 존재 일반이다. **내가** 그것을 (배타적 소유물로) 점유한다는 것은 그것의 보편적 물성과 모순된다. 그러므로 소유도 비소유만큼이나 모든 측면에서 자기 모순적이다. 그 각각이 이런 개별성과 보편성이라는 상반되고 상호 모순적인[297] 두 가지 계기를 자신에 지니고 있다. — 그러나 이런 규정성들을 더 이상 전개하지 않고 각각 소유라고 또는 비소유라고 **단순하게** 표상할 경우, 그 하나는 다른 하나만큼 **단순하다**. 다시 말해 그 각각의 규정성들은 자기 모순적이지 않다. — 그렇기 때문에 이성이 그 자신에게서 지니는 법칙의 척도는 모든 것에 동일하게 잘 들어맞으며, 그래서 실은 아무런 척도도 아니다. — 또한 동어반복이, 즉 이론적 진리의 인식을 위해서는 단지 형식적 기준이라고만, 다시 말해 진리와 비진리에 대해서 전적으로 아무런들 상관없는 것이라고만 인정받는 모순율이[298] 실천적 **진리**의 인식을 위해서는 **그 이상의 것이어야 한다**는 것은 이상한 일일 수밖에 없다.

방금 고찰한 두 가지 계기가 그전에는 공허했던 정신적 본질을 채워 넣는데, 바로 이 계기들 속에서는 직접적 규정성들을 인륜적 실체에서 정립

---

297) 이 문구는 "상호 모순적인" 대신에 "자기 모순적인"으로 번역할 수도 있다.
298) I. Kant, *Kritik der reinen Vernunft*, B 191: "그렇기 때문에 우리는 또한 **모순율**을 **모든 분석적 인식**의 보편적이면서도 완전히 충분한 **원리**로서 유효성을 지니도록 만들어야만 한다. 그러나 진리의 충분한 기준으로서의 모순율이 지닌 성가(聲價)와 효용이 또한 그 이상에 미치지는 못한다. 왜냐하면 그 어떤 인식도 자기 자신을 파괴하지 않고서는 모순율에 위배될 수 없다는 것, 바로 이 점이 모순율을 분명 우리의 인식의 진리를 위한 필수 불가결의 조건으로 만들기는 하지만 그 규정 근거로 만들지는 못하기 때문이다."

하는 일과 그다음으로 그런 직접적 규정성들이 과연 법칙인지를 인지하는 규정성들에 관한 지가 지양되었다. 그리하여 특정한 법칙도 또 그 법칙에 관한 지도 이루어지지 않는다는 것이 그 결론인 듯이 보인다. 하지만 실체는 절대적 **본질성**으로서의 자신에 관한 **의식**이며, 따라서 이런 의식은 실체에서의[299] **구별**도 또 이 구별에 관한 **지**도 포기할 수 없다. 법칙 제정과 법칙 검증이 헛된 것이라고 입증되었다는 것은 그 두 가지가 개별적으로 그리고 유리된 채로 취해질 경우에는 인륜적 의식이 지닌 단지 지탱할 곳 없는 **계기들**에 불과하다는 의미를 지니고 있다. 그리고 이 계기들이 등장하게 되는 운동은 인륜적 실체가 이를 통해 자신을 의식으로서 서술한다는 형식적 의미를 지닌다.

이 두 가지 계기가 **사태 자체**의 의식이 지닌 더 세부적인 규정들인 한에서, 그것들은 **정직성**의 형식들로 간주될 수 있다. 그런데 이런 정직성은, 통상 자신의 형식적인 계기들을 가지고서 그렇게 하듯이, 이제 마땅히 존재해야 하는 선(善)과 옳음의 내용을 그리고 그와 같은 확고한 진리를 검증하는 일을 소일거리로 삼으며, 건전한 이성과 분별 있는 통찰 속에서 계율의 힘과 타당성을 지니고 있다고 사념한다.

그러나 이런 정직성이 없다면 법칙은 **의식의 본질**로서 유효성을 지니지 못하고, 또한 검증도 마찬가지로 의식[300] **내에서의** 행동으로서 유효성을 지니지 못한다. 오히려 그 각각이 홀로 **현실**로서 **직접적으로** 등장하는 바대로는, 이 계기들 중 하나는 타당성을 결여한 현실적 법칙의 수립과 존재를 표현하고, 다른 하나는 마찬가지로 현실적 법칙으로부터의 부당한 해

---

299) 인칭대명사가 '실체' 대신에 '절대적 본질성'을 지시하는 것으로 독해할 수도 있다.
300) 지시대명사가 '의식' 대신에 '의식의 본질'을 지시하는 것으로 독해할 수도 있다.

방을 표현한다. 법칙이 특정한 법칙으로서 우연한 내용을 지니고 있다고 하는 것은 여기서 그 법칙이 자의적인 내용을 지닌 개별적 의식의 법칙이라는 것을 뜻한다. 따라서 그와 같은 직접적 법칙 제정은 자의(恣意)를 법률(법칙)로 만들고 또 인륜성을 그런 법률에 대한 (단지 법률일 뿐이지 동시에 계율은 아닌 법률에 대한) 복종으로 만드는 폭군의 무도함(사악한 범법. Frevel)이다. 이와 마찬가지로 유리된 상태인 한에서의 두 번째 계기, 즉 법칙의 검증은 움직일 수 없는 것을 움직이게 만드는 것을 뜻하고 또 자신이 절대적 법칙으로부터 자유롭다고 사리를 따지는 요설을 늘어놓으면서 절대적 법칙을 자신에게 낯선 자의(恣意)로 받아들이는 지의 무도함을 뜻한다.

이런 두 가지 형식 속에서 이 계기들은 실체나 실재하는 정신적 본질에 대한 부정적 관계이다. 또는 그 두 가지 형식[301] 속에서 실체는 아직 자신의 실재성을 지니지 못한다. 오히려 의식은 실체를 여전히 자신의 고유한 직접성이라는 형식 속에서 품고 있으며, 실체는 이제 겨우 바로 이 개인의 **의지**(Willen)와[302] **지**에 불과하거나 비현실적 계율의 **당위**이자 형식적 보편성에 관한 지일 따름이다. 그러나 이런 양식들이 지양됨으로써 의식은 보편자 속으로 되돌아갔고 그와 같은 대립은 사라졌다. 이를 통해 정신적 본질은 이런 양식들이 개별적으로 유효한 것이 아니라 오직 지양된 것으로서만 유효하다는 점에서 현실적 실체이다. 그리고 이 양식들이 단지 그것의 계기를 이룰 따름인 통일은 이제 정신적 본질 안에 정립되어 있으면서 이 정신적 본질을 현실적이고 충만하고 자기의식적인 것으로 만드는 그런 의식의 자기(das Selbst des Bewußtseins)이다.

---

301) 인칭대명사가 '두 가지 형식' 대신에 '계기들'을 지시하는 것으로 독해할 수도 있다.
302) (Werke) 의욕(Wollen)과

그렇게 됨으로써 정신적 본질은 우선 자기의식에 대해 **즉자적으로** 존재하는 법칙(법률)으로서 존재한다. **즉자적으로** 존재하는 보편성이 아닌 형식적 보편성이었던 검증의 보편성은 지양되었다. 이에 못지않게 정신적 본질은 또한 영원한 법칙인데, 그런 영원한 법칙은 **바로 이 개인의 의지**에 근거를 두지 않고, 오히려 즉자 대자적으로 존재하며, 직접적 **존재**의 형식을 가진 **만인의** 절대적인 **순수 의지**이다. 이 만인의 순수 의지는 또한 단지 **마땅히 그러해야 할** 뿐인 **계율**이 아니며, 그것은 **존재하고 또 유효하다**. 정신적 본질은 직접적으로 현실인 범주의 보편적 자아이고, 또 세계는 오직 이 현실일 따름이다. 그런데 이 **존재하는 법칙**이 단적으로 유효하다고 해서 자기의식의 복종이 결코 [자의적으로 명령하고 그 안에서 자기의식이 자신을 인식하지 못할 터일] 그런 주인에 대한 봉사는 아니다. 오히려 법칙은 자기의식이 스스로 직접적으로 **지니고 있는** 그 자신의 절대적 의식의 사고이다. 또한 자기의식이 법칙을 (단지) **신봉하고** 있는 것도 아니다. 왜냐하면 신앙은 분명 본질을 직관하기는 하지만 낯선 본질을 직관하기 때문이다. 인륜적 **자기의식**은 자신의 **자기**(自己)의 **보편성**을 통해 **직접적으로** 본질과 하나이다. 이에 반해 신앙은 **개별적** 의식으로부터 시작하며, 늘 그런 통일을 향해 나아가기는 하지만 결코 자신의 본질의 현전에는 도달하지 못하는 개별적 의식의 운동이다.―반면에 저 의식(인륜적 자기의식)은 개별적인 것으로서의 자신을 지양했고, 이러한 매개가 완수되었으며, 오직 이렇게 매개가 완수되었다는 것을 통해서만 그 의식은 인륜적 실체의 직접적 자기의식이다.

그러므로 자기의식과 본질의 구별은 완전히 투명하다. 그렇기에 **본질 자체에서의 구별들**은 우연한 규정성들이 아니다. 오히려 비동일성이 오직 그것으로부터 유래할 터일 자기의식과 본질의 통일 덕분에, 그런 구별자들은 통일의 삶에 의해 삼투되어 있는 분절화된 통일의 집단들, 자기 자신에게 명료하고 분열되지 않은 정신들, 자신의 구별자들 속에서도 자신의 본질의 무구한 순결과 단합심을 유지하는 그런 오점 없는 천상의 형태들이다. — 또한 자기의식도 마찬가지로 그런 구별자들과의 단순하고 명료한 **관계**이다. 본질 자체에서의 구별들(법칙들)은 **존재하고** 그 이상의 어떤 것도 아니라는 점이 자기의식의 관계의 의식을 이룬다. 이처럼 소포클레스의 안티고네에게는 그것들이 신들의 **그릇됨 없는 불문**(不文)의 법으로서 유효하다.[303]

> 이를테면 어제, 오늘이 아니라 언제나
> 그것은 살아 있으며, 언제부터 그것이 나타났는지 아무도 모른다네.[304]

그것들(법칙들)은 **존재한다.** 내가 그것들의 발생에 관해 물음을 던지고 그것들을 그 근원이 되는 지점으로 협소화할 때, 나는 그것들을 넘어선다. 왜냐하면 나는 이제 보편자인 반면에 그것들은 제약되고 제한된 것이기 때문이다. 그것들이 나의 통찰에 정당화되어야 한다면, 나는 이미 그것들의

---

303) 소포클레스의 「안티고네」에 의하면 테베의 왕권을 놓고 형제와 다툰 끝에 조국을 침략하다 전사한 오빠 폴리네이케스의 시신을 안티고네가 자신의 외할아버지이자 외삼촌인 테베의 왕 크레온의 명령을 거역하고서 수습하여 장례를 치러준다. 조국의 배신자에 대한 장례를 금지한다는 왕의 포고령이 국법으로서 유효하다는 점을 알면서도 이에 맞서 신법에 따른 가족의 의무를 내세우며 자신의 정당성을 굳건히 주장하던 안티고네는 끝내 감옥에서 숨진다.
304) 소포클레스, 「안티고네」, 『소포클레스 비극 전집』, 천병희 역, 숲, 113쪽(453 이하): "(**안티고네**) 나 또한 한낱 인간에 불과한 그대의 포고령이 / 신들의 변함없는 불문율들을 무시할 수 / 있을 만큼 강력하다고는 생각지 않았어요. / 불문율들은 어제 오늘에 생긴 게 아니라 / 영원히 살아 있고, 어디서 왔는지 아무도 모르니까요."

흔들리지 않는 즉자 존재를 움직인 것이고, 그것들을 나에게 어쩌면 참일 수도 있고 참이 아닐 수도 있는 것으로 간주하는 셈이다. 인륜적 심정은 바로 동요됨 없이 옳은 것에 확고하게 머물면서 그것을 움직이고 뒤흔들고 되돌리는 일체의 일을 삼가는 데에 존립한다.—기탁물이 나에게 맡겨졌다.[305] 그것은 타인의 소유물이고, 나는 **그것이 바로 그러하기 때문에** 그것을 인정하면서 흔들림 없이 이런 관계 속에 머문다. (그러나) 내가 그 기탁물을 나의 것으로 차지하더라도, 나는 나의 검증 원리인 동어반복에 따르면 전혀 아무런 모순도 범하지 않는다. 왜냐하면 그 경우 나는 그것을 더 이상 타인의 소유물로 보지 않기 때문이다. 내가 타인의 소유물로 보지 않는 것을 차지하는 일은 완전히 일관된 것이다. **견해**를 바꾸는 것은 모순이 아니다. 왜냐하면 이때 관건은 견해로서의 견해가 아니라 자기 모순적이어서는 안 될 대상과 내용이기 때문이다. 내가 무엇인가를 남에게 주어버릴 때처럼 그것이 나의 소유물이라는 견해로부터 그것이 타인의 소유물이라는 견해로 얼마든지 아무런 모순도 범하지 않으면서 바꿀 수 있듯이, 이에 못지않게 나는 역방향으로 나갈 수도 있다.—어떤 것이 법인 까닭은 내가 그것을 자기 모순적이지 않다고 여기기 때문이 아니다. 오히려 그것이 옳은 것이기 때문에 그것은 법이다. '어떤 것이 타인의 소유물**이다.**'라는 것은 **근저에** 놓여 있다. 이에 관해서 나는 사리를 따지며 요설을 늘어놓을 것도 없고, 이런저런 사고와 연관과 고려 사항을 탐문하거나 떠올릴 필요도 없으며, 법칙 제정도 또 검증도 생각할 필요가 없다. 그런 따위의 내 사고

---

305) 기탁물의 사례와 칸트의 법칙 검증적 실천이성에 대한 비판 역시 이미 「자연법」 논문에서 유사한 논변으로 제기된다. G. W. F. Hegel, *Über die wissenschaftlichen Behandlungsarten des Naturrechts*, pp. 436 ff.(헤겔, 「자연법」, 95쪽 이하) 참조.

의 운동을 통해서 나는 실은 그 반대도 이에 못지않게 임의로 나의 규정되지 않은 동어반복적 지에 부합하게끔 만들고서 그 반대를 법칙으로 만들 수도 있게 될 터이기에, 그와 같은 (근저에 놓여 있는 올바른) 관계를 이탈시키게 될 것이다. 오히려 이 규정이 옳은 것인가 아니면 그에 대립하는 규정이 옳은 것인가는 즉자 **대자적으로** 규정되어 있다. 나로서는 내가 원하는 어떤 규정이든 법칙으로 만들 수도 있고 또한 이에 못지않게 얼마든지 그 어떤 규정도 법칙으로 만들지 않을 수도 있을 터이지만, 내가 검증하기 시작하면서 나는 이미 비인륜적인 길 위에 있는 것이다. 옳은 것이 나에게 **즉자대자적으로** 존재한다는 점, 바로 이를 통해 나는 인륜적 실체 속에 존재한다. 이렇게 인륜적 실체는 자기의식의 **본질**이며, 반면에 자기의식은 **인륜적 실체의 현실**이자 **현존재**이고 또 인륜적 실체의 **자기**(自己)이자 **의지**이다.

지은이
## 게오르크 빌헬름 프리드리히 헤겔 Georg Wilhelm Friedrich Hegel, 1770~1831

헤겔은 자유와 이성을 원리로 삼아 독일 관념론, 더 나아가 근대 철학을 완성한 동시에 그 한계를 반성한 철학자이다. 그는 1770년 8월 27일 독일 서남부에 위치한 슈투트가르트에서 출생하여 1831년 11월 14일 61세의 나이로 베를린에서 사망한다. 18세에 튀빙겐 대학교에 입학하여 신학부를 졸업한 후 스위스 베른과 독일 프랑크푸르트에서 가정교사 생활을 한다. 헤겔은 대학 재학 중 이웃 나라 프랑스에서 발발한 프랑스 혁명의 이념과 나폴레옹에 의한 그 제도적 확산을 평생 열렬히 지지한다. 이 시기의 주요 저작으로는 「예수의 생애」, 「그리스도교의 실정성」, 「종교와 사랑」, 「그리스도교의 정신과 그 운명」 등이 있다. 31세에 예나 대학교에서 교수자격시험을 통과한 후 처음에는 사강사로서, 나중에는 비정규 교수로서 7년간 강의를 담당한다. 이 기간에 「피히테와 쉘링의 철학 체계의 차이」, 「신앙과 지식」, 「자연법」 논문 등을 발표하고, 나중에 유고로 출간될 『인륜성의 체계』와 일련의 『체계 초고』 등의 원고를 남긴다. 청년 헤겔은 자신의 시대를 분열의 시대, 죽은 법과 사물이 지배하는 시대로 진단하고 이에 대한 해결책을 그리스도교적 사랑과 고대 그리스적 인륜성에서 찾는다. 예나 후기에 집필되어 1807년에 출간된 『정신현상학』은 헤겔의 청년기를 매듭지으면서 원숙기로 넘어가는 전환점이 되는 작품이다. 프랑스와 치른 전쟁의 여파로 밤베르크로 이주하여 잠시 『밤베르크 신문』의 편집장을 맡았다가 다시 뉘른베르크로 이주하여 김나지움 교장으로 8년간 재직한다. 이 시기 동안 자신의 학문 방법론이자 사유와 존재의 운동 원리인 사변적 변증법을 체계화하여 「존재론」, 「본질론」, 「개념론」의 총 3권으로 구성한 『논리학』을 완성하여 출간한다. 46세에 하이델베르크 정교수로 취임하여 2년간 재직하면서 「논리학」, 「자연철학」, 「정신철학」으로 이루어진 『철학 백과전서』를 출간하면서 자신의 철학 체계를 집대성하고, 또 「뷔르템베르크 왕국 신분 의회의 심의」 등의 글을 발표한다. 48세에 피히테의 후임으로 베를린 대학교에 취임하여 철학 교수로 재직하면서 철학부 학장과 대학교 총장을 역임한다. 베를린 시기 동안 『법철학』을 비롯하여 『철학 백과전서』 제2판과 제3판을 출간하고 「영국의 개혁 법안에 대하여」 등의 글을 발표한다. 후기의 주저인 『법철학』에서 그는 그리스적 인륜성과 근대적 자유를 통합한 근대적 인륜성의 이념을 기반으로 하여 법과 도덕, 가족, 시민사회, 국가 등의 사회 제도를 원리적으로 구성하려고 기획한다. 그 밖에도 이후 유저로 출판될 『역사철학 강의』, 『미학 강의』, 『종교철학 강의』, 『철학사 강의』 등의 강의 원고를 집필한다.

옮긴이
## 김준수

현재 부산대 철학과 교수로 재직하며 윤리학, 정치철학, 독일 관념론 등을 강의하고 있다. 중앙대학교에서 경제학사를 취득한 후 독일 프랑크푸르트 대학교에서 철학, 정치학, 사회학을 수학하고 헤겔 철학에 관한 연구로 철학과에서 석사 학위와 철학 박사 학위를 취득했다.
주요 연구 분야는 헤겔 철학을 비롯한 독일 관념론, 정치철학, 상호주관성 이론, 소유권 이론 등이다. 저서로는 『헤겔의 자유 개념(Der Begriff der Freibiet bei Hegel)』(Peter Lang), 『헤겔』(한길사), 『승인이론』(용의 숲) 등이 있고, 역서로는 『자연법』(헤겔 저, 한길사), 『인륜성의 체계』(헤겔 저, 울력), 『정치사상의 거장들』(마이어/덴처 저, 시와진실) 등이 있다. 그 밖에 30여 편의 학술 논문을 발표했다.

한국연구재단 학술명저번역총서 637

# 정신현상학 1

1판 1쇄 펴냄 | 2022년 9월 23일
1판 3쇄 펴냄 | 2023년 9월 15일
2판 1쇄 펴냄 | 2025년 8월 15일

지은이 | 게오르크 빌헬름 프리드리히 헤겔
옮긴이 | 김준수
펴낸이 | 김정호

책임편집 | 박수용
디자인 | 이대응

펴낸곳 | 아카넷
출판등록 | 2000년 1월 24일(제406-2000-000012호)
주소 | 10881 경기도 파주시 회동길 445-3
전화 | 031-955-9511(편집) · 031-955-9514(주문)
팩시밀리 | 031-955-9519
www.acanet.co.kr

ⓒ 한국연구재단, 2025

Printed in Paju, Korea.

ISBN 978-89-5733-994-7  94160
ISBN 978-89-5733-214-6  (세트)

이 번역서는 2018년 대한민국 교육부와 한국연구재단의 지원을 받아 수행된 연구임
(NRF-2018S1A5A7028652)

This work was supported by the Ministry of Education of the Republic of Korea
and the National Research Foundation of Korea. (NRF-2018S1A5A7028652)